U0600147

刘善群 著

海峡出版发行集团 | 海峡文艺出版社

作者近照

作者简介：

刘善群，1935年出生于广东省汕头市，成长于福建省宁化县。曾担任中共宁化县委办公室主任、宁化县志办主任，主编了《宁化县志》。退休后从事客家学研究和宁化客家事业和联谊工作。是宁化县客家研究会创会会长、宁化客家学研究中心名誉主任。曾受聘文化部华夏文化促进会客家研究所特邀研究员，三明学院客家研究所特邀研究员，2017年受福建省人民政府之聘为福建省文史研究馆馆员，资源馆员。

30年来，独立撰写了《客家礼俗》《客家与宁化石壁》《客家与石壁史论》等著作，与廖开顺、蔡登秋合著了《石壁客家述论》，著有电视小说《客家葛藤凹》（后被改编拍摄为32集电视剧《大南迁》），还创作了《宁化史稿》《退休30年》《宁化客家传统文化大观》（与吴来林合作）等作品，以及《论石壁》《论文摘录2》等计400万字。

与张恩庭共同主编《客家祖地·石壁丛书》，与叶武林合作主编《敬天穆祖》，参与主编期刊《宁化客家研究》和《客家魂》（部分张恩庭、刘善群主编）。在国内外发表了近百篇相关文章，被称为三明客家研究旗手、拓荒牛。

石壁客家祖地文化园（陈建林　摄）

石　壁　记

（代序）

张胜友

环山叠翠者，古称玉屏也：石壁麇集者，客家祖地也；何谓客家者，乃中原汉胄之民系也。嗟呼，“客而家焉”！

西晋以降，时移世易，永嘉之乱，安史兵燹，黄巢烽火，靖康之耻。岁月流逝兮中原板荡，战乱频仍兮生灵涂炭。黄泛汹汹，田畴荒芜。人慌慌而游走，风飒飒以南迁。越黄河兮山高路长，跨长江兮何处家园？

噫！古邑石壁，闽西洞天，宜居宜稼，乐土一方。武夷东华站岭，岭开隘口；闽江赣江韩江，源出三江。史载“开山伐木，泛筏于吴”。平川百里，山奇水秀，筑堡卫众，户户绿映。葛藤庇佑，不闻枞金伐鼓之声；桃源胜景，生发养育南渡之人。汉民土著，手足胼胝，辟土垦殖，共创基业。孕育客家民系，成就客家摇篮。秦韵汉腔，遂成“雅言”“通话”；舟楫如缕，商行闽粤南洋；承载包涵，迎迓黎民庶士；耕读传家，播衍四海五洲。更喜盛世修文，宁化引类呼朋延展薪火，兴家庙，建公祠，脉脉客家魂，敬祖穆宗地，弦歌鼓乐，百业图强。今日之石壁，处处汉唐遗风中华神韵焉！

泱泱华夏，行走千年总称客；煌煌寰宇，客居异邦是为家。百家姓氏，亿万客裔，绵绵瓜瓞，慎终追远，拜谒石壁，祭奠始祖，乃九九归一也！

古人云：“嘤其鸣矣，求其友声。”

余叹曰：“北有大槐树，南有石壁村。”

辛卯岁夏日

（作者系福建永定人，全国政协原委员，曾任《光明日报》出版社总编辑，作家出版社社长兼总编辑，中国作家出版集团党委书记，中国作家协会书记处书记）

前　言

刘善群

全国政协原委员、曾任《光明日报》出版社社长兼《文艺报》总编辑的张胜友先生，于 2009 年 9 月创作《石壁记》，并将墨宝敬献给宁化石壁客家祖地。这无疑是馈赠给石壁客家祖地的一份珍贵的历史厚礼。

张君用短文四百余言精辟概述了石壁客家祖地的表象和内蕴全景。笔者冒昧借用《石壁记》之名，再写石壁，可谓是张君《石壁记》的解读或铨释。也可谓是笔者与许多学者、朋友一道对石壁数十年研究的认知。

笔者曾著有《客家与石壁史论》，还与时任三明学院客家研究所所长廖开顺教授、蔡登秋教授等数位学者共同撰写《石壁客家述论》等关于石壁的专著，其间也陆续发表过一些相关专文。然而仍觉意犹未尽，责任亦未尽到。虽已年逾九旬，仍毅然命笔写了此稿。

石壁所蕴含的客家文化博大精深，对石壁的研究乃是客家学中的重要命题。因此，可以说，但凡有客家学研究，便必然无法绕开石壁这一关键所在。诚如中国人民大学著名教授胡绳武所言："石壁是个规模不大的村庄，但其声名却远播整个客家世界，以至于一些学者在撰写客家相关文章时，想回避，而又无法回避，这大概就是客家历史发展使然。"无独有偶，国际客家学会会长郑赤琰教授曾说："整个客家族群的生存发展历程，堪称人类众多族群历史中一部珍贵的科学宝典。而宁化石壁客家祖地的历史及其文化，则是这部珍贵科学宝典中的重要构成部分。"

既然石壁在客家文化中具有如此重要的地位，那么有必要说明一下本书命名的缘由。本书虽以“石壁”命名，实则内容涵盖宁化全域。这是因为“石壁”的开发早于“宁化”，其在客家民系形成过程中发挥的作用更为关键，知名度也更高。石壁，它不仅是一个自然地理标志，也是行政建制中的村、镇名称。在诸多文献中，常见石壁市、石壁城、石壁圩等称谓，且更多时候仅以“石壁”相称，而不缀“村”字。它已然超越了单纯的自然地理范畴，成为一种文化地域的代称，所指范围超出宁化境域，常指代“三江源”地域，特指汀江（韩江正源，发源于宁化治平乡）、贡水（赣江源头，经石壁盆地西缘）、西溪（闽江沙溪干流源头，穿石壁集镇而过）的交汇流域，这片“三江源”地域，正是客家民系孕育与催生的核心区域。拙作仅代表笔者在石壁研究进程中的阶段性认知，如有不足之处，恳请各位不吝赐教。

2025 春节（时年 91 岁）

于宁化汕子居

目录

第一章　独特的宁化石壁

第二章　客家历史成就了石壁祖地

第三章　丰富多样的石壁客家文化

第四章　石壁客家研究在路上

第一章　独特的宁化石壁

这里说的“石壁”，是宁化县的一个村名、镇名。同时它在古代，又是一个地域的名称，即石壁盆地，是宁化西部的代称，由于它的开发比宁化县城更早，而且在客家社会中，名声比“宁化”大，还由于它在客家形成史中，具有特殊、重要的作用。所以在海外的客家人中，甚至只知“石壁”而不知宁化。石壁还是一个文化地域的中心点和文化地域的代表。所以，无论是地理内涵或是文化内涵，它都是独一无二的。

石壁盆地

一、独特的地理环境

清康熙年间的石壁上市《清河郡张氏十修谱》中的《宁阳石壁形胜记》载：

山书曰：地者，东西为纬，南北为经，山为积德，川为积形，高者为主，下者为卒，丘陵为壮，川谷为牝，若夫求天作无地成无德焉。吾今石壁号曰玉屏，乃宁阳分野西北之乡也。层山叠嶂，附卫千里。理取伏例船形，是其名也。至若来龙祖脉，溯其源，出自白水顶，斯风云之所摅，江山之所带，孤峰仄宇，峭壁万寻。天将雨则白云相搏，诸山星拱，势若万马奔驰，枝分千里，脉派万方之真，乃入宁之华表，豫章之苗裔者也。一脉超递至千家围，由升仙台孤峰峻耸，怪石嵯峨，绿水潺流，茂林蓊蔚，石锣石鼓时鸣，春鸟并春花角胜奇峰。日午，鹤立霞楼，天滋浪平，鸥浮鹄玄。香炉峰卷青霜，狮子岩前锡挂，屏山叠嶂，危岭千霄，此熊刘二羽士修身霞举于其山也。乡人异之，构二仙之像，文人墨士，览胜传奇，载之志书。传之海内外，题韵不辍，往来冠盖，频无间断。一脉穿山，迤逶东家坪，艮龙发秀，亥脉铺毡。由此至白岭脑，寻细枝条至孔茔堂，顿住，山明水秀，地广而平，苍松翠巘，万卉森罗，左为宁化之当途，右为琴江之古道，两省通泽，经商成缕，界由吴家围粉壁前，族分上下，宗谊无殊，迄今百世，和睦最笃，由然可表，虽然世事沧桑，几经鼎革，四方足迹，未常沧亡，不彰石壁者宁阳之西北乡也。

族谱记载，“宁阳”乃宁化县城的别称。所谓“左为宁化之当途”，指的是东边是通往宁化县城的主要道路；“右为琴江之古道”，琴江作为江西赣江贡水的上游及源头，地处江西赣州最东边，与宁化县紧紧相邻。两县城相距 50 千米，而石壁作为江西石城进入福建宁化的首个村落，与石城县城仅距 25 千米。葛藤坑距石城县仅十余千米，是古时重要的交通要道。这条道路的最高点为站岭，岭上建有两个凉亭，靠近石城方向的名为“介福亭”，由石城县人修筑；靠近石壁方向的称作“片云亭”，为石壁人所建，两个凉亭共用一堵墙。整条道路均由石头铺设，因长期有独轮车往来，路面被辗出一条凹槽，足见独轮车通行之频繁。此外，能供独轮车行驶，也表明此岭坡度平缓，故而曾经呈现出“经商成缕”的繁荣景象，这也正是北方汉人南迁时选择此通道的原因。

据载，“石壁者，宁阳之西北乡也”，意味着石壁位于宁化的西北部，现今涵盖石壁镇、淮土镇、方田乡和济村乡，区域总面积达 491.67 平方千米。此地属武夷山脉南麓，“层山叠嶂，附卫千里”，森林茂密，宛如一道绵延千里的绿色屏障，因此又被称为“玉屏”。而其内部“山明水秀，地广而平，苍松翠柏，万卉森罗”，是一片广袤的肥沃田野。正如文中所描绘，石壁四周环境极为优美，是一处集宜居、宜耕、宜商、宜行于一体的绝佳之地，也正因如此，它被赞誉为“世外桃源”。

石壁，其称谓丰富而独特，它既是一个村名，也是一个乡名，更是一个涵盖较

古民居

古桥

大范围的代称。石壁村地处盆地中央，在古时，周边远近的自然村，诸如“澳内村”“石壁村葛藤坪”“石壁林家城”“石壁紫源里”等，皆被统称作“石壁”。这些村落与石壁村中心点的距离，近则十里，远达二十几里，甚至还有更为偏远的地方，有着“三十六窝七十二棚”的说法。正因如此，在众多文献资料中，石壁常被冠以市、乡、村、城等不同称谓，这恰恰反映出“石壁”指代范围的广泛性。

值得一提的是，石壁的开发时间早于宁化县城，其建置也先于宁化县。基于此，部分文献资料甚至将石壁作为宁化的代称。时至今日，海外诸多客家人只知“石壁”，却对“宁化”感到陌生。所以，在一些书文之中，但凡提及“石壁”，往往不会特意缀上“村”“乡”等字样，这就表明文中所阐述的“石壁”绝非仅指“石壁村”这一单一村落。以廖开顺所著的《石壁客家述论》为例，该书虽冠名“石壁”，但实际内容却涵盖了整个宁化县，这便是从地理学范畴对石壁的一种广义界定。

宁化县城三塔

此外，石壁还具有独特的文化代称属性，堪称一种文化地域的代称。江西赣南师范大学的谢万陆教授在其《再论石壁》一文中指出，对于“石壁”范围存在一种特定界定，即把石壁视作“客家摇篮”，认定其为客家民系的孕育之地。基于此，诸多学者认为石壁所包容的地域较为广阔。例如，黄中岩教授就明确指出：“武夷山南段，以闽赣汀三江之源的地段，以赣南的石城，闽西的宁化为中心的大片山地，包括宁都、瑞金、长汀、清流、明溪地区。”这一阐述，进一步凸显了石壁作为文

化地域代称所蕴含的深厚内涵与广阔外延。

二、三江源

宁化是闽江、赣江、汀江之源，谓之“三江源”。就是说这三江的源头以石壁地区为核心。

汀江源

1. 闽江水系，正源是建宁县均口镇台田村原丰山，经宁化县水茜、中沙汇入县城翠江。第二大支流谓西溪，发源于方田泗坑（古石壁地）流入县城翠江，东西溪汇合后，称翠江，经九龙溪、沙溪入闽江。唐代开始，闽江已成为福建的“黄金水道”。作为闽江上游的宁化闽江水道，有资料记载，可能也在唐代。据宋代的《临汀志》记载：“安济庙，在清流县南梦溪洞口，即九龙阳数潜灵王庙也。自唐有之，莫详创始封爵之由。庙前有滩险甚，往来之舟非祷于祠下不敢行。”安济庙在今清流县沙芜乡，唐时，归宁化县，唐时的水运也应属宁化辖区。但清流以下河道较宽。

那里的水运能否延伸到今宁化境内，尚未可知。

宁化属闽江水系的还有安远溪、罗溪、治平溪。

2. 汀江水系。汀江发源于宁化县治平畲族乡坪埔村赖家山，流经长汀、武平、上杭、永定流入广东省大埔与梅江汇合，流入韩江口。汀江流域都是客家的核心区，是客家母亲河。

3. 赣江水系。赣江在宁化的水系源出宁化县安远镇武夷山余脉。

赣江正源贡水发源于石城县横江镇，其上游为宁化淮土溪，源头在宁化县治平畲族乡鸡公岽。

赣江源——长溪

这条水系对宁化的早期开发和北方汉人移民入闽，在客家民系的形成史上，起了十分重要的作用。

据清康熙李元仲《宁化县志》载，隋开皇间（589—600）巫罗俊随父从山西辗转南迁，到达宁化时，黄连峒（宁化建置前的称呼）“土寇并举，巫罗俊少年负殊勇，就峒筑堡卫众，寇不敢犯，远近争附之。巫罗俊因开山伐木，泛筏于吴，居奇获赢，因此观占时变，益鸠众辟土”。

巫罗俊“开山伐木，泛筏于吴”正是利用长溪。古时的长溪水源丰富，流域两岸森林茂密，这条河道经赣江辗转流入长江中下游，无论是运输还是通商，都非常方便。巫罗俊正利用这条河流，把两岸的树木砍下来，溜到河里，便可顺流而下，

宁化的拓荒者巫罗俊

直达当时已很繁华的长江中下游。他率领民众疏浚河道，将采伐的木材编筏流放，顺长溪经赣江入长江，直抵安徽瓜步及江苏镇江、扬州一带售卖。这番经营不仅让他积累下雄厚财富，更以此为基开垦荒土，逐步拓展出横跨今宁化县全域、清流县大部及明溪县部分区域的开发版图。

木材贸易的兴盛不仅带来巨额利润，更成为文化交流的纽带。巫罗俊麾下的运木队伍多由早期迁入宁化的北方汉人组成，他们往来于江淮与闽西之间，将福建石壁的风土人情带入滞留江淮的移民群体。这些自东晋初年便南迁的汉人，原本多驻足于江淮之间，朝廷为此特设侨郡、侨县以安其居。当他们从商贾口中得知石壁并非“蛮荒之地”，而是“土旷齿繁，宜可授田定税”的乐土，便陆续组队南下。首批“先头部队”抵达石壁后，见这里沃野平畴、溪流丰美，遂不断引介同乡前来。随着人口日增，这片土地从“版籍疏脱”的化外之境，逐步发展为朝廷认可的黄连镇。至唐开元十三年（725），更因“民户殷实、文风渐盛”获准建县。巫罗俊开创的水运商路，恰似一条文明传送带，不仅让宁化从边陲荒野蜕变为客家祖地，更在

宁化淮土镇淮阳村城下窑窑址

第一章 独特的宁化石壁

南北文化交融中，为闽西掀开了开发史的新篇章。

淮土镇自隋末开发、疏通航运后，借水路之利持续发展，繁盛至民国初年。这条河道不仅是宁化人拓展商贸的依托，更吸引外地客商竞逐商机。

据李元仲《宁化县志》载，明万历三十八年（1610）四月，“邑故多木贾，其上流淮土徽商所窟，骄逸为人侧目，值霪雨河溢，木商蔽流而下，悉坏民居，并损桥梁。”“先时徽贾买山，连筏数千为捆，运入瓜步，其价不赀，近皆本邑木商自运，价大减于前，然宁土之食此利者多矣”。

宁化境内的赣江源水系，溪流直通江西、汇入长江，它为宁化既聚财又聚人。大批客家先民顺着这些水系来到宁化，这些水系为客家民系孕育构筑起“胎盘”般的重要基础，发挥了早期聚散中心的“聚”的关键作用。

汀江流域是客家大本营之一，它有“开枝散叶”之功，接力石壁客家人的播衍。她宛如一位伟大母亲，怀抱着她的儿孙，助力他们在更广阔天地开枝散叶、扎根发展。

闽江水系，堪称宁化的重要母亲河之一，它滋养了一代又一代宁化客家人，助力客家文化的传承延续。在漫长岁月中，闽江水系也成为宁化客家人向外繁衍的重要通道，众多宁化客家人从宁化等地出发，一路向着闽东、闽南进发，不少先辈涉海前往台湾。

三、世外桃源

南迁汉人会奔向宁化石壁，并住下，安身立命，休养生息，建家立业。学界普通的说法是石壁是战争的避风港，是世外桃源。这是个多么令人向往的地方，特别是对长期背井离乡，颠沛流离，受尽千难万苦的北方逃难的人们，是个美好的“梦境”。

据李元仲《宁化县志》载：“隋大业之季，群雄并起。东海李子通率众渡淮，据江都，称吴帝、改元明政，遣使略闽地。”

隋末福建建安郡爆发了福建历史上第一次大规模的农民起义。农民军达三万人，攻入邵武县城，杀了建安郡守。在江西方面，有林士弘领导的大规模农民起义，以虔州（今赣州）为根据地，攻占临川、庐陵、南康、宜春等地。虽史乘未载其直接攻伐宁化的战事，然军事辐射之势不可小觑 —— 那些在征战中溃散的义军士卒，不少人流落至宁化地界。所以《宁化县志》中载：“其时，土寇蜂起，巫罗俊者年少负殊勇，就峒筑堡卫众，寇不敢犯，远近争附之。”说明宁化还是太平的，“远近争附之”的人，应该有宁化原居民，有打散的农民军人，更有南迁的北方汉人。我们知道在隋末之前迁入宁化的北方汉人有十余姓，他们每姓都不是个人，而是一个家庭甚至是一个家族。加上唐中业来到宁化的北方汉人，他们在巫罗俊的带领下，在美丽的石壁盆地上，建设了“世外桃源”。她不仅是“寇不敢犯”，而且还有达五千余平方千米的已开发和未开发的沃土，足以让更多的人安居乐业。

在唐后期，安史之乱后，接着又是黄巢起义。罗香林在《宁化石壁村考》中说：“按黄巢于乾符五年春，始陷临江西洪州，继陷虔，吉二州。六月春，自仪州东出建州，继入福州。翌年正月即广明元年正月与高骈将张潾相持于信州，潾战败死之。巢旋离闽，而辗转趋寇广州。其赣骚扰经过，以虔信二州为最甚，宁化等地，以建信诸之南，虔州之东，未及兵祸，故为当时避地乐土。客家先民之群趋其地，亦势所然也。”黄巢在江西，福建北，东部转了一大圈，兵事未及宁化，安然无事，不仅原居宁化的客家先民继续建设“世外桃源”，同时还把原滞留在江淮、赣北、赣中的南迁汉人赶到宁化这一避风港，并继续吸引北方汉人，建设宁化这片“世外桃源”。这是第二波北方汉人南迁的一个缩影。

陆游的《桃源》也只是一种想象、向往、并无真实地点。客家学者称石壁是“世外桃源”也只是一种比喻，但说明石壁美好的自然环境、社会环境，是方宜居宜业的好地方。而客家地区中，有此比喻者也只有宁化石壁，这是石壁的独特之处。

四、特殊的胎盘

中国侨联华侨华人历史研究所副研究员巫秋玉在2000年宁化县举办的第二届“宁化石壁与客家世界”学术研讨会上发表的《宁化石壁与海外客家人》一文

中说：

> 宁化石壁在客家以其为基点呈现的辐射状衍播发展中的作用究竟应该如何评价呢？对此，一般都持肯定的观点，这是完全正确的。中原汉人自东晋开始南下，至唐末又从江西等地大批迁入福建宁化石壁，高度集中在以宁化及石壁为中心的地域，繁衍生息数百年，形成客家民系。南宋末，这些已“蜕变”为正宗客家人的客家始祖们，又大批地继续其迁徙生活。往闽西、粤东等地迁移，继而往中国大陆各地、港台地区和海外。可以说，宁化石壁是客家民系形成中的胎盘和催长素，它把由中原一路地孕育而成的胎儿催生成婴，待其羽翼渐丰，便促其展翅高飞，在这一成长过程中，不仅造就了客家民系之“身躯”，而且利用其原有内涵中的流动因子，造就了客家人深具流动的习性和开拓进取精神，这一点，对客家人走向世界，在海外的发展意义深远。

她把石壁形象地比喻为“胎盘”和催长素，这也是一般所称的孕育，所谓“胎盘”，是否可解读为孕育的一个载体。客家民系是在一个载体中孕育促生。这是学界对客家孕育独一无二的比喻，是否恰当，学界似乎也没有什么评论，没有异议，是否可以认为是认同呢？因为客家民系的孕育确实需要一个客家先民相对集中的地方，同时还要有一个相互交流、融合的另一个群体，这样不同文化的群体融在一起，才能产生一个新“胎儿”的促生。这样能诞生新“胎儿”的地方，就是孕育新胎儿的容器，可以说是一个地方，当然也可以形容为“胎盘”。言之不谬。

五、最大“土楼”

南开大学博士生导师、教授刘敏在2009年第三届“宁化石壁与客家世界”学术研讨会发表《宁化石壁——客家世界的最大“土楼”》，论文写道：

> 宁化石壁——这是一个神奇而又享誉世界的名字，然而它却是一个很小

马来西亚吴先生坐轮椅前来祭祖，全家八口同行

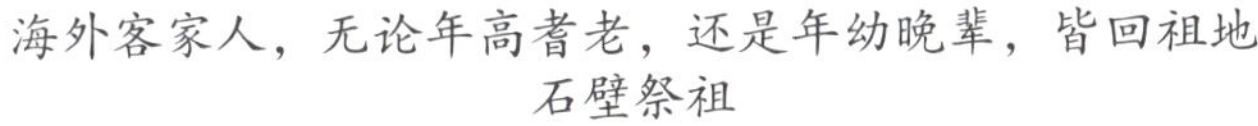

海外客家人，无论年高者老，还是年幼晚辈，皆回祖地石壁祭祖

世界各地客家人回祖地石壁祭祖

的山村，它的地域面积很小，它的行政区级别很低，然而它的名气很大，它的影响很深远。这看似有些不匹配，但这种不匹配仅仅是表面上和形式上的，而在更深、更高的层面上，它却是非常自然、非常公正与非常合理的。

印尼客家人祖孙回石壁拜祖

不论是把石壁称为客家祖先不断迁徙过程中的“中转站”，还是称为客家民系孕育生成的“摇篮”，或者是称为全世界客家人的“圣地”或“祖地”，笔者认为都是合情而又合理的比喻，因为这几种称谓是分别从某一个侧面反映了宁化石壁在客家民系形成与发展中的作用和影响，而且是突出显示了其历史性方面的特点。而宁化石壁在客家文化上的象征性和代表性，同样是不可忽视的，比如笔者认为其中重要的一点就是，在客家世界中它具有客家土楼的文化特质和精神内涵，它是客家世界中最大的“土楼”。

土楼最突出的特点无外乎有二：一是土楼的外墙，一是土楼的内里。外墙突出

了客家人对外部关系的处理原则，而楼里则突出了客家人对内部关系的处理原则，即外墙体现了以防御为主的反抗外敌的不屈不挠的斗争精神，所以它修造得格外坚固，俨然是堡垒化的民居，而楼里则体现了以固族为本的共同生存发展的团结互助精神，故楼里的房屋建筑中心（祖堂）突出，等级分明，错落有致。所以说，固族御敌是土楼的最主要特点。用这两个方面衡量宁化石壁，它无疑也是一座土楼，是一座广义的土楼，一座客家世界中最大的土楼。

刘教授把宁化石壁称为“一座广义的土楼，一座客家世界中最大的土楼”。笔者认为非常形象，非常恰当。宁化石壁是客家摇篮，客家祖地，自然饱含了客家文化内涵和客家精神的全部，它是客家世界中最大的文化大厦，其中又有世界客家人唯一的家庙、三十年来，世界各地的客家儿女无论长幼，皆接踵而至参与石壁祭祖大典。他们在虔诚祭拜先祖的同时，深入领略客家文化的精神内核，并将其发扬光大。

六、客家文明的标志

北京大学博士生导师、教授郭华榕在“宁化石壁与客家世界”学术研讨会上，发表《石壁——客家文明的标志》一文，他在论文中提道：

> 近千余年以前，我们的祖先、难于数记的客家人、几家几族纷至沓来地由江西石城往东、越过武夷山口来到石壁，在此做不同时间的逗留，然后沿着汀江南去，直至梅州大地、异国远洋……省外的、国外的客家族谱中关于石壁的记载，使我们后来人不会忘记石壁的显著作用。

郭教授认为：

> 人类历史发展的轨迹一向不是直线条或单线条式的。历史的道路如同自然界的发展。有它自己的内在规律，它不是杂乱无章和无规可寻的。同时，

只要时间比较长久、空间比较广阔，一般都会出现一定的阶段性，出现若干典型性的标志。

人类文明进程中的事例可以说明某种转折。在石壁博物馆内，收藏着迁徙者留下的一批“三寸金莲”——鞋子。客家女性随着家庭由中原长途跋涉至石壁，她们饱尝了翻山越岭的痛苦……从此，客家女性自己放开了缠着的足，又让女儿们的大脚自由地成长……石壁是客家女性的足的解放的起点，也是客家文明当时水平的现代化的见证。

典型性，往往借助标志而突显出来。例如，巴黎代表法兰西文化、圣彼得堡代表俄罗斯文化，又如金字塔代表古埃及、“美人鱼”代表丹麦安徒生童话文化、莱茵河上的雷马根大桥可以象征对于德国法西斯的胜利，再如大槐树代表着中原先人迁徙的起点。无疑，典型性就是代表的意思，对此不必过分夸大，但是它的的确确代表了普遍的特征。

人类群体大量地、持久地迁徙，这是社会发展过程中常见的现象。如同自然界的重要现象那样，人类群体的迁徙有着它自己的原因、进程、结果和影响等等。客家的迁徙正是如此。如同自然现象的变化那样，客家人的迁徙不可能一帆风顺、平淡无奇，不可能没有波折，没有转折。

“北有大槐树，南有石壁村。”石壁自然而然地成为客家文明中具有典型性的标志，这是历史巨人的创造，是客家人千百年迁徙所凝聚成的文明之花。就地理条件而言，也是顺理成章之事。由石城往东，越过武夷山，石壁以西的隘口应是徒步最容易走过的山口，它叫站岭隘或站岭。

同时，若干研究者对于上述不同的词语提出商榷，表示各种学术见解，这是正常的现象，也是人们陈述己见的公民权利。但是，如果我们距离这些形容词远一些、再远一些，便自然而然地领悟到，它们都以不同的方式强调了一个核心内容：石壁在客家文明中的典型性。正因为它有如此众目关注、众望所归的内涵，才能引来如此大量的褒奖之词。

石壁，从学术研究角度考察，它产生于客家文明发展的自然规律，它当之无愧！

郭教授长期研究和教授法国史、欧洲史及北美历史。工作中，笔者深入比较欧美各国历史、文化等要素，分析共性与个性并给予评价，也常思考中国及客家历史文化，进行中外对比。

历经多年史学实践与欧美生活体验，郭教授深知看待历史虽难免有当代视角，但不能局限于此。历史复杂多元，同一事物或人物因不同维度会被赋予多种概念，例如地理名称的演变便是如此。只有从长远和广阔的视角出发，才能把握历史事件和人物的核心与脉络。法兰西等国文明是国家范畴的综合体系，客家文明则是中华民族体系下客家民系的文化分支，虽不能简单类比，却在中华文化中有独特地位。就客家文明地域看，闽粤赣交界的武夷山麓周边，包括汀州旧地、宁化及石壁地区，在客家历史文化发展中紧密相关。我们先是中国人、汉族，再是客家民系，过度聚焦具体地域，不利于对客家文明本质的认同。

在客家学研究中，内部问题探讨需持续推进。我们要秉持“大客家”心态，把握文明实质，加强交流。科学界定在学术研究里十分关键，虽会引发争论，但遵循规范和理性，有助于学术进步。

石壁具有典型性，它代表了客家人迁徙的核心内容与普遍特征。赣江等河流谱写迁徙史诗，武夷山激励文明传承创新。石壁吸引全球客家人溯源，探寻其永恒价值。石壁名称、面积有变化，但其蕴含的客家文明核心内涵不变，它是客家文明的象征与客家人的心灵归宿。

七、公众对石壁的关注

郭教授在《宁化石壁——客家世界最大的“土楼”》开篇便点明，宁化石壁是个神奇且享誉世界的名字，其独特性体现在诸多方面，关注度便是其一。

根据现有史料考证，学界对宁化石壁的关注与研究可追溯至清朝后期。其中，梅州学者温仲和所著的《嘉应州志》堪称早期研究的重要文献。清光绪二十四年（1898），这部方志正式刊行，书中明确记载了宁化石壁与梅州的历史渊源：“梅州人民抗元的壮烈，地为之墟，闽之邻县者，相率迁移来梅，大约以宁化为最多，所有戚友询其先世，皆来自宁化石壁人。”值得注意的是，温仲和对“皆来自宁化石壁人”这一论断的认知，绝非成书当日才形成，最晚在《嘉应州志》的编纂过程中便已确立，甚至可追溯至更早时期。

梅州的爱国诗人，杰出外交家、改革家和教育家黄遵宪，在其《己亥杂诗》中的注释中写道：“今之州人，皆为宁化县之石壁乡迁来，颇有唐、魏俭啬之风，礼俗多存古意，世守乡音不改，故土人别之曰客人。方言多古语，尤多古音”。“己亥”是清光绪二十五年（1899），比温仲和的《嘉应州志》迟一年，也可以视为同步。

进入20世纪，对石壁的研究愈发活跃，特别是20世纪80年代后。英国传教士艮贝尔，在广东客家地区传教多年，1912年他在《客家源流与迁徙》中提到，“岭东客家十之八九皆称其祖先来自宁化县石壁村者”。

客家学拓荒者罗香林教授，在1933年的《客家研究导论》和20世纪50年代的《客家源流考》里都论述过宁化石壁。1947年，鉴于石壁在客家历史中的重要地位，罗香林教授专门撰写《宁化石壁村考》。罗教授此前著作已提及石壁村，此次深入研究，足见对其重视。

宁化第28届祭祖大典赞词

宁化祖地开枝叶
石壁客家血脉通
寻根不忘家声远
祭祖敬神义礼存

世界客属总会理事长
范成连贺

2022年11月

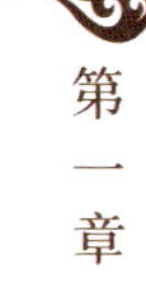

20世纪中叶后，台湾学者陈运栋、邓迅之等在著作中肯定了石壁在客家民系形成中的关键作用。20世纪80年代，尤其是20世纪90年代以来，研究石壁的学者数不胜数，参加宁化举办的客家学术研讨会的人数不下千人。经广泛研讨，学界在石壁的地理与文化地域范围、作为客家迁徙中转站、早期聚散中心、客家摇篮及祖地等方面达成共识。

国外学者也积极参与客家研究，日本在此领域成果显著。蔡驎博士在《关于“宁化石壁传说”的真实性和形成背景》中介绍，日本学界对宁化石壁传说观点不一，并列举中川学氏、牧野巽氏和濑昌久氏三位学者的代表性观点，足见日本研究客家和宁化石壁的学者众多。

众多国内外学者对宁化石壁的关注，凸显其特殊性。虽还有其他地区在客家研究中也具重要意义，但石壁凭借独特历史文化，吸引大量研究目光，成为客家研究关键焦点，在客家历史文化研究进程中留下浓墨重彩的一笔，持续散发着独特魅力，吸引更多探索。

八、石壁独特的宽度

一个地方或是一件事物，皆有其独特之处。若某一地方的特质显著区别于其他地方，那它无疑就是独一无二的存在。就如宁化石壁，其独特性从多个维度彰显，使之在客家地区独树一帜。

石壁的独特首先体现在地理上，它处于三江源，这是大自然赋予的特殊印记。同时，“天公赐与”“世外桃源”“胎盘”“大土楼”“文明标志”以及“公众对石壁的关注”等元素，构成了其深厚的历史文化标识，是公众对其文化价值的独特认知。这些方面共同勾勒出石壁特殊文化的轮廓，在客家地区难寻类似。

蔡驎在《以闽西客家文化的南北差异为视点的考察》里提到，“先祖自宁化石壁入闽，先祖来自宁化”的传说在客家民间流传极广。论文旨在借剖析闽西客家文化南北差异，探究此传说的真实性与形成背景。蔡驎从三个关键层面阐述了闽西南北的差异。

1. 方言差异：文化认同的关键标识

在社会科学领域，方言被视作区分不同人类集团的重要标准。李如龙将闽西方言区划分为南、北、中三片：北部的宁化、清流二县，其方言并非典型客家话，而是杂糅了闽方言的特征；中部的长汀县北半部与连城，尤其是连城境内，分布着众多差异显著的小方言，其性质各异——有的是客家化的闽语，有的属客闽混合语，还有的是带有客语特征的闽语；南部的永定、上杭、武平及长汀南半部的方言，则与梅县一带的客家话同属一个方言区。

李如龙进一步指出，闽西七县中，真正具备明确客家意识的仅有三个半县，即地处南部边界的永定、上杭、武平，以及长汀南半部；而宁化、清流二县在历史上，民间的客家意识并不强烈。基于此，蔡骥分析认为，闽西南北部两地在母语属性与族群自我认同方面存在明显差异。

然而，在笔者看来，厦门大学音韵学家黄典诚在二县县志中对方言的定位更为准确。县志方言志记载，“宁化通行的方言是客家话，属闽西客话的一种土语。”对于李如龙提出的“杂有闽方言的特点”这一观点，笔者持保留态度。从历史溯源来看，在客家民系形成前后，闽方言区对宁化的影响极为有限。相反，赣方言对宁化方言的塑造作用更为显著：一方面，不少客家先民在进入宁化之前，曾于赣北、赣中地区长期居留；另一方面，宁化在历史上与江西的商业往来频繁。这种地缘与历史渊源，使得宁化方言与江西石城方言高度相似、互通性极强，至今仍保留着大量赣方言的词汇与语音特征，闽方言的成分则微乎其微。

2. 地理环境差异：发展路径的自然基础

北部地势较高，农业发展较早，是粮食主产区，历史上曾向南部供应粮食。南部地势较低，开发较晚，但清代以后成为华侨的主要来源地。不同地理环境大概率深刻影响了两地经济发展、人口分布和文化交流，成为闽西南北文化差异的自然根基。

3. 生业形态差异：经济与人口的动态演变

蔡骥论述的第三点是闽西南北生业形态差异，集中在人口比例和粮食生产。华侨人口分布上，南部多于北部。从历史人口看，闽西建置从北向南推进，宁化开发

最早，南宋起宁化人口南迁，南部人口才渐长。出海成华侨现象主要始于清代。粮食生产方面，北部优势显著，宁化、清流是供应长汀、连城的粮食出口县。在比较“南北差异”时，蔡骥总结：闽西南北文化虽差异大，但南部客家普遍认同“先祖来自宁化”，将宁化视为祖地，“宁化石壁传说”有力整合了闽西客家文化乃至整个闽西文化。

蔡骥归纳“宁化石壁传说”形成及两地文化发展差异时指出：闽西南部不少客家先民来自宁化及周边，他们及后代对“先祖来自宁化”的强调，催生了这一传说。从宁化移居闽西南的人强调宁化出身，源于唐宋时宁化在闽西的特殊地位及闽西南文化的滞后性。宁化是闽西最早纳入王朝统治、最早开化之地，科举上，唐宋时宁化远超闽西南。文化进程差异在“地望贵贱”观念作用下，让人们强调宁化出身，也使其他客家人认同该传说。“宁化石壁传说”能成为闽西南客家共有的传说，还和闽西南自身社会发展阶段特点相关，虽文中未详述，但可推测其社会结构、经济模式、文化传承方式等起到推动作用。此传说可能形成于唐末五代至宋代的宁化居民中，当时是主流传说。

蔡骥认为，“宁化石壁传说”价值在于，能让我们看到闽西汉族社会及其文化的整合过程，以及闽西人对中华文化向心力的推动作用，它是这一过程和向心力的产物。

综上，石壁的独特性在这几个方面得以凸显，其在客家文化形成发展中的独特角色无可替代，是客家地区独特的文化坐标。

第二章　客家历史成就了石壁祖地

石壁在客家民系发展中地位关键。历史上，北方兵燹与自然灾害频发，汉人面临生死抉择，部分坚守故土，众多人则背井离乡南迁。历经上千年艰难跋涉，他们抵达赣、闽、粤边地区。宁化石壁因地理优势，吸引了大量客家先民定居。

赣南师范大学谢万陆教授在《再论石壁》中称，石壁是“客家摇篮”的核心与典型代表，这绝非主观臆断，而是自然与历史的共同馈赠。

石壁为客家先民提供了稳定适宜的环境，成为孕育客家民系的重要发祥地。在与当地环境及其他族群长期融合中，客家语言和文化逐步形成。客家语言保留古汉语要素，是融合的产物，客家文化同样兼容并蓄。

客家民系的壮大涉及多地，石壁作用重大。客家先民在此扎根，后裔不断外迁，逐步形成特色文明标识，如独特的客家建筑。石壁客家祖地的形成，虽有自然与历史的推动，但官方政策等人为因素也有影响。凭借地理与人文优势，石壁确立了祖地地位，成为客家历史与文化的核心地标。

一、北方避灾汉人聚集的自然选择

1. 第一波的移民大潮

西晋末年，自元康元年（291）“八王之乱”爆发，至光熙元年（306）晋惠帝去世方告终结（原误为永康元年至永康二年）。永康元年（300）赵王司马伦废贾后引发宗室混战，叠加传染病、自然灾害与饥荒，“百姓及流移就谷，相与入汉川者数万家”。永嘉年间（307—313），虽“八王之乱”已平，但晋朝军事力量锐减。东莱人王弥起兵、匈奴刘渊大规模南侵，全国大旱且蝗灾肆虐，“食草木、牛马毛，皆尽”。永嘉五年（311），怀帝司马炽被俘杀于平阳（原误为永嘉七年），秦王司马邺（愍帝）于长安即位，改元建兴。然长安残破至极：“户不盈百，墙宇颓毁，蒿棘成林。朝廷无车马章服，唯桑版署号而已。众唯一旅，公私有车四乘，器械多缺阙，运馈不健。”建兴四年（316），愍帝降于汉赵刘曜，西晋灭亡。次年（317），琅琊王司马睿称晋王于建康（今南京），改元建武；年底愍帝遇害。建武二年（318）三月，司马睿正式称帝，改元大兴，东晋肇始。

东晋定都建康后，内外战乱持续。南北朝时期，梁太清二年至大宝二年（548—551）的侯景之乱（原误为太宝三年）及后续宗室混战，绵延十余年，波及长江中下游。西晋末年“永嘉之乱”引发的移民潮历时百余年，余波延续三百年。谭其骧《晋永嘉丧乱之民族迁徙》估算，至南朝宋太明八年（464），北方移民约 90 万，占刘宋全境人口六分之一。西晋北方迁出地（北方诸州及徐州淮河以北）约 140 万户（700 余万人），南迁比例逾八分之一。葛剑雄《中国移民史》（第二卷）进一步指出，移民实际占比在迁出地与迁入地均高于上述数据。

移民主要侨居长江沿岸（西起益州，东至长江口），分东、中、西三线：

东线：以淮河及其支流（汝、颍、沙、涡、汴、泗等）及邗沟为通道，不仅司、豫、兖、青、徐诸州移民经此线南渡，并州、冀州流人亦渡黄河后循此南下。渡江后多定居皖南、赣北，或沿泗水至彭城、淮阴，或经邗沟至广陵（今扬州）、京口（今镇江）。此线为核心通道，汇聚大量士族与权贵。

中线：以洛阳为中心，经南阳盆地至襄阳，再沿汉水南下。秦、雍、梁、司、并诸州流民多由此线南迁，定居襄阳、江陵等江汉流域。部分从南阳盆地东南越桐柏山、大别山进入江汉平原（原误将汉中盆地归入中线，实为西线）。

西线：凉、秦、雍流人经秦岭栈道入汉中盆地，或南下蜀地（沿剑阁道、嘉陵江），定居成都平原。蜀地战乱时，部分流人沿江东下至中下游。

侯景之乱期间，叛军由北向南推进，三吴百姓避祸南迁福建。晋安郡（今福州）、建安郡（今建瓯）、义安郡（今潮州）成为主要接纳地。《陈书·世祖纪》载，天嘉六年（565）朝廷允许流寓三郡者返乡，释放被掠为奴者。葛剑雄统计显示，西晋至隋代福建户口增长显著（西晋约 9000 户，隋时 14823 户），而浙江南部同期仅增 1%，印证福建移民激增。建安、晋安部分辖地（如新罗县）后成客家聚居区，义安郡潮州一带亦多客家分布。

永嘉之乱中，中原汉人或留居或外迁。外迁者多为贫苦百姓，亦有士族门阀率宗族、部曲迁徙。如唐末刘祥（婺州刺史，一说金吾卫士将）率家族 40 余人（含家丁）避黄巢之乱，迁居福建石壁葛藤坑，成为客家刘氏开基祖。

2. 第二波移民大潮

755年冬，范阳节度使安禄山以“清君侧”为名，率20万铁骑南下，揭开了持续八年的安史之乱（755—763）。这场叛乱如狂风暴雨般席卷黄河流域，河北、河南、京畿等地沦为焦土。《旧唐书》记载：“时海内承平已久，百姓累世不识兵戈，骤闻范阳兵起，远近震骇。”至763年乱平，北方人口从900余万户锐减至193万户，代宗诏书直言“百姓逃散，十不存半”。李白在《为宗中丞靖都金陵表》中描述当时景象：“天下衣冠士庶避地东吴，永嘉南迁未盛于此。”据学者估算，约250万北方移民在战乱中定居南方，形成中国历史上第二次大规模人口南迁潮。

安史之乱虽以史朝义兵败自杀告终，但藩镇割据的毒瘤已深植北方。河朔三镇“官爵、甲兵、租赋、刑杀皆自专之”，中原大地“筑垒缮兵无虚日”。这种持续动荡迫使北方民众继续南迁，衡州（今湖南衡阳）、汉州（今四川广汉）等南方城市分别接纳移民6000户与9000户。诗人杜甫在《无家别》中写道：“寂寞天宝后，园庐但蒿藜”，正是这一时期北方凋敝的真实写照。

乾符二年（875），王仙芝、黄巢在鲁豫大地点燃起义烽火。义军转战大江南北，从江淮攻入闽粤，一度建立“大齐”政权。尽管起义在884年失败，但军阀混战的余波持续二三十年。史载“王畿之人，大半流丧”，吴松弟估算唐末南迁人口达400万。福建宁化县的族谱资料显示，当地218姓中有60%在唐末至北宋初年迁入，印证了这场迁徙的广度。

907年唐朝灭亡后，中原陷入五代更替的漩涡。黄河水患频发叠加契丹侵扰，北方人口锐减。与之形成鲜明对比的是，南方九国推行“保境安民”政策，吴越钱氏“招徕中原人士”，闽国“设四门学以教闽人”。吴松弟研究表明，五代十国时期约150万北方人迁入南方，加上此前移民，总规模突破800万。

这场持续200余年的移民潮重塑了中国人口格局：西汉元始二年（2）南方占全国人口19%，唐贞观年间（627—649）南方首次超过北方（54.6%），北宋太平兴国年间（976—984）南方占比稳定在52.5%，元代南方人口达历史峰值89.9%。江西、福建成为最大受益者：江西人口占比从唐天宝的6.2%跃升至北宋的17.3%，福建从2.3%升至11.8%。这种转变直接推动经济重心南移，江南成为

“财赋之地，人物渊薮”。

这场迁徙不仅是人口的地理位移，更是文化基因的重构。士族带来中原典籍，工匠传播先进技术，商人开拓海外贸易。闽西宁化的客家先民将中原语言、习俗与当地文化融合，孕育出独特的客家民系。正如《宁化县志》所载：“诸姓先民，或自中原辗转而来，或由江淮迁徙而至，垦荒拓土，开基立业。”

安史之乱如同一把钥匙，开启了中国历史的新纪元。当北方士族在长江南岸重建家园，当中原音韵与吴语闽语交织出新的方言，中华文明完成了一次华丽转身。这场持续两个世纪的移民潮，最终在江南沃土上绽放出唐宋变革的璀璨之花。

3. 第三波移民大潮

北宋宣和七年（1125），金军灭辽后兵锋直指中原。次年闰十一月，开封城破，徽钦二帝被俘北去，史称“靖康之难”。建炎元年（1127），赵构在南京（今河南商丘）称帝，开启南宋王朝。这场持续十六年的战乱导致黄河流域“几千里无复鸡犬”（庄绰《鸡肋编》），中原士族与平民掀起第三次大规模南迁潮。据统计，靖康之难阶段虽仅占移民时间的 24.2%，却贡献了 89% 的南宋时期北方始迁者，成为移民潮的核心阶段。

绍兴和议（1141）后，宋金进入对峙期，但金海陵王南侵（1161）、韩侂胄北伐（1206）等战事仍断续引发移民。如 1161 年海州（今连云港）陷落后，“山东之民襁负南奔者相属于道”。嘉定七年（1214）金宣宗南侵，再次导致“两淮之民，日夕奔进”。这些持续的军事冲突使移民潮延续至蒙元灭宋（1279）。

移民分西、中、东三线南迁：西线翻越秦岭或溯汉水入川，形成“川陕移民带”；中线经河南入湖广，再南下两广；东线从淮北至淮南，再向江南、闽粤扩散。迁入区以江南（江苏、安徽南部及浙江）为主，占移民总数的 37%；江西（15.4%）、福建（12.5%）次之。值得注意的是，江西赣州从绍兴年间（1131—1162）的 12 万户增至宝庆年间（1225—1227）的 32 万户，增长率达 167%，印证移民涌入。

福建因地理屏障成为重要避难所。汀州从元丰年间（1078—1085）的 8.1 万户增至庆元年间（1195—1200）的 21.8 万户，增长率 268%。宁化县族谱显示，南宋迁入的 63 姓占当地总数的 29%，其中 60% 为避战乱而来。宝祐元年（1253）

宁化人口达峰值近 20 万，成为客家民系的重要摇篮。

这场持续 154 年的移民潮重塑了中国经济文化格局：江南取代中原成为经济中心，苏杭一带“国家根本，仰给东南”；中原雅音与吴语、闽语融合，形成新方言体系；程朱理学在南方传播生根。赣闽粤边区的移民将中原文化与山地环境结合，孕育出独特的客家文化，宁化“石壁”成为全球客家人的精神原乡。

对宁化 169 姓的统计显示，移民动因中战乱、饥荒和疾疫占 68.6%，择优而居占 21.9%，仕宦和驻防占 7.7%。这表明生存需求是移民的首要驱动力，同时反映出南方经济吸引力的增强。蒙元灭宋后，随着文天祥勤王队伍中的北方义士滞留福建，移民潮最终完成其历史使命，为中华文明的多元一体格局写下浓墨重彩的篇章。

二、客家民系的形成

三明学院客家研究所所长蔡登秋教授在《再论石壁客家祖地历史意义》一文中说：“石壁之所以被世界客家人公认为‘客家祖地’、世界客家的‘中转站’，世界的‘客家摇篮’。为何如此，主要原因有二：一是人口迁徙的因素，一是中华民族叶落归根的因素。自从晋以后，客家先民先后来到石壁地区，他们安居下来，开山伐木，拓荒垦殖，把中原和江淮地区先进的农耕技术带到了这里，把先进的中原文化带到了这里，生根发芽，繁衍壮大。客家先民与当地的土著居民，无论是生产生活，还是文化精神，他们互相影响，相互借鉴、最终融合，逐渐孕育形成新的民系（或称族群），这就是客家民系。”

1. 客家先民选择石壁

闽西客家研究的先行者、《客家纵横》杂志的创办者吴福文先生在《二人三水系：宁化石壁成为客家迁徙中转站的基础条件》一文中的《结语》中说：“宁化石壁客家迁徙的中转站，这一客家问题特别是客家历史源流研究的命题，与客家学的发端共生，虽然在当代跟以罗香林为代表的老一辈客家研究学术理论一样，经历过推崇、热议和回避等曲折起伏的命运，但历史时空让一代又一代无数中原移民，本着对美好生活的向往而在南迁途中颠沛流离却愈挫愈坚的足迹和身影，早已实实在在地留在了前人在宁化石壁开辟的田园阡陌与走过的河流沿岸，并以文化基因融入了世世代代客家人的血液，这是谁也无法改变的事实。”

龙岩学院客家学研究中心主任张佑周教授在《历史选择了石壁》一文中说：“无论是海内外客家人对于石壁的崇敬，还是海内外学者对石壁的研究，都倾注了巨大的热情，石壁于是相继冠以客家摇篮、客家祖地、总祖地等盛名。其在客家民系形成过程中的历史地位不仅得到充分肯定，而且不断得以提升……历史选择了石壁，石壁也义不容辞，勇于担当，成就了辉煌。……一批又一批躲避中原战乱的外来汉族移民源源不断地到来，一批又一批像张化孙、李火德那样不图北归的石壁子弟则源源不断地离开，于是随着张化孙、李火德的‘裔孙日繁’，进一步向海内外各地迁徙更随着客家人慎终追远，念祖思宗传统文化精神，光大弘扬，石壁终于成了海内外一代一代客家人心中难以磨灭的圣地。”

历史的事实正是如此。前文记述了北方汉人南迁情况，正好说明这一实事。他们选择聚集宁化石壁，出之于对美好生活的向往，往哪里走，走向哪里，完全在向往驱动下的自觉自由的选择。

闽赣通道站岭隘凉亭

有人说，闽西与赣南之间的通道，并非仅有宁化站岭这一条从石城通往石壁的路径。这话确实没错，像从瑞金到长汀，以及从会昌进入武平，也都存在通道。然而，为何众多南迁汉人唯独对站岭这条通道情有独钟呢？吴福文曾在前文中指出：“（其他通道）根本无法与石城入宁化的通道相媲美”。笔者在之前所著的《独特的石壁》中已阐述过部分原因，而这部分内容，就足以解释南

迁汉人选择从石城到石壁这条路线的缘由。近年来，诸多学者更是从不同角度进行剖析，提出了更多观点。

宁化开县始祖罗令纪

在巫罗俊开发“黄连峒”以建镇之后，又经罗令纪的治理，黄连峒得以建县，使宁化政治、经济各方面得以很好发展。1992年版《宁化县志·人物志》载，唐开元十三年（725），巫罗俊之子巫明甫上奏，获准设置黄连县，朝廷委罗令纪以掌管全县政务。天宝元年（742）改黄连县为宁化县，以“宁靖归化”之意命名，罗令纪开拓治理黄连（宁化）功绩卓著。他“制订规章制度，严明赏罚，妥善安置客产，协调主客关系，对惹是生非者，绳强弹暴毫不妥协，使黄连（宁化）境内秩序井然，出现“出入相友，守望相助的新风尚”。明代一知县评价罗令纪建县后的治理功绩云，“升镇为县，民赖以安，度地为域，国可以守。一朝之建策非常，千古流芳未泯。”

石壁不仅拥有得天独厚的自然环境，其人文环境更是别具一格，因而被誉为“战争避风港”与“世外桃源”。这般独特的魅力，不仅吸引了大批来自北方躲避战乱的流民，还使得众多不同身份背景的人士纷至沓来，于此汇聚。

按客家研究会原副会长余保云统计，迁入宁化移民的动因，据169姓统计，因战乱、饥荒、疾病的116姓，择优而居的37姓，仕迁9姓，驻防留守4姓，逃避战乱、迫害3姓。如此看来，北方避乱，自然灾害的是主流，同时也有因宁化及其石壁环境优越而迁来居住的。

明洪武十年（1377）下市张氏家庙的始祖张茂甫，在为石壁追远堂首修谱序言中，追述了张虎于后晋天福年间（936—944）从姑苏举家搬迁至石壁的故事。

张虎的父亲张惟立，在唐大顺二年（891）中进士，任湖南观察使。乾宁三年（896），湖南建立了割据政权——楚国，张惟立成为有名无实的闲官。他家居姑苏张家巷，有三个儿子，长子张龙于唐天祐二年（905）中进士，任工部侍郎。老二张虎、老三张麟居家。在张龙任工部侍郎的第二年，朱温称帝改国号“梁”（史称后梁），唐朝灭亡，五代十国的割据局面开始。923 年，李存勖灭后梁建后唐，936 年，石敬瑭借契丹兵力灭后唐建后晋。张惟立父子长年累月生活在兵灾人祸之中，在权力争斗、诸侯争霸的局势下，人人自危。937 年，张惟立的家乡江苏至江西一带，建立了南唐政权。此时，张惟立听闻曾与自己同科中进士的一位友人在福建汀州为官，且得知汀州一带局势较为太平，便让次子张虎前去探望这位朋友，顺便打探南方的情况。张惟立在湖南任观察使期间，景福二年（893）王潮为福建观察使，王潮死后，梁开平三年（909）王潮之弟王审知被任命为闽王。此后，北方的梁、唐、晋、汉、周相继更迭，闽国实际上成为割据政权。王审知治理福建有方，不但不排斥外地民众到福建垦殖，还积极欢迎各方人士入闽。在其治理下，福建社会治安良好，经济发展迅速，文化教育事业也蒸蒸日上。

张虎从姑苏乘船到九江，由陆路南下，经石城过站岭入宁化石壁。张茂甫在《张氏族谱序》中写道：张虎经过石壁时，“爱其山川蓊郁，返而举家徙是”。

族谱记载，张虎一家在石壁开垦、狩猎。四十余年后，由于当时迁至石壁的人众多，石壁人口饱和。张虎的孙子张远郎便迁离石壁村十里之外的禾磜方圆里（即今方田乡禾磜），在此繁衍至今。

这一记载传递诸多关键信息。张虎受父命前往长汀打探社会状况，却舍近求远，没从瑞金去长汀，而是选择从石城过站岭到宁化石壁，足见当时这条路线更为便捷。到了石壁，张虎瞬间被当地环境吸引，连长汀都不去了，当即决定举家定居，凸显石壁环境优势显著。

五代至宋初，大量汉人涌入石壁，导致环境资源压力增大，张虎后人因此从石壁迁至当时属石壁范围的方田，这清晰展现出移民择优而居的特点。当然，张虎家族起初迁来是为避乱，而石壁既能避乱又环境优越，一举两得。

再看田大郎，他来自山西平阳府吉州县，宋代任福建汀州知府，政绩出色，获朝廷旌表。可解职后，他没留在长汀，而是举家搬到宁化，原因是宁化“民从土沃”。他或许觉得宁化土地资源、发展潜力等方面更优。总之，躲避战乱与择优而居，应是客家先民聚集宁化及其石壁的主要动因。

2. 石壁大家庭的和谐杂处

谢重光在《客家源流新探》一书的《土著居民状况》中说：“《史记》卷三十七《李斯传》有‘北逐胡貉、南定百越’一语；‘百越’又作‘百粤’，有东越、闽越、瓯越、于越、西越、骆越、南越之分，大致今浙江南部，福建、广东、广西全部，安徽、江西、湖南、贵州的部分地区，以及越南的大部分，都在百越的范围内。所以直到秦代，赣南、闽西、粤东居住的都是统称为‘百越’的南方少数族人民。

《史记·东越列传》载：“闽王无绪及越东海王摇者，其先皆越王勾践之后也……秦并天下皆废为君长，以其地为闽中郡”“无绪封于闽越，传国九十二年”。（汉武帝）以“东越狭多阻，闽越悍，数反复覆，诏军吏皆将其民徙江淮间。东越地遂虚”。朱维干在《福建史稿》中说：“汉迁闽越，并不是把全部越人都迁于江淮之间，主要是把他们的贵族，官僚和军队带走。”明崇祯《宁化县志》也记载：越“余民奔窜山谷，后乃渐出辟土化居，长生渐多”。现在宁化农村也有些文物和民俗可以证明越人并没有全部赶走，他们僻居山上，太平了，逐渐出山，垦荒建房，繁衍后代。据查安乐乡的水竹洋、福里坑、洋坊、洋坑等地都居住过闽越人的后裔。城南乡龙下窠村的蓬源还居住着唐朝迁入宁化开基的欧阳万春的后裔，他的上祖可以追溯到越王勾践的一支。

在谢重光的《客家形成发展史纲》一书中认为南迁的客家先民不仅仅是北方汉人，还应包括来自湘、鄂两省西部武陵山区或五溪地区的盘瓠蛮，他们辗转入赣闽粤边山区后，一部分与古百越族结合成畲族，另一部分则融入客家之中。成为畲族的这部分保持了自身独特的民族发展路径，与融入客家民系的部分有所不同。

“黄连峒、光龙峒中的‘峒’字，是古代对山谷间蛮夷聚落的一般称呼。聚居在黄连峒、龙光峒的‘峒蛮’各有三千户。”在历史的长河中，宁化黄连峒作为畲族先民的重要根据地，见证了一段民族交融的独特历程。

宁化的畲族，主要为雷、蓝、钟三姓。时至今日，这片土地上留存有“畲”字的村名达44个，以畲族姓氏命名的地名也随处可见，像钟坑、雷家坑、蓝田村、蓝家庄等。如今，宁化还设有“治平畲族乡”“下沙畲族村”等建置，成为畲族文化传承与发展的重要标识。

自东汉起，管姓迁入水茜居住，拉开了外姓入迁宁化的序幕。到了隋唐时期，又有50余姓陆续扎根宁化各地。隋朝末年，这些外来者就已同当地原住民（时称峒蛮）一同生活、劳作。当时，巫罗俊挺身而出，“筑堡卫众”，凭借非凡的领导力，使得“远近争附之”。在归附的民众中，既有本地原住民，也有客家先民。他们一同住在“堡”内，齐心协力“开山伐木，泛筏于吴”“鸠众辟土”。巫罗俊这位南迁汉人，凭借卓越的才能领导众人开发宁化，积极推动了宁化与长江中下游各地的交流。就这样，客家先民与畲族同胞经过长期相处，逐渐建立起高度的相互信任，结下深厚情谊。随着宁化纳入朝廷版图，在官方的治理和文化融合过程中，“蛮”“僚”“峒蛮”等带有歧视性的称呼逐渐成为历史。在建镇、建县之后，宁化在良好的治理下蓬勃发展，汉人得以安居乐业，畲族人也取得显著的进步，这为双方“和谐杂处”奠定了坚实的基础。

唐末，虽发生“二万峒蛮围汀州”事件，但这是对官方统治的不满与反抗，并非畲族内部矛盾。况且，所谓“峒蛮”只是对造反者的贬称，参与其中的不一定全是少数民族。也就是说，“二万峒蛮”中既有本地原住民，也可能有早到的南迁汉人。不过，将此事件简单视为汉畲融合的表现依据并不充分，它主要是对官方统治的抗争行为。但不可否认的是，长期的和平共处促使双方交融出新的文化形态和业态。

赣南师范大学谢万陆教授在《再论石壁》一文中指出：“三江之源之所以能成为客家的摇篮，孕育出客家民系，除了有利的社会环境造就的天时、得益于自然条件铸就的地利外，还依靠热情淳朴的土著真诚相待所带来的人和。”

客家先民来到宁化后，精心选址、建房，聚族而居，逐渐形成一个个村落。在这过程中，自然而然地出现了许多以姓氏命名的村落，仅石壁村就有吴家屋、杨家排、李家坪等。在生产方面，他们传承中原传统，拓荒垦殖，精耕细作，秉

持着“男不逐末而事耕织，妇不蚕丝而专纺绩”的理念。在习俗方面，“冠婚丧祭，间用古礼，皆风俗之近厚者”，这些都原汁原味地保留着中原文化的印记，彰显着对故土文化的坚守。

本地畲族人多居住在竹篱茅舍，生活质朴。他们喜好狩猎，男女皆技艺精湛，展现出独特的生存能力。他们梳着椎髻，赤着双脚，穿梭于山林之间，擅长烧山种畲，采集山货，笃信始祖盘瓠，其独特的文化信仰和生活方式在岁月中延续。

畲民作为宁化的早期居民，与后来迁入的汉民在初开始杂居时，难免产生矛盾。比如在土地、风水、山林等资源的争夺上，以及不同习俗方面，都曾引发冲突。但只要秉持以和为贵、与人为善的态度，矛盾总能化解。而且杂居已成既定事实，争斗无益，倒不如和睦相处，将“杂处”转变为“和谐共处”，彼此取长补短，择优而居。

畲族早期以刀耕火种、耕山狩猎为生，过着随山迁徙的游耕生活，在相对原始落后的条件下顽强地世代繁衍。他们烧山种畲，上山狩猎、采集山货、种蓝种苎、种竹种茶等。这种靠山吃山、临水吃鱼的生活方式，有许多被后来的客家先民学习，像旱地种旱作、烧山挖蕨取淀粉、种茶等，这些技艺一直传承到民国时期，甚至延续至当代。而当地畲族人从客家先民那里学到的更多。客家先民在从中原南迁的漫长过程中，停停走走，在江淮地区停留了相当长一段时间，学到不少江淮间的生产技术，并带到新的定居地，他们的生产技术和生产方式也被畲族人借鉴，有的甚至全盘接受。双方相互学习、相互影响，融合形成一种新的文化与文明，极大地推动了当地生产、经济和文化的发展。尤其是妇女，无论是汉族妇女还是畲族妇女，都迎来一次改变。她们融合形成一种新的妇女形象，备受世人称赞。

广东梅州先贤黄遵宪在《己亥杂诗》中高度赞扬客家妇女：“世守先姑德象传，人多列女传中贤。若倡男女同权论，合授周婆制礼权。”公度先生注释道：“妇女皆勤俭，世家巨室，亦无不操井臼，议酒食亲缝纫者，中人之家，则无役不从，甚至务农、业商、持家、教书，一切与男子等。盖客家人家法，世传如此，五部州中，最为贤劳矣。”在宁化这片土地上，汉畲两个群体共同书写了一段民族交融、文化共生的传奇，为后世留下了宝贵的精神财富和文化遗产，成为中华民族多元一体格局的生动写照。

3. 农业发展

宋代宁化的农业开发呈现显著的山区特色。据《宋史·地理志》及明代《汀州府志》推算，南宋宁化耕地面积约 25—30 万亩（1 亩约合 666.67 平方米），户均耕地 8 亩左右。水利工程以大陂、吴陂为主，现存宋代石砌堤坝遗迹，合计灌溉面积约 5000 亩。

水稻种植在宁化普遍推广，宋代汀州六县官茶园合计产茶 5050 公斤，宁化作为山区县产量未单独统计。苎麻种植虽普及，但苎布纺织业兴盛于明清时期，与清代杨澜《临汀汇考》记载的“乡无不绩之户”相契合。值得注意的是，宁化通过隋末唐初巫罗俊开辟的“泛筏于吴”通道，实现了木材、山货与长江流域的贸易往来，推动了山区经济发展。这种“耕山济水”的生存智慧，成为客家民系适应山地环境的重要标志。

4. 矿业、手工业发展

五代至宋代宁化手工业与建筑业的发展呈现显著的山区特色。王审知于后梁乾化元年（911）在宁化济村置铅场，利用当地铅锌矿资源铸造铅钱以缓解闽国铜荒，这种铅钱与铜钱并行流通，面额分小平钱（背记“福”字）与折十大钱（背记“闽”字及月纹）。宋代宁化设龙门新、旧银场及长永银坑等官营矿冶机构，属福建路提点坑冶司管辖。陶瓷业以济村碗窑上窑址为代表，宋代烧制黑釉、青瓷，采用覆烧工艺，1 只匣钵可叠烧 10 余件碗；泉上青瑶窑址经 2018 年考古确认为元代窑场，烧制青白瓷，工艺受景德镇影响。建筑业以宋代寿宁桥（元丰年间）、龙门桥（宝祐年间）为代表，

宁化慈恩古塔

古寿宁桥

慈恩古塔始建于北宋中晚期，为八角形七层砖构建筑，毁于 1970 年。寺庙建筑如唐代灵峰寺（贞观年间）、宝池寺（唐会昌年间）等体现唐宋风格。宁化造纸业兴盛于明清时期，清代玉扣纸因质地优良成为贡纸。宋代宁化设平籴仓于宝池寺、安远寨等地，属地方财政系统用于调节粮价备荒。这些发展依托独特的地理环境与资源优势，见证了宁化从山区向经济文化重镇的转型，其技术创新与文化互鉴为客家民系形成奠定了基础。

5. 流通业

宁化地处闽赣结合部，虽无现代化交通设施，但在唐宋时期已形成以县城为中心的“米”字形古道网络。西门通赣道经石壁、站岭隘至江西石城，这条通道因站岭隘海拔仅 500 米成为闽赣主要交通线，宋代设驿站和铺递，明清时期设 8 个铺。北门通建宁道经安远，为南宋转运使李住晋京路线。南门通汀州道经曹坊，东门通明溪道经泉上，构成完整的区域交通体系。

矿业方面，王审知于后梁乾化元年（911）在济村置铅场，利用当地铅锌矿铸造铅钱以缓解闽国铜荒。宋代宁化设龙门新、旧银场及长永银坑等官营矿冶机构，属福建路提点坑冶司管辖。陶瓷业以济村碗窑上窑址为代表，宋代采用覆烧工艺，1 只匣钵可叠烧 10 余件黑釉或青瓷碗；泉上青瑶窑址经 2018 年考古确认为元代窑场，烧制青白瓷。建筑业以宋代寿宁桥、龙门桥为代表，慈恩古塔始建于后唐同光至北宋宣和年间，为八角形七层砖构建筑。

商业活动在唐宋时期逐步繁荣，宋代宁化设 3 个圩市，其中桐木市始建于南宋嘉定元年（1208）。长途贩运以木材、山货为主，通过赣江销往长江流域。南宋盐商晏彪起义（1230）反映了盐税矛盾。矿冶业中铅钱铸造服务闽国经济，银矿产品属官营。陶瓷以本地销售为主，造纸业兴盛于明清。

宁化在宋代是客家移民中转站，人口增长促进农业开发，明代宁化佃农大量迁入赣南。这些发展依托独特的地理环境与资源优势，见证了宁化从山区向经济文化重镇的转型，其技术创新与文化互鉴为客家民系形成奠定了基础。

6. 石壁文明构成新族群

南迁汉人历经千年辗转，在闽赣山区构建起独特的文化生态。唐初巫罗俊“泛筏于吴”的传奇，不仅开辟了宁化与外界的贸易通道，更在黄连峒创立了首个汉人堡寨，其“筑堡卫众”的防御智慧至今仍存于石壁客家围屋的建筑基因中。宋代雷氏家族的通婚图谱印证了族群融合的深度，据《冯翊郡雷氏族谱》记载，至三十五世，雷姓与外姓通婚者男丁 1370 人，娶妻 1205 人。和宁化畲族与汉人通婚者达 109 姓。

宁化科举史上的“伍氏双璧”堪称客家耕读传家的典范。唐代伍正已高中进士后，其子伍祐在宋代官至太常博士，父子相继编纂《宁化志》，开创了闽西修志传统。南宋雷观任江东提刑时，将宁化擂茶技艺带入临安，其《擂茶考》记载的“姜盐米豆”配方，至今仍是石壁祭祖仪式中的必备祭品。这种将中原茶道与畲族草药文化结合的饮食习俗，已被列入国家级非遗名录。

在宗教信仰层面，宁化呈现“三教合一”的独特景观。始建于宋代的定光古佛庙，既供奉佛教定光大师，又配祀道教张天师和儒家文昌帝君。庙内现存明代碑刻《三教合流碑》，记载着客家先贤将佛教轮回观、道教养生术与儒家伦理相融合的思想实践。而湖村巫氏家庙中“巫罗俊点将台”的传说，则将祖先崇拜与军事记忆熔铸为独特的宗族文化符号。

族群融合更催生了独特的语言现象。宁化客家话中保留的“阿娓”（母亲）、

“阿姆”（祖母）等称谓，与畲语“阿妈”“阿婆”高度相似，印证了语言学家罗香林关于“畲语底层影响”的论断。

这种语言融合在客家山歌中尤为显著，清代《宁化竹枝词》记载的“日头一出红又红，阿哥阿妹唱相逢”，既传承了中原民歌的比兴手法，又吸收了畲族“双音叠唱”的艺术特色。这些文化基因的交融，最终在明清时期孕育出“客家精神”的核心特质。明代宁化举人李世熊编纂《宁化县志》时，首创“山高水长，人文蔚起”的表述，成为后世客家人“崇文尚武”精神的经典注脚。而清代黄慎《石壁移居图》中描绘的“扶老携幼过山隘”场景，则将族群迁徙的苦难记忆升华为开拓进取的文化象征，至今仍在客家祠堂的壁画中代代相传。

三、石壁客家人的播衍

唐宋时期，宁化石壁作为客家先民的重要聚居地，既接纳了北方移民的迁入潮，又在宋末元初形成了外迁高潮。这一“双向流动”塑造了客家民系独特的发展轨迹，使其区别于其他汉族民系。

北宋后期宁化人口急剧膨胀，南宋人口峰值约 5—6 万户（约 20 万），人口密度达 66 人 / 平方千米。据《临汀志》记载，时人惊呼“地狭人稠，至有生子不举者”，生存空间的挤压迫使先民向外拓展。如《曾氏宗圣世系记》载：“宋政和壬辰年，惇公徙宁化石壁。其孙桢孙、祐孙因宋元之乱，迁居广东长乐。”这种“生齿日繁则播迁”的传统，至今仍在客家祠堂的族规中可见一斑。

中原汉人大南迁（电视剧《大南迁》剧照）

靖康之变后，宁化沦为战场前沿。南宋建炎四年（1130）虔化李敦仁起义、绍定三年（1230）晏彪潭飞寨起义，战火波及闽赣十余县。据清康熙《宁化县志》载：“绍定寇乱后，岁输米锐减近半，逃绝户达五千余。”石壁张氏家族在《清河郡张氏族谱》中详述了咸淳年间（1265—1274）举族避乱粤东的历程，印证了“宁化再无桃源地”的史实。

南宋末至元明时期，宁化先民大规模迁往闽西南、粤东北及海外。这一时期，宁化人口从南宋的 20 万降到明代不足 3 万。据《武平县志》统计，元明两代经石壁迁入的33姓中，刘氏始祖刘开七曾任潮州都统，其子刘广传创“骏马骑行各出疆”诗训，成为客家播迁的文化符号。梅州《黄氏族谱》记载其先祖黄僚任循州知州后，将宁化擂茶技艺与潮州工夫茶结合，形成独特的客家茶文化。

英国传教士艮贝尔 19 世纪在《客家源流与迁移》中指出：“岭东客家七八成源自宁化石壁。”梅州客联会研究显示，当地 75% 的姓氏与宁化存在渊源关系。新加坡客属总会至今保留“石壁公太”牌位，每年举办“返宁化祭祖”活动。这种跨越时空的根脉认同，在巫罗俊后裔巫秋玉的研究中得以印证：“石壁不仅是地理坐标，更是客家精神的原乡。”

宁化的“迁入—聚居—外迁”轨迹，恰似客家民系“滚雪球”式发展的缩影。这种迁徙不仅塑造了“四海为家”的族群性格，更通过“耕读传家”“重本抑末”等文化基因，将中原文明与山地智慧熔铸为独特的客家精神。正如罗香林所言：“宁化者，客家南迁之中转站，亦为客家文化之发酵池也。”

四、石壁客家祖地的自然形成

对于“祖地”有不同的理解和界定，如果从认为有祖先居住过的地方，就是“祖地”的话，那么无处不是祖地。因为任何地方都会有祖先居留过，无论多少，无论层次，都认为是祖地，这种泛“祖地”的认识，是没有意义的。还有人认为他这个县有几个姓，或一二姓每年前来拜祖的很多，便称是“祖地”，殊不知这几个朝拜人较多的姓氏祖先，其始祖，或是父亲，或是祖父，却是在另一个县。

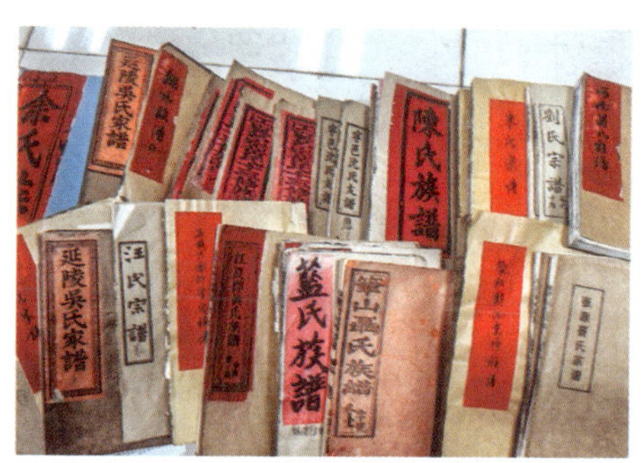

客家族谱

客家族谱馆

不认辈分，而只看后裔的“热度”，便硬说它才是“祖地”，是不是有太不理性了，福建省客家研究院原院长林开钦在其著作《论汉族客家民系》(2011)对“祖地”的认识，有其自己的理解。他认为闽粤赣边都是客家祖地，理由是“许许多多的客家人是从赣南迁出的，所以赣南是客家祖地”“闽西却成了形成客家民系的重要核心区，所以也就成了重要的客家祖地”“粤东为发展客家人品做出了重大贡献，所以也是客家祖地”“至于闽粤赣边在客家史中发挥了哪些重要作用，还是按史实说话，以利于团结，但有一个共同之处可以肯定的就是——都是客家祖地。也就是说，闽粤赣边是全球客家同胞的祖籍地”。同时，林开钦先生关于石壁客家祖地是这样写的：“宁化石壁客家祖地一般认同是‘重要中转站’，客家早期休养生息和重要聚散之一”“许多闽西客家人都是经过这通道或者在这块热土播迁出的”。林开钦先生论述客家祖地的主要因素是在客家史上所起的作用，而不是从血缘方面来衡量。我们认为可称为“客家祖地”的地方当然应该为客家史作出独特贡献，也必然会作出独特贡献。我们认定是不是客家祖地更重要的因素还应该从血缘方面考虑，正如林先生说的“客家早期休养生息和重要聚散地”这一要素。人是发挥作用和贡献的基本因素，也是“血缘”关系的要素。至于“团结”问题，唯物史观，是尊重历史的本体，而不是人为的情感。从现实看。闽粤赣三地客家人和学者对“石壁”客家祖地的认识“似乎没有太多的异议，特别是广东，他们对石壁的认知，已有一百余年，而且是最早提出“石壁客家祖地”的这一观点的，也是梅州学者的共识。

从客家世界范围看，海外客家人都是从中国迁去的，特别是闽粤赣边三地，如此而言，闽粤赣边三地都可视为海外客家人的祖地。但从具体而言，就不好统称为祖地。如梅州地区就不能是闽西的客家祖地，因为梅州客家人大多都从宁化开始经闽西到梅州，闽西对梅州有特殊的影响，但梅州对闽西影响并不大，因为从梅州返流闽西的客家人很少，有的话，也只是抗战时期，这时期迁闽西的文化影响极小。大家认定石壁是客家祖地，主要从历史总体而言，具体基于如下几点：

第一，与客家姓氏渊源最多；第二，是客家先民（客家入闽始祖）最多的栖息地；第三，是客家文化孕育中心；第四是客家最初的播迁中心（基地）；第五，在客家世界拥有最广泛的客家祖地认同。这些方面，前面记述了很多。第一，石壁客家早期（唐宋）的聚散中心，没有“之一”。这是衡量是否客家祖地最基本的要素。统计分析，客家人的百分之八十同宁化及其石壁有渊源关系。第二，自宁化外迁的客家人，是第一代、第二代的客家人，他们由外迁的后裔称为始祖或一世祖；第三，是孕育客家文化的参与者，或是创造者。客家先民高度集中宁化的时期是唐后期至南宋，这段时期正是客家文化的孕育时期，石壁被学者称为“胎盘”；第四，是客家最初的播迁中心，在南宋后期从宁化外迁的客家人，不仅是血缘的传承，也是客家“摇篮文化”的最早传播者。第五，石壁客家祖地在客家世界中取得最广泛的认同。自 1995 年石壁客家公祠落成并举行第一届世界客家人的祭祖大典，迄今已连续举行三十年，累计参加祭祖客家人的所在国和地区达 40 多个，也就是世界有 10 万人口以上的国家，都有客家人到石壁祭祖，达到 40 余万人次。他们说如果不承认石壁是客家祖地，为什么千辛万苦来到石壁。

祭祖（王惠勇　摄）

在前些年对客家文章和书籍的不完全统计，提出或认证“石壁客家祖地”有 121 条（人次）、论证“石

壁客家摇篮”的有47条（人次）、认证“石壁是客家圣地”的有28条（人次）。这应该经历一百多年不断研究论证所得出的结论。

这一结论与本书所呈现的石壁历史高度契合，是基于史料考证的客观定论。石壁作为客家祖地，绝非偶然形成，而是客家先民千年迁徙、文化积淀的必然结果。其在客家历史进程中所承载的独特功能与深远影响，使其成为当之无愧的“唯一”历史标识。

马来西亚侨领姚森良、姚美良兄弟的事迹堪称典范。姚美良1995—1998年间9次率团访问宁化，捐资建设石壁客家公祠，其先祖姚念一于元代迁居大埔任巡检司。姚森良在纪念弟弟的文章中写道：“石壁如脐带，连接着全球客家人的文化血脉。”这种超越血缘的精神认同，使石壁成为40余国家和地区客家人的寻根圣地。新加坡客属总会保留的“石壁公太”牌位，每年吸引数千人参与“返宁化祭祖”活动，印证了巫秋玉关于“精神原乡”的论断。

客家祭祖之迎祭旗（罗鸣　摄）

客家始祖牌位

据《武平县志》记载，元明两代经石壁迁入的33姓中，刘氏始祖刘开七曾任潮州都统，其子刘广传创“骏马骑行各出疆”诗训，成为客家播迁的文化符号。梅州《黄氏族谱》记载其先祖黄僚任循州知州后，将宁化擂茶技艺与潮州工夫茶结合，形成独特的客家茶文化。这种文化创新在台湾苗栗《徐氏族谱》中亦有体现：

其先祖徐一郎南宋迁居石壁，后裔徐骧在乙未战争中率义军抗日，其“宁为玉碎”的精神被镌刻在苗栗客家文化园区的纪念碑上。

石壁的历史价值不仅在于其地理坐标，更在于它承载着客家民系“耕读传家”的文化基因与“四海为家”的开拓精神。正如黄遵宪在《己亥杂诗》中所咏：“筚路桃弧辗转迁，南来远过一千年。方言足证中原韵，礼俗犹留三代前。”这种文化传承的连续性，使石壁成为全球客家人共同的精神原乡，其地位既源于历史文献的记载，也得到现代基因研究的部分支持，最终在文化实践中形成独特的象征意义。

附文一

石壁祖地寻根谒祖凝聚同心

王炳中[1]

2000 年 11 月 19 日，由王炳中率领的加拿大多伦多梅州同乡会的专车，从武夷山下奔向史称汀州府的客家地区进发，直赴龙岩市出席世界客属第十六届恳亲大会。

祖地亲情比酒浓

专车沿崎岖山路奔驰，打从车窗外望，山峦依然葱翠，茂密的森林竹林，碧绿的河水湖水，不时映入眼帘，令人不由想起“逢山必有客，有客必住山”的谚语，客家人山区故土应是近在眼前了。此时小彭司机的电话传来大会筹委会的信息：“请专车在下午 6 时赶抵宁化”，因为祖地乡亲已准备好宴会欢迎本届首批祭祖的加拿大、印尼和毛里求斯代表团，车内在播出悠扬民族音乐，小彭熟练地驾车加速前进，不久专车按时抵达张灯结彩的客家宾馆，代表们刚下车即传来熟悉的“阿姆话”客家乡音，从正门至宴会大厅欢迎之声不绝于耳，使人感受到宁化乡亲欢迎海外游子的热诚。宴会上祭祖大典筹委会罗朝祥主席首先致词，他代表宁化客家乡亲向海外祭祖团表示热烈欢迎，盛赞海外客家乡贤寻根祭祖的心意。一批正在参加“21 世纪与客家”学术研讨会的学者们也在宴会中和我们相聚在一起，香港岭南大学郑赤琰教授及北京华夏文化促进会丘权政研究员等在席间与我们共叙乡情，席间我们还同来自印尼及毛里求斯乡亲们话家常，后来不少人竟相互发现彼此还是梅州同村叔伯哩，真是有缘千里来相会。今晚我们来闽西后第一次品尝正统闽西客家菜和浓醇的客家酒娘，而心里所感受的却是比酒还浓的客家情。梅州同乡会会长王炳中应邀在宴会上讲话，他说海外游子首次回到客家先祖的故土表达我们思乡敬祖的真挚情感，今晚已深感祖地亲情比酒浓，衷心感谢祖地乡亲。宴会后又举行了客家山歌

---

① 作者系加拿大梅川同乡会会长、宁化石壁客家公祠基金会顾问。

及舞蹈联欢，同声同气同歌唱更使海外游子和祖地乡亲心连心。

古老、庄严、肃穆的祭祖大典

次日晨，代表们都提早起床，大家按照客家传统礼仪戴了黄色帽并穿上黄马褂，登上列队的祭祖专车在鞭炮声中浩浩荡荡驶向石壁祖地，大约历时一个小时车程，我们到达了宁化县石壁——世界客家人朝圣敬仰的祖地。顿时锣鼓喧天欢迎的掌声响彻石壁村，数以千计石壁乡亲向海外乡亲热烈招手，下车来，我们抬头望见“客家祖地”大牌匾，大家不约而同激动地说“来到了”，来到了世界客家人日夜盼望的祖地，此刻环看四周，高山环耸，绿树成荫，在石壁盆地之中矗立着客家公祠，这里曾是客家祖先早年栖息的地方啊！老一辈客家人都熟悉“北有大槐树，南有石壁村”的典故，但对于出生在异国他乡或在海外长大的客家裔孙，对此已知之不多或则全然不知，本届世界客属恳亲大会在闽西祖地召开，正是海外客家儿女到石壁寻根谒祖的好机会，为了实现寻根祭祖的心愿，本团顾问杨立华老先生已八十三高龄仍偕同坐着轮椅的太太随团参加祭祖大典，其敬祖虔诚备受称赞。另一位顾问钟德盛老先生想到使年轻一代见识和了解客家传统，决定邀儿子钟永成先生在餐馆生意百忙中抽出时间参加此次寻根之旅。今天他们倍感兴奋与全团乡亲一起参加祭祖大典。

庄严、肃穆并按照古老客家传统的祭祖大典开始了，来自海外的代表们和石壁乡亲排列在大牌坊前，这个三门大牌坊高达八丈，由杨成武上将敬题“客家祖地”的大横匾高悬在正门上方，随着古乐祀曲齐奏，列队的古装文武青年男女在前头开道，全体客家裔孙肃穆地穿过大牌坊正门，漫步通过一条宽广的“客家之路”，正步前往“客家公祠”，公祠上方高悬全国政协原副主席叶选平敬题“客家公祠”大门匾，客家公祠是一座飞檐斗拱，雕梁画栋，气势宏伟的宫殿式建筑，占地三千多平方米，宽阔的正殿称“玉屏堂”，端坐“客家始祖之神位”。当三位海外代表团团长共同升起祭旗后，在多位尊敬的石壁客家长者带领下全体祭祖代表肃立于公祠前厅，由梅州同乡会王炳中会长担任主祭，敬备香帛礼庶仪，率领全体参加祭祖之海内外裔孙一齐崇敬虔诚地再三顿首膜拜客家列祖英灵。前厅拜祭礼之后，我们进入中厅——神祖大殿，敬拜在神坛上排列的一百六十姓神祖牌，然后我们才进入后厅——藏宝殿，殿内珍藏各姓族谱、家谱及客家历史文物，供客家各姓裔孙寻根谒祖之查考。最后是全体参拜裔孙从长者手中接过福果，大典在鞭炮巨响声中宣告祭祖礼成。

让客家精神世代薪火相传

本届祭祖大典已圆满礼成，客家先祖自中原南迁石壁、艰苦拓基肇业的精神将永远镌刻在我们心中。石壁作为客家人的主要发祥地，是客家历史的重要里程碑。据史学家考证，客家先民本属中原汉族，是华夏民族的一支优秀民系。自魏晋南北朝起，为躲避战乱与天灾，他们陆续离开河洛地区，开启南迁历程，历史上客家人经历了五次大规模迁徙。

西晋永嘉时期，八王之乱于290年晋武帝司马炎去世、晋惠帝继位后爆发（291年贾后专政使动乱升级），随后“五胡”反晋，战乱频仍。在动荡岁月中，客家先民辗转南迁，翻越赣南平原，穿越武夷山，逐渐以闽西宁化盆地石壁为中心聚集。他们筚路蓝缕，拓荒垦殖，在此繁衍生息，历经漫长岁月孕育出客家民系与独具特色的客家文化。此后在多次迁徙浪潮中，客家先民陆续播迁至广东、广西、四川等大陆十余省区市、中国台湾地区，以及世界八十多个国家。据不完全统计，全球客家人口近亿，但确切数据因统计标准和时间差异而有所不同。大量族谱与研究表明，众多姓氏的客家先祖与石壁渊源深厚，从宁化石壁外迁的祖先，多被奉为始祖或开基祖，如李火德、刘祥、张端等。南宋时期，在石壁出生的李火德迁至福建上杭，他被尊为客家李氏大始祖，新加坡前总理李光耀、香港商业巨子李嘉诚均是其后裔。孙中山之子孙科在抗战时期曾前往河田祭祖，并修建“中山台”纪念先祖。太平天国领袖洪秀全的先祖在南宋时迁入汀州府，历经十代后，于清初南迁至广东梅县，后又迁至花都市社源水村和官禄坡村。

千百年来，历经岁月锤炼，客家民系发展壮大、英才辈出，客家文化源远流长。长期迁徙的艰难历程，也铸就了客家人坚韧不拔、团结进取、重礼重教、爱国爱乡的精神品格。石壁作为“客家摇篮”，是亿万客家人的根源所在。

加拿大梅州同乡会代表团全体代表在石壁实现寻根谒祖的心愿，大家表达了怀祖敬宗的虔诚，也深为客家的优良传统而感骄傲。福建电视台在采访王炳中会长时，问及加拿大乡亲不远万里来石壁祭祖的感受及在海外传承客家文化问题，王炳中会长表示，我们这群北美客家子孙首次来石壁祭祖，感到最难忘的收获是找到了客家的根，我们虔诚表达对客家祖先无限追思和纪念，同时也领略了中华文化和客家精神的熏陶和启迪。今后最为重要的课题是弘扬祖德及向新一代客家人传承客家历史和文化。在谈到新一代客家人时，他讲了一个很深的感受，去年参加多伦多一个客家社团会议，有一群出生在加勒比海国家的客家青年，他们不懂中文和客家话，而用纯正英语问道："我们的长辈是客家人，但什么是客家？我们客家人是哪里来的？我们的根在哪里？"他听了这番话很受感动，觉得这真是问得好，也问得及时，问题之提出既道破了客家文化传承的焦点，也突显出向新一代客家人传扬客家历史文化的紧迫性，这是历史向客家社区提出的任务。本届世界客属恳亲大会中已有许多乡贤在为此作实际之推动，我们寄望全球各地客家乡贤：今日奉祀祖妣一堂，明日同把传统传扬。让我们响应世界客属恳亲大会团结发展的倡议，共同努力使客家精神世代薪火相传，为中华民族的复兴作出贡献。

（原载加拿大《星岛日报》2001 年 2 月 25 日第 9 版）

附文二

探寻客家历史足迹

张锡磊

福建宁化县有一个石壁镇，还有一个石壁村。但在客家人眼中，石壁却不仅仅是一个村庄和一个乡镇，它是客家人心目中的祖地。说起石壁，总有一种神圣的情绪在客家人的血管中涌动。

从地域范围上说，客家人所指的石壁也不是一个乡镇和一个村庄，宁化县城西的石壁、淮土、方田、济村等 4 个乡镇统统被称为石壁，面积达 400 平方千米，包括 200 余个村庄。石壁甚至还可代指宁化县。

据宁化县客家研究会会长刘善群介绍，作为“客家中转站”“客家祖地”“客家摇篮”，在客家人的姓氏中，有 200 个以上是由宁化石壁繁衍到海内外各地，占整个客家姓氏的 88%。而且自宁化石壁播衍各地的祖先，大都被奉为客家各姓氏的始祖、一世祖或开基祖。

除了宁化石壁是早期客家人的播衍中心之外，它还是早期客家文化的传播中心，石壁的客家文化也被称为初期客家文化或客家原始文化。如宁化的方言就有“客家土语”之称。

宁化作为客家的祖地，在世界各地漂泊的客家子孙们每年都要到这里来祭拜祖先。

他们走进宁化石壁客家公祠的大门，抚摩着刻有自己姓氏起源的石碑，总会心潮澎湃。一位从太平洋东海岸留尼旺而来的老人，在宁化石壁客家宗祠内看到客家宗祠的工作人员，在一个特制的世界地图上留尼旺标注有客家人居住时，他竟像孩子般的呜呜哭了起来。

一个“世外桃源”

我是 9 月 16 日去石壁村的。在宁化县客家联谊会会长张恩庭和宁化县客家研究会会长刘善群的陪同下，从宁化县城出发，向西行驶 23 千米处，我们就到了石壁村。到石壁后的第一感觉是仿佛到了世外桃源。

武夷山走到这里，就像故意绕开一样，高高低低的山把石壁附近的 400 平方千米环绕成一片开阔的盆地。从我 9 月 8 日踏上闽西客家聚居地开始，在眼前晃动的到处是山，这样的开阔地还是第一次见。远山上是绿绿的树，汩汩清泉从山间缓缓泻出。山溪中的水很清澈，可以看到鱼儿在水底嬉戏、追逐。被山环绕的石壁盆地很平坦，地里长的是快要成熟的水稻，整个盆地被沉甸甸的稻穗染成了一片金黄。

刘善群指着西边的山说，那里就是站岭隘，是江西石城通往福建的必经之路，客家先民就是从站岭隘进入石壁的。

客家祖地的标志性建筑客家公祠就建在石壁盆地的北侧，自 1995 年客家公祠建成后，海内外的客家人就不断地来到这里祭拜客家先民。10 月 16 日至 18 日，是客家人集中祭拜的时间，每到这几天，远在美国、加拿大、马来西亚等国的客家后人也会纷纷赶来。这几天也是客家公祠一年中最热闹的时间，一大早，当地成千上万的居民就来到客家公祠的牌坊外迎接从远方来的乡亲。远方的客家人来到后当地居民用锣鼓欢迎。

走过牌坊，是一块块石碑，排列在道路的一侧。

进入客家公祠的大门，是一座大殿式的建筑，厢房和南侧的房屋墙壁上挂着各个姓氏族谱的简单介绍。来这里的客家人首先会在这里寻找自己的祖先然后站在那里久久地凝望。

祭拜大典是宏大壮观的，客家公祠的院内站满了身穿黄色马甲的人，随着隆隆的礼炮声，写有大大“祭”字的黄色大旗缓缓升起。满院子的人朝着供有各姓客家人始祖牌位的大殿齐齐跪拜在地。

祭拜完之后，客家人还要到大殿后的客家文化展厅看一看。去年，一个从留尼旺专程赶来祭拜的老者，看到展厅中的客家人世界分布图上标有留尼旺时，激

动得老泪纵横。

客家功臣巫罗俊

说起客家的形成不能不说巫罗俊，说起石壁也不能不说巫罗俊。虽然他不是最早到石壁居住的中原人，但他为石壁的开发、石壁初期的经济发展立下了汗马功劳。

隋朝末年，巫罗俊随父亲辗转到现在的福建南平附近居住，后又迁到古代的黄连峒，即现在的宁化附近居住。巫罗俊的家庭是一个官宦家庭，他自幼喜欢舞枪弄棒，又酷爱读书，是个能文善武的青年。在当地人中有很高的威望。

据宁化县客家研究会会长刘善群介绍，巫罗俊到石壁居住时，石壁已有从中原来的汉人居住。最早的应该是管姓人，但由于当时土著人的侵扰，来这里的中原汉人并不能安居乐业。

巫罗俊到石壁后，就带领人们筑起城堡，保护中原来的汉人。现在还没有考证出巫罗俊筑城堡的具体位置，但从宁化境内发现的另一个城堡来看，当时的城堡肯定很大，很坚固。在宁化境内发现的那个城堡建于唐代，说起墙的厚度，宁化客家联谊会会长张恩庭说如果在墙上建一间房的话，还会有一个走廊的空间，规模之大也令人惊叹，城堡内还建有 9 条街道。

由于巫罗俊能文善武，跟随巫罗俊的中原汉人很快过上了安稳的日子，附近的汉人闻讯后纷纷来投奔巫罗俊。

开山伐木创大业

唐朝以前石壁附近没有建制，属于天高皇帝远的地方，战火也很少燃烧到这里，相对于中原地带频仍的战乱，这里就是一个世外桃源。无法得到朝廷保护的人只有寻找自救的办法，巫罗俊筑城堡保卫汉民的做法，使跟随他的人也越来越多，石壁的经济得到了进一步发展。

巫罗俊对这一进步并没有满足，经商的意识开始在他的脑海中成长。石壁附近是一个山高林密的地区，又是汀江、赣江和闽江的发源地，山间沟壑纵横相连，从赣江可以到长江。唐朝的长江三角洲已很繁荣，巫罗俊望着满山遍野的树木经常发呆：能不能把这些树砍伐下来，通过水运把木头运到苏州、扬州一带去卖。

想法成熟后，他就开始带领跟随他的中原汉人干起来，石壁很快就通过卖木材富裕起来。

城隍庙

有了经济基础的中原汉人继续在石壁一带开发土地，为大批的南下汉人迁入石壁提供了条件。唐贞观年间，皇帝看到这里开发得很好，就在石壁设置了建制，设黄连镇。石壁适合躲避战乱并能安居乐业的名声越来越大。迅速在准备南迁的中原汉人中传播。唐末的黄巢起义和宋朝的金兵南下，使中原地带的战乱进一步升级，南迁到石壁的人越来越多，人口很快达到饱和。为了寻找新的居住点，石壁的客家先人又不断从石壁往外迁移，先是迁到闽西的永定、连城、长汀、上杭、武平等县。文天祥抗击元军失败后一部分人被逼无奈之下又迁向广东梅州，继而一部分从梅州又迁往江西南部。

后人为了纪念巫罗俊的功绩，为他建了祠堂。在宁化，城隍庙里供奉的城隍也是巫罗俊。

同姓太多通婚成难题

随着中原人不断迁入石壁，又不断迁出石壁村的居民姓氏构成发生了很大变化。客家人中 88% 的姓氏都可在古代的石壁找到，也就是说在客家人的 200 多个姓氏中，有近 200 个姓氏的客家先民们在石壁居住过。可现在，石壁只留下张、杨等几个姓氏的人居住。

特别是张姓居民在石壁占了绝大多数，在石壁地区，目前共有 8000 多户家庭，而张姓家庭就占了 6000 户。由于在石壁姓氏的单一，张姓在前几年的通婚中出现

了困难。

作为中原的汉人，心中对人伦道德看得很重，特别是同姓不结婚的思想特别浓烈，这有着很深的科学道理在里面，近亲结婚对后代的智力、身体健康方面都有很大的影响。中原汉人禁止同姓结婚也是出于这种考虑。

但随着张姓在石壁占了绝大多数，张姓青年男女的婚姻大事便成了难题。

无奈之下，他们争取了变通手法，以村中央的大路为界，修谱时不再续总谱，各自另立家谱。在通婚时不再固守同姓不通婚的规定，但必须在五辈之内不能有血缘关系才能通婚。

现在的石壁村在宁化县中经济不算落后，在石壁，烤烟是农户的最大收入，果林业在最近也发展起来。虽然石壁的地势在闽西是相对平坦的盆地，但很大一部分属于梯田，人们耕作仍是传统的生产技术，拖拉机等农具在整个闽西地区逐渐普及。

石壁也生产稻米，一年两茬，但每户种得都不多，只够自己食用。

客家原始文化在石壁

宁化县客家研究会会长刘善群说，宁化的客家文化，在整个客家地区来说，应该说是保留中原东西最多的地方。其语言保留了较多中原古语的特征，宁化的客家话因此被称为“客家土语”。

我在闽西客家地区采访发现，宁化当地的客家话比起其他地方的客家话更好懂一些。石壁话的词汇里还保留着许多古汉语，如宁化当地人不说“吃”而说“食”，宁化人还把“柴”说成“樵”等。

宁化当地的民俗也与中原民俗具有密切的渊源关系，许多在中原地区早已消失的古俗，在宁化及周边许多客家地区却仍然存在。如宁化人至今还保留着夜晚迎亲的习俗。也就是说，迎亲队伍和新郎于白天上午到达女方家，晚上子夜把新娘接上轿，约清晨时分到达夫家，然后按择定的时辰进门拜堂。

（原载《郑州晚报》2003 年 9 月 30 日第 13 版）

第二章　丰富多样的石壁传统客家文化

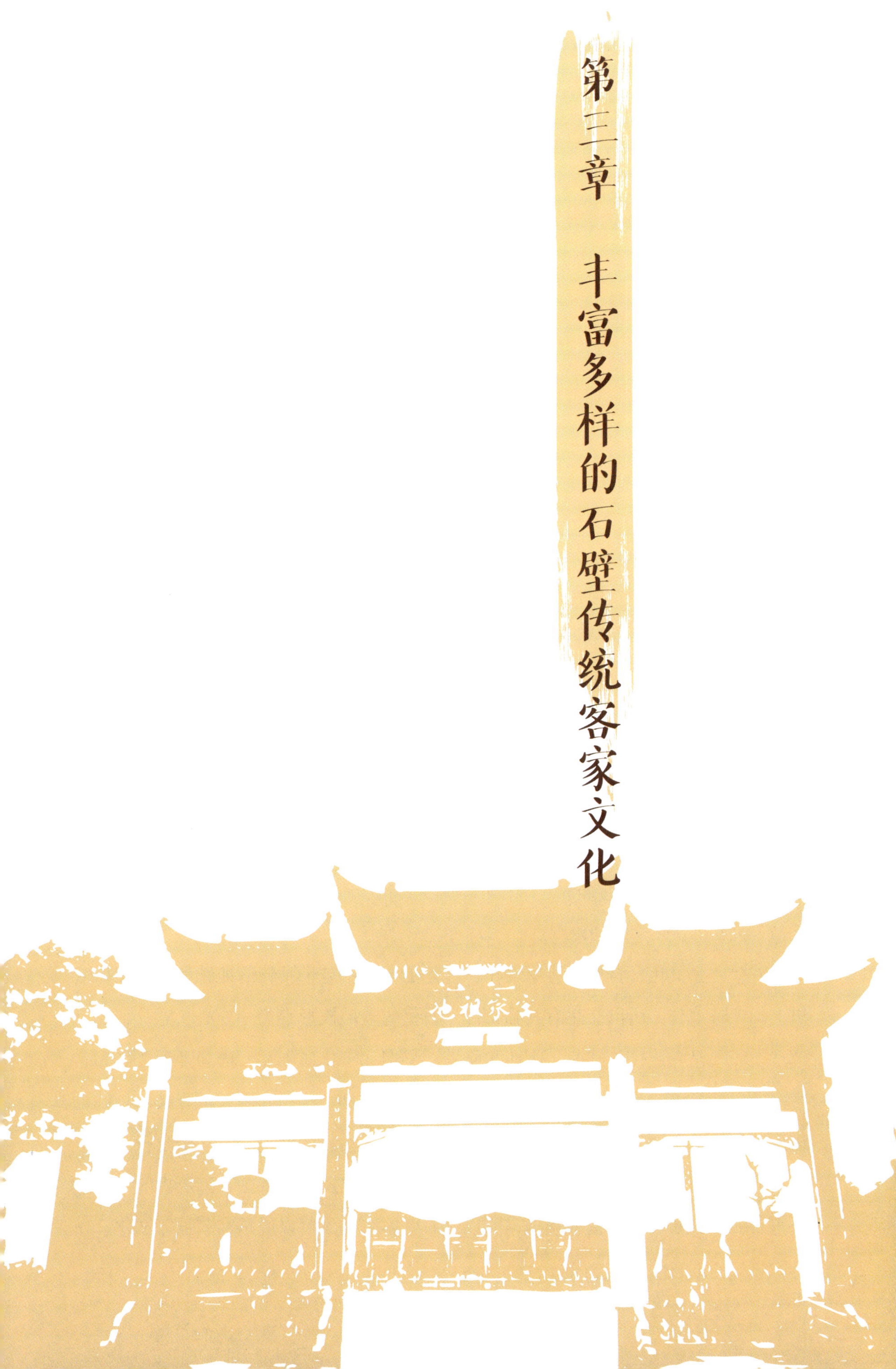

在中国地域文化中，客家文化是一个涵盖中华民族传统哲学、民俗、建筑、宗教、艺术等博大精深的文化体系，是中华民族传统精髓的重要载体，以其民风民俗的古朴而被誉为“中国传统文化的活化石”，因而客家研究得到历史学、人类学、民俗学、社会学、文学、语言学、美学、建筑学、地理学等诸多学科的青睐，在海内外受到高度重视。

西安建筑科技大学教授李隆秀在《客家文化的形成和发展》一文中对客家文化的认识是：“广义的客家文化，也就是客家人在征服自然、改造社会、改造客家人自身中，生产、工作和生活中，长期创造形成的被客家所认同和接受的成果和总和。如语言（客家话）、文字（汉字）、风俗（如客家的婚嫁礼俗、丧葬礼俗、寿辰礼俗、祭祀礼俗、人际交往礼俗、岁时节日风俗等、宗教（客家人多宗教、多信仰，各地各群体有差异）、生产生活习惯（如客家人喜欢农工商多业经营，男人在外开拓发展，女人在内持家养老带小，一姓几户十几户在一个围屋中、服饰简朴实用，饮食简单有味等）性格、气质和心态（如客家人平和、忍耐、勤劳、节俭、实际、开拓、勇敢、冒险、进取、情深、敬祖、爱国、爱乡、重教、崇正、守信、坚贞、刚强、团结、奋斗不止等）客家人的建筑物、装饰品、服饰品等的特点，及与众不同的客家妇女的特点和美德等等。”

深圳大学教授周建新在《客家文化的研究历程与理论范式》中说：“笔者试图从族群和地方社会研究中发展出一套新的客家文化研究的学术话语，其核心概念具有‘地方性’和‘族群性’，在此基础上提出‘客家文化既是一种地域文化，又是一种族群文化’的理论观点。”

石壁客家文化，自然是客家文化，但是由于石壁是个独特的地域和在客家历史上的独特地位，所以文化有其独特性。石壁的地域被形容为“三心二意”，所谓“三心”是它连接了闽北、闽西和赣南。早期，宁化属闽北，唐朝开元之后为“汀州”即闽西，同时她又紧邻江西省赣南的石城县，客家先民大部分又从石城进入宁化的。所以宁化及其石壁文化受到三地的影响。所谓“二意”是政行上分别隶属汀州府（后为龙岩市）和三明市。所以，宁化及其石壁是客家历史的一个节点，石壁又是客家摇篮、祖地，所以，石壁客家文化可以说是客家摇篮文化、祖地文化。所谓摇篮文化，就是说是一种初期文化，不是定型、成熟的客家文化，特别是语言方。但同时，它又是源头文化、中原文化、江淮文化、荆楚文化乃至赣文化，以及本地土著的越、畲文化，都融为一体，这些文化，随着客家人从宁化外迁，而带到如今的客家各地。所以石壁客家文化极具个性和独特性。

一、宁化文脉概述

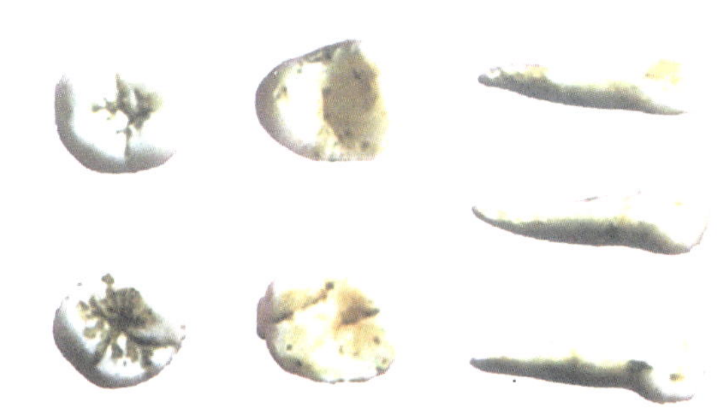

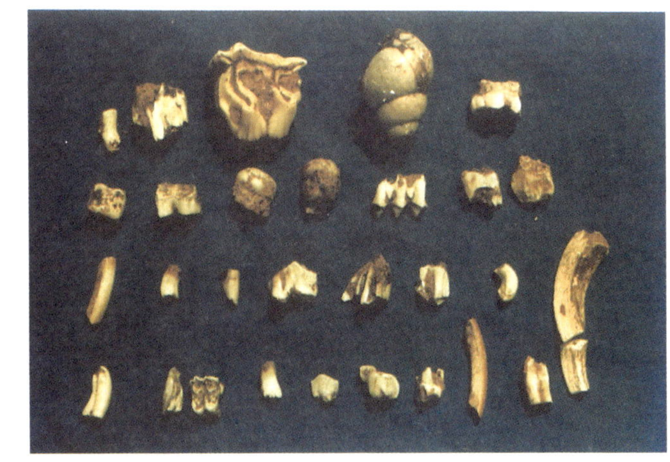

考古发现的四万年前的人类化石

文化学理论认为，一种文化通常包括物质文化、理论制度和心理文化三个层面，其中心理文化层面的作用最大。文化脉络的核心在于价值观的传承。宁化文化作为客家文化的重要源头，其形成与发展印证了这一理论框架。宁化建置虽仅千余年，但其文化起源可追溯至四万年前的旧石器时代。湖村老虎岩洞穴出土的人类化石与动物遗存，揭示了远古人类在此的生存轨迹。然而，史前文化因缺乏系统性传承，难以构成完整的文化体系。直至隋唐时期，随着中原士族南迁与行政建置的推进，宁化文化才真正进入可考的历史阶段。

宁化地处闽赣交界的武夷山脉东麓，独特的地理环境使其成为中原文化南下的重要通道。作为赣江支流与闽江支流的分水岭，宁化在历史上既是军事要冲，也是文化交融的枢纽。汉代“虚其地”政策后，越人退守深山形成峒蛮文化，而中原移民的持续迁入带来了河洛文化基因。隋末巫罗俊“筑堡卫众”的宗族治理模式，不仅重构了基层社会结构，更开启了中原文化与土著文化的融合进程。宋代“开山伐木”的经济合作进一步促进了畲汉共生，方田乡的汉人传授农耕技术，畲民协助山林管理，形成了独特的生产共同体。

从峒蛮到郡县的制度变迁，深刻影响了宁化文化的发展轨迹。唐乾封二年（667）黄连建镇，开元十三年（725）升县，标志着宁化正式纳入国家行政体系。巫罗俊“授田定税”的举措，体现了对中央政权的认同。天宝元年（742）黄连县更名宁化县，罗令纪推动的基层治理规范化，为文化发展提供了制度保障。南宋绍定年间的盐商起义虽被镇压，却加速了客家文化向闽粤赣地区的扩散。宋代宁化人口峰值达 20 万（不含清流），行政建置的完善与人口增长共同推动了经济繁荣。

经济转型为文化发展奠定了物质基础。中原稻作技术与畲族旱作经验结合，培育出“河龙贡米”等特色农产品。五代闽国铅锌矿的开采与货币铸造，标志着手工业专业化生产的开端。赣江航运构建的商道网络，使宁化成为连接长江经济带的重要节点。宋代宁化圩集达 7 个，商税厅的设立反映了商业的活跃。玉扣纸“日鉴天颜”的工艺突破，更体现了手工业的精湛水平。

心理文化层面，宁化形成了独特的价值体系。巫罗俊“自诣行在上状”的政治自觉与伍正已“明物善类”的御史精神，塑造了“修身齐家治国平天下”的伦理范式。218 个姓氏祠堂构建的宗族治理体系，将家国同构理念具象化为“族规—乡约—国法”的三级治理模式。耕读传家传统通过学宫、私塾与族产制度得以延续，宋代 29 名进士的涌现印证了教育的发达。闽学四贤后裔的迁入，推动了理学思想的本土化传播。

语言与建筑成为文化传承的重要载体。宁化客话保留中古汉语特征，“cu（坐）”“shēngpāng（生病）”等发音与《切韵》系统高度契合，被确认为客家方言的源头。泉上土堡周长 528 米的防御体系，与闽西土楼形成防御—居住的演进序列，其生土夯筑技术虽原始，却奠定了客家建筑的基本范式。婚丧礼仪完整保留周代“六礼”程序，服饰文化延续唐代遗风，体现了对中原文化的深层认同。

革命时期，宁化文化中的开拓精神升华为革命信仰。1934 年作为中央红军长征出发地之一，宁化人民展现出“剪掉髻子当红军”的坚定信念。革命遗址与红色歌谣，成为客家文化在新时代的精神丰碑。

德国地理学家拉策尔的文化传播理论揭示了宁化文化的稳定性。武夷山脉的天然屏障使宁化避开多次历史事变，外迁人口的文化反哺与相对封闭的地理环境，共同维系了文化传统的延续。尽管经历宋元明清的盛衰变迁，宁化文化始终保持着“家国情怀、耕读传统、创新精神”的核心价值。

在当代，宁化文化正经历创造性转化。“巫罗俊文化节”的举办、玉扣纸技艺传习所的设立，以及长征精神教育基地的建设，将传统文化资源转化为发展动能。这种“守正创新”的文化特质，既保持了客家摇篮的文化基因，又为乡村振兴注入了新活力。作为客家文明的母体，宁化文化在全球化背景下的传承与发展，为地域文化的现代转型提供了重要启示。

二、石壁方言

语言学家李如龙考证：“从客家方言共有的语言历史层次看：应该说它是晚唐五代之间与中原汉语分手，南下之后经过汀赣一带的动荡，宋代时在闽西、赣南定型的。”

李如龙教授在《客家方言与客家历史文化》文中说：“清初杨澜所编《临汀汇考》卷三‘畲民’条说：‘初置汀州，徙内地民居之，而本土之苗仍杂处其间，今汀人呼曰畲客’。”后来陈政、陈元光自闽西到闽南平定了反抗的畲民，原来聚居漳、潮、汀三州的畲民于宋元之后逐渐迁徙到闽北、闽东，继而又进入浙南。政府对留下的少数畲民则采取怀柔政策。南宋清官莆田人刘克庄（1187—1269）的《漳州谕畲》写道：“畲民不役，畲田不税，其来久矣”，现今分布在闽、浙、赣、皖、粤的 60 多万畲民所说的话，除了广东惠东、博罗的畲民说的是瑶语之外，其余大体上都是客家话的变种，这语言风化应是发生在客家进入闽西、粤东之后的宋代。”南宋自客家人迁徙到闽东、浙南等地的畲民能说客家话，这也就足以

证明客家话在南宋前就基本形成了。

厦门大学已故中文系教授、我国著名音韵学家和方言学家黄典诚 1986 年在闽西地区专业志稿业务讨论会上的学术报告中说："可以说，客话发源在福建宁化，本来在汀州府。毫无例外，（客家）三次搬迁，祖先大多数住过宁化的石壁村。客家老祖宗在宁化石壁村，犹如河洛话的发源地在河南固始县。这里有一本《四川华阳凉水水井客话记音》，这个地方的老祖宗，也住过宁化的石壁村。台湾的客话老祖宗也住过石壁村。大体上，客话的定型在该村留有全部的痕迹。如："坐"，客话叫 cuà，"生病"念为 sheng piāng，凡是普通话讲 b、d、g、z 客话就讲 p、t、k、c，《康熙字典》前面那个《等韵以音指南》上都是一个全黑的圈子。如"永定"的定，一定讲 tin。这个音的形成，我现在初步认为也许就在石壁。所以现在客话全都有这个特点。西至四川，东至台湾，南到南洋，没有例外。这一口气是从石壁村吹出来的。"黄典诚在抗战时期随厦门大学搬迁长汀执教，那时开始对宁化人文进行研究，直至临终都无间断。他在 20 世纪 80 年代同周长楫教授等先后三次到宁化石壁调查研究，特别在语言方面做了深入的考察和研究，新编《宁化县志・方言》（1992 年版）就是由黄、周等三教授反复审定的。他们为宁化方言志所写引言道："宁化通行的方言是客家话，属闽西客话的一种土语。"

郑州大学中文系教授崔灿在《论宁化石壁与客家方言的整合统一》文中论述"北有大槐树，南有石壁村"之后，提道：

客家先民南迁的时间上下约千年，迁出的地域主要有河南、山西、陕西、山东、安徽、甘肃等省。当时少数官宦之家和书香门第，一般用的是"雅言"，他们聚集在一起，纷纭复杂的方言势必成为经济联系、文化交流以及群众之间一切共同活动的严重障碍。所以他们就在宁化石壁这块地域广阔、人口众多、交流频繁的土地上，通过商品的长期交换、儒家文化的长期传播、客家群体的长期交往，求同存异，在公共场合逐渐使用大家都懂的"雅言"，舍弃自己的方言土语，于是客家方言就应运而生。客家方言既然在宁化石壁这一共同地域得到了初步整合统一，我们不妨以宁化石壁方言为出发点，适当结合其他县市的客家方言，探寻一下客家方言与中原古代汉语的历史联系。

崔教授认为：现代普通话中轻唇音（唇齿音）声母的一部分字，宁化石壁和其他县市客家方言仍读重唇音（双唇音）。如宁化石壁的白读里将“斧、腹、坊、符、扶、浮、峰、枫、妇”读为双唇音声母 b[p]。长汀、梅州、赣州多数纯客县的客家方言也将“斧、坊、放、符、扶、浮、蜂、枫、妇”等均读为双唇音声母 b[p]。据清代汉语语言学家钱大昕考证，古代汉语的声母从周秦至汉唐只有重唇音（双唇音），没有轻唇音（唇齿音）。汉语声母系统中古代没有轻唇音，已经为汉语学界普遍承认，一直到隋、中唐时期，其韵书《切韵》和《唐韵》里尚无轻唇音出现，仍保持无轻唇音状态，那时“碑”“府”的声母都读重唇音 b[p]，因此，在他们的反切里被切字的声母是重唇音 b[p] 时，它的切上字可以用当时读重唇音母声的“府”字，如隋唐的韵书里就用了“碑，府移切”，切上字“府”的声母现代读轻唇音 f[f]，这从晚唐以后的语音学观点来看不合理，因为切上字同被切了的声母读音不一致。但是，如果把它放在中唐之前来看，那时汉语声母系统中还没有出现轻唇音，“府”的声母也是读重唇音 b[p]，这样“碑，府移切”，就完全符合当时反切的原理——被切字与切上字声母读音相同。轻唇音的出现据考证是从晚唐五代才开始的，根据是晚唐五代的反切。南唐徐锴的《说文系传》采用了同时代朱翱的反切。在朱的反切中重唇与轻唇分得很清，根本不相混淆。如“碑”的声母读重唇音 b[p]，“府”的声母此时读轻唇音 f[f]，这时如果再用“府”做“碑”的切上字就真的违反反切原理了。所以在南唐朱翱的反切里，就用“彼”做“碑”的切上字，其反切是“碑，彼移反”。此例说明，客家人的重唇音声母来源于晚唐五代的语言系统。声母中还有一个例证，即古代浊塞音、浊塞擦音清化是分阶段完成的。古代浊塞擦音清化完成于晚唐五代，具体情况是：“从”母字合入“邪”母字，“床”母字和“神”母字合入“禅”母字，然后逐渐清化。到了北宋初年，浊塞音声母也开始清化，渠道是“并”母字合入“帮”“滂”两母，“定”母字合入“端”“透”两母，“群”母字合入“见”“溪”两母。另外根据大量语言事实分析，汉语北方方言古浊塞音和浊塞擦音声母清化以后分属的规律与声调的平仄关系极为密切。其规律是，清化后声调为平声的字读相应的送气声母，声调为仄声的字分属于相应的不送气声母，例外字很少。以古“并”母字为例：“并”母平声字，如“爬、旁、蒲、排、陪、袍、朋、平”等，绝大多数归属于双唇送气清塞音声母 p[p]，“并”母仄声字，如“部、罢、败、备”等，绝大多数归属于双唇不送气清塞音声母 b[b’]。客家方言的浊塞音、浊塞擦音声母也是在同一时期逐步清化的，清化以后，字的归属非常整齐划一，不论声调平仄，统统归属于相应的送气音清声母。如：宁化石壁和客家不少县市的古双唇浊塞音“并”母的“布”和“爬”等均读为双唇清声母送气音 b[p’]；古浊塞音声母“定”母的“头”和“豆”等均读为舌尖中清声母送气音 t[t’]；古浊塞擦音舌尖前声母“从”母字“在”和“才”等均读为舌尖前清声母送气音 c[ts’]。客家人虽然辗转迁徙，但是一直把这些中原古音带到赣、闽、粤各地，保留至今。

厦门大学黄典诚教授认为石壁是客家方言的摇篮之地，客家方言浊声母清化是石壁形成的，古浊塞音、浊塞擦音南声母清化以后，客家方言都读为气流较强的送气音，这一口气是从石壁吹出来。黄典诚教授是我国著名的音韵学家和方言学家，他所说的石壁是客家方言摇篮之地颇有道理，但是他认为古浊塞音、浊塞擦音声母清化以后读为清声母送气音，“这一口气是从石壁吹出来的”，值得商榷。我们认为，古浊塞音、浊塞擦音声母清化以后客家方言均变为清声母送气音，像其语音一样，仍来源于古代中原雅音。今河南省灵宝和陕县西部、陕西省关中地区南部多为山地，交通不发达，现在他们的方言里也将古浊塞音、浊塞擦音声母清化以后读为送气音。白涤州先生在《关中方言调查报告》中列了五十个点音缀总表，其中的古浊塞音声母“稻”字的读音至今均为 tao[t’ao] 声母为送气的清塞音；古浊塞擦音声母“坐”字的读音，今一部分调查点读为送气的清塞擦音 c[ts’] 一部分调查点读为不送气的清塞擦音 z[ts]。这说明，中原故地一部分县市的方言中也有同类现象。另外，受中原影响较大的赣方言，这种现象也普遍存在。这些都说明，客家方言将古浊塞音、浊塞擦音声母清化以后，读为相应的清声母送气音，这一口气仍然来源于中原古代汉语，它不是从石壁吹出来的。不过，这并不影响石壁是客家方言摇篮之地。因为唐宋时期逃难的客家先民来到石壁，语言存在着分歧，上述两组浊声母清化以后，也需要在石壁整合统一，否则这种语音现象在客家方言中现在不可能如此整齐一致。

客家方言的声调多数县市是五个或六个，少数县市是四个或七个，不论多少个都来源于古代四声——平声、上声、去声、入声声调多的是将某些调一分二，少的是将某个调合并于别的类。宁化石壁的声调是五个，即将古平声分为阴平、阳平，上声、去声和入声不变。众所周知，中原古代汉语的入声韵尾较早时期有 –b[p]、–d[t]、g[k] 三个，后来才逐步由 –b[p]、–d[t]、–g[k] 三个韵尾变为一个喉塞音 [ʔ] 韵尾。从古代诗词用韵来看，入声韵尾的这种变化是从宋代开始的。我们先看一个从先秦到北宋初年，诗文中的入声字韵脚三种不同的韵尾 –b[p]、–d[t]、–g[k] 各自独立，不能通押的情况。

综上所述，宁化方言继承的是唐宋时期的中原古音。语言（含方言）是人类历史的化石，宁化石壁既然继承了唐宋时期的中原雅音，同时也证明了客家家谱所载，其祖先绝大部分是在唐宋时期由中原某地迁入之说不谬。

客家方言在宁化石壁初步整合统一，然而宁化（石壁）客话，又被称为“闽西客家话的一种土语”，或称“原始客家话”，就是因为它是客家民系形成初期的语言。其他客家地区的客家话，是由客家人的流迁，从宁化承载而去，又在其地再次复合而成的。或者说，宁化客家话，由于其人口少有互动，因此在客家话形成之后，少有外部影响，所以保留了其原本的特色。而闽西、粤东、赣南则不同，其人口互动多，语言自然也变异大。梅州客家之所以会成为当今客家话的代表，是由于其扩散的范围广，使用的人口多，并不一定是正宗之故。中国社科院民族研究所罗美珍研究员说：“宁化石壁是客家方言形成时期最早的聚散中心，后来由于长汀是汀州首府，中心逐渐转移到了长汀。”说明宁化石壁客话在客家话生成和早期传播中起聚散的重要作用。宁化石壁话之所以被鉴定为客家话，就是因为其语言的基本要素属客家话，同其他文化小区的客家话大体一致，但同时又有一些差异。石壁话的词汇里保留着许多古汉语。例如称“我”为“偓”称“我的”为“偓介”、称“漂亮”为“赞”、称“睡”为“歇”、称“客气”为“拘礼”、称“穿衣”为“着衫”、称“洗脸”为“洗面”、称“砍柴”为“斫樵”、称“吃”

为“食”、称“放牛”为“胫牛”、称“白天”为“日昼”、称“筷子”为“箸只”、称“童养媳”为“细新妇”、称“哥哥”为“老伯”、称“抓药”为“执茶”、称“站立”为“倚”、称“去厕所”为“去东司”等。

宁化本地人的语言发音，至今尚保留着大量的古“入声”字，根据张锡电的研究和统计，至今尚保留的古入声字有200个以上：张锡电还认为从宁化现今保存的“入声”字中，自然能找出秦、晋、齐、鲁、燕、赵、吴、楚等地的异国原始古音来，这是在客家话整合统一之中沉渍下来的。

石壁客话同闽西、粤东客话相同的常用词汇，如：

添光（明天）、前日（前天）、月头（太阳）月光（月亮）雷公（雷）、落雨（下雨）、地（坟墓）、惜（疼、爱）、细（小）、鼻（鼻涕、嗅）、烧（燃烧、暖和）、疾（疾痛、痛）、癫（疯、疯癫）、乌（乌黑、黑）、暗（黑暗、黑）、喊（叫喊、叫或喊）、泥（泥土、泥或土）、衫（衣）、光（光明）、寒（寒冷、冷）、索（绳索、绳子）、被（被子）、调羹（汤匙）、笠嫲（斗笠）着（穿着、穿）、洗面（洗脸）、食茶（喝茶）、食（吃）、偓（我）、老公（丈夫）、老婆（妻子）、姐丈（姐夫）、行（走）、禾（稻子）、朝（早晨）、昼（中午）、颈（脖子）、面（脸）、樵（柴）、团鱼（鳖）、鲁基（草名）、黑卢（铁锈）、兜（端起来）、瓜（黄瓜）、乱迹（丝瓜）蕃（南瓜）、包粟（玉米）、禾必子（麻雀）、崖婆（老鹰）、墁（体垢）、厅下（厅堂）、陂（堤坝）、养子（生孩子）、罗（络）人（偷汉子）、铳（鸟枪）、畚箕（土箕）、蹋（捆绑）、话事（说话）、割禾（割稻）、番薯（地瓜）、芋荷（芋茎），檑钵（檑茶用具）、火笼（炼火用具）。石壁客话与其他地区客话的差异，如：

普通话	石壁话	闽西、粤东客话
睡	歇	睡目
晚上	夜边	暗晡
母亲	唔母、母	哀哩
扫墓	醮地	醮墓
客人	客人	人客

普通话	石壁话	闽西、粤东客话
蔬菜	青菜	菜蔬
儿子	子	赖子
爸爸	爸爸	阿爸
哥哥	老伯、哥哥	阿哥
眼睛	眼珠	目珠
吃早饭	食朝饭	食朝
袖子	手袖	衫袖
蚊子	蚊子	蚊家
岳父	丈人爹	丈人老
岳母	丈人母	丈人婆
洗澡	洗汤	洗身
筷子	箸只	居只

石壁客话表现出从赣语到客语的过渡现象，在词汇方面，有的同赣语，不同梅县客话，有的二语并用，如：

普通话	赣语	宁化语	梅县语
玩耍	戏	戏	燎
臭虫	臭虫	臭虫	干
哥哥	哥哥	哥哥、老伯	老伯
女人	女客	女客、妇娘	妇娘
婶婶	婶婶	婶婶	叔姩
舅妈	妗妗	舅姩	舅姩
小孩	崽、伢仔	子、子哩	癲子
看病	看病	暎病	暎病
性交	戳	戳、屌腔	屌膣
脑袋	脑壳	脑壳	头那
老婆	老婆	老婆、妇娘	妇娘
昨天	昨日	昨日	嘫晡
跳	跳	跳	

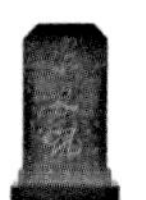

普通话	赣语	宁化语	梅县语
孵（小鸡）	抱	抱、孵	孵
掉	落	落、跌	跌
丈人	丈人公（佬）	丈人佬、丈人爷	丈人爷
忘记	赖记	赖记	天放
不	不	不、唔	唔
稀	稀	鲜	鲜
芦苇	茅	茅、芒	芒
女性	婆	婆	嫫、婆
尾巴	尾巴	尾巴、尾	尾
抓	抓	抓	掖
刮风	起风	起风	起风
冰雪化	烊雪	烊雪	烊雪
水稻	禾	禾	禾
浮萍	漂	漂	漂
烤火	炙火	炙火	炙炎
公牛	牛牯	牛牯	牛牯
公鸡	鸡公	鸡公	鸡公
水沟	圳	圳	圳

石壁话的语法与普通话及其他地区客家话的语法基本一致，但又存在一些小差异，如：普通话的名词构成辅助成分有“子”“儿”之分，石壁话只有“子”，如，鸡子、刀子等，这与其他客话相一致，但闽西、粤东在词前缀“阿”字，石壁话却没有，只有“老”，如哥，只称“老哥”不称“阿哥”、妹，只称“老妹”不称“阿妹”。

有一些词身兼几类。如：鼻，既是名词，“鼻子、鼻涕”，又是动词“嗅”。烧，既是动词“燃烧、发烧”，又是形容词“暖和”。这些与普通话不一致，但同其他地区的客话相一致。而有些客家地区的“爱”字，作助动词“要”，石壁却不然。

单音节名、量词重叠的范围基本同其他地区客话相一致，比普通话广，重叠后表示“每一”，如：日日（每一天），碗碗（每一碗），夜夜（每一晚）。

有些虚词的用法与普通话不一致，但与其他地区客话一致。如，将“添”字放在谓语后面或句末表示再，如：

食滴子添（再吃一点）

坐下子添（再坐一会儿）

有的词与普通话含义一样，但在句中的位置不同。如“倒”字：

买得一身衫裤倒（买得到一套衣服）

睁得一场电影倒（看得到一场电影）

我们从上述可以看出宁化石壁客话有南北兼容、赣客兼容的特点。“北”指江西以北至中原，“南”指宁化以南，包括纯客家地区和非纯客家地区闽南客家地区。宁化石壁客话有些保留方言，而与梅县客语不同，有的则二语并用。这些表明客家话在宁化石壁初步整合统一，在宁化石壁是客家话早期（宋、元间）的聚散中心。因为粤东、闽西的客家人大多是从宁化及其石壁迁出的，是他们带着宁化客家话到了闽西、粤东，然后再与当地原有方言作再次整合，成闽西客话、梅州客话。人类学家认为“文化的变异是一种适应性变化”，文化在传承过程中发生变异是每一种文化传播必然遇到的正常现象。闽南方言区，也有不少客家人的祖先是从宁化迁去的。诏安县秀篆游王氏是在明朝从宁化石壁村迁去的。本姓王，其始祖王念八，名宝生，原居宁化县石壁村，“永乐十二年间，天下大乱，公与兄念七公，转来漳州府漳浦，念七公居南诏所，念八公居秀篆埔坪下居住，后移井头居住。”因其“二世未婚时，有崩田游七十七公无嗣，鞠我祖为已子，娶妇陈氏，受田二石”。因“抚养恩深”而改姓游。为有所区别，又改“游”字之中的“方”为“才”，故曰“才游”氏。再后为不忘祖源，又定为“生为游，死为王”，即出生后姓游，死后墓碑署王。其族谱便署“游王氏”。该姓由明朝自宁化迁诏安。诏安属闽南方言区，但有不少客家民居小区，秀篆便是其中之一，此地也有张氏等姓，也是从宁化迁上杭，再迁秀篆的。他们至今还能讲一口流利的客家话，毫无疑问，他们的客家话是从祖地带去，传承下来的，而绝不是“土生土长”的。这也有力地说明宁化客话的传播和影响。

附文：

石壁方言与客家方言

白　秀

语言是文化的载体，是历史的产物。语言不但反映着文化的创造，记录着文化的变迁，许多文化概念还成为人们思维的出发点和固有的定式，经常在影响着人们的行动。正如L.R.帕默尔说的："语言忠实反映了一个民族的全部历史文化，忠实反映了它的各种游戏和娱乐,各种信仰和偏见。语言不仅是思想和感情的反映，它实在还对思想和感情产生种种影响。"作为文化载体之一的语言，是民族文化中的重要组成部分，在民族的形成过程中起着重要的作用。

作为汉民族内部的分支，客家民系的最终形成，是以出现了新的文化个性为标志的。客家民系的产生，其重要的标志之一，是出现了与其他汉语方言不同的客家方言。客家方言是客家文化的一个重要特征，也是研究客家文化的重要依据。方言与文化是相互关联的种事物，研究客家文化不能忽视文化，同样研究文化也不能无视方言，客家方言与客家民系是同步形成的，研究客家民系的形成就要不可避免地谈到它的方言。

本章在研究石壁方言的基础上，将石壁方言与《切韵》《中原音韵》等音系做比较，寻找石壁方言与北方方言语音发展规律的异同；通过与代表客家其他发展时期文化的梅州、长汀、赣南等地的客家方言做比较来分析石壁方言在客家方言发展过程中的地位和作用。

第一节　石壁方言概述

一、石壁方言的声韵调系统

（一）声母系统

包括零声母在内，共有17个声母。

p　杯斧飞八腹　　P^h　步别怕盘扑　m　门麻文网袜　f　方灰冯旋税

v 话微运闰远 t 到低胆党得 t^h 道太同荡淡 L（n） 怒路难兰来

k 贵经举结盖 k^h 丘跪杰权穷 ŋ 午硬雁牙瓦 h 海去虚休瞎

ts 精节招主增 ts^h 秋全权处从 s 修散扇线书 n 日泥娘女

∅ 有耳然言软

（二）韵母系统

共有 38 个韵母，其中中古人声字辅音韵尾已转化为喉塞音韵尾。

a	爬蛇架花帅	ia	野写爹谢错	ua	盖该海害队		
ɤ	资刺去猪事	iə	洗溪鸡细弟	uə	河过多果和		
ʅ	支资矢示持	i	第地姐桂基	u	故树虎蛆处	ɯ	雨虚女吕徐
au	饱桃保炒校	iau	骄悄聊浇笑				
əu	收斗钩扣袖	iəu	休优有流又				
əi	妹倍累碎灰			uəi	盔崔最奎脆		
an	反山兰旦板	ian	元面言先研	uan	钻算官宽卵		
ən	善舌针跟遵	iən	软芹匀君俊				
aŋ	胆三南甥坑	iaŋ	甜点添欠尖				
əŋ	猛棚根东钟	iəŋ	共凶用永经				
uŋ	床光党张帮	iuŋ	强香让向样				
aʔ	甲撒瞎摘石	iaʔ	业协孽叶页	uaʔ	割喝撮刷刮		
ʅʔ	织植息适席出	iʔ	踢吃壁力橘	uʔ	谷屋木族读鹿	ɯʔ	绿足局玉肉
əʔ	国舌骨北刻	iəʔ	月缺血雪节	uəʔ	着勺脚捉药		
ŋ	五伍						

（三）声调系统

共有 7 个声调。

调类	调号	调值	例字
阴平	1	334	诗方天高飞
阴平	2	35	时房平扶陈
上声	3	41	体晚五手走
阴去	5	22	盖抗爱变放
阳去	6	21	害树谢饭大
阴入	7	5	识织笔一七

阳入　　8　　4　　月人六白舌

在下文中，为了书写方便，只标单字调类，用阿拉伯数字标注于音节后。如：大 t^{h}a^{6} 飞 pəi^{1}。

二、石壁方言的语音特点

1. 古全浊塞音塞擦音声母仄声今亦读送气声母。如大 t^{h}a^{6}、步 p^{h}u^{6}、道 t^{h}au^{6}、坐 ts^{h}uə^{6}、贼 ts^{h}əʔ^{8} 这种情况占大多数，也有个别字并没有读为送气音，而是和普通话演变规律一样，变为不送气声母。如笨 pən^{5}、籍 tsiεʔ^{8}、队 tua^{5}、渠 tCiu^{2}。

2. 中古的轻唇音有一部分口语中常用的字读为重唇音。如符 p^{h}u^{2}、斧 pu 附 pəu^{1}、浮 pəu^{1}'、粪 pən^{5}、分 pən^{1}、放 paŋ^{6}、腹 puʔ^{7}、飞 pəi^{1}。

3. 中古晓母在合口洪音前多读 f，其韵母为洪音。如灰 fəi^{1}、魂 fən^{2}、花 fa^{1} 火 fəu^{3}，古匣母字多变为清音 f，一部分读 v：会 vəi^{6}、话 va^{6}、丸 vian^{2}、横 vaŋ^{2}。

4. 中古泥母在洪音前有读为鼻音 n。逢细音读为舌面音。来母字比较自由，读音在 n 与 l 之间，一般来说，与阴声韵相拼时多读 n，与阳声韵相拼时，与阳声韵相拼时，洪音读为 n。与细音相拼时，和泥母的读音趋同。

5. 古知庄章声母组与精组声母读音相同，擦音与合口相同：水 fi^{6}、瑞 fi^{3}、税 fi^{3}、旋 fian^{1}。知组个别字读人端组：爹 tia^{1}、瞪 tiŋ^{6}。

6. 古微母字分别有 v 和 m 两种声母：无 məu1、尾 məi^{3}、袜 maʔ^{7}、晚 van^{3} 武 vu3、问 vən^{3}。

7. 古疑母字在洪音韵母前读 ŋ：鹅 ŋə^{2}、我 ŋa^{3}、牙 ŋa^{1}，细音韵母前多读为舌面音 η，也有一部分字读为零声母。

8. 古日母字在石壁客话中为零声母字忍 iəŋ^{3}、让 iuŋ^{6} 和 η 声母字：日 ηi^{6}、ηi^{5}。

9. 古影、喻母字在开口前读 n：哑矮袄，细音前读零声母：移倚演英；合口韵母前为 v：永屋碗为。

10. 中古止摄开口三等支脂之三韵在与精组和知庄章组中的擦音相拼时：有一部分韵母为。（实际音值舌位比。稍高）。如师 sə^{1}、斯 sə^{1}、刺 ts^{h}ə^{5}、事 sə^{6}、子

tsə^{3}。

11、中古果摄一等，多读为 uə：歌 kuə^{1}、可 k^{h}uə^{3}、贺 xuə^{6}、多 tuə^{1}、波 puə^{1}、坐 ts^{h}uə^{6}。果摄三等常用字只有一个“茄”字，其韵母主要元音为 iau。

12. 古假摄开口三等韵母为 ia：写 sia^{3}、爷 ia^{2}、也 ia^{1}；但在章组声母后读为洪音 a .

13. 古蟹摄开口一二等韵主要元音为 a：胎 t^{h}a^{1} 买 ma^{3}，开口一等字在见组声母后读为 ua：该 kua^{1}、海 xua^{3}。合口一三等韵主要元音为 əi：雷 ləi^{1}，合口二等韵主要元音为 a：画 fa^{6}；合口三等韵在唇音和擦音后读为 i：废 fi^{5}。蟹摄灰泰韵并未完全与止摄合流。

14. 中古流摄三等尤韵中的个别字混同一等侯韵，如榴楼同韵。

15. 保留 n、n 两个鼻音韵尾。中古 m 韵尾并入 n 韵尾。

16. 中古人声字辅音韵尾变为一个喉塞音ʔ韵尾。

17. 江摄字与宕摄字韵多相混，主要元音为 uŋ：邦 puŋ^{1} 帮 puŋ^{1}。江摄中“窗双”两字与通摄字合流，同其他江摄字与宕摄合流的情况不同。

18. 通摄韵母为 əŋ、iəŋ：东 təŋ^{1} 用 iəŋ^{5} 共 k^{h}iəŋ^{5}。

19. 无撮口韵韵母。普通话中的摄口韵石壁客话中读不圆唇元音。

20. 声调七个，平去人根据古声母的清浊各分阴阳，上声不分。上声包括古上声的大部分。古浊平声亦有读为阴平的情况：牙 ŋa^{1}、爷 ia^{1}，古全浊上声读入阴去，次浊上声大部分仍读上声，也有读入阴平的情况：有 iəu^{1}、鲤 li^{1}、与 iəu^{1}。古平声次浊声母读阴平，如拿 na^{1}、爷 ia^{1}、馒 man^{1}；次浊入声大部分跟全浊入声一起演变，小部分跟阴声人声一起演变，如腊 naʔ^{8}、入 iəʔ^{8} 等字。

以上是石壁方言的 20 条主要的语音特点，罗美珍、邓小华（1995）在《客家方言》中列举了九条把客家方言与其他方言可以区别开来的重要的语音特征：

1. 部分次浊上声白读念阴平是客话与其他方言相区别的最重要的标志。

2. 江摄“窗双”两字与通摄字合流，同江摄其他字与宕摄合流的情况不一致，窗聪同韵，双松同韵。

3. 部分古匣母合口字在客话中念 v 声母。

4. 中古精组字与知庄组字在客话的演变，大致可以分为两种类型：①古精组字与知庄章组字在今音合流，这种读法分布的地区较广；②古精组庄组合流知章合流，精组字与知章组字对立。

5. 客话部分古擦音声母念塞擦音，例如：醒、试、谢、深、碎、斜、像、鼠、袖松、臊、癣等。

6. 客话蟹摄灰泰韵并未与止摄合流，如雷泪不同韵，茴毁不同韵，碎醉不同韵，灰与挥辉不同韵，显示蟹止二摄历史来源不同。客方言中，蟹止摄分别的特点是客话形成早于宋元的重要证据。

7. 蟹摄三四等分立。

8. 流摄三等尤韵混同一等侯韵，一三等同形。

9. 声调上还有两个重要的音韵特征：①少数古平声次浊声母字客话读阴平。②次浊入声大部分跟全浊人声一道演变，小部分跟阴声人声一道演变，字类相当一致。

上述客话的九个基本特征是客话的音韵通性，把客家方言与其他方言区别开来。这9条基本特征，除了第5条不太明显以外，石壁方言语音系统基本具备客家方言的绝大部分语音特征，这是石壁方言区别于其他汉语方言，隶属于客家话的重要标志。

第二节　石壁客家方言与中原古音及其他客家方言之比较

客家方言的一个重要的特点是保留了大量的古音，石壁客家方言也不例外作为客家摇篮的石壁，其古音的保留程度与其他客家地区相比，必定有所不同因此，用石壁方言与中原古音做比较，研究客家方言形成的时期，对于确定石壁在客家历史中的作用具有十分重要的地位。

一、石壁客家与客家世界的亲缘关系

客家人有“宁卖祖宗田，不忘祖宗言”的祖训，世界各地的客家人可以用“祖宗言”进行自由交谈，说明他们的语言有共同的特征。一个民系形成的重要基础就是有共同的语言。石壁是客家民系形成的摇篮，自宁化石壁出发迁移到世界各

地的客家人，在播迁的过程中带走了当地的语言。自宁化石壁出发播迁的客家人，第一站主要是在闽西，在闽西中，又集中在长汀和上杭，我们选取长汀客话作为闽西客话的代表。自宁化迁往广东的多数是经过某一地，特别是闽西中转定居粤东梅州等地区。粤东的客家方言我们选取梅县客话作为代表，梅县客家方言是客家方言的代表方言。宁化同赣南的关系比较复杂，它们之间不是单向的移民关系，而是双向的，“总的趋向是：宋代之前，由南迁往闽西，粤东北。宋代后，特别是在明清时期，则相反，由广东、闽西、迁往赣南。”这种复杂的双向移民关系，使赣南客话与石壁客话的关系更加错综复杂，一方面，在石壁客家方言中含有由赣南带来的赣方言的成分（有些特征在客家话中固定了下来，成了客方言一部分），另一方面，赣南客方言中也包含了客家人回流后带来的已定型的客家方言的语言特征，这是我们考察的重点。赣南客方言中以赣县方言为代表，与四川、广西、中国香港、中国台湾以及东南亚各国客家人的方言，有着直接或间接的源流关系。如四川客家是“在客家成熟之后的明清时期，特别是在清代的‘湖广填四川’的大规模移民运动中”中迁入的。“宁化的客家人有直接迁四川的，而大部分是通过闽西、江西的赣南迁入的。”广西的客家人是在明清，尤其是清代，由广东、福建成批涌入的。“他们多是宁化客家的后裔，经过闽西、广东而迁入广西。”在海外的客家人非常多，这些人大多是宁化客家后裔，“经过闽西或广东某地，再出海到香港、台湾和东南亚各地。时间上，最早的在宋朝，而大多数是在明清时代，特别在清代最多。”四川、广西、港台以及东南亚各国的客家人都与宁化石壁有着或近或远的亲缘关系。但由于这些地方的客家人都是通过一定的中转站，如闽西、广东等地迁出的，而且他们迁出的时间较晚，多在客家民系成熟以后的明清时期，可以说，他们所带走的是已经成熟的客家话，与现在的闽西、广东客家话已无大别。它们之所以有所不同，主要是因为到了新的地方以后，受当地方言的影响，或多或少地发生了一些改变，但其从闽西、广东等地带出来的客家话的主要特征并没有完全消失，因此，在与石壁方言做比较时，不再把这些方言一一列出。

二、石壁客家方言与中古音及长汀、梅县、赣县客家方言的比较

下面就石壁方言的几个主要的语音特点与中古音进行比较，寻找石壁方言的语音演变规律，同时，把石壁方言与梅县、长汀、赣县的客家方言的主要特征作一详细比较，以此来讨论宁化石壁在客家世界中的地位。文中所用长汀、梅县赣县的方言材料，除特别注明外，均来自李如龙、张双庆《客赣方言调查报告》（厦门大学出版社，1992）。

（一）古全浊声母仄声字声母清化后今读送气音

在石壁方言中，古全浊声母已经清化为相应的清声母。与普通话不同的是，古全浊声母仄声字声母现在有一部分读为送气音。这是客家方言中较普遍的一种语音现象，但这种现象在各个地方的客家方言中的分布并不一致。列举如下：

	大	坐	部	步	簿	肚	弟	达	绝
石壁：	t^{h}a^{6}	tsuə^{1}	p^{h}u^{6}	p^{h}u^{6}	p^{h}u^{6}	t^{h}u^{3}	t^{h}iɛ^{1}	t^{h}aʔ^{8}	ts^{h}iɛʔ^{8}
梅县：	t^{h}ai^{56}	ts^{h}ɔ^{56}	p^{h}u^{56}	p^{h}u^{56}	p^{h}u^{1}	tu^{3}	t^{h}i^{56}（t^{h}ai^{1}）	t^{h}at^{8}	ts^{h}iat^{8}
长汀：	t^{h}ai^{68}	ts^{h}o^{1}	p^{h}u^{36}	p^{h}u^{68}	p^{h}u^{68}	t^{h}u^{1}	t^{h}e^{1}	ta^{27}	ts^{h}e^{68}
赣县：	t^{h}æ^{56}	ts^{h}o^{1}	pu^{56}	p^{h}u^{56}	p^{h}u^{1}	tu^{56}	t^{h}i^{3}	t^{h}aʔ^{78}	tɕieʔ^{78}

在普通话和大多数北方官话区方言中，中古全浊声母的清化规律是浊塞音塞擦音声母在演变为清声母时逢平声转化为相同部位的送气声母，逢声转化为不送气声母，次浊声母变化为相应的清声母。与之不同的是，客家方言全浊声母在清化时，仄声声母有很大一部分读为送气声母。如上所列的石壁方言也是如此。长期以来，许多方言研究者都把这一特征作为客家方言区别于其他方言的一个重要的特征。但我们发现，这种说法是不够严谨的，全浊塞音声母清化后读为不送气音，在其他方言中也存在这种现象。江苏的如皋、泰州、南通、盐城；山西的洪洞、万荣、运城、垣曲、隐县、永和、大宁；陕西的三水（相邑）、商县清涧；河南的灵宝、陕县；安徽的旧徽州府（休宁）、黔县、绩溪岭北等徽州地区以及粤语的一种方言都存在。而现代客家地区如赣南、闽西、粤北、粤东、粤西、台湾，以及各地客家人聚居地都有这一语音特点。丁邦新（1987）在讨论北方官话的演变中发现，在唐代的汉藏对音以及宋初的西夏文等历史资料中，官话全浊塞音声

母清化时除一般平声变送气，仄声变不送气外，还有全部变为送气清塞音和全部变为不送气清塞音两种类型。这是客家方言来源于北方方言的一个力证。在当时北方官话浊音清化即存在着这三种趋向，这应该是当时出现的三种地域性的差异，这三种现象以第一种现象生命力最强，它成了北方官话全浊声母清化规律的主流。而第三种现象则随着客家迁徙的路线，一路上留下痕迹。因此，可以说，全浊声母仄声字读为送气音声母是客家话中保留的唐代层次的语音现象。这虽然不是客话中独有的语音现象但也说明了客家话的形成应不早于唐代。

（二）古非敷奉母今读双唇音

“古无轻唇音”是清代钱大昕对上古音现象研究得出来的一个结论。钱氏在《音韵问答》提到说，“古无轻唇音”，认为凡“轻唇之音，古读皆为重唇”“凡今人所谓轻唇者，汉魏以前，皆读重唇”。这话的意思是说，凡后代发轻唇 [f（v）] 声母的字，在上古音里都读为重唇音 [6] 或 [p] 或 [m]，即在上古时期，是没有轻唇音的。据崔灿（1998）论证，轻唇音的出现是从晚唐五代才开始的，根据是晚唐五代的反切。南唐徐锴的《说文系传》用的是同时代朱翱的反切，在朱翱的反世中重唇与轻唇分得很清，根本不相混淆。这说明当时轻重唇已经分化了。这是较早的关于轻重唇分化的例子。北方官话正是沿着这一轨迹演变的，到现在轻重唇音已经分别得非常清楚了。

在石壁方言中，尤其是口语当中，却还保留着一部分重唇音。这种语音现象在其他客家话中也存在，但其分布并不均衡。列举如下：

石壁：符 pu^{6} 斧 pu^{3} 扶 pu^{2} 飞 fi^{1}（pəi^{1}）肥 pei^{2} 浮 pəu^{1} 分 pəu^{1} 粪 pən^{5} 放 piaŋ^{5}（foŋ^{5}）附 p^{h}u^{6} 腹 puʔ^{7}

梅县：符 fu^{2}（p^{h}u^{2}）斧 p^{h}u^{3} 扶 fu^{2}（p^{h}u^{2}）飞 fi^{1}（pi^{1}）肥 p^{h}i^{1} 分 fun^{1}（pun^{1}）粪 pun^{56} 冯 p^{h}uŋ^{2}

长汀：符 fu^{27} 斧 fu^{3}（pu^{3}）扶 p^{h}u^{27} 飞 fi^{1}（pe^{1}）肥 p^{h}e^{27}feŋ^{1}（peŋ^{1}）粪 peŋ^{5}

赣县：在《客赣方言调查报告》中，无此类语音现象。

应该说，在客家话中所存在的这一语音现象所反应的应当是上古音层次古“非敷奉”三母读为双唇音，这种现象从地域上的分布来看，石壁保留的最好，而闽

西的长汀和粤东的梅县保留的相对来说少一些，赣南地区赣县客家话中这种现象几乎没有。在赣语中，很少出现唇齿音读为双唇音的现象，很有可能赣县客话受到赣语的影响。从“古无双唇音”语音现象的保存程度，验证了客家人流动的路线。

在石壁方言中，古微母字分别演变为 v 和 m 两种声母。无 məu¹ 尾 məi³ 袜 maʔ⁷ 晚 van³ 武 vu³ 问 vən³。如第一节所述，在石壁方言中，轻唇音已经一部分从重唇音中分化出来，分化出来的部分合为 f，微母有文白异读的情况，在口语中较常用的词读为 m，文读的声母为 v 母，这种现象在其他的客话方言如梅县、长汀、县方言中也存在。

（三）古晓、匣母的读音演变

中古晓、匣两母字在客家话中的演变比较复杂，但晓、匣母字与开口字相拼时演变为喉擦音 h，在各个客家方言中都较为一致，与官话方言中的演变也大致相同。但是，晓母与匣母与合口字相拼，类型多变。现简述如下：

石壁：晓母：在合口一、二等前读发生唇化，读为 f，在合口三、四等前除了在遇摄和通摄三等韵前读 h 外，其余都读 f。例外：通摄合口三等字蓄 khiau。

匣母：匣母在合口韵前多数唇化，读 f，v，在少数口语中常用的字前读为 v。在果摄、山摄和宕摄合口一、二等前读为 v，其余读为 f。

梅县：晓母：在与合口一、二等韵相拼时唇化，在合口一等韵前读为 f，与假摄合口二等韵相拼时，读为 f，在蟹摄和梗摄合口二等前读为。与合口三四等相拼时为 h。

匣母：与合口一、二等相拼时唇化，在遇摄、蟹摄、臻摄、通摄前为 {，果摄、宕摄、山摄和梗摄前读为 v；与合口三四等相拼时，与晓母相同，读为 h。长汀：晓母：与合口一、二等相拼时唇化，读为 f，其中，蟹摄合口一等韵“灰”字有 h、「两种读法，蟹摄合口二等字“歪”字声母为 v；与合口三、四等相拼时为「。

匣母：与合口一二等相拼时唇化，在遇摄、蟹摄、臻摄、通摄前为 f，果摄、宕摄、山摄和梗摄前读为 v；与合口三四等相拼时，与晓母相同，读为「。

赣县：晓母：与合口一、二等相拼时只有果摄和蟹摄合口一等字唇化为 f，其余为喉音 h。与合口三、四等韵相拼时为 c。

匣母：与合口一、二等相拼时只有果摄和蟹摄合口一等字唇化，其余为h，其中，果摄和山摄合口一等唇化为v，遇摄合口一等唇化为f。与合口三四等相拼时，为c.

从上面的分析可以看出，石壁、梅县、长汀三地晓匣母唇化现象较为明显，其中尤以石壁为最。在石壁方言中，晓、匣母合口三四等韵也是唇齿音声母，比其他三地更为彻底。赣县方言晓匣母唇化程度最轻，只有少数几个口语中常用的字如“火”“禾”虎”歪”等字。前文谈到，“晓、匣”母合口字由舌根音变为唇齿音f、v，是客家话独特的发展。而赣县方言在这一方面的特点非常不明显。

据王力先生研究，晚唐五代时，晓、匣母仍清浊对立，到了宋代，全浊声母全部消失，匣母并入晓母。客家话中晓、匣合口的字，出现了唇化现象，已由喉音[h–]、[y–]变为唇齿音[f–]，显然是由于受圆唇元音[u]的影响。但仍有–小部分匣母合口字还保留浊音，没有并入晓母，例如“话、滑”念[v–]，有一部分匣母合口字已和晓母合并，念[f–]，例如“湖、护”。并入晓母的符合宋代中原汉语的发展规律，保留浊音的是宋代以前的现象，由喉音变为齿音则是客家话的独立发展。这种现象在宁化石壁方言中也是比较突出的。

（四）古泥、来母的读音演变

在石壁方言中，泥母与来母一部分混同，现列表如下：

	脑	老	难	兰	泥	犁	年	莲
石壁	lao^{3}	lao^{3}	lau^{1}	lau^{1}	ȵi^{1}	liɛ^{1}	ȵian^{1}	lian^{1}
梅县	nau^{3}	lau^{3}	nan^{2}	lau^{2}	nai^{2}	lai^{2}	ȵian^{2}	lian^{2}
长汀	nɔ^{3}	lɔ^{3}	anŋ^{27}	laŋ^{27}	nɛi^{2}	lɛi^{2}	niẽ^{27}	liẽ^{27}
赣县	nɔ^{3}	lɔ^{3}	nã^{2}	lã^{2}	ni^{2}	li^{2}	niẽ^{2}	liẽ^{2}

可以看出，以上四种方言中，只有宁化石壁方言出现泥来母相混的情况。梅县、长汀、赣县方言泥来母都没有相混。这是客家话的主要类型。泥来母相混是石壁方言有别于其他客家方言的独特之处。

谢留文《客家方言语音研究》把泥母和来母的分合和音值的分合情况，分为三种类型：不混型、半混型和全混型，并指出客家方言以“不混型”为主要类型，而语以“半混型”为主要类型。从上面的分析可以看出，石壁方言属于“半混型”。

另据丁邦新（1978）对明末豫章新建（今江西省南昌市新建县）人张位所著《问奇集》的研究和古屋弘昭（1992）对明末清初江西宜春人张自烈所著《正字通》反切的研究指出，当时的新建话的宜春都是 n、l 不混的，属于不混型，现在都已变成半混型方言了，可见发生在这种变化是明末清初以后的事。这虽然是就赣语而言，但是客家话发生这种变化的时间也不会很早，单就宁化石壁方言来说，也很有可能是受到别的方言的影响而致。

（五）古知庄章精组声母的演变

在客家方言中，古知庄章精组声母演变“从音类的演变来看有两种类型：第一种，精知庄章合一，某一类声母：第二种，精知二庄组读一类声母，知三章组读另一类声母，……”石壁、梅县、赣县方言属前一类，长汀方言属于第二类。

	早精	千清	墙从	西心	谢邪	摘知二
石壁	ʦau^{3}	ʦ^{h}iao^{1}	ʦ^{h}iaŋ^{2}	si^{1}	sia^{5}	ʦaʔ^{7}
梅县	ʦau^{3}	ʦ^{h}iao^{1}	siɔŋ^{2}	si^{1}	ʦ^{h}ia^{56}	ʦak^{7}
长汀	ʦɔ^{1}	ʦ^{h}iẽ^{1}	ʦ^{h}iɔŋ^{2}	ɕi^{1}	sia^{68}	ʦa^{27}
赣县	ʦɔ^{1}	ʨ^{h}iẽ^{1}	ʨ^{h}iõ^{2}	ɕi^{1}	ʨ^{h}ia^{56}	ʦaʔ^{78}

	茶澄二	窗初二	衫生二	装庄三	庆祟三	猪知三
石壁	ʦ^{h}a^{2}	ʦ^{h}əŋ^{1}	saŋ^{1}	ʦuŋ^{1}	suŋ^{2}	ʦɤ^{1}
梅县	ʦ^{h}a^{2}	ʦ^{h}əŋ^{1}	sam^{1}	ʦɔŋ^{1}	ʦ^{h}ɔŋ^{2}	ʦu^{1}
长汀	ʦ^{h}a^{27}	ʦ^{h}oŋ^{1}	saŋ^{1}	ʦɔŋ^{1}	sɔŋ^{27}	ʦʉ^{1}
赣县	ʦ^{h}a^{2}	ʦ^{h}õ^{1}	sã^{1}	ʦõ^{1}	ʦ^{h}õ^{2}	ʦu^{1}

	抽彻三	赵澄三	隻章	尺昌	食船	瘦书	熟禅
石壁	ʦ^{h}əu^{1}	ʦ^{h}au^{3}	ʦaʔ^{7}	ʦ^{h}aʔ^{7}	siʔ^{8}	səu^{5}	suʔ^{7}
梅县	ʦ^{h}u^{1}	ʦ^{h}au^{56}	ʦak^{7}	ʦ^{h}ak^{7}	sət^{8}	sɛu^{56}	suk^{8}
长汀	tʃ^{h}əɯ^{5}	tʃɔ^{68}	tʃa^{27}	tʃ^{h}a^{27}	ʃɿ^{68}	səɯ^{5}	ʃʉ^{63}
赣县	ʨ^{h}io^{1}	ʦ^{h}ɔ^{56}	ʦaʔ^{78}	ʦ^{h}aʔ^{78}	sɛʔ^{78}	ɕio^{56}	suʔ^{78}

从上述例字可以看出，石壁、梅县、赣县三地的客家方言中精知庄章三组已经完全合流，其中，石壁和梅县方言中无论韵母洪细，合流后的声母都读为 ȿ、t”、 s；赣县方言合流后的声母与洪音韵母相拼读为 6、t”s，与细音声母相拼读为 t，ts"，8。长汀方言中精庄知二合流，读为 6、s，知三与章组合流，读为 ttrh fo

知庄章合流，读如精组，这种语音现象属于出现得比较晚的语音层次。邓晓华《论客家方言的断代及相关音韵特征》（1997）曾指出：客话内部方言间横向比较表明："客话的早期形式应是知章组合一，庄组独立（虽与精组合流，但与知章分立）的音韵格局，这种格局正好与客方言形成的时代相符，对比晚唐五代宋北方语言材料：唐玄奘、不空、慧琳对音反映知章庄三分，五代朱翱音相同。而唐五代西北方音知章合，庄组少数字与知章合，其余大致有别。但宋代却没有庄组字独立的材料，宋人 36 母照二三合流，汗洛音则舌上与正齿合并。南宋朱嘉音庄组字二分，部分同精组，部分与知章合。可见，客话知庄章早期格局应早于宋代音韵。"而客话中知庄章组与精组字合流的最后完成，是在最近一百多年的时间内完成的。从 19 世纪中叶至 20 世纪初香港巴色会传教士的罗马拼音著作中可见：当时客家话存在两套塞擦音、擦音声母，其中精组、庄组与知组二等合流，知组三等与章组合流。而实地调查显示，今天的新界客家方言仅存一套塞擦音、擦音声母，即精、庄、知、章组已完全合流。这一现象有力证明：新界客家方言声母系统中精、庄、知、章组的完全合流，是在近一百多年间完成的历史演变。

在石壁方言中，章组声母与合口细音相拼时，出现了读为唇齿音 f 的现象这在其他的客赣方言中并不多见，从《客赣方言调查报告》来看，客家方言中只有福建建宁和江西宜丰的"水"字声母读为 f。但在其他方言中可以见到这种语言现象。

"中原官话中的汾河片及关中片中也存在着古知庄章组声母字读为的现象。"山东单县、成武、巨野方言也存在这种语言现象，可能与本地移民来自山西有关。石壁方言中的语音现象，也很有可能是第一批客家先民从中原迁出时带来的古音。

至于知组中有少数口语中常用的字读同端组字的情况，应该是上古音的遗留，据钱大昕研究：古无舌上音。在《经典释文》的反切中，大量的事实也证明了，直到隋代，知系还没有从端系分化出来。

（六）中古止摄开口三等韵的演变

古止摄字支脂之三韵分别，据祖谟《宋代汴洛语音考》说："止摄支脂之微

四韵通用，自唐代已然。”王力先生在《汉语语音史》中讨论隋至中唐时代的韵部时，经过考证陆德明《经典释文》和玄应《一切经音义》的音系，指出“支脂之三部合并为脂部”，并以这一时期的诗歌押韵为例证实这一观点。这说明，从隋唐时期开始，才出现支脂之三韵合流的情况。《切韵》音系中支与脂之分立，这反映了隋唐以前的语音特征。在石壁方言中，保留了少量的支与知之分离的痕迹：xiε^{3}——市 sɿ^{6}。

除了石壁方言以外，福建长汀、永定，广东电白等地的客家方言中也存在这种情况，梅县、赣县客家方言没有出现。总之，客家方言中支与脂之分别，保留的是唐代以前的语音层次。

在石壁方言中，中古止摄开口三等支脂之三韵在与精组和知庄章组中的擦音相拼时，有一部分字韵母为↘。如舐 sx’ 师 sx' 斯 sx' 刺 'x' 事 sx' 子 ty’ 这种现象在许多客家方言，如宁都、西河、石城、香港（西贡）、东莞（清溪）、电白等地都存在。这种韵母变化虽然是以精庄组声母为条件，但并不是所有的精庄组声母都一起发生变化，而是有的发生变化，有的不发生变化，其变化没有规律可循。据谢留文研究，这种现象极有可能是早期客话的一种残留，在止摄支脂之三韵合流之前，精庄组韵母已经发生变化。止摄三等韵母最后发生了合流之初，合流后的韵母极有可能不是 i；由于后来止摄三等读 i 成了汉语演变的一个趋势，客家话也受到影响，有些方言全部变成了 i，有的方言的演变还没有完成，在精庄组字的韵母里还保留着早期韵母的痕迹。可以说，这种语音现象产生的时间比支脂之三韵合流更早，是早期客家话的残留

（七）中古遇摄鱼、虞不同韵中古鱼、虞两韵是两个不同的韵部，到了魏晋南北朝时期，两韵出现个别字混用的现象，如《颜氏家训·音辞篇》中提到“南人以钱为涎，以石为射，以贱为羡，以是为舐，北人以庶为戍，以如为儒，以紫为姊，以洽为狎”“北人之音多以举莒为矩”，可以看出，这里南音与北音出现了鱼虞是否合韵的差别，南方方言中鱼虞分别，而北方方言中鱼虞两部已经出现混读的现象。谢留文引后来周法高潘悟云等学者的考证，西北方言、长安方言、蜀中方言以到东北的幽冀方言都能区别鱼、虞两韵。证实了在广大的北方地区也

是能区分开两韵的。到了隋唐时代，据王力先生（1985）考证，在《经典释文》中，“有鱼与模混切的例子”“这应该是方言现象”。宋代，鱼虞合流，“《四声等子》《切韵指掌图》《切韵指南》中的鱼虞模合图显示，三等鱼韵字与虞韵同一横行，说明了这个问题。”从上面的分析可以看出，鱼虞合韵是宋代开始大规模出现的语音现象。但在石壁方言中，还保留着鱼虞分立的痕迹，如猪住不同，去句不同等等。长汀方言中也存在这种语音现象。举例如下：

石壁	锯 kɤ^{5}——句 kiəu^{5}	猪ʦɤ^{1}——注ʦu^{5}	苧ʦ^{h}ɤ^{3}——住ʦ^{h}u^{6}
长汀	锯 ke^{3}——句ʧi^{1}	助ʦ^{h}u^{3}——住ʧʉ^{3}	鱼ŋe^{27}——芋 i^{68}

鱼虞分别有见于闽西的永定、上杭、长汀、清流、宁化等地，是客家话中保留的宋代以前的语音层次。梅县和赣县方言中没有这种语言现象。可能和附近方言的影响有关。

（八）中古蟹摄的演变在石壁客话中，中古蟹摄的韵母读音非常复杂。开口一等咍（以平赅上去）韵泰韵除见组字和晓匣母字韵母为 ua 外，其余并入开口二等韵 a 中，如：该 kua 改 kua^{1} 概 kua^{3} 海 xua^{3} 害 xua^{6}；呆 ta^{1} 太 t^{h}a^{5} 在 ts^{h}a^{3} 才 ts^{h}a^{3} 爱 va^{3}；排 p^{h}a^{2} 埋 ma^{1} 介 ka^{5} 买 ma^{3} 奶 la^{3} 债 tsa^{5} 街 ka^{1} 鞋 xa^{2} 蟹 ka^{6} 矮 ŋa^{3}。在许多客家方言中蟹摄能区分开口一二等，如梅县方言见组字一等是 [i]，二等是 [ai] 和 [iai]；长汀方言见组一等字韵母为 [ue]，二等字韵母为 [ai] 和 [a]；河源方言一等是 [uai]，二等是 [ai]，但是现在客家方言中也有很大一部分字一等读如二等了，如上面所举的几种客家方言中，就有很多蟹摄开口一等字读如二等字。赣县方言、南康方言一二等韵母相同，一等全部读如二等，韵母都是 [iæ/æ]。这些现象反映出一二等合流的总体趋势。

石壁方言中，中古蟹摄开口三等韵和四等韵读音更为复杂，总体上来说，开口三等祭韵和废韵与泥来母相拼时为 ie，与其他声母相拼时为 i。开口四等韵与帮组相拼时，韵母为 i，和端组相拼时大部分读 i，还有个别的读 ie，如低 tie’、底 s' 弟 e'，其中梯读为 kua'；与精组和见组声母相拼时，读音也是两种情况都存在，读 i 还是 ie，并无规律可循。总之，在石壁方言中，蟹摄开口三等韵除来母字“例”字以外，其余全部读如止摄开口，但蟹摄开口四等齐韵却有一部分并没有与止摄

开口合并，如前面所述。蟹摄开口三四等分立，梅县、长汀中也存在大量的例子：

梅县：批 $p^{h}ai^{1}$ 低 tai^{1} 梯 $t^{h}oi^{1}$ 犁 lai^{2} 洗 $s\ \varepsilon\ i^{3}$

长汀：批 $p^{h}e^{1}$ 低 te^{1} 弟 $t^{h}e^{1}$ 洗 se^{3} 泥 ne^{3}

赣县方言中蟹摄开口三四等已完全与止摄开口合并。齐韵在唐诗中独用，唐五代西北方音里蟹摄三四等有别，齐韵字以“e”对译；至宋代，齐韵与祭、废韵一同混入止摄。唐代时，祭、废韵字已与齐韵去声霁韵混读，这可从《经典释文》《一切经音义》的反切及唐人诗歌押韵中得到印证。但此时它们与支、脂、之、微韵仍有区别，仅有个别偶然通用现象。至宋代，蟹摄的齐、祭、废韵与止摄的支、脂、之、微韵才合为一类。蟹摄开口三四等分别，反映了在石壁方言中比较完整地保留了宋元以前的音韵特点，是客话形成早于宋元的有力证据。中古蟹摄灰泰韵并未与止摄合口完全合流，如雷 $ləi^{1}$ 累 lai^{3} 与类 lai^{3} 不同：最 $tsuəi^{5}$ 与醉 tsi^{5} 不同；灰 $fəi^{1}$ 与挥 fi^{1} 辉' 不同。梅县、长汀、赣县方言中也不同程度地存在这种现象。邓小华（1997）认为蟹摄灰泰韵与止摄合口分别的特点是客话形成早于宋元的重要证据。《切韵》音系虽然“兼有古今方国之音”不完全是一时一地之音，但它确实反映了齐梁至隋唐之间汉语语音系统的时代特点。盛唐诗押韵止蟹二摄泾渭分明，彼此不相混淆。晚唐朱翱音切灰废泰合口归灰堆与止摄合口异，唐五代西北方音灰微不混；但至宋汗洛音、朱熹音已混同；宋词中大量出现灰贿队泰（合口）由皆来部混同齐微部的通押现象。《切韵指掌图》已将灰泰合口字和支脂微齐祭废诸韵系字合口并入第十九合口图中：至元朝《中原音韵》皆来部的合口已完全与齐微合并。”客方言中所保留的蟹止两摄的分别现象所保留的语音层次应当是宋元以前的语音现象。这是客家话与北方方言在宋元前分道扬镳的重要证据。

（九）中古江摄“窗双”两字与冬韵合流

在石壁方言中，江摄字中的大多数与宕摄字合流，韵母为 uŋ：邦 $puŋ^{1}$ 帮 $puŋ^{1}$。但“窗双”两字却读为 $ts^{h}oŋ^{1}$，$səŋ^{1}$，与冬韵字合流，“窗聪”同音，“双松”同音，韵母与通摄字相同：东 $təŋ^{1}$ 蒙 $məŋ^{2}$ 用 $iəŋ^{5}$ 共 $k^{h}iəŋ^{5}$ 相同。这种现象在其他客家话如梅县、翁源、河源、宁都、长汀等方言中也相当普遍，仅以梅县方言和长汀方言为例。

梅县　　窗 ts^{h}oŋ^{1}　双 suŋ^{1}　　葱 ts^{h}oŋ^{1}　松 suŋ^{1}

长汀　　窗 ts^{h}oŋ^{1}，双 soŋ^{1}　　葱 ts^{h}oŋ^{1}　松 soŋ^{1}

赣县方言中江摄字全部与宕摄字合流。据王力《汉语语音史》（1985），在先秦一直到魏晋南北朝时期，江韵和冬韵同属于一个韵部，韵母相同。隋唐时期，冬韵中的二等韵分化出来，成为独立的江韵。《切韵》音系中冬江分韵，也反映了这一现象。客家方言中所独有的“窗聪”“双松”同音的语音现象，是上古音的残留，是第一次客家大迁移时保留下来的语音特征，属于较古的语音层次。而大部分的客家方言都比较完整地保留了这一语音现象。

（十）古全浊、次浊上声白读念阴平

中古次浊声母白读为阴平，历来被认为是客家话区别于其他方言的一个重要标志。黄雪贞（1988）在《客家方言声调的特点》曾指出：“客家话的特点是古上声全浊声母字有一部分读阴平,其中次浊声母字比全浊声母字读阴平的字数多。”并举出 16 处客家话为例，此后，黄雪贞、谢留文又发表文章，提供了多处客家话中古次浊上声读阴平的现象，进一步证明了这一语音特点在客家话中的普遍性。古次浊上声读阴平的情况在梅县方言中保存得比较多：据侯精一（2002）《现代汉语方言概论》中，黄雪贞指出：在梅县方言中，次浊上声白读为阴平的字有：马 ma^{1}、鲤 li^{1} 美 mi^{1}、买 mai^{1}、有 iu^{1}、冷 laŋ^{1}、岭 liaŋ^{1} 忍 ŋiun'、养 ioŋ^{1}、咬 ŋau^{1} 等。全浊上声读入阴平的字相对较少，只有被 p^{h}i^{1}、坐长 ts^{h}o^{1}、舅 k'iu^{1}、旱 hon^{1}、柱 ts^{h}u^{1}、簿 p^{h}u^{1} 等几个字。还有一些古全浊上声字为文白两读，白读为阴平，文读为去声。白读为阴平的字有：弟$_{\text{弟弟}}$ t^{h}ai^{1}、淡$_{\text{味道}}$ t^{h}am^{1}、断$_{\text{拗}}$~t^{h}on^{1}、近$_{\text{远}}$ k^{h}iun^{1}、丈$_{\text{姑}}$~ts^{h}oŋ^{1}、动$_{\text{别}}$~t^{h}uŋ^{1} 重$_{\text{轻}}$~ts^{h}uŋ^{1}。

长汀客话中也存在少量次浊上声字读阴平的：毛 mɔ^{1}、蚊 meŋ^{1}、拿 na^{1} 有 iə ω^{1}、鳞 teŋ^{1}、聋 ləŋ^{1}。古全浊上声声母清化后读入阴平的有：坐 ts^{h}o^{1}、柱 tʃu̱^{1} 弟 t^{h}e^{1}、抱 p^{h}ɔ^{1}、厚 hɔm^{1}、旱 h ū^{1} 近 k^{h}eŋ^{1} 等字。

赣县方言中的次浊上声读阴平的情况相对较少：买 mæ^{1} 有 iu^{1}、岭 lia^{1} 等字。全浊上声读阴平的有：坐 ts^{h}o^{1}、抱抱 p^{h}ɔ^{1}、近近 k^{h}eŋ^{1} 等字。

在石壁方言中，古次浊上声读为阴平的字也相比较少，只有少数的几个字：

有 iəu^{1}、也野 ia^{1}、与 iəu^{1} 鲤 li^{1}、岭 liaŋ^{1} 等。同时，古全浊上声也有一部分读人阴平：柱 tʃu̲^{1}、坐 ts^{h}o^{1}、抱 p^{h}au^{1}、弟 t^{h}i ε^{1}、厚 xəu^{1} 在 ts^{h}a^{1} 等。

从已经知道的客家方言的情况来看，这是客家方言的一个普遍特征：凡是中古次浊声母读为阴平的，其古上声全浊声母必定有一部分也读入阴平。

王福堂（1999）指出：客家话中全浊上声字清化时浊上归阴平的情况可能是由南（客家话）向北（赣方言）发展的，最初是在南方的客家话中全浊上声和次浊上声字都归入阴平，浊去字不归阴平，当这一音向北发展时，当地客家话和赣方言已经发生次浊上声和清上合流以及全浊去和全浊上合流，所以出现次浊上声不归阴平，全浊去声（主要指赣方言）声归入阴平的现象。而这种音变比次浊上归清上和浊去归全浊上的音变要早，所以当后一种语音现象由北方发展到南方的时候，当地浊上字已经归入阴平，浊去字归人上声后已经不可能再归入阴平了。由此可知，这种音变现象应当和全浊声母的清化是同时进行的，而这一时期，正是客家先民在宁化石壁休养生息的时候，这一语音现象也应产生在宁化石壁。至于为何现在赣南的闽西的客家方言中全浊次浊上声读阴平的现象会相对较少，这可能跟周围方言和官话的影响有关。

上面我们分析了石壁方言的十条主要的语音特征，与罗美珍所列的 9 条客家方言的基本特征进行比较，可以看出，其中 6 条最主要的语音特征，在石壁方言中都体现了出来，这就从语音上毫无疑义地证实了石壁方言也属于客家方言。除此之外，石壁方言也有自己的语言特色，如泥来母相混等。

石壁方言中所保留的语音特征，反映了多个历史时期的语音层次，其中第一、三、五、六、七、八条语音特征反映的是唐宋时期或唐宋以前发生的变现象，第二条、第十条和第九条中的知组字读同端组字保留的是上古时期的语音特征，这些语音特征也大概在唐宋时期发生了改变，这说明石壁方言与的唐宋时期的中原古音有密切的关系，从石壁方言所保留的古代语音主要是宋以前的语音特征来说，客家方言最迟在宋代末已经初步形成了。

吴金夫在《客家方言与民系形成的时间和地点》中提到新方言产生的三个条件：

一种新方言的形成，必须有三个主要条件：一是移民原居住地的语言本来已不单纯。二是移民大规模群迁到同一比较大的地域。三是迁入地要有一定数量的老居民，且语言与新移民不同，经过几代人交融后，才能产生新的方言。

根据上述条件，石壁有着孕育客家方言的条件基础。

唐末迁入宁化石壁的中原汉人，有一大部分是从赣南迁入的。此时迁入的汉人，所持的是已经初步形成的赣方言："赣方言在中唐至迟在晚唐便已形成。"伴随着这次迁移，"一方面把早期的赣方言推进到赣南的闽西地区，另一方面又由于地缘的关系，使得这些移民及其后裔，不得不割断与北方方言区的联系，并最终形成一个独立的方言群。"而早期的方言还没有完全定型，所以客家方言与赣方言非常相似，有"客音近赣"之说。明《闽部疏》提到建邵之间，人带豫章音；长汀以南，杂虔岭之音……"这是说，在闽西客家方言中带有赣南方言的特征。既然迁入宁化石壁的移民所说的是早期的方言，那么其语音就不是一种单纯的语言，其语音特征就比较容易发生改变，为客家方言在宁化整合统一准备了条件。

至于第二个条件提到"移民大规模群迁到同一比较大的地域"。有史料证实，汀州，唐天宝年间，人口 4680 户，北宋淳化五年，增设上杭、武平二县，共辖四县。元丰年间 81454 户，比唐天宝年间人口增长 17.6 倍。南宋宝祐年间，汀州人口 223432 户，比北宋元丰年间增长 1.7 倍，比唐元和年间增长 47.9 倍。从上述数字可以看出，唐至宋年间，汀州人口增长迅猛。这与大批移民的涌入有关而汀州地区中，"宁都、石城和宁化、清流、长汀是唐宋时期客家先民的主要集聚地区，而这一地区又以宁化包括石壁为最，成为客家先民的中心。"可见宁化石壁也具备这一条件。

根据罗香林先生的考证，汉人最早迁入闽粤赣交界地，是在唐末五代，受黄巢起义的影响。事实上，在这之前，已有汉人迁入。《宁化县志》中记载：据查阅族谱了解，最早迁入的宁化石壁的汉人迁入时间是在东汉永平元年。据崔灿教授考证，宁化石壁客家祖地的开山祖巫罗俊，其先祖为中原望族，"西晋末年，巫暹（罗俊之先祖）随中原士族南渡，迁居福建剑津（今南平市东）"。又据宁北济村巫高《巫氏族谱》记载："南齐永明元年（483），德益自江南建昌迁居济

村巫家湖。传五世，裔孙罗俊创建黄连镇……”巫氏也不是最早迁入宁化的中原汉人，“在巫氏迁入之前就有了管氏、钟氏、邓氏、许氏、陈氏家族的迁入”。到唐开元二十六年汀州置州，则是缘于“福州长吏唐循忠于潮州北、广州东、福州西光龙洞，捡责得诸州避役百姓三千余户，奏置州，因以长汀溪为名”。这三千户避役百姓，有一部分是各地南迁的汉人。可见，在唐末客家先民较大规模迁入以前，已经有许多汉人迁入宁化石壁，并与当地原居民融合杂居。只有如此，巫罗俊才有可能成为黄连峒的统帅。“一位刚从北方迁居黄连的汉人，是决不可能成为黄连的领袖的”。

在中原汉人迁入之前，宁化石壁生存着的原居民主要是闽越族及后衍传的山越与畲人。杨豪、邓小红指出，“宁化石壁在秦汉以前和秦汉时期所居的土著、原居住民，都应该是以七闽与闽称的闽越族人”“经东汉到晋，在粤、闽这一个三省交会的地方，……便出现了一支以山越称的民族群”，而宁化石壁大量的以畲称地名保留的事实，也说明了“该地起码在南朝迄唐期间也已有‘畲人’这一支族人生存了”。

由上面的分析可见，宁化石壁在唐末中原汉人较大规模迁入时，其居民的成分已经非常复杂了，这就决定了它当时的语言不可能是一种单纯的语言。客家先民在从唐末大量迁入宁化石壁，在休养生息了三百年左右，到了南宋末年，开始迁往外地。宁化石壁“成为客家人孕育成熟后，走向更大发展的集散地”。此时，迁往外地的客家人，所带走的正是成熟的客家方言。

从客家先民的迁移史来看，唐宋时期客家先民的主要活动地域是在闽西地区，而主要的中心是在宁化石壁，可见客家方言的语音的主要特征是唐宋时期在宁化石壁初步整合统一，然后随着客家人的不断迁移，传播到各地的。

虽然石壁方言具有客家方言的主要特征，但它所保留的主要特征并不十分完整，有很多地方已经接近普通话了，其词汇的存古程度也不如粤东地区，为什么会有这种情况出现呢？从上文可以看出，在石壁地区，当客家人大批的迁入时，此地已早有汉人居住，再加上原住民，还有后来汉人的迁入，使得石壁的人口组成非常复杂，语言的凝聚力就会受到影响。而宋末从宁化迁出去的客家人，在迁移到新的地方以后，为了争取生存空间，他们和当地人进行了长期的坚持不懈的斗争，而长期的斗争使他们形成了吃苦耐劳、奋发图强，团结一致的精神，他们也在无形中与当地人划清了界限，客家人抱着“宁卖祖宗田，不忘祖宗言”的坚定信条，使他们顽强地保留了“祖宗言”的主要特征，这些地区的客家人更好地保留了从闽西地区带来的语音特征。

因此，可以得出这样的结论：宁化石壁不仅是客家民系形成的摇篮，客家方言也曾在此整合统一。石壁在客家方言形成过程中占有极其关键的地位。

第三节　石壁客家方言的词汇特点

一种方言之所以区别于另一种方言，不仅仅在于它们语音上有所不同，在词汇上，各个方言也有其独特性。“许多民系特有的观念、崇尚的精神和告诫的训条、特有的习俗，都是用方言词语凝固起来，提炼出来，并且口耳相传、世代相因地继承下来的。”因此，要全面地考察一种方言，不仅要考察它的语音，还要考察它的词汇。

同语音一样，石壁客家方言的词汇，也保留了大量的古代汉语的成分，现简单举一些常用词汇为例（文中所用资料部分来自一手材料，部分材料来自罗美珍等《客家话通用词典》，中山大学出版社，2004）：

一、保留了上古汉语词汇

樵 ts^{h}ɔ^{2}：柴。《说文》，散木也。从木焦声。《小雅》：“樵彼桑梓。”樵指不合用之木，唯堪伐作薪柴。《广韵》平声，宵韵，昨焦切：柴也。

塍 səŋ^{1}：田埂。《说文》，稻中畦也。从土，塍声。

猪膏油 tsx1kau1iou1：猪油。膏，脂肪。《说文》：膏，肥也。段玉裁按：肥当作脂。也指脂肪所熬的油。《庄子·山木》：“膏火自煎熬也。”

禾 vəu^{1}：稻谷。《说文》：嘉谷也。《诗经·魏风·伐檀》：“不稼不穑，胡取禾三百廛兮？”

镬 voʔ^{7}，铁锅。古时指无足鼎，用以煮肉及鱼腊等物。《周礼·天官·亨人》：“掌共鼎镬。”郑玄注：“镬，所以煮肉及鱼腊之器。”

索 soʔ'：绳子。《说文》：“草有茎叶可作绳索。”《诗经 · 豳风 · 七月》：“昼尔于茅，宵而索绹。”《后汉书 · 段颍传》：“追讨南度河，使军吏田晏、夏育慕先登，悬索相引。复战于罗亭，大破之。”

腹 pu'：肚子。《说文》：“腹，厚也。”按脐上下两旁也。《易 · 说卦传》：“坤为腹。”晁错《论贵粟疏》：“腹饥不得食。”

话 va°，说。《说文》：“话，合会善言也。”《左传 · 文公六年》：“著之话言。”《诗 · 大雅 · 板》：“出话不然。”

斫 toɔʔ^{8}：砍，劈。《说文》段注：“斫，击也。”《广韵》：“入声，药韵，之若切，刀斫。”

食 si^{8}：吃。《诗经 · 魏风 · 硕鼠》：“硕鼠硕鼠，无食我粟。”《左传 · 隐公元年》：“食舍肉。”《战国策 · 齐策四》：“长铗归来乎，食无鱼！”

行 haŋ^{2}，走。行，其本义为道路。《诗经 · 豳风 · 七月》：“女执懿筐，遵彼微行，爰求柔桑。”后引早为走。《说文》：“行，人之步趋也。”《论语 · 述而》：“三人行，必有我师焉。”《左传 · 僖公三十二年》：“勤而无所，必有悖心。且行千里，其谁不知？”

赴 fu^{5}，到某地去。赴墟，赶集。《庄子 · 秋水》：“赴水则接腋持颐。”《孟子 · 梁惠王上》：“天下之欲疾其君者，皆欲赴愬于王。”

嬉 hi^{1}，玩耍。《文选 · 张衡 · 归田赋》：“追渔夫以同嬉。”

醮地 kiau^{5}t^{h}i^{1}：扫墓。醮，祈祷神灵的祭礼。《广雅》：“醮，祭也。”宋玉《高塘赋》：“醮诸神，礼太乙。”

欢喜 fɔn^{1}hi^{3}：高兴。《战国策》：“武安君曰：'长平之事，秦军大克，赵军大破，秦人欢喜，赵人恐惧。”《后汉书 · 窦章传》“更相推荐”李贤注引汉马融《与窦伯向（章）书》曰：“孟陵奴来，赐书，见手迹，欢喜何量。”

二、保留了中古汉语词汇

后生仔 hau^{6}saŋ^{1}tsl^{3}：年轻人。李白《上李邕》：“宣父犹能畏后生，丈夫未可轻年少。”柳宗元《同刘二十八院长述旧言怀感时书事，奉寄澧州》：“名劳长者记，文许后生夸。”苏轼《送杨孟容》：“后生多高才，名与黄童双。”后生：

年轻。《古今小说·张古老种瓜娶文女》："青布帘起处，见个十七八岁的孩儿出来，道：丈夫叫甚？韦义方心中道：'却和那张公一般，爱娶后生老婆'。"

猗 kʰi²，站立。《说文》："举胫有渡也。"《广韵》："倚，立也。

秆 kɔn³，稻草。《广韵》上声，旱韵，古旱切；稻穰谓之程。禾茎。

消得 siau¹tɔʔ⁸：受得，能接受。陈师道《临江仙》："只缘些子意，消得百般夸。"王沂孙《绮罗香》："疏枝频撼暮雨，消得西风几度，舞衣吹断。"刘过《念奴娇》："百岁光阴弹指过，消得几番寒暑。"

晏 an³，晚，迟。刘桢《杂诗》："驰翰未暇食，日昃不知晏。"陆机《拟今日良宴会诗》："人生无几何，为乐常苦晏。"鲍照《拟古诗》："又蒙令尹顾，日晏罢朝归。"《广韵》去声，谏韵，乌涧切：晚也。白居易《雪中晏起偶咏所怀》："奴温婢饱身晏起，至兹快活良有因。杜甫《雨四首》："物色岁将晏，天隅人未归。"黄庭坚《早行》："闻鸡凭早晏，占斗辨东西。"

上文曾经提到，在客家方言中，保留了大量唐宋时期的语音特征。与此相适应的是，石壁客家方言也保留了中古时期的词汇。这里所列出的例子只是其中的一小部分。罗美珍（2004）收录了大量的中时期的词汇（主要是与《广韵》相对应），可以较好地说明问题。

三、吸收了原住民词汇

在石壁客家方言中，还吸收了原住民的词汇，主要来自古闽越族的语言以及畲话，练春招（2001）、庄初升（1998）等曾发后深入研究了客家方言与闽、粤方言以及南方少数民族方言相同的词汇，现对照石壁方言简单举例如下：

摆 pai：表示动量"次""回"。闽语中泉州话 pai'。这个词汇来自古百越语，李方桂先生《"台语"比较手册构》构拟为 bai。今壮语 pai，布依语 pai，水语 pai'。墟 hi'：集市。厦门方言 hu'。《正字通》："墟，今俗商贾货物辐凑之处谓之墟，亦谓之集。"《青箱杂记》："岭南呼市为墟。"柳宗元《童区寄传》："二豪贼劫持反接，布囊其口，去逾四十里之墟所卖之。"旧注："南越中谓野市曰墟。"

擘 paʔ'，掰开，撕。广东话 mak'，漳州话 beʔ'，龙州壮语 bak'，标语 makʔ。

和其他客家方言词汇一样，石壁客家方言中也有来自非中原地区的词汇这反映了客家方言词汇的多种性，“说明客家方言与南方少数民族语言之间是接触关系，但不是浅层的接触，而是接触极深的联盟关系”。

在整个客家方言内部，语法结构与语音、词汇相比，一致性较大。石壁方言与其他地区的客家方言的语法相比，其共性大于异性。如构词方面，表示状态的词多用重叠词来表示，表示性别的词往往放在中心词的后面，如鸡公，鸭母，牛牯，虱嫲等。关于客家方言的语法特征，罗美珍、邓小华《客家方言》中有详细描述，石壁方言语法特征与之大致相同。可参考。

在语言中，最能够反映语言形成时代的是语音特征和词汇，本章我们重点分析了石壁方言的语音和词汇特征并与其他客家方言作了比较。可以得出这样的结论：石壁在客家方言的形成过程中起着非常关键的作用，客家方言曾经在这里整合统一，走向各地。

（本文作者系三明学院音韵专家、副教授，原载《石壁客家述论》）

三、礼 俗

客家民系的形成是中原汉文化基因在时空维度持续重组的过程，其文化特质体现出显著的“层累性”特征。这一动态演进过程可划分为三个阶段：西晋末至唐末中原士族南迁形成以江淮、鄱阳湖流域为中心的移民聚居区，初步呈现文化特征；两宋时期闽粤赣边区完成人口置换与文化整合，客家方言、宗族制度等核心要素定型；明清时期通过“湖广填四川”及海外迁徙确立全球民系共同体。

文化渊源呈现多维整合：核心礼制源自唐宋中原但经重构，融合南方巫傩文化；与畲族共享“二次葬”等习俗，语言保留百越语底层；梯田农业与土楼建筑体现山地生态适应性。民俗文化具有复合特质：时间维度遗存魏晋寒食节古风，保留唐宋“作福”仪式并融合明清契约文化；空间维度形成闽西中原礼制与畲族婚俗共生、粤东海洋与山地文化交汇、赣南客家与赣鄱文化互动的格局；族群维度通过基因研究证实含约30%百越成分，族谱记载多民族通婚，信仰体系整合佛道巫傩元素。

这种特质源于独特传播机制：通过“中原—江淮—闽粤赣—海外”链式移民扩散，形成选择性保留古中原文化并吸收迁徙地文化的过滤机制，最终在闽粤赣封闭环境中定型。这种“文化基因重组”使客家文化既保持“衣冠南渡”的中原记忆，又形成独特山地文化特质，成为中华文明多元一体格局的重要分支，其民俗复合性正是千年迁徙中时空文化叠加与族群互动的生动体现。

（一）岁时

客家岁时民俗体系是农耕文明的时间编码系统，其核心在于通过仪式实践将天文历法、农事节律与族群记忆整合为有机整体。这一传统的形成具有显著的复合性特征：春节习俗融合了中原古礼与南方畲族“招兵节”元素，其源头可追溯至夏商周三代不同岁首制度的历史层累；传统二十四节气中，客家更重视“二分二至”的农事指导意义，构成完整的生态节律系统。民俗活动本质是农事周期的文化表达，如“春祭”仪式通过敬天穆祖实现人与天地节律的协调。民间信仰体系整合佛道巫傩元素，形成独特的山地农耕文明智慧，如“禁山”习俗通过神灵

信仰实现森林资源可持续利用。民俗变迁呈现创造性转化特征：传统仪式在保留族群记忆的同时被赋予现代内涵，如“过火炼”发展为体育竞技，“作福”祭祀转化为社区文化节。这种演进并非简单的新旧替代，而是文化基因的适应性重组，既保留中原农耕文明的时间观念，又融入南方山地生态智慧，在当代通过数字化传承等方式持续展现文化生命力。

1. 过年

“过年”作为中国最重要的传统节日，其称谓演变与文化内涵承载着中华文明的时空记忆。从“元旦”到“春节”的称谓更迭，折射出历法改革与民间习俗的互动关系：夏商周三代分别以正月、十二月、十一月为岁首，汉代《太初历》确立正月初一为元旦。辛亥革命后，1914 年北洋政府正式将正月初一命名为“春节”，1949 年中国人民政治协商会议通过使用公历，将公历 1 月 1 日定为元旦，农历正月初一保留“春节”称谓，形成现行双轨制节日体系。

年节起源呈现文化层累特征：周代“蜡祭”祭祀百神与汉代“腊祭”专祭祖先在魏晋时期融合，形成“腊日”习俗。客家地区保留的“冬祭”更接近周代蜡祭遗风，而“春祭”则体现汉代腊祭传统，通过杀猪宰羊等仪式实现对祖先的感恩与对自然的敬畏。商周时期的“大傩”驱鬼仪式在汉代发展为“傩戏”，唐代形成完整驱傩礼仪，客家“跳火堆”等习俗正是这一传统的活态延续。

“年”字在甲骨文中写作“秊”，从禾从人，本义为谷物成熟。年兽传说最早见于清末《燕京岁时记》，属晚近民间创作。这一传说的传播本质是文化记忆的重构：将驱傩仪式具象化为怪兽故事，用红色、火光、鞭炮等元素强化节日符号系统，形成区别于其他民俗的叙事特征。

客家年俗具有鲜明时空特征：闽西客家以腊月廿四（送灶日）为入年界，粤东部分地区以冬至为年节起点。“年关”特指腊月廿四至除夕的债务清算期，体现农耕社会的经济周期。除夕至元宵构成完整的年节周期，其中“作福”祭祀、“过火炼”等仪式承载着族群认同功能。空间差异体现在：闽西土楼地区保留“围炉”习俗，粤东沿海融合“送年船”等海洋文化元素，赣南客家将“擂茶”与年节饮食结合。

所引梅州民谣存在明显现代改编痕迹："神下天"等表述不符合明清文献记载，传统客家歌谣更强调农事节律。如清代《宁化县志》记载的"正月歌"以"初一早，初二早，初三困到饱"反映农耕作息，而现代版本加入"看打狮"等近代商业化元素，体现文化传统的创造性转化。

年节具有多重文化功能：通过"禁山""开犁"等仪式实现自然资源有序利用，如闽西客家在正月十六"开犁节"举行农耕启动仪式；宗族祭祀强化血缘纽带，"走古事"等集体活动促进社区协作，海外客属社团通过"春祭"实现跨地域文化认同。在当代社会，年节正经历数字化转型，"云祭祖"、电子红包等新习俗的出现展现传统文化的强大适应性。这种持续演进的文化传统，正是中华民族生命力的生动体现。

（1）入年界

"入年界"作为客家年节周期的起点，其日期界定与文化内涵承载着农耕文明的时间管理智慧。闽西客家普遍以腊月廿四（送灶日）为小年，廿五正式"入年界"，这一划分源于宋代"官三民四"的传统（官府廿三、民间廿四）。宁化、清流等地将入年界推迟至廿五日，实为地方对历法改革的适应性调整，与"四"的谐音禁忌无关。历史文献显示，明清时期闽西地方志均明确记载腊月廿四为送灶日，廿五开始筹备年节。

灶神祭祀的历史演变呈现明显的文化层累特征。周代《礼记·月令》明确记载孟夏之月"其祀灶"，汉代《淮南子》将灶神纳入道教神祇体系，唐代《辇下岁时记》始有腊月廿四送灶的记载。宋代《东京梦华录》详述民间祭灶习俗，此时灶神已兼具"司察小过"与"赐福招财"双重职能。闽西"灶君老母"崇拜实为道教"东厨司命"信仰的本土化，与许慎《五经异义》记载的灶神夫妇形象一脉相承。

"扫尘"习俗传承自周代"除残"古礼，客家人称"扫年"或"除残"，意为清除晦气迎接新春。所谓"扫洋灰"属现代误传，实为方言谐音或外来词误用。传统扫尘仪式包含"除三煞"（青羊、乌鸡、青牛）的象征意义，通过清理房屋实现空间净化，与道教"除尘迎新"观念深度契合。

年节食品制作体现农耕文明的生态智慧。闽西"糖糕"源于宋代"馓子"，

以糯米粉蒸制而成，其圆形造型象征团圆，与北方年糕存在形制差异。龙岩市永定区改打糍粑的传说缺乏文献佐证，实为当地多丘陵少水田的地理环境决定——糍粑以粳米为原料，更适应山地农耕特点。年节饮食禁忌“不食生冷”源于冬藏养生观念，与“穷酸”“倒霉”等附会解释无关。

入年界后的系列习俗本质是农耕社会的时间编码系统：送灶仪式通过“上天言好事”的隐喻实现社区道德约束，大扫除完成空间净化，糕粿制作储备越冬食粮。这些习俗既保留了中原古礼基因，又融入了南方山地生态智慧，最终形成兼具文化认同与生态调适功能的民俗体系。在当代社会，“云祭灶”“智能除尘”等新习俗的出现，展现了传统文化的持续演进能力。

（2）除夕

“过年”指春节周期（腊月廿四至正月十五），除夕专指年尾最后一夜。客家人严格区分“年三十日”（白天）与“年三十晡”（夜晚），贴门神在腊月廿四入年界时，除夕贴春联、挂红。祭祀分祖祠集体（闽西）与家庭（粤东），祭品含三牲五斋。守岁含“守岁火”与家族聚会，闽西保留“跳火群”驱邪，赣南有“封岁”封存农具习俗。

“上红”。特指给果树、农具等特定物品贴红纸的仪式。其核心功能是通过红色符号实现对生产资料的神圣化，如闽西给犁头贴红纸象征农耕顺遂，粤东为果树“挂红”祈愿丰收。春联源于周代桃符，后蜀孟昶“新年纳余庆”联是最早的红纸春联形式，客家人延续这一传统，偏远地区无春联者也会在门楣贴红纸。这种文化实践体现了客家对生产要素的敬畏，以及对中原文化符号的创造性转化。

贴门神。门神信仰起源可追溯至周代“五祀”中的门祭，但具象化的门神形象记载首见于东汉王充《论衡》对神荼、郁垒的描述。

财神作为独立神祇出现于宋代，与门神的职能融合现象最早见于清代民间年画，客家地区至今仍保持驱邪类门神（神荼郁垒、秦尉二将）与纳福类门画（招财童子、利市仙官）的分野。

这种文化传统的层累性，体现了客家对中原古礼的选择性传承与山地环境的适应性改造。门祭仪式从周代的宗教祭祀，历经汉魏的驱鬼符号化、唐宋的人格神演变，最终在明清时期形成兼具驱邪与纳福功能的民俗体系，成为客家文化时空维度叠合的生动例证。

祭祀“社官”。“社官”，俗称“社公”。客家人敬奉“社官”，是当土地神崇拜的。《礼记·郊特祀》道：“社，土地之主。稷，五谷之主。……土地广博，不可遍敬，故封土以为社，而祀以报功也。”县城一般建有土地庙，乡村只有社坛、神龛，而且一般都设置在“水口”、村口。民间认为土地神善良，乐于助人，是乡土的保护神，司乡土之事，立于水口、村口，便能守一方一村之乐土。一年中，除进行春祭、秋祭外，村中人家，凡有大小喜庆都要先孝敬他老人家。家养猪宰杀时，先要向他报告，在社坛上拿一块砖头回家，打“花纸”（猪血淋在砖头和纸上），谓“请社公回家食猪血”，猪宰杀后，还要拿一块煮熟的猪头肉和猪尾巴以及“花纸”到社坛敬奉社官，并要烧香鸣炮，祈他庇佑六畜兴旺。过年过节更忘不了他老人家。年三十，家家户户都要杀鸡宰鸭，一般习惯上午捉鸡去社坛杀（若一家要杀几只鸡，只需拿一只即可），要烧香点烛放鞭炮。待鸡煮熟之后，还要将整只熟鸡回敬一次。所以每逢年三十这一天，社坛香火不断，热闹非常，大家都去感谢土地爷一年守土安民之功德，祈佑来年大吉大利。

祭拜祖宗。客家信仰体系中“祖”属血缘崇拜对象，“神”为泛灵信仰。祭祀实践中，祖先牌位置于香火堂，神灵画像悬挂于厅堂，形成清晰分野。《宁化县志》载：“岁除日，先祭家庙，午后合族祭宗祠。”上午祭祀本家香火堂（小宗），下午参与宗祠集体祭祀（大宗），体现“小宗—大宗”的宗族层级结构。供品一般是“三牲”，如鸡、猪肉和鱼，前二者一定要有，都要煮熟，以及年糕、豆腐果品等。供品上都要“贴红”。石壁客家人习惯在鸡上加一条鸡肠和一片“长命菜”。

年夜饭中的“长命菜”

石壁祭祖习俗的层累性特征，反映了中原宗族制度与南方山地环境的融合。其核心功能在于通过仪式实践确认血缘关系，强化代际责任，最终形成“崇祖报本”的文化自觉，成为维系客家民系的重要精神纽带食过年饭。年三十晚上吃过年饭，是这一天的核心，一般家里都做好鸡、肉、鱼及其他菜肴。宁化及石壁，有两道菜是不可缺少的，一是红烧猪蹄煲，宁化人叫“腕子筒”，《宁化县志》记载，此菜需整只炖煮后油炸，取“团圆完整”之意，体现客家人对宗族延续的祈愿。与之并称的“长命菜”选用芥菜，用煮鸡（整只）肉汤，把整片芥菜煮熟进食时才撕开，象征家族命脉绵长。台湾客家人虽延续此俗，但屏东地区多用菠菜（取“红根”吉祥），苗栗族群则用芥菜心，展现文化传播中的适应性变异。

年饭餐桌的碗筷摆放蕴含深层象征意义。摆多余餐具实为“接祖”仪式的一部分，《客家民俗志》载：“设空碗于上座，意喻祖先归家共享。”九副餐具的选择源于“九”为阳数之极的传统认知，这种时空维度的叠合，将祖先崇拜与数字信仰有机融合。

年饭之后，长辈给晚辈分发压岁钱，晚辈则向长辈敬献“添岁钱”。这种代际间的馈赠仪式，既延续了“长者赐福，幼者承欢”的传统伦理，又通过“压祟”与“添岁”的双重隐喻，构建起家族成员间的情感联结。全家人在温馨的祝福声中共享天伦，让年节的喜庆氛围渗透到每个细微处。

守岁。守岁是民间除夕的重要任务之一，石壁人守岁主要是“照年灯”。传统“照年灯”习俗首载于《宁化县志》：“除夕，燃灯于堂，谓之‘照年’”，通常在厅堂、灶间、大门三处点燃单数灯盏（一、三、五盏）。家庭主妇负责添油，灯花爆裂称“火树开花”，象征人丁兴旺（《长汀县志》）；灯火意外熄灭需立即重燃，属破财禁忌的民间表达。

唐代孟浩然《田家元日》“续明催画烛，守岁接长筵”的诗句，印证了守岁仪式在唐宋时期的普遍性。石壁“照年灯”习俗与宋代“烧松盆”存在文化关联，体现中原古礼的南迁传承。饮食方面，“隔年饭”取“年年有余”之意，饭中埋硬币称“岁饭”，为孩童争抢的吉祥物，此俗与守岁共同构建起“辞旧迎新”的文化时空。

（3）大年初一

初一是春节正日，也称“大年初一”。从这一日开始进入欢度春节的高潮。吃、喝、玩、乐、探亲访友，欢欢喜喜度过十天半月。客家人俗语说：“年到初一二，家家打斗叙。年到初三四，人客来来去。年到初五六，有酒又无肉。年到初七八，家家捧粥钵。年到初十边，依旧同先般。年到十五六，食了余剩肉，耕个耕，读个读。”也有“有吃冇吃聊（玩）到二十”之说。

初一，自午夜开始至早晨，鞭炮不息，此伏彼起，十分热闹。午夜放鞭炮是辞旧迎新，接着便是“开门”“迎财神”。时间不一，认真的事先要择好吉时，届时开门迎财神，一般的在凌晨或清早，“懒”一点的，天大亮才起床。各家起床最早的是主妇，她早起洗刷锅灶，烧水，摆好供品，然后才请男人起床“开门”放鞭炮。宁化，旧时这天请男人起床不叫“爬起来”“起床”，而是叫“出首”。“首”在这里不指头，而是“窝”的俗称，“出首”是“出窝”的意思，旧时挑担做生意的人也都是这种叫法，大概是“远走高飞”的意思。而“爬起来”“起床”含有摔倒或休眠的意思，故认为不吉之言。这天早晨各地都呈现一派热烈、欢乐、生机勃勃的新气象。正如王安石《元日》所描述的：

爆竹声中一岁除，春风送暖入屠苏。
千门万户曈曈日，总把新桃换旧符。

“开门”之后，便是早餐，有的吃素，有的吃荤。素餐：闽西客家素食主要有团圆汤丸、红枣、花生、糯米甜饭，都是吉祥之物。也有用芹菜、萝卜丝等煮米茶吃。赣州南康区等地客家人也是素食。赣州信丰县客家人喜欢以富菜（芹菜）、豆腐下饭。拜祖回家后吃果子茶。荤餐：主要有鸡、肉、鱼等。宁化等地食荤者，一定有一盘白斩鸡和一碗“长命菜”，家中之最长者和最小者吃鸡腿。桌上要多摆碗筷，每席都要斟上酒，意味着一年伊始，有酒有肉，“有吃”的吉兆。无论荤食、素食都不吃粥，且不能喝米汤。

俗称“初一喝汤，出门下雨”。早餐后，普遍的是拜祖宗和社官。这是男人的事，而妇女一般不出门，在家做擂茶。宁化县城自早餐后就忙于“拜年”，首先到岳父岳母家（本村的），而后再上亲戚朋友家。见面都说好话。每户家里都备有橘饼汤、茶、酒、糖果、水果、蜜饯、香烟和腊肉、卤肉等食品，品种视家境而异。上门后，主人款待的第一项目是敬一杯橘饼汤，口称“吃了吉吉利利，万事如意”“一百岁”等。其他东西可吃可不吃。至亲者，要给主人最老的或最小的红包，小孩上门，主人要给红包、橘子或糖果以及鸡腿。初一拜年的习俗，是从中原古俗传承而来的，至今河洛地区仍有此风。有些地区初一不上门拜年，只是在公共场所玩。乡村中，在拜祖后，已分居的兄弟叔侄，或亲近的“亲房叔伯”聚在一起喝酒“谈天”，每家都送上一壶水酒和一两盘下酒菜，大人小孩凑在一起，显得非常亲切、热闹。

大年初一这一天有许多规矩：不煮饭、不扫地、不挑水、不打骂人、不洗衣服、不做针线活、不讨债、逢人说好话，不说不吉利的话，见面互祝：“新年好”“万事如意”“增福增寿”等。逢“四”要说“红”（因“四”与“死”谐音），“书”要改为“赚”（旧时初一赌博特别盛行，“书”“输”谐音，故须改称“赚”），不然不吉利。“岁饭”要供数日，取“岁有余粮”之意。初二早晨重蒸食用，叫“食岁饭”，到初五才能用生米做饭。

（4）大年初二

乡村开始探亲访友，自然首先要拜岳父岳母的年，客家人称“转外家”。初二开始，各家分别宴请“姑婆大姐”，请“新年饭”。在客家地区居住的畲人，要在初二上山打猎，而且要有所收获，以祈一年伊始的好兆头。

（5）送穷

初三，客家人称之为“穷鬼日”“送穷日”，又叫“三重”日。“送穷”，早在唐代韩鄂的《岁华纪丽》一书中就写道：“孟春晦日（阴历一月三十日），甫聚行乐，送穷。”历史上曾有过这样一个“送穷”的故事：说是颛顼帝时，宫中生下一个孩子，喜欢穿破衣服，给他新衣服，他也要搞破后再穿，所以宫中人叫他“穷子”。穷子死于晦日，为他送葬时，人们说：“今日送穷子也。”于是“送穷”就这样流传下来。“穷子”本来是作名字称呼的，后来民间把它作为“贫穷”的“穷”，将家中垃圾扫出门叫“送穷”。明代陈耀文《天中记》中记到池阳（陕西省）风俗：正月二十九日扫除屋室尘秽，投入水中，谓之“送穷”。元代陈元靓《岁时广记》中“送穷鬼”条，说的“送穷鬼”的时间是正月初六。客家人的“送穷日”有自己的传说：从前有一对夫妻穷得没法过日子，商议让妻（李氏）改嫁给一个员外为侍妾，李氏要暗中资助前夫。当年春节前夕，李氏偷偷把一些银子塞进年糕里，暗中送给前夫。丈夫拿着年糕回家，过渡时，船工要过渡钱，李氏丈夫身无分文，只好把年糕送给船工。回到家中考虑身无分文如何过年？只好再去找李氏求助，李氏告知年糕中藏有银子，丈夫说明过渡时已把年糕作过渡费送人了，李氏骂其“该死的穷鬼！”为回避家人，她匆匆离开。其前夫也躲进柴房，一夜饥冻而死去。事后，李氏怕惹出事端，把柴房烧掉，初三打扫余灰倾入河中，见者相问，她说“送穷鬼”。相传开来，人们仿效，相沿成俗，成为“穷鬼日”。所以到了初三，家家户户清扫垃圾，并以香纸送出屋外，放在路旁，焚香烧纸意味着“穷去富来”。宁化石壁客家人年初一不扫地，怕把“财”扫掉。年初二家家户户都扫地，扫地时，要从外边往里扫，而不能从里往外扫，意味着要把“财”扫进来而不能扫出去，正好与“送穷”相反。初三又叫“重”日（客家话谐音“生虫日”），避免入园摘菜。还有些客家地区说年初三是老鼠嫁女的日子，晚上不点岁火，让老鼠出来“行嫁”时看不见摔死，断子绝孙。初三开始，春节的民间游艺活动普遍开展，舞狮、船灯、龙灯、鼓吹、闹锣鼓，民间艺人“打新年鼓”。

（6）开小正

年初五，客家人称“开小正”，也叫“出年界”。传说灶君十二月二十四日上天，初五下凡“回家”。有些地区，在头天晚上就准备好牲醴，初五早上烧香点烛，鸣放鞭炮，迎接灶君回位。客家人普遍从除夕开始（有的从入年界开始），天天早、晚烧香点烛，放鞭炮，直至初五夜晚。宁化客家人说此日是米谷神生日，要祭祀，不煮饭。这些地区不把这一天当“出年界”“迎灶神”。

（7）人日

年初七，古称“人日”，亦称“人胜节”“人节”人生日”等，始于汉代以

前，晋代至唐宋二代已很盛行。此日要吃“七种羹”。南朝梁宗懔《荆楚岁时记》云：“正月初七为人日，以七种菜为羹。”广东梅州和赣南客家地区普遍传承了此习。宁化仍称“七种羹”，广东叫“七样菜”，江西宁都叫“七宝羹”。“七种羹”是取七种菜放在一起煮，在初七早上全家一起吃。菜的品种，一般是芹菜、大蒜、葱、韭菜以及鱼、肉、米粿等。取其谐音，其意是：吃了芹菜更“勤快”、吃了大蒜会“划算”、吃了葱更“聪明”、吃了韭菜更“久耐”，鱼寄“有余”之意，肉寄“富裕”之意，米粿寄团圆之意。

初七之后，农民开始做零星农活，但不意味“过年”结束，而是农村的过年活动推向高潮。如探亲访友、赶庙会、请新年饭、文艺活动等方兴未艾，这一高潮要到正月十五日之后才开始“降温”，但“作客”之风要到二十日外乃至月底。宁化客家人则更会玩：“正月玩过，二月趟（溜）过，三月雷公猛雨也要做。”

一年伊始，亲戚朋友相互探望，是人之常情，特别是农民，平常忙于耕种，少有空闲互相探望。“新年饭”实际也是为相互探望，沟通情谊而设。把邻居、好友、亲戚请来，一起聊天叙家常，举办家宴热闹一番，实在也是情理之事。一户带头，众人“礼尚往来”，轮流做东，便相继数餐乃至数十餐之多，一个正月大半时间在“新年饭”中度过。

（8）正月娱乐

正月娱乐活动以元宵节为核心，集中于初十至廿日，主要分为庙会与传统游艺两类。传统游艺包括龙灯、舞狮、船灯、踩高跷等，其中龙灯形制多样：草龙多用稻草扎成九节或十一节，夜晚遍插神香形成“火龙”奇观，象征农事兴旺；板凳

传统傩游

龙由“T”形木板串联而成，每节置纸灯，需执灯者紧密配合；纸龙材质与工艺与全国其他地区相似。民间虽有“三龙相遇草龙先行”的说法，但此俗仅限局部地区。

宁化县城与淮土乡的“高灯”（又称“高棚”）堪称客家灯彩一绝。其形如正方高楼，高达8米以上，以竹为架、纸糊为面，正面挂百鸟灯，夜间烛光通明。巡游时需4—8人抬举，并由专人持长竿支撑顶端以保持平衡。关于其起源，民间流传“隋朝皇帝恩赐”的传说，称宁化木商因运送木材有功获赐扬州高灯技艺。高灯兼具娱乐与宗教功能，巡游时伴随锣鼓、游灯队伍，所到之处鞭炮齐鸣，通宵达旦，寄托着驱邪纳吉、地方兴旺的美好愿景。

高棚灯

（9）正月庙会

石壁客家人将庙会称为“会期”或“过样”，时间多集中于正月初十至廿日。会期起源于山区居民约定相聚的智慧：各村选择菩萨诞辰或圩日作为固定聚会日，邻近村落会期避免冲突。活动以菩萨游村为核心，包含铁枝木偶（俗称“铁杆故事”）、龙灯、船灯等表演。游村时，抬菩萨队伍由彩旗、锣鼓开道，村民鸣炮迎接并赠送“香仪钱”（用于庙会经费）。菩萨回宫时形成高潮，抬者需冲破鞭炮与人群进入庙宇。

宁化、清流等地特有的“闹春田”习俗，源于明代张琏起义历史记忆。村民将菩萨抬至水田里狂奔、泥战，通过践踏农田的“癫狂”行为驱邪纳吉，兼具军事演练与农耕祭祀双重意

春季庙会“闹春田”

义。尽管踩踏作物，但主人视为神圣仪式，不予责怪。

2. 过节

（1）元宵节

农历正月十五日为元宵节，客家人多称“正月半”“灯节”，部分地区（如宁化）视为“出年界”，称“开大正”。此节源于汉代祭祀太一神的传统，唐代形成观灯、娱乐习俗，节期三天（十四至十六日），宋代延长至五天，明代朱元璋定为十夜。客家人以十五日为主，赛灯活动可能增加一两个夜晚。

“灯”与“丁”谐音，客家地区普遍有“送灯”习俗，寓意添丁。兴宁等地添丁者需在祖祠挂灯笼，闽西则由亲友赠送“观音送子灯”，仪式多由“全福人”主持。宁化元宵节以“松圆”（豆腐圆）为特色，将豆腐与猪肉、冬笋等混合搓丸，煮熟后食用，象征团圆与生活宽裕。

（2）端午节

农历五月初五端午节，客家人称“五月节”，习俗融合上古夏至传统与地域文化。节日核心为驱邪避疫，如悬艾蒲、饮雄黄酒、采药等，各地亦有纪念屈原等人物的传说。宁化端午节既裹粽子（称“角黍”），亦制作特色“叶子”米糕：以糯米粉混合糖与竹叶包裹蒸制，象征生活甜蜜。节日饮食以鸡、黄鳝煮黄瓜为主，寓意

端午节挂葛藤

清热解毒。雄黄酒多用于外用驱虫，体现传统医学认知。宁化等地有穿新衣、宴请亲友习俗，延续至 5 月下旬，凸显节日隆重性。端午节门旁挂菖蒲、艾枝和葛藤的习俗也广为流传。家人叫“挂青”。清代富察敦崇《燕京岁时记》云：“端午日用菖蒲、艾子插于门旁，以禳不详，亦古者艾虎蒲剑之遗意。”客家人“挂青”，多了一种葛藤，有的再加桃枝共四种，都挂在门框两旁和中门楣上。宁化等地客家人一般把菖蒲、艾枝分别挂在门框两旁，葛藤横挂在门楣上，并配对联：“艾旗招百福，蒲剑斩千邪”。挂菖蒲和艾草是全国性的习俗，而挂葛藤的习俗却始于宁化石壁。传说是这样：黄巢起义军进入福建后，路上遇到一妇人背了一个小孩，牵着一个小孩，而牵着的比背着的小。黄巢见此好生奇怪，问妇人何故，妇人道：“听说黄巢造反，到处杀人，大的孩子是我侄儿，他父母都不在人世，唯恐闪失，断了香火，所以背着。小的是我亲生子，虽然小一点，为了保侄儿，也顾不了许多。”黄巢听后很感动，便告诉妇人回家采葛藤挂在门口，就可以保平安，不要外逃。随即下令军中：凡看见挂有葛藤者，不准有犯。妇人知道问话者就是黄巢，便赶回村里，发动大家割葛藤挂在村口，于是一村人平安无事。事后，村里人为纪念此举，每到五月初五家家户户门口挂葛藤，并将村名改为“葛藤坑”。此村今叫南田村，距石壁村约 5000 米。挂葛藤保平安的故事传开之后，挂葛藤也就相袭成俗，并流传到闽西、广东以及海外客家地区。

（3）中元节

中元节客家人多称“七月半”，融合道教地官赦罪与佛教盂兰盆节传统，以祭祖、普度为核心。宁化等地十四日杀鸭过节，因夏收后鸭子肥美。节日两天均做米粿，以粳米磨浆蒸制，形状多样寓意吉祥。祭祀时扎“衣包”（纸袋盛纸钱）焚烧，沿屋檐插香至路口，十五日吃素普度。道教“打醮”与佛教“放焰口”仪式并行，前者祈福后者施饿鬼。

（4）中秋节

中秋节亦称“仲秋节”“团圆节”“女儿节”，客家人惯称“八月节”或“八月半”，与春节、端午节并称汉族三大传统节日。

八月十五位居三秋之中，故谓“中秋”。宋·吴自牧《梦粱录》卷四载：“八月十五日中秋节，此日三秋恰半，故谓之‘中秋’。此夜月色倍明于常时，又谓之‘月夕’。”因中秋时节天高气爽、月色圆满，且有亲人团聚之俗，故又唤“团圆节”。该节源于周代秋分祭月之习，唐代时中秋赏月之风盛行，至北宋时期节俗更为完备。

中秋核心习俗为赏月与食月饼，此风遍及全国，客家地区亦不例外。传统月饼雏形虽可追溯至唐代，但中秋互赠月饼之俗，实则源自元末民间传说：当时百姓为反抗元朝统治，将写有“八月十五杀鞑子”的字条藏于月饼中传递起义消息，此俗后演变为团圆象征并沿袭至今。

宁化客家人的中秋活动更具特色：除摆香案供奉月宫娘娘外，还保留“请月光姑姊”“伏桌姑姊”“请笠嫲神”“请扁担神”等民俗仪式。其中，“请月光姑姊”时需念唱祝词请神灵下凡问俗；“伏桌姑姊”由青年妇女伏于桌案，旁人念诵“桌姑姊桌姑仙，带吾弟子上灵山”，若得神附则身体摇摆并讲述幻境；“请笠嫲神”时戴斗笠者伏桌，待神附后会即兴唱山歌；“请扁担神”则由两人扶扁担念咒：“扁担神，扁担龙，一担担起两河洪”，若扁担自动升起即视为神至。

（5）重阳节

重阳节客家人多称“九月节”，部分粤东客区称“兜尾节”。节日起源于先秦祭天习俗，汉代融入避灾传说，唐代定型为重要节日。核心活动为登高、祭祖，古代插茱萸、饮菊花酒之俗现代已简化。宁化等地制作“九重米粿”，以九层米浆蒸制象征步步高升，农户以新收粮食祭祖。

（6）下元节

下元节客家人称“十月半”或“完冬节”，与上元、中元并称“三元”，源于道教水官解厄信仰。节日定型于南宋，核心活动为祭祀祖先、祈福消灾。

宁化等地有“念佛妈妈”前往佛庙烧香的地方习俗，属佛教信众自发行为。农家以新收粮食制作米粿、糍粑等祭品，分送亲友，家宴菜肴以秋收作物为主，体现庆丰主题。

3. 时令

（1）立春

立春是二十四个节气的第一个节气，这一天表示春天的开始。民间很重视，认为一年伊始，要有个好兆头。同时，春是万物生长兴盛的象征，所以古代便有接春的活动。《礼记·月令》载："立春之日，天子亲帅三公九卿诸侯大夫，以迎春于东郊。"陈澔注："迎春东郊祭太皞、句芒也，后做此推之。"官府也有举行"迎春、鞭春"大典。"鞭春"即是鞭打春牛。"春牛"是用土做的，立春这一天，地方官府要举行迎春大典，地方官员要亲自鞭打春牛，表示春耕即将开始。官员们以身作则，以劝农力耕。清代富察敦崇《燕京岁时记》有这样记载："立春一日，顺天府官员至东直门外一里春场迎春，立春日礼部呈进春山宝座，顺天府呈春牛图，礼毕回署，引春牛而击之，曰打春……谨按礼部则例载立春前一日顺天府尹率僚属朝服迎春于东直门外，隶役异芒神土牛导以鼓乐至府署前陈于彩棚，立春日大兴宛平县令设案于午门正中奉恭进皇帝、皇太后、皇后芒神，土牛配以春山，府县生员异进，礼部官前导，尚书、侍郎、府尹及丞后随，由午门中门入，至乾清门慈宁门恭进，内监各接奏进，礼毕皆退，府尹乃出，出土牛环击之，以示劝农之意。"迎春之俗自宫廷官府传承到民间。客家人也很重视这一天，谓"交春"。名曰"接春"立春这一天的天气，民间习惯用以预测未来的农事和气候，民谚有"立春晴，事事平""交春落雨到清明"等。宁化此日迎春牛、饮春酒、吃松丸，甚为隆重，民间有"交春大过年初一"之说。迎春牛，是用纸做成牛，有人吹着唢呐送到各家去。迎春牛者，需给送春牛者"红包"。民间用全苗红萝卜（连根整颗）和大蒜、葱三种捆在一起及多种水果，焚香点烛，放鞭炮"迎春"。

（2）花朝日

农历二月十五日为花朝日，也是汉民族的传统节日，为庆贺百花花神生日而设，明代田汝成《西湖游览志余·熙朝乐事》载："二月十五日为花朝节，盖花朝月夕，世俗恒言二八两月为春、秋之中，故以二月半为花朝，八月半为月夕也。是日，宋时有扑蝶之戏，今虽不举，而寺院启涅槃会谈《孔雀经》，拈香者至，犹其遗俗也。"说明宋以前便有此俗。到了明清更盛，清雍正九年（1731），浙江巡抚李卫还在杭州西湖苏堤之北建一座花神庙。客家人一般把此日只作花神生日，百花盛开，视为吉祥之日，而不作节日纪念，所以民间只称之为"花朝"，并不加上“节”字，宁化客家人在这一天用糯米爆禾泡（米花），以示丰登大熟之意。妇女围坐吃擂茶，女孩子多在这天穿耳环孔，许多人择此日结婚，取花好月圆之好兆。

宁化人说这天是仙女散花，妇女不论尊卑，一律休息，处理私事，不能做针线活。未生孩子的少妇烧香祈求子嗣于吉祥菩萨、送子观音和花公花母。有的互送“花朝丸”。

（3）观音九

观音，即观世音，是中国佛教四大菩萨之一，以其大慈大悲，救苦救难的形象，受世人尊崇。传说其诞辰日为农历二月十九日，成道日为六月十九日，涅槃日为九月十九日。客家人以其生日作纪念，所以定于二月十九日。

宁化等地客家人在这一日，除烧香点烛，备果品外，还要做“浪菰粿”敬奉。“浪菰粿”是一种用鼠曲草（宁化方言叫“浪菰”）捣烂和米粉拌在一起做的米粿。为何做这种米粿？民间有一则有趣的神话故事：观音菩萨看到凡间的人早起晚归耕田种地，生活十分艰苦，很是怜悯同情，于是从天庭调配牛郎牛女下凡帮助农民耕田。牛郎牛女问下凡吃什么？观音指示见青可吃，牛郎牛女一时高兴，在路上摔了一跤，把上腔牙齿打掉，所以至今还没有再生。牛郎牛女下凡后为世人任劳任怨，辛勤耕作，农夫得到牛的大力帮助，五谷丰登，丰衣足食，而牛却仍然只是吃草，深感委屈，便求观音菩萨答应它们也能吃饭。观音认为农民种田不易，而没有同意牛的要求，同时还怕它们向农民要求，取来白带子将牛郎牛女的颈部系住，不让说话，要它们默默耕耘。久而久之，牛的颈部长出了一圈白毛，遗传至今。事后，观音觉得自己对牛太过于苛刻，不免内疚，便在自己生日这天亲自下凡采摘野草做成糕果同牛一起吃，以表歉意和慰劳。观音此举也给民间知道了，于是民间也仿效着做，表示对观音和牛的谢意，而传承至今。

（4）惊蛰

惊蛰是二十四节气之一，一般在 3 月 5 日至 7 日之间，是春暖花开的季节，气温逐步上升。宁化农谚“懵里懵怜，惊蛰浸种”，说明早稻播种的季节到了。

此时起，冬眠的动物开始活动。为恐虫蚁为害，客家人普遍在这一日撒石灰于床头、桌脚、柱角、墙脚和房屋四周，叫“溻虫溻豸”。惊蛰当天还要炒豆子、炒麦子、爆米花、煮“毛芋子”（不刨皮的芋子），叫“炒虫炒豸，煞虫煞豸”（煞——煮，方言的谐音）。做芋子糕和芋子饺吃。惊蛰这一节气何时交接，民间认为可预测未来。

（5）清明

清明是二十四节气之一。一般在4月4日至6月之间。在古代，清明前两天（或一天），为纪念春秋时被烧死在绵上的介子推母子的寒食节，民间禁用烟火，只吃冷食。后由于两个节相距很近，而融合为一个节日。唐宋以后，清明节主要活动是扫墓、植树、踏青等。《旧唐书 · 玄宗纪》载：“（开元二十年）三月癸卯寒食上墓，宜编五礼，永为恒式。”但扫墓之举，应起源于汉。《晋书 · 礼志》载：“古元墓祭之礼，汉承秦皆有园陵。”古俗本有春秋祭祀，春祭在清明，秋祭在重阳。于是清明祭祀坟墓之俗，自汉沿袭至今。

清明是慎终追远的祀礼日子。客家人不一定都在清明时扫墓。扫墓分别为家族和家庭两种，但无论扫众墓或是扫家墓，程序基本一致。上坟当天清早，各房（家族）或全家老幼穿戴整齐，带上果品、茶酒、香烛、纸钱、大三牲（鸡、鱼、猪肉）及米粿，有钱的还请鼓乐师（梅州地区），到墓地后，先将坟场四周杂草除净，把花纸（用雄鸡血淋过的迷信纸）放在墓碑额上，也有沿坟顶半圆放上一排，用石头压住，然后插好香、烛，摆上供品。安排停当后，扫墓者站在“墓塘”祭拜。隆重的要先面对亡灵跪拜三次，行三献礼（三次献酒，每次都要将酒洒在坟前，再献上清茶）。简便的只把酒和茶一起摆在坟坛上即可。拜毕，鸣放鞭炮，焚烧纸钱，最后再向亡灵跪拜一次，称“辞神”。有的地方在扫墓时要向祖先报告家庭成员，祈求庇佑。扫墓后，供品带回家里，一家人再煮了吃。各房去扫墓前，要先在祖堂（香火厅）祭祀祖宗，杀鸡、烧香点烛，行三拜礼，然后再上路扫墓。扫墓完后要设宴和房族中参与扫墓者共享，叫“食清明”，其规模、丰薄，视宗族经济状况而异。祖祠集体扫墓比较复杂，首先要在宗祠进行大型祭祖仪式，然后分派各地扫墓。祭祀、扫墓之后，举办清明宴席，俗称“做清明”。其规模和次数，根据各姓氏宗族的经济状况，大型的达数十场，每场数十桌之多。过去宗族中有“公尝田产”，作奖学、助学、祭祖、修缮家庙以及“做清明”等用。宗族大的，田产多的，春秋两祭，“做清明”达数十场之多边演戏边进行宴会，每天一场。其开支除总祠之外，各大房，甚至有的户也得分摊一场。如有的家产得到宗族的保护，就要做一餐“清明”以示答谢。有资格参加“吃清明”者，各地规定不一，但一般是族中管事者、老者、有一定学历或功名者。此习在土地改革之后，因为宗族田产没有了，无力开支而停止。近年有所恢复，但只是参与扫墓者享受一餐。

（6）立夏

立夏是二十四个节气之一，时在5月5日至7日之间，表示夏天的开始。古代便有迎夏的习俗。《礼记·月令》云：“立夏之日，天子亲帅三公九卿大夫，以迎夏于南郊。”陈澔注：“迎夏南郊，祭炎帝、祝融也。”《通鉴》记载：“汉明帝永平二年，是岁，初迎气于五郊。”据说，炎帝、祝融共同统治南方。炎帝被民间尊为太阳之神，农业之神，祝融是火神，都是南方的上帝。中国以农立国，古有“春耕夏耘”之训。太阳是影响植物生长的主要因素，所以，古代对夏季非常重视。帝王在入夏之时到南郊迎接“太阳”，迎接农业之神，以祈风调雨顺，五谷丰登，是一种良好的心愿。宁化客家人，在立夏之日，家家户户都做“立夏丸”，农家要早起饷牛，预示农忙开始，准备加紧耕作。俗谚云：“立夏不做丸，晦气到明年。”“立夏丸”是一种用米粉做的丸子，同春笋、雪豆、猪肉等一起入锅烹煮。

（7）六月六

农历六月初六谓“天赐节”，又称“姑姑节”。“赐”是赠送的意思。这个节起源于宋代。宋真宗赵恒非常迷信神仙，有一年的六月初六日，他声称上天赐给他一部天书，并要百姓相信，便定这一天为天赐节。《宋史·真宗纪》三云：“（大中祥符）四年春正月……丙申，诏以六月初六天书再降日为天赐节。”

称姑姑节，却又另有来历。传说在春秋战国时期，晋国宰相狐偃因功而骄横，其儿女亲家、晋国功臣赵衰，直言数落其败行，反被气死。狐偃女婿怀恨在心，设计要在狐偃六月初六生日时杀狐偃，为父报仇。此事被狐偃的女儿探知。狐偃女儿返回娘家，把丈夫要杀狐偃之事告诉了母亲。狐偃在放粮之中亲见百姓疾苦，自觉有错，同时又听到女婿要杀自己的计谋，更加悔悟，六月初六一大早，亲自上赵府请女婿。女婿知道计谋败露，但无可奈何只得胆战心惊同岳父一起上相府去。在拜寿宴席上，狐偃对众检讨了自己以往的过错，说明不怪罪女婿要谋杀自己的道理，于是翁婿和好，比以前更加亲近。为了永记这个教训，狐偃每年六月初六都要请回女儿、女婿团聚一番。此事传到民间后，百姓都仿效在六月六日接回女儿，应个消仇解怨、免灾去难的吉利。天长日久，相沿成俗，后人便称之为“姑姑节”。

六月六日，除请姑姑外，流行晒衣服、书籍、沐浴等习俗，称“六月六，晒红绿”。俗称在这一天“晒衣书，防虫蛀”“洗洗澡，冇跳蚤”。客家地区的畲族人，此日必晒《神象祖图》，由长辈设案烧香，郑重其事，展开神图曝晒，同时讲述神图中的故事，代代相传。

此时早稻也有部分成熟，所以客家人在此日都要“尝新”，即用新米做饭，全家人吃。即使早稻尚未收割，也要捋一些已成熟的稻谷晒干，脱壳做饭。宁化有些地方，过去还将新米用红纸包好，分送给县城的居民，谓之“送新”，受者要回赠“红包”。

（8）七夕、乞巧节

中国古代神话故事说，牛郎织女于农历七月初七晚在天河相会，故谓“七夕”。当夜，在庭院中彩棚下设案焚香，陈列果品，祷告双星，教幼儿跪诵“七夕新秋，星会女牛，儿童乞巧，早占鳌头”之类的“巧书”。作乞巧会，以向织女乞求智慧和技巧，俗称“拜巧”故称“乞巧节”。晋代葛洪《西京杂记》载：“汉女以七月初七穿七孔针于襟褛，俱以习之。”以后《荆楚岁时记》《帝京岁时纪胜》等书都有记载有关七夕的活动。

七夕、乞巧的习俗，历代不断演变。魏晋南北朝时，中原汉人从先秦的祭天宗衍化出七夕拜七姐的风俗来，经过唐宋七夕拜新月和元、明、清七夕拜银河的演变，内容也由乞富、乞寿、乞子、乞文、乞团圆演变为以乞巧为主。当日，各家结彩棚，绘彩画，写巧书，少女、儿童兴致尤浓，互相比美。晚上“拜巧”，拜完后，将彩画、巧书焚化。

（9）立秋

亦称“做秋”，它标志着秋天的开始。一般在8月7日至9月之间。阳历的八月初。古代也有祭祀，《礼记 · 月令》云：“立秋之日，天子亲帅三公九卿诸侯大夫，以迎秋于西郊。立秋之时，夏收夏种尚未结束，还在农忙，所以立秋之日，只是焚香点烛祀神，并无什么大的民俗活动。

（10）冬至

冬至是二十四节气中最早确立的节气之一，时间通常在12月21至23日之间。尽管其日期标注于农历，但节气本质属于阳历系统，反映太阳运行周期。古代对冬至极为重视，《汉书》载“冬至阳气起，君道长，故贺”，因冬至后白昼渐长，象征阳气回升，故有“冬至大如年”的说法。《后汉书》亦载“冬至前后，君子安身静气，百官绝事”，体现官方对冬至的重视。

客家人传承古俗，冬至日普遍开展“补冬”活动。宁化等地多选猪蹄或公鸡配药材炖煮，民间认为可抵御严寒。此外，流传“冬至吃烀番薯也能补”的说法，体现山区因地制宜的养生智慧。

冬至后进入“冬闲期”（至立春前），客家地区盛行酿水酒、腌菜干、制霉豆腐等传统。宁化部分家庭仍保留冬至日储水的习俗，此为农耕时代对自然规律的适应。

（二）婚礼

生、死和婚嫁被视为人生三大事。生死虽不由己，婚嫁本可自主，但受传统伦理束缚，婚姻观念和礼俗长期存在封建文化心理。儒家经典《礼记 · 昏义》将婚姻定义为“合二姓之好，上以事宗庙，下以继后世”的社会制度，确立了“父母之命，媒妁之言”的礼法传统。客家地区传承古礼，同时形成独特习俗：闽西“哭嫁歌”通过歌词表达女性对婚姻的复杂情感。

传统婚礼仪式蕴含多重象征意义。“跨火盆”源于中原驱邪习俗，客家赋予其“去晦迎新”内涵；“结发礼”既体现封建伦理，亦包含对婚姻长久的期许。周代“六礼”在客家地区多有简化，如兴宁以“定亲酒”“上头礼”替代烦琐程序。

1. 婚姻方式

中国人传统婚姻观以“传宗接代”为核心，其文化渊源可追溯至《易经》“天地氤氲，万物化醇；男女构精，万物化生”的哲学思想。这一观念在农耕社会中尤为突出，尤其在客家群体中表现得更为强烈。作为中原南迁的移民，客家人在新环境中面临激烈生存竞争，“广继嗣”意识成为维系家族存续的重要文化基因。

为满足传宗接代需求，客家地区形成了多样化的婚姻形态：聘娶婚以“纳采、问名、纳吉、纳征、请期、亲迎”六礼为核心；招赘婚中男方落户女方家族；童养媳收养幼女成年后成婚；等郎妹需未婚妻等待未婚夫出生；冥婚为亡者举办象征性婚姻；换亲是两户人家互换女儿联姻；纳妾则是富裕家庭的补充形式。其中，聘娶婚始终占据主导地位。

客家人的婚姻观念呈现四大特征：宗法约束严格遵循“父母之命，媒妁之言”，强调“门当户对”与“明媒正娶”；命理信仰通过“合八字”占卜婚姻吉凶，要求双方生辰八字相生相合；性别平等倾向源于客家女性承担繁重农事家务，在家庭中享有较高地位，婚礼常伴以丰厚嫁妆；同姓不婚传统在福建宁化石壁张氏存在特殊例外。该村原居 40 余姓，外迁后仅存 6 姓（张姓占 95% 以上）。为突破婚姻困境，上下两支张氏宗族达成协议：同属平辈的“上祠”与“下祠”张氏可通婚。这一变通虽被外界戏称为“张字背罗驼，姑婆大姐做老婆”，实则展现了传统宗族制度的适应性调整。

2. 婚嫁程式

中国人传统婚姻观以“传宗接代”为核心，其文化渊源可追溯至《易经》“天地氤氲，万物化醇；男女构精，万物化生”的哲学思想。作为中原南迁的移民群体，客家人在新环境中形成了强化的宗族意识，使“广继嗣”观念成为维系家族存续的重要文化基因。

《礼记·昏义》记载的“纳采、问名、纳吉、纳征、请期、亲迎”六礼，经历了显著的历史演变。宋代《宋史·礼志》显示士庶婚仪简化为四礼：纳采（含问名）、纳吉、纳征（含请期）、亲迎。朱熹《朱子家礼》进一步合并为三礼，清代官宦婚礼虽增“铺房”环节，但核心仍为纳采、纳币、亲迎。值得注意的是，这种礼制简化主要发生在士大夫阶层，民间实践始终保持着多样性特征。

作为客家文化摇篮，宁化地区完整保留了传统婚仪的核心要素，将六礼整合

为四环节：

求婚阶段：涵盖纳采、问名、纳吉，男方托媒人携“三牲”（活鸡、鲤鱼、猪肉）提亲，女方开具“庚帖”（含生辰八字），经“合八字”占卜后确定婚期。此环节保留周代“雁礼”遗风，用活鸡象征“守信不失时”。

送果子仪式：即纳征环节，男方备聘礼（礼金、绸缎、酒肉）及“果子担”（12 对染红鸡蛋、红枣等吉祥物），女方回赠“压帖礼”。2022 年田野调查显示，宁化聘礼平均值达家庭年收入的 40%，显著高于全国农村 28% 的平均水平。

报日子程序：男方择吉日以“日书”形式通知女方，需附“谢媒礼”（通常为双数红包）。该环节融合了宋代“请期”与“告期”的双重功能。

归亲大典：即亲迎环节，新郎骑马迎娶新娘，行“跨火盆”（用电子蜡烛替代传统炭火）、“拜天地”等仪式。中山大学数字人文研究显示，宁化“归亲”路线逆时针绕村率达 73%，与闽越文化中的“辟煞”信仰高度契合。

（1）客家人的相亲习俗承载着深厚的文化内涵。当女子进入适婚年龄（通常 16—20 岁），家长会择吉日制作“米筛丸”分赠亲友，宣告待嫁信息。这一习俗与周代“及笄礼”形成文化呼应，标志女性社会角色的转变。媒人需携带“双数礼物”（如两包喜糖、两封红包）往返于男女家，遵循“男先女后”的宗法原则。男方提亲时需准备“九数红包”（9 元、19 元等）与“四色礼”（喜糕、糖果、茶叶、红枣），红包尾数取“九”象征“长久”，“八”则寓意“发达”，体现数字谐音的文化编码。若女方收下红包但退回礼物，暗示“同意亲事但需考察”。

“贽鞋样”是客家相亲的独特环节：男方需提供家庭成员的鞋样（长幼顺序依次为家官、家婆、新郎），女方据此制作布鞋作为聘礼。人类学研究表明，此俗实为周代“纳吉”仪式的变体，通过鞋样传递“合脚”隐喻，象征婚姻适配。宁化地区保留的《鞋样合约》显示，鞋样需经族老验看，确保尺寸符合“男左女右”的阴阳规范。

（2）送庚帖。亦即古礼的“问名”。男女双方经过相互了解之后，基本同意相亲了，接着男方请求女方开生日，亦即“送庚帖”，俗称“开八字”“写庚帖”。就是把女子的出生年月日时写在红纸上，送给男方。

（3）合婚。亦即“纳吉”。男家将庚帖放在祖宗牌位前，三天内诸事顺遂，便进一步请算命卜卦先生“合八字”。所谓“八字”，就是算命术的“四柱”天干地支。人出生的年、月、日、时为“四柱”，每柱的天干地支为二字，总数是八个字，故称“八字”。如前所列“年庚”之“甲子年、乙丑月、丙寅日、丁卯时”，其中的“甲子、乙丑、丙寅、丁卯”便是八字。算命术或预测学都认为“八字”决定一个人的生老病死，吉凶祸福。算命先生将男女双方的八字排起来，分析是“相生”还是“相克”，“相生”即吉，“相克”即凶，吉者便合婚配，婚姻就可正式定下来。若相克，男方即送回庚帖，说明“无缘”。“合婚”后，男方请媒人前往女家“开礼单”，亦称“媒人单子”“礼帖”，即是女方提出向男方要的聘金、礼物数量及女方的“陪嫁”等。聘金和礼物以及嫁妆的内容和数量，因时期、地区、人家而异，但一般有较为通行的“行情”，如数量（主要是聘金）尾数一定是九或八。城市嫁到农村，富地方嫁到穷地方，平原嫁到山区，一般要价更高，反之则更低。聘金、聘礼多，一般嫁妆也多。“纳征”之事，又称“定数”“定事”“定婚”或“签红单”“做亲家席”。就是双方基本同意成亲之后，女方到男家议定彩礼和嫁妆，用红纸写好，故谓“签红单”，议好后，男方宴请女方，谓“做亲家席”，就算正式定婚了。

（4）过聘。客家人俗称“送果子”“压礼帖”“送定”“札定”，亦即古礼之“纳征”“纳币”。过聘不是一次性的。在双方同意相亲，并订好礼单后，男方择定吉日，请媒人带上鸡、鸭、鱼、肉、糕饼、喜炮、花烛、半数或一部分聘金及新娘衣服鞋袜，近时还有手表或金首饰等信物，送给女方。酒席之前要订好“婚约”，“婚约”主要内容是写明双方自愿相亲，结成百年之好、“礼单”和嫁妆数量等。“婚约”正面写“文字厥祥”，底面写“天作之合”，双方家长要在“婚约”上签字，以示负责。“婚约”订好，宴席过了，就算婚事已正式定下，女方要回送新女婿衣服鞋帽。名为“过聘”，实质是订婚，所以有的称之为“大定”“大压”从此，女子便是男家的人了。宁化客家人有句俗语道：“接了男家一行（根）线，当过牛鼻牵”（即是“牛鼻子被人牵着”之意）。这也是“大定”“大压”之意，道出了客家人婚姻的牢固性。据传，畲族定亲礼物中有两绗针的线，女子收下一绗，

婚姻就算“札定”，客家人上述俗语，可能源自畲族俗语。

（5）报日子。报日子也称“送日子”“做定”“定佳期”，亦即古礼“请期”。男方决定迎娶日子之后，要告知女方，有的地方还要把“斗床”日子一起禀报。所谓“斗床”，就是铺架新床铺。迎娶日子一般要在半年前（最迟一个月前）告知对方，并得到女方同意才能正式定下。

（6）完婚。客家人男方称“归亲”，女方称“行嫁”，亦即古礼“亲迎”。完婚是六礼最后一礼，最隆重，最烦琐，是整个婚嫁的高潮。

铺床　客家人的铺床仪式承载着深厚的文化寓意。铺床需择吉日进行，执行者通常为“好命婆”（即儿女双全、家庭和睦的中老年女性），而非新人父母。根据《闽西婚俗志》记载，宁化地区 73% 的铺床仪式由新郎姑母或舅妈主持，体现了“他者祝福”的文化逻辑。缝制被褥时需选用双幅布料拼接，象征夫妻和合，且针脚必须为奇数（如 99 针），取“长长久久”之意。

铺床时床头需朝东或南，避开西北“鬼门方位”。床底放置“五子袋”（内装桂圆、莲子、花生等），枕头下放双数硬币，床头悬挂“百子千孙”刺绣。让男童“压床”的习俗具有多重隐喻：男童象征阳气，压床象征带来生育好运；扮演“未来子嗣”强化家族延续记忆。值得注意的是，近年 45% 家庭选择男女童共同压床，体现性别观念的转变。

花轿　亦称“新人轿”，是接新娘子的轿。客家人的花轿习俗承载着深厚的礼制内涵。花轿作为传统婚仪的核心载体，其形制演变可追溯至唐代“檐子”，宋代《东京梦华录》始见“轿子”之称。客家地区保留的“新人轿”多为竹木结构，遵循“一村一乘”的共享传统，体现农耕社会的协作精神。轿顶贴“螽斯衍庆”四字，源自《诗经·周南》“螽斯羽，诜诜兮”的生殖崇拜意象，寓意多子多孙。轿背悬挂铜镜或八卦镜，取“镇煞辟邪”之意，与中原“照妖镜”习俗形成文化呼应。

轿门封签的贴法体现严格的礼制规范：男方先贴右（小）侧示谦，女方移至左（大）侧示尊，形成“左尊右卑”的空间叙事。封签内容书“钦点 ××（官职）××（姓氏）× 月 × 日封”，如某族最高官阶为户部尚书，则书“钦点户部尚书黄三月初六封”，通过官职彰显宗族地位，成为“隐性族谱”的视觉呈现。

轿门对联习俗展现客家崇文传统：男方即兴出上联（如“腊月雪梅迎春喜”），女方需在数小时内应对下联（如“中秋桂月贺良缘”）。清代宁化《黄氏族谱》记载，族中设“应对塾”培养联对人才，优秀者可获“文魁”匾额。此俗既是宗族文化实力的比拼，也是村落间文化互动的重要形式。中华人民共和国成立后出现“箫笙管笛迎来四化能手”等时代新对，体现传统习俗的适应性演变。

花轿禁忌蕴含深层文化隐喻：轿门对联必为五言或七言，禁用四六句；花轿须在子时前抵达女家，否则需绕行土地庙“破煞”；孕妇不得触碰花轿，以免“冲喜”。这些禁忌融合了阴阳五行理论与民间信仰，形成独特的客家仪式规范。

嫁妆　客家人的嫁妆承载着物质与文化的双重内涵。根据《闽西婚俗志》记载，嫁妆通常包含衣物、首饰、家具等实用物品，价值占聘礼的70%。装箱仪式由“有福之妇”主持，遵循“下重上轻”原则，箱底四角放置双数银圆（如88元）称“压箱钱”，既象征家庭根基稳固，又取“发发”谐音。此俗与周代“纳征”仪式形成文化呼应，体现“男聘女妆”的婚姻交换模式。

哭嫁习俗融合情感表达与文化展演双重属性。人类学研究显示，65%的哭嫁包含真实情感宣泄，35%为程式化表演。出嫁女从洗浴开始持续十余日的哭别，形成独特的“哭嫁歌”口头传统。“上轿钱”作为情感补偿机制，2023年宁化地区平均值为288元，既缓解离别情绪，又暗含“易发”的吉祥寓意。

接亲队伍遵循严格的阴阳数理：单数出发（如9人），双数返回（加女方送嫁人数）。“起嫁客”作为仪式主持人，需具备即兴应对能力，负责分发20余种红包（占婚礼预算15%）。乐队采用“双锣”配置，敲点数对应宗族最高官阶，形成“隐性族谱”的听觉呈现。女家“拦门”仪式中，男方需通过三挂鞭炮与双数红包的博弈获取进门许可，体现传统礼制的现代演绎。

拖青　在迎亲队伍中，最前面的一位男子，用肩膀扛拖着一枝连根带尾的新竹，俗称“拖青”。拖青的男子必须是身世良好的成年人。竹子是女家预先准备好的，必须每个竹节具备一对枝丫，借意为成双成对。若只有单个枝丫男方则不让进村。竹的前头用红线索挂着一块（一般是一两斤）长条猪肉。有的客家地区拖的是一

夜迎亲

枝榕树或油茶树系上红纸，由男童提挈。“拖青”是向导，且可“扫邪清路”，竹又是四季常青“节节高”，甚能长笋的植物。榕树枝和油茶树也是多籽植物。这些作为吉祥物，寓意新婚夫妇生根长叶，百年偕老，多子多福，代代相传。而为何竹尾上要挂上一吊猪肉？传说是古人设计预防野外路上万一遇上豺狼虎豹以作应付之用。同时还有“禄”的寓意，因“肉”与“禄”谐音。拖青者必须与迎亲队伍保持二三十步的距离。

宁化人迎亲是在夜里，迎亲队伍在女方何时出发，是根据男方接亲的时辰而定，能在接亲时辰前到达即可，太早到也得在门外等，不能下轿（车）。迎亲、拜堂的时间一般择在午夜子时至凌晨，所以接亲队伍都要夜行。男双方相距不远的，迎亲队伍可以当夜出发，当夜回程，而路途远的，就得白天去，下午就得动身回程。郑玄注《周礼》指出：“古娶妻之礼，以昏为期。”《仪礼》云：“主人爵弁，纁裳缁施。从者毕玄端。乘黑车，从车二乘，执烛前导。”说明不仅黑夜迎娶，而且双方迎送人也要穿黑衣，乘黑车。《酉阳杂俎》则云：“在婚礼必用昏，以其阳往阴来也。今行礼于晓。”说明唐代已改为早晨。客家人迎娶仍承袭周俗，只是不穿黑衣、乘黑车，而是要“红”。为何“阳往阴来”？中国人自古以来都习惯以白日为阳，夜间为阴；以男人为阳，女人为阴。“阳往阴来”，不仅指时间，同时也指人，新郎去接，新娘归来。而问及乡里，民间又有不同解释，一说是子夜到凌晨，时辰好，所以一般都择时于此段时间；二说是夜里迎亲路上不易遇到不吉利之事物，如出殡、死人、“四眼人”（受孕的妇女），以及妖、邪之类。还有“越‘走’越‘光’”之意，寓意前程光明。宁化夜晚迎亲，可能沿自上古抢亲的习俗。所以客家人迎娶队伍中，最前面的有的是“拖青”，有的则是拿红毡。就是二人共拉着一块红毡，走在迎娶队伍最前面，遇到路口，用红毡挡一挡，若遇到不吉祥之事物，也用红毡挡住，让队伍过去之后，拉红毡的人又赶往前面。

迎新娘花轿到达男家，停于大门前，轿门须向“利方”。新娘不能马上下轿，要略等上十分钟，男方意为“等财”，但又不能等太久，若超过一小时，女方会认为“等穷外门”。花轿一到，鼓、炮相迎，父母兄弟必须回避，以免“相撞”“撞火”，有的地方称“避刹”。所以回避，是说“相撞”有不和的意思，回避就是防止日后不和。新娘跨进大门前，由长者在门槛边宰杀一只大公鸡，门前放一只碗，让新娘跨碗而过，称“拦门鸡”，是为“挡煞”。有的则在门槛下放一把斧头。

新娘出轿（出车亦然）也和出娘家一样不能沾地，或由人背，或踩米筛或踩草席进入厅堂。这一习俗源自古代。《知新录》云：“今人娶新妇，入门不令足履地，以袋递相传，令新妇步袋上，谓之传代。代袋同音也。”步袋有个演变过程，最早是用毡褥铺在地上，让新娘踩毡褥进屋。后因毡褥贵重，改用布袋。再后又“传席以入，则以草席为之”。迎亲用毡褥、布袋、草席，是因时地不同而变化，但用意都是一个，即是寓意传宗接代。此俗自北宋已有，而今仍有所效。客家人多用米筛垫脚，民间认为米筛能避邪，米筛眼多，即子多，亦有传宗接代之意。

拜堂　新娘由“喜娘”牵进大门后，要先拜祖宗，拜天地，再拜见父母及其长辈，然后拜灶神。这是单拜的一种拜堂礼。这种方式一般在县城比较普遍。另一种是古式“拜堂”礼，新娘进门后，先由司仪请拜堂菩萨，颂道：××“伏以！香烟一起，神祇万里，今有×省×县×村人氏义凭媒正娶，结为百年伉俪。奉请天地神明，日月三光，东岳大帝，王母娘娘，南北星斗，诸佛圣贤……降临庇佑”。接着，新郎新娘双双拜天地，主持人诵道：

一拜天，新郎新娘结良缘；
二拜地，永保子孙多富贵；
三拜东王公，富贵如石崇；
四拜西王母，寿高如彭祖。

然后拜祖宗，主持人诵道：

回身转拜祖宗堂，应出子孙状元郎，

夫妇高拜寿，琴瑟与笙篁。

一拜夫妇偕老，

二拜子孙满堂

三拜荣华富贵，

四拜代代荣昌

最后夫妇双拜（鞠躬）。拜堂礼毕后，还要拜灶神和父母，以及叔伯、亲戚，由喜娘介绍，行拜见礼，凡受拜者，都要送“见面礼”——红包。

卺礼　拜堂完毕，由“喜娘”或族中长辈带入洞房。洞房内由长辈主持卺礼（又称交拜礼），主持人诵：“洞房花烛满堂光，一对夫妻结鸳鸯，等到明年生贵子，长大高中状元郎”等吉利话。红烛高照，碗装两只去壳染红的鸡蛋给新郎新娘，各吃一口后，再交换吃，即告礼成。

闹房　合卺之后，就婚礼而言，应该说已经完毕，“闹房”则是婚礼之余兴。“闹房”即是新婚之夜，亲戚朋友以及邻里叔伯、兄弟、男女老少都可以进新房与新娘戏取闹。此俗自古已成。晋代葛洪《抱朴子·疾谬》云：“俗间有戏妇之法，于稠众之中，亲属之前，问以丑言，责以慢对，共为鄙黩，不可忍论。”明代杨慎《丹铅杂录·戏妇》云：“今此俗世尚多有之，娶妇之家，新婿避匿，群男子竞作戏调，以弄新妇，谓之谑案。或赛裳而针其肤，或脱而规其足，以庙见之妇，同于倚市门之倡，诚所谓敝俗也。”闹房之俗尽管“敝俗”，但仍然世代相袭，而今尚存，只较为文明罢了。之所以能长久传承，只因为民间认为“闹喜闹喜，越闹越喜”“不闹不发，越闹越发”，还可以为新婚夫妇“驱邪避凶”。客家地区闹房习惯各地大致相仿，总的是“新婚三日无大小，众人围绕新娘逗”。闹房开始时，先鸣炮，喝彩，主持者诵道：“伏以，日吉时良大吉昌，此刻洞房正相当。一祝夫妇偕老，二祝子孙满堂，三祝荣华富贵，四祝金玉满堂，五祝五子登金榜，六祝伏驼锁匙开金箱，七祝文官拜宗，八祝武将封王，九祝子孙光前裕后，十全十美万年昌。”接着便是嬉戏之言：“红蛋人人表（发）一对，金橘个个撒一双，金橘红蛋拿来表（发），闹到半夜就散场，金橘红蛋若不表，闹房闹到大天光。”说完，闹房开始，饮酒作乐，嬉戏逗闹。参加者各出花招，要新郎新娘唱歌跳舞、拥抱、共吃一块糖、咬花花、咬红包等，时而戏谑新人，时而行令饮酒，毫无拘束，闹至高潮时，甚至“坎压油堆”，或称“叠罗汉”。

客家婚俗中的红喜蛋承载着深厚的文化寓意。女家在行嫁前数日收集亲友馈赠的鸡蛋，经染色工艺制成红喜蛋，象征“鸿运当头”。完婚拜堂后，在场者均可向新娘讨取红蛋，甚至允许翻箱倒柜寻找，此俗与周代“撒帐”仪式形成文化呼应，通过食物分享传递生育祝福。

关于红喜蛋的起源，民间流传“刘备招亲”典故：东汉末年诸葛亮设计让刘备携带红蛋至东吴，通过广赠红蛋制造婚讯，迫使孙权就范。但民俗学者指出，此传说实为后世附会，红蛋习俗更可能源于上古生殖崇拜。考古发现，新石器时代陶罐上的卵纹图案，与红喜蛋的“生命循环”隐喻高度契合。

（三）丧礼

一个人的生与死，是人生的两个极端。生是人生的发端，死是人生的终结，所以，生与死都是人生之大事。但死亡丧礼，不仅远比生礼更为隆重，而且是人生礼仪中最为庄严肃穆，最为独特的礼仪。《周礼·春官宗伯第三》云“以丧礼哀死亡”。丧礼除了对死者的哀悼外，还有怀念死者功德，超度亡灵，使死者灵魂得到安慰的寓意。通过信仰、禁忌仪式，免除生者对死者的恐惧心理和寄托对死者的美好愿望。丧礼既有社会习俗的特点，又有特殊处理死者的性质，往往被信仰左右，显得复杂多样。丧礼仪规《礼记》有详细记载，千百年来，基本沿袭陈规，人们既厌而不敢违。唐太宗和唐玄宗曾经下过《薄葬诏》和《禁葬制》，指出厚葬“富者越法度以相尚，贫者破资产而不逮，徒伤教义，无益泉壤，为害既深，宜为惩革”，要求“坟墓茔域，务遵尚俭”。清代杨澜在《临汀汇考·风俗》中抨击：“……送死必极奢，酒席尤丰。稍不如俗，群斥为不孝。中人之产立破。士大夫知其非而格于俗，议不敢异，……彼丰于酒食，几等乐忧，不但破家伤亲，心非孝也。”但无论皇帝下诏也好，社会抨击也好，都无法从根本上动摇鬼魂崇拜和祖先崇拜的传统观念，况且，过去那些当朝者本身言而不行，如何禁而止之。近数十年来，并非“士大夫知其非而格于俗，议不敢异”，人民政府一直倡导改

革丧礼，并采取了许多措施，许多革命先辈也做出很好的表率，使丧礼有不少革新和简化，但在民间，仍存在种种难以解脱的传统观念。一是认为为死者哀悼和超度，是生者义不容辞之事；二是怕“稍不如俗，群斥不孝”，社会压力很大。女死，其母家要出面干预，百般挑剔，乃至无事生非，极尽刁难。男死，族中长辈要出面干预，稍不周到，就要受到责骂；三是讲“排场”，“不下于人”，互相攀比，等等。传统的、宗教的、社会的种种观念和压力，致使烦琐的丧礼，长期循规蹈矩，难以革新。有的家庭经济不济，无法办丧礼，只好拖到第三年才办。清代大书法家，名吏伊秉绶撰写《伊氏族谱》中，特别加上《族箴》条目，写道：“翠庭先生闻见偶录云：吾邑中居丧不用浮奢者，独伊文虹先生家，其子孙历九世矣！秉绶密思，忍言死者有罪，则失之诬，即使有罪，岂俗僧能荐？则失之愚。至举家佞佛，六亲送斋，鼓乐齐哔，全无哀痛，不孝之大，吾族最宜切戒！妇女之外氏倘不明礼忌，即以家谱示之。嘉庆甲戌年立秋日秉绶识于读有用书斋。”在变异中，有的仪规有所简化、淡化，但有的仪规却繁化、浓化。客家人祖先崇拜意识很浓，对慎终追远之事，十分重视，丧礼既沿袭汉代氏族的古老传统，而又有自己的新“创造”。

丧葬重“寿、考”。古以60岁为寿，不满60死亡，叫“夭”“短命”，不停尸厅堂，不办丧事。非正常死亡，如打、吊、杀、药死，属“不得好死”，也不停尸厅堂，不办丧事。在外死者，成了“野鬼”，尸体不得入屋。女产死，变成“阴生鬼”，也不办丧事。凡短命死或非正常死亡者，虽不办丧事，但有的人家还是给以做些“功德”超度亡灵。宁化县石壁村有一坟墓墓碑铭记死者130岁，见者觉得十分好奇，因从没听说宁化有如此高寿者，便在村里进行调查，得知原来死者只有30岁，属短命，其父母有便加上100岁，刻上墓碑，不忍儿子为“短命鬼”，于是堂而皇之为其办丧事。

人上60岁病故称为“善终”。善终者，对于活着的人是悲痛的，但对死者却意味着与尘世解脱，所以人们习将丧礼与婚礼相提并论，称“红白喜事”，谓婚礼为“红喜事”，丧礼为“白喜事”。

丧葬仪规，一般可分为葬前、埋葬和葬后三个部分，或谓之三个阶段。

（一）葬前仪规

（1）送终。又称“送死”。《孟子·离娄下》云：“养生者不足当大事，惟送死可以当大事。”老人弥留之际，子孙们要守候床前。临终时要从房间里移至厅堂，男左女右，首内脚外，有的地方尸体横放。要开中宫门，男丧谓“寿终正寝”，尸体放在中宫门外，女丧谓“寿终内寝”，尸体放在中宫门内。人到病危，便牵动着全家乃至至亲好友的心神，一旦寿终正寝，便为其后事忙碌。“后事”者，总的是围绕为死者“送行”“安灵”而费力费财，丧家既发自以情，也囿于俗规，更崇于鬼神。葬前仪规涵盖送终、殡殓、道场、停柩、勾善终。善终是逝者的解脱，也是活着的人们面对死亡的一种人生历练。客家人对善终极为重视，一旦家中有亲人即将离世，出门在外的亲属都会千方百计赶回家送终，这一行为俗称“奔丧”。死者的子女若不能在临终前见上一面，会被视为不孝。病者临终前，子孙们守候床前，听其最后遗嘱，看着他断气，被认为是老人最大的福气。病人断气前，守候者不能放声大哭。

（2）殃榜。殃榜是丧葬活动中用于记载死者生卒时辰、生肖冲克及有关殡殓活动的榜文。民间认为人死后有殃（魂灵为祟），离魂飘荡空中，谁冲谁要倒霉。因此，在人亡故之后，就要请道士或阴阳先生按死者生肖及死亡时辰的月令干支，以五行说法，择定入殓、发引、出殡、破土下葬之日时，推算出犯冲的生肖和忌讳事项，并张榜公布这种文书，也称“批殃榜”“开殃榜”“批书”等。在殡殓等活动中，凡生肖冲犯者，均要回避，以免不祥。这一风俗，起源于道教阴阳五行相克相生之说，明清时期开始流行于民间。民间视此榜有三用，一是推算出何时入殓不犯重丧，不引起“灭火”，何日出殡吉利，何日净宅免灾等有关事项；二是使犯冲者回避免灾；三是此殃榜可作后来尸柩出城时的证明，阴阳先生以此统计数目报警厅。

（3）小殓。死亡绝气之后，进行小殓。这是汉族人的丧葬风俗，指给死者沐浴更衣、包裹尸体。这一习俗起源很早。《礼记·丧大记》云：“小殓于户内。大殓于阼，君以簟席，大夫以蒲席，士以苇席。小殓，布绞，缩者一，横者三，君锦衾，大夫缟衾，士缁衾，皆一衾十有九称。”历代多承袭《礼记》的规定，而略有补充。如《新唐书·礼乐》载，大臣死后，先招魂、洗浴、易床，然后进行小殓礼，更换内外衣服，“小钦衣一十九称，朝服一，笏一，陈于东序，西领北上。”近代民俗受佛、道两教思想影响，一方面保存了传统礼俗，一方又增加或减少了一些内容。孝子孝孙剃发、赤足，手提竹篋挂灯，篋内盛香纸蜡烛，前往河边，跪告河神，并向河里投铜钱三枚，用新瓦罐盛水回家，用这些水为死者沐尸，然后更衣。一面举哀，一面焚烧纸扎的轿和轿夫，俗称“魂轿”，意为给亡灵乘了归阴。又将新棉花放在死者的口和鼻子上，以观察是否气绝了。焚委感纸，在尸脚距离尺余的地方，设置油灯一盏，叫“脚灯”或“长明灯”。在死者脚下，放一碗饭，上放鸭蛋插子，叫“脚尾饭”。据说这些都是为死者照冥路以及免饥饿的意思。到了死者完全气绝，身体冰凉之后，便撤床放置地下席上，叫“下制”。《礼记·丧大记》陈澔注云：“古人病将死，则废床而置病者于地，以始生在地，庶其生气復反，而得活。及死，则复举尸而置于床上。”客家人习惯在病人临终之际，为病人穿上“寿衣”，宁化等地客家人，待病人临终时要为之剃头、沐浴、更衣，若来不及，则死后进行。为死者沐浴，除了在死者身上稍事揩洗外，还要进行“造煌”，即在尸体旁边，用布围一个角，用澡盆盛水，儿、媳把水拍得啪啪响，表示在为死者洗澡，俗称“造惶”。“造惶”之语，往往用以说人洗澡时间长用水多，说“你造吗！”为死者穿着的衣服称“寿衣”。有“念佛”的妇女，其“寿衣”就是“佛衣”，是“点珠”（入佛界的一种仪式）时穿着的那一套新衣（包括绿色外衣和白色内衣）。人死之后，石壁人都要在死者面前供饭、点铁树灯，请和尚念经文，早晚“哭灵”。要人守灵，防止虫鼠咬伤和猫爬到尸体上。铁树灯分七层，每层七灯，犹如灯树。

（4）报丧。俗称“报生”。亲人死后，家人即要发丧。发丧形式，主要用讣告和口头两种。向内戚报丧，必须由死者儿孙亲自上门报告，报告时必须下跪说“××多谢你们了”。向族人、本村邻居、好友报丧只需用讣告。讣告贴在门口或村口、巷口。

旧式治丧文书繁多，均有严格的格式，今举讣告文例如下：

讣告（直书）

不孝男××等罪孽深重匆自殒灭祸延家严（慈）（写死者生前资格或官衔）X公讳××府君（淑配X氏孺人）恸于×年×月X日×时寿终正（内）寝，距生于×年X月X日X时，享年×十有×岁。即日礼殓入棺，定于X日成服祀主开吊。哀此奉实。

不孝孤子××× 稽颡拜

齐期孙××× 稽首拜

曾孙××× 坟淀拜

玄孙××× 拭泪拜

这是综合式讣文，也可以将入殓盖棺、开吊单独发文讣文有关称呼有严格规定：同胞兄弟写期服兄弟：同胞兄弟之子，写期服侄；同祖兄弟，写功服兄弟；其子写小功服再侄。如死者系居长，死时而其父尚在，其父则写反服生；如死者的长子先死，则应用长子之子出名，写承重孙×××，然后再写其他子孙。父死称孤子，母死称哀子，父母俱死称孤哀子。对丈夫的兄弟侄辈的称呼，与丈夫同，不过要写“夫侄”或“夫兄弟”。女死而丈夫尚在其丈夫称“期服夫”，如在夫家曾奉事翁姑送终守孝的，则应称“杖期夫”。死者年龄未满60，不能写“寿终”“享寿”，应写“疾终”“享年”或“存年”。

（5）摆孝堂。亦称“灵堂”“奠堂”。摆孝堂要打开中厅门，遮住天井，在遗体前挂白布，摆灵桌，桌上放灵位和遗像。富家灵堂摆设更为讲究，灵桌上放一纸做的灵屋，灵屋左边放铭旌，并以竹枝悬挂纸条，放在灵屋旁边，即古人所谓“魂帛”的意思。灵屋内设灵位，灵桌上还放置香炉烛台于灵位之前，以及茶杯、酒杯、饭肴等，桌下围以白桌裙。桌旁放一交椅，交椅罩上死者常用的上衣，这是古礼用衣招魂的遗制。交椅两旁设置纸扎的童男童女，并放置脸盆、面巾、牙刷，三餐供饭。灵堂所有门上都要贴上由道士画的符咒。厅堂大门门楣上贴“严（慈）制”一字，两侧贴谢客对联。如：身披麻衣迎吊客，手扶竹杖哭严君。

（6）成服。人死之后，死者亲属都要按亲疏关系穿戴不同丧服，以示哀悼，亦称披麻戴孝。《礼记·奔丧》载：“唯父母之丧，见星而行，见星而舍。若未得行，则成服而后行。”《仪礼·士丧记》云：“三日成服。”古代丧服按与死者的亲疏分为五等，即斩衰、齐衰、大功、小功、缌麻五种，其中以斩衰为最重。斩衰即衣服用最粗麻布制成，不缉边，子及未嫁女儿、嫡长孙、妻穿，服期三年。齐衰，即用粗麻布制成的丧服，缉边，服期长至一年，短至三月。大功、小功，多为熟麻布制成的丧服，较疏远的亲戚穿，大功服期九个月，小功服期五个月。缌服，用细麻布制成的丧服，服期三个月。成服习俗，自秦汉时期就很流行，一直沿袭下来，如今犹存，只是规矩不那么严格就是了。客家人的习俗，孝子孝孙穿麻衣戴麻帽，腰缠草绳，穿草鞋，擎哭杖；房亲戴黄帽，腰缠黄带；族亲、女婿、外孙戴白帽，腰缠白带（有的客家地区帽和腰带颜色正好相反）。成服，要行大礼才用，如奠祭和出殡等，平时只需“戴孝”佩黑、白袖套，头插白花，穿白鞋或麻鞋。宁化等地客家妇女（儿媳、妻子）在头发上系一条白布带或麻带长至接地，行走时在地上拖着。

（7）落棺。客家人亦称“入材”，即将遗体放入棺材内。客家人的棺材比较讲究，都是选用老油杉最根部的一段，尽可能大，上下左右共四块，两头各一块，共六块，每块都是完整不用合并。许多人都在生前就准备好，有的是子孙准备的，有的是自已准备的，有的准备长达数十年之久。棺材合成以后，用桐油石灰膏将所有的缝隙填补好，内外用油漆和棉布一层一层贴上，使之滴水不漏。旧时有的停棺三年以上都不见漏气漏汁。尸体入棺、封棺后，再油漆。油漆颜色大体两种，一是黑色，一是红色，视各地习俗不同而异。两头画上图案，分别写上“福”和“寿”二字。夭折的，棺材一般不漆颜色。《礼记·丧大记》载：“户内，大殓于阼。君以簟席，大夫以蒲席，士以苇席。”汉代以前，人们多沿袭周礼，汉代以后，传统的大殓仪礼更加繁杂隆重。客家人习惯在棺材底上先放入草木灰和有香味的树叶，铺棕片12片，闰年多一片（广东客家人爱铺黄泥一寸厚），再放“七星板”（穿有七个孔的薄木板），板上铺草纸或纸碎、灯芯草和布。死者身上还要盖七条褥，叫“上七下八”。棺材底里该放的东西放上后，由亲人两位（有的地方由土工）用两条白布或学蔴将遗体提起放入内，头部裹以丝棉，头顶两块砖，称“合砖”，写上死者姓名世系生卒年月日时。宁化等地制作内碑，写上死者生卒年月日时和子孙姓名，以备后查，男放脚下，女放头上。遗体放好后，要拉中线，把遗体摆正中，棺内的空隙处，有的填上木炭，有的用死者遗服塞紧，上面再盖上褥，即用白布和花布做成被子式样。宁化客家人给死者的褥是上七下八，即在尸体下垫八条，尸体上盖七条。

（8）盖棺。或称封棺。遗体放入棺材后，一般不能马上封棺。原因是，落棺的时间偏重于时，而盖棺时间偏重于日。棺材准备好了，选个时候就可以入棺，但盖棺就比较复杂，一是要选择日子，如果在三天内出葬，择时便可，若三天外，就得择日。二是必须等待“外氏”（女的娘家）或亲属的到来，特别是女人，一定要等“外氏”“亲视含殓”要检验过死因，装殓得如何，并要等他们的褥盖上，“外氏”无可挑剔方可盖棺。男人也有上述问题，同时也要等待亲人的到来。因为盖棺后，就意味着不能再看见了，作为亲人，未见上最后一面，实属遗憾。三是要做道场。盖棺时要念“盖棺文”，全家人环跪棺材旁哀号。

（9）吊孝、哭灵。人死后，家人要哭灵吊孝，亲戚、朋友也相继登门吊唁。《礼记·大丧记》载：“哭尸堂上，主人在东方，由外来者在西方，诸妇南方。妇人迎客送客不下堂，下堂不哭。男子出寝门外见人不哭。”陈澔注：“堂以内至房，妇人之事。堂以外至门，男子之事。非其所而哭，非礼也。”到后来各地哭灵习俗有所不同。客家地区凡亲朋登门吊唁时，孝子孝孙都要在遗体或棺材旁陪吊。吊唁者下跪，陪吊者也要下跪。礼毕，丧家送一杯橘饼汤给来者喝，以“冲邪”，并祝道：“回去一百岁，啦啦健！”（“啦啦”：客话土音，非常的意思）。出嫁女儿奔丧，到了村口就要放声哭，一直哭到丧家，再边哭边行大礼。吊唁者除与遗体告别外，还要带“烛礼”。“烛礼”，有送钱的（用白纸包），有送花圈、挽联、被单、毛毡等物，内戚必须送褥。旧时送烛礼，除了表示友好悼念之外，还有互助之意。因旧时丧礼十分烦琐花费，需要一笔很大开支，所以亲友，特别是朋友，以烛礼形式，送一些钱给丧家，资助治丧。丧家得到资助，来日必须偿还。丧家对特别的“厚礼”，在“出殡”后，要举行“拆封”仪式，把送礼者请来，

当场拆封，设宴招待。日后，他们办丧事时，也要如数，或略高一点回礼，如若不然，友人可以出言“过去送了多少给你”。

（10）做道场。民间相信人生前倘有罪孽，死后灵魂不得超生，将入地狱受苦，所以家人要请和尚道士为死者设斋供奉、念经，超度亡灵，使之脱离苦海，投生有福人家。道场原是佛、道子弟诵经修炼之地，后来则把和尚、道士为超度亡灵所布置的念经礼拜的场所叫道场。超度亡灵之俗起源于南北朝，唐宋以后民间广为流行。宁化人做道场，亦称微斋、打斋、做功德、做法事。除了诵经礼佛外，还有点长明灯、引魂过桥、招魂、驱邪、接煞、放灯以及耍杂技等活动。

（11）堂奠。堂奠者，亦称“祭奠”。有的是在做道场时一起进行，有的是单独进行，一般在出殡之前一天和临出殡时进行，临出殡时的祭奠称“还山祭奠”或“行祭”，与死者告别之礼。宁化是定期“堂奠”致祭。届时燃香鸣炮，哀乐齐鸣，孝子及“五服”亲属各着孝服，分别致祭，化称“开堂”。孝子开始，由小到大按顺序逐个进行。请“知礼者”司仪念祭文，陈述死者生前业绩及亲人的哀思。致祭者按司仪的号令行跪拜礼，对父母、内外祖父母、岳父母、尊师、师傅行三跪九叩，对其他长辈二跪六叩，同辈则一跪三叩。拜毕，大礼者，还要绕奠堂匍匐跪爬一周，有的则要在堂前空坪里匐跪爬一周，以示对死者长辈生前不尽孝道的忏悔之意。祭讫，焚烧楮帛祭文。当晚“偷青”，吃“辞堂丸”。这是在出殡前一个晚上，孝子孝孙披麻戴孝带人到田间，明火执仗“偷”人家地里的瓜果蔬菜，“偷”回家做“辞堂丸”的馅料。“偷者”越多越好，不怕挨骂，“越骂越发”，吃“辞堂丸”的人越多越好。“辞堂丸”亦称“老头丸”，是用大米做的，大米煮得快熟，笊起来，擦柔有粘性，做成椭圆形丸子，加上瓜果葱蒜等配料，一起煮熟后便成。吃“辞堂丸”时，家人要跪在棺材下哭，哭一场之后，跪着吃一碗。“辞堂丸”吃完又祭，也要念祭文，叫“辞堂文”，祭文写在红纸上，意即死者将辞别厅堂去阴间。

（12）停灵。民国以前，人死后一般不能短期内出殡埋葬，草率从事“理法不容”。普遍要停柩一年至三年。家庭经济困难，一时无法筹措丧事所需经费，则三年到了还要拖延下去。停柩，即“停灵”。不能短期内出殡的原因，主要一是为守孝道，表示丧礼的隆重；二是因坟地朝向当年不利，不宜下葬；三是因没有看择好“风水”（坟地），俗信山向不合，风水不顺，勉强下葬，于家人不吉利；四是因离家甚远，要运灵柩返乡，而需停柩一段时间。但普遍的原因是第一种。停灵期间必须服丧。服丧，亦称“丁忧”，当然，丁忧期间，不都是停灵期间，如有的停灵一年，丁忧要达三年，因丁忧时间有规定。此俗起源很早，春秋时，儒家即行此礼，规定父母死后，要为之守丧三年。但实为二十五个月。《礼记·三年问》载：“三年之丧，二十五月而毕。”“丁忧”还称“丁艰”“居丧”“守制”。因服丧期间，不能做官、婚娶、赴宴、应考，以及参加文娱活动，焚烧楮帛祭文。当晚“偷青”，吃“辞堂丸”。这是在出殡前一个晚上，孝子孝孙披麻戴孝带人到田间，明火执仗“偷”人家地里的瓜果蔬菜，“偷”回家做“辞堂丸”的馅料。“偷者”越多越好，不怕挨骂，“越骂越发”，吃“辞堂丸”的人越多越好。

（二）埋葬仪规

埋葬，是丧事中最重要的一环。自古以来，人们就把生和死联系起来，死后还与生人发生关系。《葬经》云：“气感而应，鬼福及人，是以铜山西崩，灵钟东应”，比喻死者可以荫佑生者。当然这是唯心的迷信观点，但它却在民间长期地流传着，迷信人死后，还有灵魂，所以丧事都围绕这一观念办理。因死者可以荫佑生者，所以必须把他安顿好，使其灵气得以升腾，也就涉及阴宅的问题。古人把坟墓与房屋相对称呼，房屋是生人居住为阳宅，坟墓是死人葬身之地，视为阴宅。阳宅、阴宅都必须讲究风水。《黄帝宅经》云：“故宅者人之本，人以宅为家，居若安，即家代昌吉，若不安，即门族衰微，坟墓、川冈并同。”所以很古以前便有各种《宅经》《葬经》或《书》问世，流传甚广，影响很深。同时，也就派生出种种安葬礼规习俗在葬礼中，就有择地、开塘、出殡、送葬、路引、撒金钱、下葬、筑坟、超度等。

（1）择地。晋·郭璞《葬书》云：“葬者，乘生气也。夫阴阳之气，噫而为风，升而为云，降而为雨，行乎地中而生气。生气行乎地中，发而生万物。人受体于父母，本骸得气，遗体受荫。盖生者，气之聚凝，结者成骨，死而独留。故

葬者，反气内骨以荫所生之道也。经云：气感而应，鬼福及人，是以铜山西崩，灵钟东应；木华于春，粟芽于室。气行乎地中，其行也，因地之势；其聚也，因地之止。丘垄之骨，冈阜之支，气之所随。经曰：气乘风则散，界水则止。古人聚之使不散，行之使有止，故谓之风水。风水之法，得水为止，藏风次之。”说明什么叫风水，为什么要讲究风水。客家人确有不少因找不到好风水，而拖延葬期，有的不远数十里、数百里寻找风水，有的在生前就请风水先生寻找风水，甚至把风水先生养起来；有的为了风水相争斗殴。故《嘉应州志》的编纂者最后不能不说：“父母枯骨，必不能使子孙富贵。已欲获福，致亲骸不得归土，体魄伤残，幽魂抱痛。为子孙者，心何以安。苟良心动而犯法，则必不迷溺于邪说。习俗，其一变乎！”迷信风水而陈尸不放的陋俗，虽常受社会批评，而且“本朝定制，职官庶民，三月而葬，若惑于风水及托故停柩在家，经年暴露不葬者，卑幼发尊长冢开棺见尸者，弃尸卖坟者，买地人及牙保知情者，及教诱之地师，俱各有应得之罪。”尽管如此，因风水停尸不葬的现象直至民国时期，仍有所见。中华人民共和国成立之后，不断移风易俗，因风水停尸不葬现象已无，但“风水”意识仍存，如今民间仍然讲究风水，但只是一般要求。争风水之纠纷也时有所闻。

（2）行祭。出殡之前，要举行祭奠，意作送行之礼。礼仪于上节“堂奠”中已有叙述。

（3）出殡。亦称“出灵”“发行”，客家人俗称“出送”因是土葬，所以也叫“还山”“归山”。时间都在清晨。行祭之后鸣炮举哀，吹奏哀乐。一面由“土工”用绳索绑扎扛丧棍“起棺”，一面由僧道念“起柩文”。出发时，全家号哭。抬棺柩人数，视死者年岁辈分、官阶和丧家的经济状况而异，一般8—16人，也有多达数十人的。抬材的人，有的是专业的“土工”，农村许多是带互助性的，本族兄弟或邻居朋友，互相帮助。

（4）送葬。出殡之日，戚朋、宗亲、邻居等，一早都赶到丧家。丧家要煮面条给送葬者吃，内戚，特别是“外氏”要招待点心，即要做几道菜和酒招待他们吃好，才能发行，俗规不能空腹送葬。要给每个送葬者发孝衣、孝帽和一段红头绳。非至亲者只发帽子和腰带。每人手持一香。五朋亲属各人都要穿孝服。送葬队伍：鼓乐、铭旌前导，开路神，纸扎祭品及实物祭桌、引魂灵桥、撒买路钱灵牌、灵柩、死者亲人（孝子孝孙扶棺而行）、戚、朋。一行队伍蔚为壮观。出葬经过的路上两边人家，门口挂上米筛、谷筛，以“挡邪”，门前点上香、烛，以示相送之礼，遇此，孝子（最大的）要朝其门下跪，以示谢意。过去街道狭小，出葬经过的街巷几乎家家点烛，孝子只好每户门口都得下跪，往往事先要在膝盖上绑上棉花，还要有人搀扶，一路跪下，实在难以忍受。出葬路上，见庙都要停柩路祭。灵柩抬至村口后停下（灵柩不直接抬到坟地，在相约成俗的停柩地点停下，饭后再由“土工”抬上山）。祭品、祭物、祭桌放下，和尚道士念咒，撒茶叶米，孝子孝孙“转丧”三圈，即围绕棺材走三圈，跪接茶叶米，称“川丧”，脱去丧服，丢掉“哭杖”，绕道抢先赶回家，然后在家门口跪迎送葬者，以表谢礼。出丧礼毕，丧家“斋饭”宴请送葬者。所谓“斋饭”，其实非素，因为做法事也叫做斋故宴请亦谓“斋饭”。斋饭完毕，丧家男女也得下跪送客。

（5）开路神。亦称“开路神君”“开路鬼”“险道鬼”“阡陌将军”。出殡时用以开路的纸糊偶像。《三教源流搜神大全》卷七：“开路君，乃是《周礼》之方相氏是也。相传轩辕黄帝周游九垓，元妃嫘祖死于道，召次妃好和（母）监护，因买（置）相以防夜，盖其始也。其神身长丈余，头广三尺，须长三尺五寸，须赤面蓝，头戴束发金冠身穿红战袍，脚穿皂皮靴，左手执玉印，右手执方天画载出柩以先行之，能押诸凶煞恶鬼，藏形行柩之吉神也。”近代普遍不用“开路神”了。

（6）祭桌即是放置祭品的桌，共三张，其中两桌摆各种动物，如鱼虾水族、兔鸭家禽都是用米粉做成，画得五颜六色。一桌放牙箸鼎杯，香炉烛台，祭文纸锭等。供路祭用。凡要路祭，便放下，祭毕再抬走。停棺之后，那些假动物可以让小孩拿去吃，空桌带回便可。

（7）撒金钱。亦是撒买路钱。出殡时，丧家于出葬沿抛撒“冥币”，以打发野鬼，不要拦住死者的去路。

（8）灵牌。亦称“神主牌”“木主牌”，是为死者设的灵位。用木或石制成，中间竖写死者名讳，旁题主祀名字与死者的关系。牌面上中间主行字数必须过“黄

道”，即要合“生、老、病、死、苦”五字中的生、老二字，六七个字或十一二个字都可以，最忌遇上“病、死、苦”三字，如八、九、十、十三、十四、十五个字，若遇上这些数，必须增减。有的地方最后写一“主”字，在写的时候，要故意写成“王”字，留在治丧那一天，请德高望重的人在“王”字上再加一点，使之成为“主”字，俗称“点主”。点主时，由孝子或孝孙用红布条背起神主牌，跪在厅堂，面向大门外，神主牌正面向厅内。主点人手执新毛笔沾了银朱并用土官话高唱：“天地开张，日吉辰良，点王为主”，即用朱笔在“王”字上点上一点，继唱：“世代永昌。”

（9）哭杖。亦称“哭丧棒”“孝杖”“哀杖”。长约一米外裹白纸。《礼记·问丧》云：“杖者何也？曰：竹桐一也，故为父苴杖，苴杖，竹也；为母削杖，削杖，桐也。”也就是说，父死用竹杖，母死用桐杖。俗称父之节在外，故用竹杖，母爱无节，即意无限，故用桐杖。始用哭杖时，是因孝子丧亲，悲痛过分，身体虚弱，以杖扶持弱体。到后来，孝子在治丧期间，还要按礼规执杖或去杖，并有“杖期”与“不杖期”的分别，如嫡子，众子为庶母服丧，服“杖期”；夫为妻服丧，若父母不在，服“杖期”，父母在，服“不杖期”，所以就变成一种丧具了。

（10）放焰口、亦称“焰口施食”。出殡之后，当天下午，还要请法师微道场（或称做法事），超度亡灵，晚上放焰口。婚口，又称“面烧”，佛教所说地狱中的饿鬼。《救拔焰口陀罗尼经》载：释迦牟尼弟子阿难一天夜里正在静室修习禅定，面前突现一饿鬼，枯瘦如柴，咽细如针，口吐火焰，自称“焰口”。说阿难三日后命尽，坠为饿鬼。阿难向佛祖求助，佛祖谓其诵“无量威德自在光明殊胜妙力陀罗尼”，并取一干净器皿，盛入净水、饭食，倒于干净地面供养饿鬼，即可免除坠入饿鬼灾难。此说唐代传入中国后，在民间逐渐变为超度亡灵、施食饿鬼的风俗。据佛教称，饿鬼食时在晚间，故焰口施食多在晚间进行。

（11）安葬。汉民族以土葬为安葬的主要方式。土葬种类很多，有竖穴土坑墓葬、瓮棺葬、木棺葬、土墩墓葬、横穴式洞室墓、砖室墓、石棺墓和船棺墓等。客家人都是木棺葬，以一次葬为主，也有二次葬，还有合葬。是仰卧直肢穴埋的土葬方式。在事先择定的坟地上，由“土工”先挖好穴，叫“开塘”，也有待灵柩抬上山后再挖穴的。“开塘”之后，由土工杀一只雄鸡（不能一刀杀死）丢入穴里，让鸡垂死挣扎一阵之后死去，鸡死卧地方向检验是否与穴位平衡，若相一致，说明穴位合适，丧家欢喜（一般都会一致，因穴位是长方形，横窄竖长，穴位正面开口，光线和气流都是自穴口进入，所以鸡死卧的方向也一般是直卧穴中）。进棺之前，要烧香、点烛、放鞭炮。进棺时，全家举哀。棺木放置穴中后，有的地方，长子要割破手指或手臂，将自己的血滴在棺材上，然后由亲属各捧土数撮撒在棺材上，接下去便由土工填土。赣州市南康区客家人在安葬时，儿孙跪于墓穴前，引棺入穴，封穴覆土，叫“圆地”。

（12）坟墓。中华民族十分崇拜祖先，而客家民系更盛。祖先崇拜是家族体系的精神支柱，是封建家庭发展世系的信仰形式和维系宗族体系的重要手段。祖先崇拜，除了宗族世系观念外，还有鬼魂崇拜的意识，它强烈地反映在中国人热衷于修谱牒和建筑坟墓上。家谱、族谱连编续修，可说永恒不断。客家人视族谱如同圣经，谱箱放置于祠堂、香火堂的神龛里，轻易不动。侨居海外的客家人甚至把族谱作为儿孙们的启蒙课本。祖坟建筑如同造屋，十分认真，既讲究风水，也讲究形式。毛水清先生在《地理正宗》前言中说：“古人迷信，认为人死灵魂不灭，因此死后的葬所，是生前住所的延伸和继续，因而居住环境又有阳宅和阴宅之分。”坟墓是阴宅，是祖先死后的居住环境所以必须把它建好。宁化人传统是棺木土葬，有砖室墓、石室墓和灰砂墓。坟墓主要是后高前低，前后合围，犹似客家人的围龙屋。从江西的宁都、石城，福建宁化、闽西到广东梅州一带基本如此。也有人称，客家坟式是：“长圆土堆坟、金罂、人字式坟并存。”所谓围龙屋式，大体是这样的：以墓碑为中轴，砖砌或石板框护墓碑，形成“墓面”，“墓面”正内放置棺柩的纵穴，犹如房屋的正厅：“墓面”外两侧，建有点油灯或蜡烛避风之用的两箱小窟窿，犹如两排横屋或厢房。“墓面”前面是摆置供品、烧香的长方形“醮坛”，如围龙屋的大灰场（即禾坪），“墓面”后面筑半月形“地坟头”，自低至高，斜置墓碑之后，顺其山势，以承接“龙脉”，犹如房屋的“后龙山”，但其外形则似围龙屋的马蹄形后围，亦称“围龙”。坟墓前面，筑半月形“地坟塘”，犹如屋前供洗涤排水的池塘。由“醮坛、地坟头和地坟塘几部分构成的整个坟墓平面是椭圆形的，外观形式酷似一座完整的客家人的围龙屋。这一设计不能不说别出心裁，它正是前面所说葬所“是生前住所的延伸和继续”的观念体现。

（13）迁葬。客家人有“捡骸贮金”“二次葬”的习俗。清代《一统志》云：嘉应客家人“酷信风水，屡葬屡迁”。乾隆年间编纂的《嘉应州志》亦云：“有数十年不葬者，葬数年必启视洗骸，贮以瓦罐，至数百年。远祖，犹为洗视。或屡经启迁，遗骸残蚀，止余数片，仍转徙不已。”客家人墓葬有“一次葬”和“二次葬”。准备“二次葬”的，山区多挖洞穴墓，平原地区多挖仰穴墓，埋葬后不立即修坟，三五年尸化干净后，将骨骸拾起，抹干净，按人体骨架结构，自下而上叠放入“金罂”（一种陶缸）内，“金罂”盖内写上死者世系姓名，有条件的择地再葬，正式修坟。无条件造坟的，将“金罂”寄放在安全的山洞中，或在山坎上挖一小龛寄放。如果村中有集体“阴城”的，则寄放于“阴城”。“二次葬”挖捡骨骸装入“金罂”的时间，大体都在农历八月初一起至寒露前。“捡骸贮金”“二次葬”，或次葬，其原因是多方面的，一是认为原葬风水不好而迁魏，如有的家庭发生什么不吉之事，便怀疑到祖坟风水问题，请“地理先生”检测，“地理先生”往往事先已经知道请者的问题，就是不知，也可以推测到请检墓总是有缘故，家庭兴旺时，绝无此举，于是便在众多的祖坟中挑剔某个坟的风水，说三道四，建议迁葬；二是由于地势的变化，祖坟常遭水患，或祖坟地改为他用而要迁葬，等等；三是由于客家人长期的迁徙生活，形成的习惯。这是最主要的原因。客家先民，自中原转辗南迁，一路飘泊，有的历数百年方定居下来。如果举家迁移，便要把祖先的骨骸放在瓮里，带到新的栖息地，先放置在合适的地方，如大树下、岩石下、山墈下挖一个穴洞放置起来。如果暂时定居下来，便请“地理先生”找个好“风水”，将其埋葬。若再次迁徒时，又如上次，把骨骸带走，如此随着不断迁徙而不断迁葬。不过再葬仪式比较简单，有钱的择个吉日，再做场道场，举行个安葬仪式。经济不宽裕的，也可以不做道场，择吉日安葬便可。但不论仪式如何，都不需哭泣。

（14）合葬。合葬也是汉民族传统的葬俗之一，指两个或数个死者同葬一个墓室或就近掩埋，合筑一个坟墓。但合葬者必须是直系亲属，而以夫妻、兄弟为普遍。这一习俗起源很早。《礼记·檀弓》载："季武子曰：'周公盖'。"郑玄注："谓合葬。合葬自周公以来。"《礼记·檀弓》上还载："孔子既得合葬于防。"又："季武子成寝，杜氏之葬在西阶之下，请合葬焉。许之。"亲人之死不会同时，先后走葬，一般就近合葬，然后重建一个大墓，墓碑上刻上二考名字。有的是以后死的为主，把合葬对象骨骸捡起，放在新葬主的旁边埋下，共筑一个墓。还有的是二者都是"捡金"合葬于一墓穴，共建一墓。

（三）葬后仪规

人死安葬之后，丧家要办的后事还很多，如守孝、圆坟、做七、祭祀等。总的是为安魂和尽孝，是丧葬活动中的最后一个部分。有人说，丧葬活动是做给生人看的。这一说法并不全面。作为长期沿袭的习俗，治丧者办丧事，确有一片虔诚之心，它也就是祖先崇拜的一种表现，是发自内心对死者的孝敬。当然也有讲排场，好显耀的，还有是囿于陈规，不得不循规照办。应该说，祖先崇拜是主要的，这也是中华民族的传统美德。

（1）安葬之后，丧家仍然要守孝，孝期亲疏有别。守孝期间各项仪规，在第一节"停灵"中已有叙及，不再赘言。

（2）又称"暖坟""暖墓"。客家人称"醮三朝""上坟"。是安葬后的第三天，孝子带领全家人穿着孝服到坟上举行各种仪礼。此习是汉民族普遍流行的民间丧俗。《万历顺天府志》载："京师丧礼，殓不逾时，殡三日具祭墓所，曰'暖墓'，亦礼虞祭之遗意也。"清道光山东《章邱县志》载："既葬，三日丧日，修墓祭奠，家人哭绕三匝，谓之'圆坟'。"福建宁化、清流在安葬后第三天，要煮米粿，孝子带领，穿着孝服送到坟地供奉，烧香焚纸钱，哭拜诉情，然后绕坟三周，每人囫囵吞几口米粿丸子，以示悲痛，称"吞铁丸"。

（3）七。又称"七七""理七""斋七""烧七"等，是汉民族通行的习俗。王景琳、徐匋主编的《中国民间信仰风俗辞典·信仰风俗类》"做七"条云：此俗起源有两种说法。一为生缘说。据《瑜珈论》，佛教认为人生有六道轮回，人初死未生之际，处于“中阴身”阶段，尚不能确定来世命运，于是便要寻求生缘，即投生，以七日为一期。若七日已过仍不得生缘，便要再续七日，到第七个七日结束时，必须投生一处。丧家为了帮助死去的亲人投生善道或人间福地，便每隔七日请佛徒诵经念佛，超度亡灵。另一种说法是魂魄聚散说。明代田艺衡《玉笑零音》载：“人之初生，以七日为腊，死以七日为忌。一腊而一魄成，故七七四十九而七魄具矣，一忌而一魄散，故七七四十九而七魄泯矣。”《柳南随笔》卷四引徐复祚《村老委谈》载：“或问人死每遇七日，则作佛事，谓之‘做七’，何欤？曰：‘人生四十九而魄生，亦四十九而魄散。’曰：‘假如人以甲子日死，则数至庚午为一七，甲，木也，庚，金也。金能克木，午又冲子，谓之天克地冲。故遇七日而散；至七七日而散尽也。’曰：‘然则做佛事亦有益欤？’曰：‘此俗尚也，愚夫愚妇之所以也’。”做七风俗始见于南北朝。《北史·故国珍传》：“诏自如薨至七七，皆为设千僧斋。”

做七之俗，自南北朝流传下来，明清时期普遍流行。近代有所变通，有的不到四十九天完成；有的不做佛事，只在灵位前烧香供饭；有的在四十九天中只做一二场佛事；有的只是作为一种悼念形式而已。

做七，客家人亦称“酬七”或“筛七”，就是做“七七斋”，加上百日斋、周年斋、三年斋，实际是十斋，也就是说，人死后有十个斋期。每届七期，孝子孝孙着孝服备牲酒哭诉祭奠，请僧道诵经拜忏，做佛事或作法事超度亡灵。各地有“走七”习惯。宁化客家人则说人死后的四七、七七两天，若逢农历“七日”，阴魂会回家为免“撞七”，举家都要“走七”，认为“撞七”会出凶祸。七七是最后一七，称“断七”“满七”“封七”“尽七”，也称“完七”。“完七”的前几天，要写印讣文（内容相当于墓志铭），分送到亲友家中，表示感谢，并告知完七日期亲友如期致奠。这一天，一般丧家都要做佛事，或做法事，亲属、亲戚朋友都要祭奠，傍晚焚烧楼库，然后把死者灵位请进“香火堂”（宗族分支的祖堂）神龛入祀，谓“上祖堂”或先移入本屋正厅神龛入祀，待后另期转移到祖祠。至此，丧事就算完成了。

（4）烧楼库。楼库，即楼台箱库。清代宋月锄《寓崇杂记》载：“架芦作屋，招亡者之魂居之，名曰库……库中笥，四时衣服俱备。”楼台，亦称“纸屋”“纸厝”，客家人称之为“灵屋”。箱库，即是纸箱，分别装衣服和冥币等楼库都是用竹子或芦杆作骨架，用纸糊、叠而成。民间相信死人在阴间也需要房屋居住，需要各种生活用品，需要钱用，因此，丧家多在圆坟、完七、百日或周年时，将做好的楼库焚化，以供死者享用。纸屋一般仿古建筑风格，楼台亭阁，讲究的，屋内有厨具、家具，屋外有花园、亭榭，并配有“侍女”、门卫等，生活之需一应俱全。近时也有仿现代楼房建筑，高达三层四层。楼库焚烧的地点，如果丧家屋前有较大空坪，则在本家空坪，若无，则放在公用的大坪或路边。焚烧时，僧道在旁边诵经拜忏，家人亦着孝服围灵屋祭拜，待焚化殆尽，才能离开。余灰扫起，倒入河里，让水流去它为念佛人专用。经过“接珠”仪式后（参见第四章“念佛”节），便将“佛楼”焚化，以备死后之用。“佛楼”制作同“灵屋”相似。

（5）日祭。亦称“百日”，客家人称“做百日”。死者去世百日之时，孝子孝孙备牲醴果品等物，穿孝服哭拜先灵。届时，或上坟祭祀，或在家中祭祀。在上祭、行礼、举哀之后，脱去孝服，改穿素服，有钱人家还在寺庙中念经、拈香、化纸钱。“完七”没有烧楼库的，或在此时焚烧，亲戚朋友上门祭奠。“完七”未除灵的，此日可“除灵”，将死者灵位移入“香火厅”或本家正厅神。有的则要待周年或三年之后，另择吉日脱孝除灵。

每逢死者出生及去世的纪念日，家人分别备牲醴果品或上坟地，或在神位前敬祀。出生纪念日，是从出生之时算起，逢十年一次，称做“冥诞”；去世纪念日，从去世之时算起，称作“忌日”，第一个忌日是百日，然后周年，之后则逢十年为一忌日。实际在死亡之十年以后，人们就淡忘了，儿子健在可能做百年冥诞，若儿子去世了，还有谁操办此事。

4. 特殊葬俗。非正常死亡的人，如溺死、吊死、难产死、服毒死，或天灾人祸，被杀、烧死、车祸等，死在家外的，即使病在医院，冷尸都不得进家门（若体尚温者可以进门）。只能在门外搭一临时棚子，停放尸体。但超度亡灵之事仍要操办，而且更为重视。因为民间认为非正常死亡者，罪孽深重，方不得好死，若不引魂超度，将成为野鬼，死后仍然不能超脱地狱，获得超生。所以，一般家庭都要延请僧道打醮念经，追荐亡魂。有的请道士觋公装神弄鬼，“破城”“过火坑”、上刀梯等，认为如此方能为死者解脱罪孽苦厄，使其灵魂脱离地狱，得以超生。

上百岁的人亡故，除按丧规从事外，某些方面却可按喜事办理。如可以用红灯笼、红棺材，吹奏喜事乐，用喜宴的酒菜。

（四）喜庆

人生有出生、成人、婚嫁、丧葬四大礼俗，除此，还有寿庆、新迁、入学、升学、承桃、蓄须、入佛界等。在旧时，还有升官、晋爵、发财、置田……凡属喜事，就可一庆。想庆必有理：有的属传统习俗，有的是巧立名目，或为礼仪，或为酬谢，或为张扬，或为捞钱……贺者，或因血缘，或为友谊，或为礼仪，或为奉承……

喜庆之俗繁多，难以尽书，只能捡普遍流行的记叙。

仲富兰《现代民俗流变·在生命网络的集结点上》说：“如前所述人生礼仪的各种民俗活动，就其本质意义而言在于表明人的第一使命就是生儿育女，世代繁衍。”所以，人们对新生命的降临和成长，采用各种各样的方式和方法进行保护和促进，那些保护和促进的方式和方法，便逐渐地形成为习俗，久远地流传着。

我国传统的家庭结构基本上属于生育型的，“传宗接代”成为男女结合的第一使命。家族在旧社会，特别在封建社会里，代表着一种社会地位，于是在人们头脑里根深蒂固地埋下了家族观念和宗族意识。中国人一辈子都在为“发家致富”奋斗。“发家”者，其本来含义是人丁兴旺“发家”和“致富”，在人们的传统观念上，前者重于后者不育或少育的家庭会受到社会歧视，尽管很富裕，人们的心底里仍然会说“有钱何用？”小时候常听老人讲的一个故事，说一次宗祠办大型宴会，由于祠内摆不下那么多餐桌，所以有的摆在空坪上。一户儿子多，父子占了一整桌，另一户有钱，不服气，也独占一桌，但由于没儿女，独自一人，还有七个空位，便用七筒银洋代人放在席上，也摆摆有钱的架势。席间，突然下雨，那一家八口男丁的，一下把桌子抬进屋里，有钱的人却眼巴巴被雨淋。这个故事说明人与钱在人们心目中的地位。这种“传宗”和“发家”的观念和期望，支配着人生礼俗中的各个方面。

1. 生育

（1）求育。民间结婚时，用红纸写上“螽斯衍庆”四个大字贴在花轿顶上，预祝男女媾合之后，繁衍茂盛。女孩出嫁，要带上茶叶、花生、黄豆、芝麻、红蛋等，亦是预祝繁衍的信物。客家有些地区娘家还陪送一对“公婆鸡”“报生鸡”，婚后送灯，打甑盖（见《婚嫁》章）等，都是一些求生、催生的预祝。这些都表示男女双方在结合之际，各自父母就寄予“传宗”“发家”的美好心愿和强烈企望。完婚之后，一旦新家庭迟迟不能添丁，当父母的便着急万分，而妇人似有愧于父母、丈夫和祖先，在人前低人一等，抬不起头来。于是拜神祈育。古人不明生育道理，生子被认为是神灵赐予，所以婚后数年不育，便要祈神庇佑。《诗经·大雅·生民》载周代始祖后稷的母亲姜“克禋克祀，以弗无子。履帝武敏歆。攸介攸止，载震载夙，载生载育，时维后稷”是中国较早祭祀祈子而得子的传说。祈子信俗传承至今，尽管当今文化科学都较前大为发展，但祈子者仍大有人在，特别是农村。客家人崇拜的子嗣神有：送子观音、九子圣母、送子娘娘、吉祥菩萨、花公花婆、葡萄老爷、佛母娘等。各地又有不同的敬仰，宁化生要信奉送子观音和吉菩萨，许多地方寺庙都设有一“古祥哥”或称“吉祥菩萨”，民间把他尊为生殖之神，大多用木头雕制，高一尺许的小男童，有的裸体，有的穿花衣，下着开裆裤，阳具露在外。女人祈子必请他庇佑。祈子时，母女或婆媳往往是先朝拜大菩萨，如观音、弥勒，然后走到“吉祥哥”前，虔诚地加以顶礼膜拜，拜毕，女儿站在旁边，面颊飞红，母亲（婆婆）代为祈祷（或自己），念道：“吉祥哥，吉祥哥，聪明伶俐福定多；请您勿在厅中坐，保佑女（偃新妇）生个靓阿哥。”边念边伸手抚摸“吉祥哥”的“雀雀”（阴茎），搓下一些粉末，用红纸包好带回家里冲水给女儿（新妇）饮服，从此期望得到生育。有的大胆妇人，求子心切，母亲已过世由婆婆陪同，也顾不得害羞，照样祈求。“吉祥哥”的“雀雀”被刨之殆尽后，寺庙主持便请人用粘土补上。“吉祥哥”胸前有的挂着一个红兜兜，为的是让人献“香火钱”，这是寺庙的一笔收入，对祈育者也是十分情愿之事。就是求所不得，也绝不后悔，只怪祖先风水不好，命运注定。这位“吉祥哥”不知那路神灵。佛教二十天神中有一位“吉祥天女”，原为古印度婆罗门教命运、财富女神，后来佛教吸收为护法神，是位身着后妃衣裳，极为端庄、深受民间爱戴的女神。女性是生育的象征，这位“吉祥哥”是否是“吉祥天女”演化，或是她的兄弟，或是她派生为人间的“香火”操劳之神？

（2）客家妇女有孕称之为“有喜”“有好事”“有生养”“有生妊”“有哩子”等。“有喜”，就要保“喜”，即是保胎。民间的保胎措施，主观愿望是积极的，是为了保孕妇、保胎儿能够平安发育，平安出世，但具体的习俗，不少是由于迷信鬼神所致。“客家人以为一个人生下后具备有‘精’‘气’‘神’三样于自身，神就是人的元神，也就是人的灵魂。当妇女怀孕时，元神就存在于胎中这时也就有了所谓胎神的存在。胎神每天所占的地方不同，普遍都明载在日历上。因此，孕妇房中忌器物随便移动，忌打钉，禁动针引线裁制衣服，否则触犯胎神，必致将来婴儿变成畸形、残废或流产。”安胎的方法是：①向药堂购买“十三味”“安胎散”，服用以保胎儿；②请“先生妈”写安胎符，把符烧了与盐混合，循着触犯胎神的东西搬出的路线，沿途洒在地上；③买来安胎符放在身上、床上或棉被下；④把安胎符烧了洒在蚊帐上。三、二十三，常有亲友、邻居送蛋和粉干给孕妇吃，叫“催生”，孕妇家要设宴招待送礼者。孕妇禁忌很多：不许看入殓、不许接触棺柩、不许在亲友结婚时进入新房、不许在娘家住宿过夜等等。民间认为人死要投生，孕妇碰上入殓，或“当煞”，胎儿可能发生不幸；或死者为投生而投胎。孕妇接触棺柩，棺柩埋葬后，会长白蚂蚁。孕妇进新房，会“喜冲喜”一方或双方不吉利客家妇女很会劳动，由于有劳动习惯，所以怀胎期间也不太节制劳动。农村孕妇，往往临产前还挑水、砍柴。可能也是由于她们体力劳动多，锻炼出一副好体质，自身保胎能力强，尽管干重活也不致流产。饮食方面也不是很讲究。过去的客家地区都是比较穷的山区，妇女从事体力劳动，养成不娇弱的体魄和性格，所以孕期饮食并无十分特别，只是食一两个猪肚、猪心养养胎。

（3）分娩。客家人称“轻”“落月”“养子”“养人”“养崽”。过去妇人分娩都在家里，多数在床上，也有坐在便桶上，由民间“产婆”“接生婆”接生，生了几个孩子的妇女会帮助邻居接生，有的还能自我接生。由于缺乏卫生知识，所使用器具又没很好消毒，因此婴儿和产妇常出问题，产妇、婴儿死亡率很高。产妇死去叫“阴生死”。民间认为产妇“阴生死”后，会变成“阴生鬼”。“阴生鬼”想要投胎再生，必须在婆家找人作替身，所以有“阴生鬼寻亲人”之说。婆家为防止后人被害，常在产妇衣袋里放入把芥菜子，让她老数不清而无法投胎。而娘家又不愿女儿永远做鬼，所以在死去的女儿入殓时，要派人监视，怕亲家做“小动作”。婴儿出世之后，胎盘要用纸包好，埋藏好，不能随便弃置，否则“血污冲染洗”，必然招来不幸这是由于自古相传“生产不洁”观念影响。埋藏地方，是在自己屋内或屋边，一般喜欢埋在放便桶或放水缸的地方，因便桶或水缸压住，不易被老鼠、猫、狗挖掘。所以客家人出生的地方叫“胞衣迹”。宁化县等地的客家产妇，产后当天就要洗澡，没有婆婆或婆婆不会服侍的，产妇自己起来烧水洗澡，洗澡水一定要烧开。婴儿问世之后，如果是头胎，丈夫要上岳母家“报喜”。宁化县在当天或三日内“报喜”，备姜酒和鸡送到岳母家，姜酒，即家酿米酒加上一些姜和红糖，用大酒壶装（能装数斤）。到了岳母家，岳母娘接过礼物，筛酒给家人和前来祝贺看望的邻里喝。女婿吃过“点心”便可回家。岳母回送鸡一只、红蛋一对、猪肉、红带子、婴儿的帽子、衣服、围襟、兜肚、尿布等（也有待三朝才送衣服），姜酒退回一些，岳母家回送的东西称“送庚”。

分娩之后，亲朋、邻居纷纷前往祝贺，送鸡者，送鸡蛋者，送红包或衣物者，产妇家便要准备姜酒和红蛋，给前来送礼的每个人敬一杯姜酒，送一对红蛋。有的地区生女的只送一只红蛋。对不知道分娩的亲朋，要上门送红蛋，以示报喜，凡接到红蛋的都要回礼。产妇家待满月时才宴请酬谢送礼者。

（4）洗三。又称“洗三朝”。清代崇彝在《道咸以来朝野杂记》中记载：“三日洗儿，谓之洗三。”“洗三”之俗，唐宋时候就十分盛行。韩偓《金銮密记》载唐天复三年（903），“大驾在岐，皇女生三日，赐洗儿果子”。宋人孟元老在《东京梦华录·育子》中写道：“亲朋盛集，煎香汤于盆中，下果子彩钱葱蒜等，用数丈彩绕之，名曰围盆。以钗子搅水，谓子搅盆。观者各撒钱于水中，谓之添盆。盆中有枣子直立者，妇人争食之，以为生男之征。浴儿毕，落月胎发，遍谢坐客，抱牙儿入他人房，谓之移窠。”客家人洗三没有如此隆重。三朝时，备鸡、酒菜祭祀祖先及“床公婆”，祈求保佑。婴儿洗澡时，澡盆里放上一把锁和一个秤砣，放锁意即把孩子锁住，不致离去（夭折），秤砣之意亦即用秤钩住，不让离开。

洗澡水要开水，洗时，将捆手的带子解除（婴儿出生后，用外婆送的红带子将婴儿的手捆住。这意味着对孩子“严加管束”。孩子手好动，喜欢玩东西，大人往往会说，这孩子出世时手没捆好）。洗澡后，主人要煮鸡蛋和猪肉给帮助洗澡的人吃，称“财吃”。这也是由于“生产不洁”观念影响，认为婴儿从母体中带着不洁的血污，接触者“有时”（即不吉利），吃“财吃”以去邪气。

（5）坐月。亦称“坐满月”“坐月子”“坐月日”。生下的婴儿叫“赤孩子”。产妇做月，行动上不能吹风、不接触冷水、洗澡要用开水、不洗头、不能干重活。但贫苦人家、产后数天便要操家务活，十天半月便要下田劳动。饮食方面，不能喝生水，碗筷都要用开水洗过。饮食习惯大体可以分两类，多数地区是吃热性、滋补食物，如雄鸡炒姜酒炒米、焗鸡蛋、酒加红糖、桂圆干等。而宁化等地却要吃凉性食物，鸡需是小母鸡，肉、蛋、豆腐等都要清炖，不能炒，怕“火气”，如此“做月”结果，母、婴体质都比较虚弱。婴儿出世满月时，要“做满月”“开斋”，宴请亲戚朋友。有的客家人不在满月开斋，而是在两个月或三个月时才开斋。黄香铁《石窟一征》记载：“俗生子弥月，延宾至酒半时，父抱子至筵前，众宾皆整衣冠起立，父抱子以授上座者，饔人捧盘盛熟肉一方，生鱼头一，熟鸡腿一，葱一根，水一盂，银印一，置于水盂。上座者每取一物，各因其义为吉语，咳而祝之，谓之开斋，言小儿自此食荤也。”此俗唐代已兴，刘梦得送张盥诗云：“尔生始悬弧，我作座上宾，引箸举汤饼，祝词天麒麟。”说明“开斋”时，客人要致祝词。有些地区，婴儿满四个月，要“坐四个月”，外祖父母必须携带礼物来看外孙。有的地区不叫“四个月”，而叫“一百二十天”，主要忌讳“四”字，因客语“四”同“死”谐音。

（6）过周。客家人亦称“做对岁”，即是孩子的周年生日。届时要祭祖祀神，设宴招待亲友，做“对岁红板”，分送邻居、亲友；外祖父母照样馈赠礼物，其他亲朋也需送礼。宴前，举行“试儿”“抓周”仪式。香案上摆上醴品，烧香点烛，在香案前，摆上一张桌，桌上放上弓箭、纸笔、食品、珍宝、玩具、化妆品、算盘等物，若是女孩，还要加上剪刀、尺子、针线。准备好后，孩子洗好澡，穿戴新帽新衣服、新鞋袜，由父母亲抱小孩到桌边，让小孩选择一件东西，俗称“抓周”，孩子抓了什么，便预示其将来干什么。如抓了纸笔，便说其将来会读书、当官。抓了算盘，会做生意，此俗不仅客家地区有，而是流传全国。

（7）保育。在生产力十分低下的年代里，医疗保健条件极差，婴幼儿死亡率很高。一家人好不容易祈得“贵子”，特别那些人丁不旺的人家，得一新生儿，视如珍宝：所以竭尽所能保护新生命“长命百岁”。于是采取种种办法为之求生而不致夭折。办法之中，有合理的、科学的习俗，如饮食方面、医疗方面，在没有西医或西医很缺乏的情况下，利用当地自然生态，采用青草药以及土法针灸术、按摩术、推拿术等。然而更多的办法是求助于冥冥之中的力量，如用佩戴衣着驱凶避邪，信奉神灵、巫术，甚至用命名、称谓以自贱求生。

穿戴衣着　狮头帽（或称虎头帽）和僧衣，是驱凶避邪之物。狮头帽一般都是妇女自己做成，形如狮头，帽顶前面两边有两只帽耳，镶以兔毛，帽顶前方绣一“王”字或螺旋图案，帽尾缀有各种丝绣花草，额前饰以银质寿星或八仙，后脑悬挂寿桃坠子，帽沿镶以花边，戴在头上，可将耳颊及后颈护住。孩子戴上确有几分虎气。形似狮头，是因为狮为百兽之王，可以驱凶镇邪。僧衣（音似），是手工用麻线织成鱼网形，下面边沿系上许多铜钱，无袖，穿时只需披在身上，走动起来叮哨作响，因为网和铜钱都是避邪之物，所以一般在外出时披上。还有的是佩戴“长命锁”，一般为银质或铜质，挂在胸前，是为保延寿命。

“拜契”　客家地区，大凡人丁不旺之家，或少男丁，或孩子“娇弱”疾病多不好抚养，或前孩曾夭折，等等原因，认为家运不兴，或父母命中注定难带孩子，于是要找“契爹契娘”，借他人之命运以保自己的孩子。“契爹”犹似“干爹”，只是名誉上寄他之名下，并无什么继承权和侍奉扶养的义务。“契爹契娘”并不一定都是人，有拜多子多孙有福之人者，有拜菩萨者，有拜觋公巫婆者，有认大树者，甚至有认山和石头者，只需征得对方同意，举行简单仪式，拜其为契爹契娘即可。意味着取得好运者“运气”的保护、神灵的庇佑，能健康成长。凡拜人为“契爹契娘”的，自相拜之日起，便保持礼仪的往来。

祈神信巫　客家人普遍用“招魂”以祛病。大人小孩病了，抓点青草药煎服。用竹竿扎上些纸钱和布条在路口、村口、门口烧香、烧纸钱，念咒，招呼“××

回来了”，将病者衣服拿在点着的香、纸上摇几圈，抱着回家，放在病者的身上，一路上要不停地念道：“×× 要是被吓了、被 ××，今以化钱，消灾化凶，三魂六魄都回来了，回来了，邪去病除，拉拉健，一百岁！”如果知道在什么地方曾经与人打架、落水、惊吓，就在什么地方“招魂”；要是被人吓了，要在那人的身上扯点衣、物给孩子，把魂要回来；要是被动物吓了，要在动物身上拔几根毛放在孩子身上。同时大人在被吓的孩子额上吻一口，说声“陪嘴！冇吓！”吐一口唾沫。孩子疾病多，有的父母就请人算命、卜卦、“跳神”问菩萨，若说其父子相克，母子相克，于是当父母的就把孩子送进寺庙，作寄名和尚或道士，拜在主持名下作徒弟由师父为之起个法名。有的父母让孩子从小吃斋，以求平安。客家人孩子晚上惊哭不安眠，普遍的方法都是用红纸写一首歌谣，贴在路口村边。歌词大体都是：

天皇皇，地皇皇，我家有个叫夜郎，过往君子念三遍，一觉睡到大天光。

或：天黄，地缘，小儿夜哭；君子念过，睡到日出。

有的母亲唱的儿歌，属“诀术歌”，是妈妈用它来为儿女攘灾祈福之辞。如：

拍拍胸，三年不伤风。

拍拍背，十年不生瘰。

摇摇头，保养脑子想理由。

摸摸头，摸摸光，有屎有尿对娘讲。

摸摸头，摸摸胸，宽宏气度像英雄

摸摸后，摸摸前，读史诵经学圣贤。

给小孩洗澡时，拍拍胸，拍拍背，边拍边说：“脱掉一件衫，食得一饭簟。”“洗浴洗滂滂，傍水大，傍水长。”

孩子保育中，还常常用厌殃法，把已来的祸患转移，免难消灾。如孩子双眼红肿害火眼时，用红纸剪成人形贴在门槛内边，并用红纸写上“出卖火种火眼”，贴在街口，认为如此做孩子的眼病就会好。孩子患重伤风，用一小红纸条写上“出卖重伤风”，贴在厕所或街衢等众人常出入的地方。孩子身上发“风丹”（即过敏性风湿疹子）则向厕所秉烛焚香，拜“茅厕姑姑”，认为如此做就能好。

（8）命名。人的姓名本是区分个体的符号，但父亲给孩子取名时，是非常慎重的。之所以如此，是相信名字会影响孩子前途。所以在正式定名之前，先取个乳名，待后才取正名。人除了正名还有号、字等。那是文人或上层人物才有的。命名方法最普遍的是按辈分，就是按照族谱所规定的辈分排列顺序，同辈的第一个字都一样，第二个字便可自由选择。我国孔姓是全国统一的排列，而其他是以地区性宗族自行排列，一般是以单独修谱的宗族为一种独立排行。如宁化县石壁村有两个张氏宗祠，尽管他们同一远祖，但各自单独修谱，因此，其字辈也是各自一套，并不相同。第二种方法是以生辰八字推算。缺什么补什么，互补而不犯冲。一般请算命先生或有学问的人排八字，用生辰八字与阴阳五行（金木水火土）对照推算，民间认为，每人最好具有金、木、水、火、土五种成分，忌讳冲犯，不得以相克之字命名。如命中缺水，就不能取火字为名，因水克火，而应补缺，可取水字，或有“水”偏旁的字，如清、河等。如缺金，就不能取木为名，因金克木，而应补缺，直取金字为名，或以“金”为偏旁的字，如、银等字。命名的第一种方法，选第二个字时，就要根据第二种办法选字。第三种方法，是以父母对孩子前途的向往，望子成龙，常常在名字中表现出来，如取贵、财、龙、斌、虎、彪、禄等字，希望孩子富贵兼有，文武双全。第四种是父母表现自身的祈望，如生女孩很多，想得一男孩，即称女儿为“满女”，意即生女到此为止，或称“招弟”等。第五种方法是人丁不旺，或数代单丁，或前面所生夭折，往往以为父子相克，母子相克，便给取以贱名，如阿狗、阿猫、客食子、丑妹等。儿子不直称父母，而叫父亲为“邻舍”“老伯”“哥哥”，叫母亲为“大嫂”“嫂嫂”、“姐”。用此以避父子关系、母子关系。特别在古代，如大郎、二郎、三郎……千三郎、千五郎；十二郎；十三郎等。如客家李氏的福建开基始祖李火德的三个儿子，这设受按长次取名为三一郎、三二郎、三三郎。三一郎有五子，取名为百一郎、百二郎、百三郎、千三郎、千四郎。翻开客寓家人的族谱，以数字顺序取名的随处可见。这是受了畲族的影响。

（9）承祧。又称“过继”“过房”，即是立继子。中国传统观念最怕“断了香火”。“不孝有三，无后为大”。结婚后，实在没有生育，或者只生女儿没生男孩，便要设法立继子，以续“香火”。立继子的对象是同姓同辈，最好是近亲，如兄弟的儿子，兄弟只有一个儿子，也可以过继“半个”，即谓“一子顶两房”，以后生了两个男孩，一人一个。有时立继子之后，又生了儿子，这样若双方同意也可以废约。立继子手续是：双方商议，同意之后，请中人议定条件，择吉日请继子亲生父母、母舅以及双方叔伯等人到家，证人具写“过继字”，一式二份，亲房叔伯、中人、执笔人签名画号，作证，主人奉送画号礼金，继父子关系就算确立。修族谱时，以此据为凭上谱。签字后，酒宴相待。

2. 寿庆

人生60方能称寿，古籍有“百岁曰上寿，八十曰中寿：六十曰下寿”之说。六十为一“甲子”，故60岁称“花甲”。过一个“甲子”才算老死，不然便是“夭折”，被骂为“半寿子”。但做生日却不限，出生满月即为一庆，接下去便是百日庆、过周，之后是十年一庆，也还有一年一庆的，称“闲时生日”。特别当今，经济生活水平提高，家庭人口数量少，似乎没有什么家庭喜庆活动，于是兴起“过生日”或“做生日”之风，连小学生也十分喜欢：在自己生日前个把月，就算日子，要父母亲筹办，届时邀集同学、好友到家热闹一番。民间习俗，50以下不称做寿而称“做十”，所以宁化县等地客家人给人祝寿爱说：“做十做一百！”此祝词可以从10岁说到100岁，实在是用之甚便。做生日之俗，源于古代，源于民间，而又折射到官场。唐玄宗李隆基八月初五出生，这一天是他的诞辰，是无可非议的，但称为“千岁节”，令天下宴集休假三日，全国百姓要作乐庆贺，成了他至尊的特权象征。自此以后，代代相传，每当帝王的生日诞辰，百僚命妇盛集于宫殿，举行盛大庆典。从宋代起，又开始长吏生日，献物称寿，比唐人大进一步。相沿相袭之后，又大有发展，下级向上司贺寿，必献物、献钱、献金，竟成了当权者发财之日，下官奉承拍马之时。此风也延及民间。

寿庆有一定礼仪，但规格差别甚大。达官贵人富豪之家，可以筵庆多天，宴席达数十乃至数百桌之多。一般人家，农村比城市规模更大，有的农村，一人寿庆，全村祝贺。宁化寿庆“不贺不请，先贺后请”。寿庆程序大体分为两天，生日前一天，为“暖寿”，吃“暖寿面”。如宁化县城，生日前一天晚上请吃寿面，名曰“吃寿面”，其实并非只吃面条，而是一席酒宴，其菜肴从过去四道，发展为八道、十道、十二道，甚至更多，“寿面”是其中必备的一道，而且要两碗一齐上。大多地区是在生日当天吃“暖寿面”的。当日清早拜寿毕，亲友前往贺寿，东家做好“截面”，随到随吃，没有别的酒菜。伊面就是为了“寿辰而来”。生日当天，称“正日”，拜寿，吃“贺寿酒”。凌晨，有的在子时开始拜寿。寿堂中间挂寿星、寿字、寿联，摆上礼品，燃点寿烛，鸣炮之后，直系亲属开始拜寿，寿星及其配偶坐正中，拜寿顺次从长子开始，儿子、孙子，然后才是女儿、女婿，寿星要给拜寿者赠送红包，比较讲究的寿庆，祝寿时要念《祝寿文》，唱《拜寿歌》。

祝寿文

脚踏进寿堂，祝福寿年长。

寿比南山竹，福如东海洋。

鹤算千年寿，松龄万古长。

椿树千寻碧，柏叶翠凝香。

拜寿歌

一拜爷爷添福寿，二拜爷爷寿年长，三拜寿比南山竹，四拜福如东海洋五拜松龄千年寿，六拜寿如鹤发万古长，七拜椿树春常在，八拜寿比翠柏叶凝香，九拜寿高桃源境，十拜福禄寿满堂。

拜寿完毕，亲戚朋友陆续前往祝寿。宁化人的祝寿词，最为普遍的是：“做十做一百！”“一百岁，生日快乐！”寿星儿女对祝寿者作下跪姿势，表示谢意。中午举行酒宴，称“贺寿酒”。寿宴与其他酒宴相仿，只是一定要一道面条，并发寿饼和糖糕。有的地方，厨师要到席前加面，叫“添寿”。席间，儿孙们要向每个客人敬酒，女儿、儿媳只斟不敬。有的地方寿宴用“流水席”，客人多者，随到随开

席，有的地方在第三天早上或晚上还要请谢酒，凡送礼者都要请。祝寿礼，有送鸡、衣服、寿联、寿匾，或是钱，最为全面的是儿女亲家，他们的寿礼要有衣服、鞋、鸡、红烛、鞭炮、猪肉、寿面、酒、寿饼或糖糕，以及寿联、寿匾。夫妇双全的，布鞋要两双，收礼者，有的不可全收，如猪肉、面、饼、糕等，只能接半还半。

3. 建房与新迁

建房也是人生中一件大事，人的一生不可能建许多次房屋，一般人家能建上一幢住房就算创立了一大家业，引以自慰，农村尤其如此。“人因宅而立，宅因人而存，人宅相扶，感通天地。”（黄帝《宅经·总论》）民间迷信此论认为选宅地非常重要。宅地俗称“屋场”。数千年来，无论官家民间，都非常重视屋场风水。它并非全是迷信。自黄帝《宅经》之后，有关风水术的论著众多，综观而言，其蛊惑性和欺骗性、迷信色彩相当严重，但同时又有一定的科学性。“阳宅理论的主要基础是气和势，气是中心。从气说，主张乘气、聚气、顺气、界气，反对死气、煞气、气等，这实际上是追求房宅建筑选址的方位布局与周围环境大自然的协调统一，以保证人的生理健康与心理平和。……‘土形气行，怕因以生’‘行止气蓄，化生万物，为上地也’，说得不无道理，依山傍水，负阴抱阳，避风防淹被认为好风水，就是因为它能藏气。”所以数千年来，建房者第一要事是选屋场。

建房施工之中也有许多仪规。破土动工要祀“杨公”以祈吉祥。“杨公”即杨筠松，江西人，精堪舆术，因其窃得秘府之书而独创一宗，被人推崇。破土之后，大凡每工程进程，都要郑重其事地做一番敬神驱邪、祈求吉祥之事，以及宴请一番。建房中“上梁”是整个工程中的一件大事。过去民间的房屋都少不了一个厅，厅的栋梁，事关全屋的整体，故有“上梁不正下梁歪”的俗语，它除了显示建筑力学方面的重要性之外，还加上一种迷信色彩，俗信栋梁关系家族的吉凶盛衰，还传说东家若得罪了木匠、泥水师傅，他们可以在梁和柱、屋顶等处做手脚，搞得日后居住不得安宁。所以，民间“上梁”十分慎重，连梁木进村时都得披红。栋梁做好，要上梁之前，梁的正中贴上“太极图”或“八卦图”，两边分贴“万载”“兴隆”四字，两端悬两个装有五谷盐茶的红布袋，然后，燃香点烛，鸣炮，杀牲致祭，众人协力扶起立柱，木匠师傅手举雄鸡，高声喝彩，抛撒“梁米”，家人和围观者跟着木匠喝彩高声呼应“有呀！”，在这喝彩声后把梁架上。当日中午办“竖屋东道”宴请师徒和亲朋。

房屋建好后，要择日做灶。做灶，亦称“打灶”，即砌灶。此事也颇有讲究。因为民间俗信灶有灶神，灶君职司不仅守灶，且有赐富降灾、夺人寿命的能力，所以必须把它安顿好，方能得到庇佑。灶的方位、灶门方向和形式都有讲究，这与房屋整体结构和屋外环境有关。民间如果出了什么突发事故或家境不好，或牲畜不易饲养等，往往认为灶有问题，要重新做灶。宁化客家人常以“倒灶”骂人：如说“你屋下倒灶了！”自己出了什么问题，也常说“倒灶喀！”做灶要在择好的吉日清晨动工，动工之前，点香烛鸣炮，由砌灶师傅杀鸡，然后才动工，灶砌好后，又要点香烛，鸣炮，送师傅红包。

新屋建成，在进住之前要“出煞”，亦称“出破殡”，是为着净宅而进行的赶鬼驱邪仪式。“出煞”，于正厅设坛，摆上供品并在各间门窗立柱前点起香烛，再由工匠师杀雄鸡或杀猪，血洒地上，口念咒语，手持“五尺”，点燃悬于尺端的鞭炮领先绕柱穿门，余者拿“闹铲”（一头劈开的竹筒）到处拍打，齐喊：“出煞！”一直逐至三岔路口，像是真有凶神恶煞被驱赶一样。驱赶一出大门，就把大门关上，待正式“进新屋”才开。此俗如今农村依然，城镇没有那么认真，但一般都要在新屋里杀猪、杀鸡或杀狗，并鸣放鞭炮，放鞭炮要从最高处开始放，从上而下，从里到外。进新屋不一定在“出煞”当日，往往在次日。进新屋日子时辰是根据全家人的生辰八字择定的，一般在拂晓，取越搬越亮的好兆头。同时也避免在“过火”途中遇上“出殡”或不祥之事。搬迁仪式，由全家大小组成，各人都要拿东西，小孩端“灶君”，家长捧祖宗牌位，然后饭甑、锅头、火种餐具……若不端“灶君”和神祖牌，则饭甑领先。要在原灶上做好饭移到新灶上，把原灶的火种引至新灶里，称“过火”。“过火”之后，如果人尚未进屋居住、做饭，也要保持火种不灭。

新迁必须宴请。宴请时间不一定在迁居当天，可以往后择定个合适时间。新迁贺礼，福佬人喜欢送灯具，寓有“添丁”之意，客家人也有送灯具的，但有些地区忌讳送钟，因“钟”与“终”谐音，“送钟”与“送终”混音，视为不祥，主人不高兴。儿女亲家要送糖糕、鸡和喜炮等吉祥物。广东兴宁县等客家地区，

女主人娘家送箩、米筛、簸箕、戽斗等。

四、教育

（一）教育理念

“建国君民，教学为先”，这句镌刻在《礼记·学记》中的教育箴言，是华夏文明的智慧结晶。在千年文化传承中，客家民系作为中原士族南迁的文化载体，将“耕读传家”的理念演绎成独特的精神图腾。这种既秉承孔孟之道，又融合山地文明特质的教育传统，塑造了客家人“崇文尚武、重教兴邦”的文化基因。

清嘉庆年间，学者徐旭曾在《丰湖杂记》中记载：“客人以耕读为本，家虽贫亦必令其子弟读书，鲜有不识字、不知稼穑者，日出而作，日入而息，即古人‘负耒横经’之教也。”这段珍贵的文献记录，生动展现了客家人在生存与发展中构建的独特教育生态——田间劳作与诗书诵读并行不悖，物质生产与精神传承互为表里。

作为客家文化的重要发祥地，宁化在教育实践中尤为突出。

1. 社会励学

宁化客家社会具有强烈的崇学传统，如祖祠、族谱中的堂号、楹联、昭穆字辈以及传记、族规等处处融入褒扬读书学习的精神意识，树立或功名显著或品行出众的前贤榜样，激励家族子弟奋发向上，发扬光大。好官循吏、社会贤达或者姓氏宗族条件具备者设立学田、义塾田、学仓、学塘、学店等，用以奖掖求学上进的乡邑后进和家族子弟，在物质方面提供必要的保障。这些都强烈地表现了宁化客家人对中华传统文化重视教学教育的传承发扬。

修于宋代的宁化《范氏族谱·家训百字经》：“孝道当竭力，忠勇表丹诚，兄弟互相助，慈悲无边境。勤读圣贤书，尊师如重亲，礼义勿疏狂，逊让敦睦邻。敬长与怀幼，怜恤孤寡贫，谦恭尚廉洁，绝戒骄傲情。字纸莫乱废，须报五谷恩，作事循天理，博爱惜生灵。处世行八德，修身奉祖神，儿孙坚心守，成家种善根。”《池氏族谱》载：“御制有曰：‘从今不薄读书人’，况宗族乎！自后，凡入泮者，众公太及本房公太，各贺银叁两；补廪者，各贺银贰两；出贡拔贡者，各贺银捌两；中举者，各贺银叁拾两；中鼎甲者，各贺银伍拾两。永为定例。”《刘氏族谱合族家训十则》中劝勉无论贫富都要“以读为重”。《传家宝训》中说到“书籍好比江河，诗人四通八达。寒窗读书君子，五更雪案萤灯。吃饭细嚼慢咽，读书深钻细研。屋檐滴水穿石，点滴汇集成洋。”

再如姓氏宗祠中的堂联，石壁南田马氏宗祠堂联：“国有贤人齐拥戴，家无学子早栽培。”石壁邓坊张文炎祠堂联：“希贤希圣作天下一流人物，全忠全孝扶世间亿万纲常。”

宁化作为客家祖地，其崇文重教的传统在村落建筑与文化符号中体现得尤为鲜明。石楣杆作为科举功名的物化象征，其形制蕴含深刻的文化隐喻：底座的方形代表“规矩方圆”，石柱上的浮雕常以松鹤、莲花等图案暗喻高洁品格，顶部的笔锋造型则直指苍穹，寓意“文运昌盛”。据地方文献记载，清代宁化曾涌现“一门五进士”的科举佳话，现存于石壁村的七根石楣杆群，正是这一辉煌历史的见证。

这些矗立数百年的石笔，不仅是个体功名的纪念碑，更是整个族群的精神图腾。它们无声诉说着客家人“崇文不坠青云志”的坚韧，至今仍在潜移默化中影响着当地的教育风气。

“天地君亲师”。宁化客家崇文重教的观念还体现对“教书先生”的敬重，拜天拜地拜父母之外，过去孩子入学，家长必令孩子拜老师。再如在社会交际礼仪方面，逢吉庆喜日甚至杀头猪，学生家长都会请老师入席，如果学生高中，那家长更须请孩子的老师高居庆筵上座。这一传统观念传承至今，每逢升学季，教师常收到众多家长邀请出席庆祝宴席。

2. 学田奖学

宁化自宋代便有族产的产生。族产主要用于祭祀、助学之用。石壁上市《张氏族谱》记载，四郎在南宋淳熙二年（1175）“置买白源张廷郎垦田三十二担（折合 8 亩），土名禾口”作为宗祠祭产。作为族产的学产（学租田）在宋、元时期，可能没有明确划分，据清康熙李世熊《宁化县志·学田志》记载：“宁之有学田，则自嘉靖二十九年潘公时宜始也。”“宁化学田、塾田，计积二顷七十三亩有奇，豪民占佃者，岁仅输金五十二两有奇。”

九寨塘廖氏大岭头祠堂的祠产，清道光十三年族谱载："现遗田六十余石，统归两房轮流耕管，以为祭上祖之资。"明崇祯十五年的《廖氏族谱》载："吾祖廖杨郎，所创山场，东至上水桥企洞，西至河山塘水中先小朱坊、鸡母里，南至李花企山湖墩，北至白石嵊横嶂案为界，皆有祖冢坟墓址存焉。"

有的宗族把族田分为蒸尝田、军产田（军田）、学租田（学田）。蒸尝田，又称祭产、祀产、尝产，主要用于祭祀、扫墓之用。军产田主要用于族中从军者。石壁上市《张氏族谱》（十修）记载："递年应作军人回籍以作盘费。"该谱《文善公房祭产》条开列军田中，大坑上分、大口乌墩、章家坑口等四处为长房收。漳南李家坑、门口社上，二处中房收。蒲杓丘、秀嵊、石礤下、香炉窠、主家坑、极杂坑、南地里、木马坑隔里等八处小房收。

学租田也称作文武学租田，其租米为"抽与子孙人文武庠者平分，收为养廉以图上进之资"。（石壁上市《张氏族谱》十修）石壁杨边《杨氏重修族谱》记载："乾隆四年（1739）先严致远、翰亭公蒙学宪赵取入黉宫游泮之日，合房老幼喜议抽拨学田，以室产之厚薄抽拨学田之多寡。先严弃世而小子接焉。但思此租虽系士子膏火之赀，然纳奏名之贡监生亦宜少生。分祖太之余惠，定议抽拨之内生员七分、贡监三分，永为定例，倘未得生贡俱归贡监收纳。盖学租原是培养人才，纵蒸尝有缺，此学租终不可变易，即成暂时俱未得其人承收，亦必佥人经理拓大之，以绵久远。"

3. 民谣（民谚）劝学

如家喻户晓的儿歌"月光光，秀才郎，骑白马，进学堂……""月光光，秀才郎，食擂茶，进厅堂，擂茶好，食得饱，食得饱，上京考，考得上，进祖堂，头戴金花状元郎。"再如"蟾蜍罗，咯咯咯，唔读书，冇老婆""人不读书，有眼无珠"书多人贤，酒多人颠""生子唔读书，不如养条猪""地瘦栽松柏，家贫子读书""路不走不平，人不学不成""捡漏趁天晴，读书趁年轻""天光唔起误一日，少年唔学误一生""识得几个鸡脚爪，天下都敢跑""秀才唔畏衫破，单畏肚屎冇货""竹竿长晒衣衫，笔杆短做文章""生子过学堂，生女过家娘"等，这一类鲜明体现宁化客家人重视教育的传统民谣民谚不在少数。

（二）教育内容与重点

1. 教学教材

在宁化地区，传统私塾教育与国内诸多地方相似，教学内容以识字启蒙读物与儒家经典为主。启蒙书籍涵盖《三字经》《百家姓》《四言杂字》等，帮助孩童初识文字、习得礼仪；儒家经典则包括“四书五经”，如《大学》《中庸》《论语》《孟子》《诗经》《尚书》等，承载着传统文化的深邃智慧。

旧时，孩童通常在 7 至 9 周岁踏入私塾。入学当日，孩子脚蹬红布鞋，在父母陪伴下前往学堂，由私塾先生亲自迎接。进校门后，须先点燃三支香，恭敬地随父母至学堂大厅的孔子圣像前，虔诚跪拜上香，以此表达对圣贤的尊崇，随后才正式进入教室落座。私塾先生会为每位新生分发《三字经》，开启学习之旅。课堂上，先生逐句领读“人之初，性本善，性相近，习相远……”，学生跟读学习；随后，先生指导学生练习书写，从描红画格开始。三日后，先生会检验学生的诵读成果，学生每背出一句，先生便用红朱笔标记一句。若学生首次、第二次遗忘，先生会给予宽容；若第三次仍未记住，便会以戒尺轻打手板，借此督促学生勤奋学习、专心致志。随着学习进阶，学生在掌握《三字经》《千字文》后，会继续研习《百家姓》《四言杂字》《增广贤文》等。待基础知识稳固，便开始深入研读四书五经。此时，先生依学生水平分别点书，指导其朗读背诵。每日，学生需用毛笔完成一页书写作业；放学前，先生通过猜字、合字等趣味方式，检查学生当日所学，要求其背诵课文。这类以启蒙教育为主的私塾被称为“蒙馆”。而“经馆”（又称“通讲”）则面向基础较好的学生，先生在此不仅讲解经义史论，还会教授作诗、撰文技巧，教学层次更为精深。

无论是蒙馆还是经馆，皆尊孔子为圣人。每逢农历初一、十五，师生会向孔子神位焚香鞠躬，并由学生背诵半月所学，此为“背句”。每年农历七月初一至初七，私塾还会设坛祭祀，师生向孔子行三跪九叩大礼，举行“拜七夕”仪式，旨在通过庄重的传统礼仪，培养学生知礼守礼的品格。

2. 教育重点

传统教育着重于学生人格品性的塑造，引导学生学习古圣先贤的教诲，从而理解人与天地、社会及他人的关系，并在此过程中，形成契合道德伦理（自然和社会规律）的观念与行为。传统教育的核心追求，绝非仅仅为了维持生计，更不是借助科考获取荣华富贵。“承前祖德勤和俭；启后孙谋读与耕”，崇文重教、耕读传家，是客家先民留存于历史长河的鲜明特质。耕读合一，即将日常生产生活与历史文化传承有机结合，这一模式成为客家民系保障族群繁衍壮大的明智之选，堪称传家法宝。认为客家民系因格外看重考取功名才践行“耕读传家”，这种观点流于表面。“学而优则仕”，“仕”只是“传家”的途径之一，并非目的，与“传家”不存在必然的因果联系，更不是家族延续的必备条件。实际上，客家后裔考取功名、读书做官的比例高于其他民系，这是“耕读传家”的成果，而非起因，将其视为因由，无疑是倒果为因。因果关系错综复杂，因中有果、果中有因，循环往复。但在这延续不断的因果链条中，存在一个初始动因。客家先民践行“耕读传家”的初衷，源于“读书志在圣贤，为官心存君国”（《增广贤文》）、“学能变化气质”（北宋张载）等传统观念。学圣学贤并非书斋里的空谈，也不等同于钻研为官之道，而是学习成为一个德才兼备的人。从“清晨即起，洒扫庭除”开始，学习为人处世，这对客家先民而言，具有极为现实的生存意义。历经艰难迁徙的客家先贤，对其中的精义自然有着深刻的理解。诸如“日读古人书，志在希贤希圣；应付天下事，心存爱国爱民”“读圣贤书，立修齐志；行仁义事，存忠孝心”，在宁化客家传统教育文化的文献和实物资料中，这类观念屡见不鲜。

3. 名师执教授学

民国版《宁化县志》记载，明末清初南昌彭士望曾在宁化城关设教讲学：“与宁都易堂林确斋、魏冰叔等倡古学，厉气节者二十年，于李世熊为尤挚。康熙三年，设教于宁化。日进弟子王汝等讲究古今治乱，国家盛衰之故。留心民瘼，不为浮夸之学。”彭士望（1610—1683），本姓危，字躬庵，又字达生，江西南昌人。自幼聪慧，十六岁补县学生。他终身研究经世之学，尤精于《春秋》《左传》诸史，并致力于古文辞，著作有《手评通鉴》《春秋五传》《耻躬堂诗文集》等，为“易堂九子”之一。江曾异撰：“与李世熊交厚，崇祯间屡造世熊庐。时以文艺互相商榷。泉上李联春，迎至家塾，命子世字师之。”曾异撰（1590—

1644），字弗人，少时日在私读书，夜受母教燃灯自学，以文章、气节闻名乡里。明万历四十四年（1616）中秀才，因家贫，当启蒙教师，得升斗之米养母。异撰性耿介，始终不求助于他人。地方官知其才德，欲荐举为官，他力辞之。明崇祯十二年中举人。著有《纺绶堂集》。所作福州开元寺对联："古佛由来皆铁汉，凡夫但说是金身"流传至今。清光绪年间，石城黄大勋寓宁施教，造就一批优秀人才。上杭先贤丘复在《砥斋文存序》和《蛟湖诗钞重印序》中说："吾汀文物，宁化为最。自郑水部诗文著称，炳炳炎炎，代有作者。""予尝论吾汀人文，近三百年来独萃于宁化。"偏居一隅的山区宁化出现丘复盛赞的人文景观，与上述几位为代表的历代名师的教书育人关系甚大。

（三）教育形式与发展

1. 县学

南宋建炎三年（1129），知县施建学于正东门。淳熙十一年（1184）始迁儒学于翠华山之南，曾数易其址。明洪武间（1368—1398），教谕 1 员（正八品）、训导 2 员（从八品），主持孔庙祭祀，宣扬儒家经典及皇帝的训诫，教诲和管束所属生徒。李元仲及民国版《宁化县志》中"庙学志"对宁化历代县学有载，兹不赘述。

2. 社学义塾

明太祖诏天下每 50 家设社学 1 所，延请有学行的秀才训迪军民子弟。正统间（1436—1449），御史杨春始奏民间子弟令人社学，讲读《大诰》《孝顺事实》、四书经史之类，以备选补生员名缺。嘉靖十五年（1536）宁化知县莫大德奉文建社学 6 所：一在太平巷五王庙，一在东门外五通庙，一在塔下街夫人庙，一在西门祐圣堂，一在安远司前，一在石牛驿侧。当时会同里有义民张亨驯捐地、卢瑞银募田建义塾于滑石铺宜生桥边。清雍正二年（1724）在兴善、龙下两里新设社学各 1 所。光绪十五年（1889），知县武颂扬在城区设义塾 3 所。每所费钱三十千文，考选贡廪增附教读，已俱废，不复知其名。县城书院：明嘉靖二十九年（1550）知县潘时宜，把山川坛左旧射圃之址，改创为书院，作为诸生藏修游息之所。万历十年（1582）废。清康熙九年（1670）复建。乾隆七年（1742）就旧县丞署创建云龙书院，邑人贾文兆捐银 700 两。乾隆三十二年其子辉生重建书

舍55间，费银1200两。道光、光绪年间（1875—1908）其孙及玄孙又重修。宣统间（1909—1911）改为县立高等小学，迭有修葺。雍正七年（1729）奉文设正音书院于县城南侧。乾隆五十六年知县毛振翮在县城隍庙右边（今县体育场南端）创建诚正书院。乡村书院：清乾隆年间（1736—1795）童学蕴等建翠峰书院于石牛驿（今双石小学地址）。嘉庆年间（1796—1820）陈励堂在湖村巫坊、张亨亭在店上创办过思乐书院和牖民书院。光绪八年（1882）巫桥祖、官林在泉上创办毓秀书院，后改为泉上学堂。光绪二十三年（1897）知县邹经镕与西乡绅董募资建道南书院于禾口，后改为道南高等小学。

宁化豫章书院

3. 私塾

民国二十四年（1935）全县有私塾52所，师52人，学生513人。有些乡村小学，师生备有两套课本，新旧并举，直到宁化解放后私塾才停办。

4. 书院

明清时期先后设立正音书院、云龙书院等。仅存城区豫章书院，为砖木结构，该书院为罗从彦后裔、清代举人罗登标办学旧址，因书院设于罗氏家庙内，故得以保存至今。

附文：

宁化：客家兴学的先进

刘善群　张初考

客家人崇文重教、耕读传家的传统，既继承了儒家思想，又形成了客家的价值理念，而成为民系的特质之一。这种特质在客家民系的孕育时期，就显现出来，成为客家民系诞生的标志之一。宁化被学者定位为客家祖地，不仅有最为重要的占客家人口80%以上渊源关系的血缘要素，同时还有密不可分的文缘要素。本文就文缘中之兴学案做些探讨。

一、兴学与科举

人所共知，客家先民以“中原衣冠”为主体，而“中原衣冠”是西晋末年因“永嘉之乱”等社会问题，自中原地区被迫开始大规模南迁的，在他们带领下的南迁汉人，世居中原，世代受儒教影响，“学而优则仕”的观念根深蒂固，尽管从中原到南方，从东晋到唐宋元明清，长时期的颠沛流离，筚路蓝缕，他们并未忘记对教育的薪火相传，发扬光大。唐末到宋代，是中原汉人移民进入闽粤赣三省结合部的高峰期，这时期聚集的中心，是以宁化石壁为中心的闽赣连接地区。宋代，宁化县及其石壁是清代以前的第一个人口高峰期。这些移民，初来乍到，立足未稳，最需要的是休养生息，建家立业，垦荒拓殖，以求生存和发展，但就在这样立足未稳的时候，他们不忘教育之根本，大力办学。北宋时，赣南地区创办府、州、县学14所，闽西汀州府于北宋天圣三年（1025）设府学于文庙，宁化县于“天圣始有学”，长汀、清流、武平、连城、上杭均在南宋设县学。梅州于北宋元符元年（1098）创建梅城书院。我们可以从科举及第透视兴学状况。

周雪香、陈支平的统计表格里，每一个科举数字都是凝固的文化基因；而在宁化的山野田间，这些基因正以山歌、传说、仪式的形态重新苏醒。从明清的“耕读传家”到今日的“口传创新”，变的是载体，不变的是宁化人将历史记忆转化

为生活诗意的文化自觉。在这个“新的历史时期”，我们期待的不仅是创作的繁荣，更是一个族群如何用口头传统续写自己的文明史——这或许正是两位学者的研究留给当代的最深层启示。

赣、闽、粤三地区历代进士数

州名	县名	进士数		
		宋	明	清
	赣县	60	5	20
	雩都	11+7	7	>
	信丰	6+1	7	1
	兴国	公	2	14
	会昌	2	0	6
	安远	0	0	1
	龙南	3	1	24
	宁都	40+42	12	6
赣州	瑞金	3	2	了
	石城	13	0	11
	南康	35	3	1
	大庾	21	10	3
	上犹	中	1	20
	崇义		0	5
	长宁		0	4
	定南		0	3
	合计	218+51/16.8	49/3	135/8.4
	长汀	27+45	18	17
	宁化	30+36	6	14

	清流	3+16	11	2
	上杭	0	12	15
汀州	武平	0+2	1	6
	连城	0+2	1	10
	永定		5	17
	明溪		0	9
	合计	60+101/10	54/6.75	90/11.25
	梅州	7	5	56
	兴宁	5	2	12
	长乐	5	1	2
梅州	平远		1	4
	镇平		0	7
	大埔		4	32
	合计	17/5.7	13/2	113/18.8

（表中“+”后数为“特奏名”“/”后为“县均数”）上表可以看出无论地区、时期和县之间都有很大的不平衡性。1. 从时序和区域性看都是波浪形。从进士总数看，宋、明、清三朝，宋起、明伏、清高，元代，三地见于记载的只有 5 人，更是低谷。从县均进士数看，情况又不一样。三地总的县均进士数：宋，22 县，295 名，县均 13.4 名；明，30 县，116 名，县均 3.87 名；清，30 县，338 名，县均 11.27 名。宋代县均数最高。而县一级则有不同，赣县、雩都、兴国、宁都、南康、石城、大庾、上犹、长汀、宁化 10 县是宋代最多，清代并没有起色。这些县建县时间较早，而且大多都在赣南东北部和闽西北部。

2. 从地区的县均数看，宋代，赣州最多，汀州次之，梅州最少，若含特凑名，汀州最多（约 27 人），赣州次之（约 21 人），梅州更次；明代，则汀州最多，赣州次之，梅州最少；清代情况完全变了，梅州最多，汀州次之，赣州最少。

3. 无论是地区间和地区内部，兴教的时序都是自北而南。这与北方移民的迁

入时间和经济、文化发展直接相关。

4. 从三地区的整体看，赣州共有进士 402 名，县均（16 县）25 名；汀州 198 名，县均（8 县）24.7 名；梅州 143 名，县均（6 县）23.8 名。各地区比较平衡。

5. 从宋代三地区各县情况看，进士数最多的县，然后是宁都、南康、宁化。从宋代占全部进士数的比例看，赣县总数 85，宋代 60，占 70%；南康总数 51，宋代 35，占 68.6%；宁化总数 50，宋代 30，占 60%；宁都总数 76，宋代 40，占 52.6%。这一情况，同地区汉化的历史进程及人口数量直接相关。

赣县建于汉朝（前 206—220）。

南康县建于三国吴嘉禾五年（236）

宁都县建于三国吴嘉禾五年（236）。

宁化县建于唐开元十三年（725）。

赣南的三县建县早，而且曾设州、军建置，说明人口发展早、汉化早。所以其教育发展早亦所自然，而宁化在除以上三县之外的其他县，设县时间不算太早。在赣南，宁化建县晚于于都、兴国、安远、信丰、大余。在闽西，宁化建县算是较早，只晚于新罗。在梅州，宁化建县晚于兴宁、大埔、梅县，但进士数却大大多于早于宁化建县的诸县。在闽西，宁化进士数和它所占全部科举时期进士总数比例的第一。汀州第一位进士是宁化人氏伍正已，于唐大中十年中举。梅州教育的兴盛是在明清时期，上表可以说明。

二、人物出众

在宋代，宁化人物出众。《嘉庆重修一统志》卷四三五《汀州府》名列其中的汀州历史名人共 224 人，其中名宦 62 人，烈女 84 人，仙释 6 人。人物 70 人中：长汀 14 人，上杭 12 人，宁化 10 人，清流 10 人，连城 9 人，武平 7 人，永定 5 人，归化（明溪）3 人。人物数量看，主要集中在上杭以北各县，但如果从唐宋时期看，就更为集中。该志所列唐宋两代人物共 11 人：唐：伍正已（宁化人）。宋：江礼（宁化人）、罗彧（长汀人）、郑文宝（宁化人）、伍佑（宁化人）、徐唐（宁化人）、彭孙（连城人）、郑立中（长汀人）、伍全（长汀人）、杨方（长汀人）、邱鳞（连城人）。唐、宋二代，宁化 5 人占总数 45.5%；长汀 4 人，占 36%。如果把历史时期再往前推，唐、北宋共8人中宁化5人，占62.5%；若再往前推，以徐唐所处时代为界，则6人，其中宁化5人，占83.3%。这一趋势，说明宁化教育和人才兴旺，在宋代，越往前推，越兴旺。《嘉庆重修一统志》记载烈女84人中，其出生地分布：

时代	长汀	宁化	永定	上杭	武平	连城	归化	清流
宋元明	7	6	6	3	3	3	3	2
清	11	8	4	7	7	6	6	3

从中可以看出宋元明时期长汀、宁化、永定三县多，清代长汀、宁化多。烈女表达一种古老传统文化，从中可以看出长汀、宁化的文化地位。

《嘉庆重修一统志》记载的仙释6人，其中五代：1人，惠宽（宁化人）。宋：烈女（宁化人）、黄升（长汀人）、晏仙（清流人）。元：月光师（宁化人）。明代1人，王破头，不知何地人氏。5人有地址的仙释，都在宁化、长汀、清流这一闽西北部地区，其中宁化便有3人。宁化仙释故事很多，也是一种民间文化，可以曲折反映北方移民早期迁入宁化过程中的特殊地位。

被称为中国两部半县志之一的李世熊撰《宁化县志》（清康熙二十三年）的《人物志》中列传的，宋代15名（含唐伍正已），他们是伍正已（唐）、郑文宝（宋太平兴国八年进士）、伍祐（宋祥符元年进士）、伍择之（宋宝祐五年进士）伍仲休（宋大观三年进士）雷观（宋靖康太学生）伍仲文（宋绍兴五年进士）、雷协（宋政和二年进士）汤莘叟（宋绍兴五年进士）、伍杞（宋绍兴五年进士）、张达观（宋咸平五年进士）张良裔（宋绍兴五年进士）、刘并（宋端平二年进士）。还有不举功名的徐唐，李元白。此二人不就科举，但奇才盖世。

徐唐，“未冠，受《春秋》于乡先生吴杲，不两月，诵晰如流。寻以邑令晏君之令，卒业于盱江李泰伯。泰伯与语，奇之，曰：吾不足师。今海陵胡先生，讲《春秋》于上痒，子曷造焉？’于是负笈京师，质疑送难，旁射他经，穿穴通透，同侪屈服。遂见知于欧阳文忠公，荐之仁宋，召见讲《易》，嘉赏之，赐银绢。欧公因劝就科举，唐谢之。嘉祐三年，奔母丧，庐墓不复出。王介甫为峨眉令，志其母墓。”

李元白：“宋哲宗时人，博览强记，不能俯就举子业，乃大肆力于诗，出入

少陵几逼真，有《杜诗集句》一编。又集为《大观升平词》若干首以进，得初品官即弃去，归故庐而终老焉。集句始于王文公，而孔毅甫、葛亚卿及元自相继而作，元白尤工。”

人物是教育之体现，有教育，方有人才；有人才，可见教育之兴。

三、教育理念的传承与整合

教育的兴盛，可以看出宁化及三地区对中原传统教育的传承及发展，同时可以看出汉化和汉族与非汉族群教育理念整合的历史进程。

科举制度，是一种中央集权政治的产物，通过科举，选用官员。这种制度始于隋文帝，到了宋代，科举成为选拔官员的最主要的方法，由此，促进了高等教育和地方教育。宋代，州县普遍开设州（府）学和县学。这种风气，是由中原南迁汉人带进原本并无教育可言的三地区，使这一地区教育逐渐兴旺起来。教育的兴起，使儒学伦理渗透到汉人和非汉人的下层社会，促使了这一地区的汉化。我们知道，四书五经是科举教育的中心内容，因而也是官学、私学教育的主要内容。一方面强化了“学而优则仕”的理念，使更多的人致力办学、读书，争取功名；另一方面读书有成取得功名者，又强化其所属家庭、宗族的薪火相传意识和激励措施。于是把儒学伦理渗透到上上下下各阶层、各族群之中，不仅强化了汉人的儒学思想，同时也把非汉族居民吸引过来，使其汉化这一过程，也就是互动、文化整合的过程。我们从上述资料可以清楚地看出，中原汉人历尽艰辛，长期颠沛，到了闽赣地区驻足未定，便开始了办学，这就是对中原已根深蒂固的教育观念的传承。从宁化看，宋代宁化的进士中，还有雷宣（宋皇祐元年）、雷协（宋政和二年）。在李世熊《宁化县志·人物志》中，便有了雷观这样的人物。应该就是教育理念整合的结果，如果延至清代，更有大名鼎鼎的雷鋐（雍正十一年进士）官至都察左副都御史。

在继承中原教育理念的同时，进一步发展了教育理念，使崇文重教成为客家人的一大特点。客家人“男读女耕”，是客家人重教的概括。是指男人从小读书，到了成年仍然读书，所以耕作之事由女人承担。客家人在闽粤赣三省连接区建家立业，家庭经济状况、社会环境都不同于中原，不可能雇用很多用人耕种劳作、料理家务，但这些又是必须做的，否则就难以为继，无法生存，更难以发展，于是男人要读书，家里家外的事就必须由女人去做。男人读书之后，便出门为官、经商，家里家外的事，还是由女人去做，由此而全改了中原“男耕女织”的传统，而变为“男读女耕”或“男商女耕”。这些，一方面体现了对“学而优则仕”儒学思想的提升和强化；一方面迫使妇女不缠足，参加劳作，提升了妇女的社会地位。宁化教育的早兴，还见诸规和民间理念。

教育的兴盛，反映了人口、经济、社会的兴盛。社会环境对教育关系十分密切。据传北宋末年，主战派宰相詹学传被贬后，到宁化石壁开学馆，著名理学家朱熹前来拜詹学传为师求学。詹学传是江西广昌人氏，被贬后不在老家办学，而到福建宁化石壁办学，从中可知应是宁化石壁社会环境之优和教育氛围之好。我们知道，客家先民、客家人的迁徙，是自北而南，自赣而闽，自闽而粤的，然而又从闽粤赣连接三地区的客家大本营，往东西南北四面播衍。在古代，文化的传播，主要以人为载体，随人而传。宋代宁化客家教育理念的形成及教育的兴盛，正是客家民系的孕育期，民系诞生之后，被称为正宗的客家人以宁化为基点、为中心往外迁徙，自然把老家宁化及其石壁的教育理念和办学积极性带走，而传播到新居地闽西南部、粤东。我们从前面进士表中所反映的教育发展走势，便足以印证。

（原载《石壁客家世界》，山西人民出版社 2009 年版）

五、宗族文化

宗族文化渊远流长，有氏族便开始有宗族文化，它是中华文脉最为久远的文化组成之一。吕思勉在《中国文化史·族制》中说，人是非团结不能生存的。在有史时期血缘是人类团结的一个重要因素。人类愈进步，则其文化愈甚，而其组织方式亦愈多。[①]

石壁（宁化）客家人源出中原，继承的是古汉文化，其宗族文化亦然。法国劳格文认为，宁化的宗族显得比较近期才从不同地方迁来，但仍然有深远历史和宗族意识。

（一）宗族渊源和宗族组织

石壁（宁化）客家人，除了一部分原住居民外，其他都是北方南迁的汉人，他们主要来自河南、山西、河北、陕西、甘肃、安徽等地。根据 150 姓的统计，他们祖先的迁出地，河南 53 姓，占总数的 35%，若加上“中原”29 姓，合计 87 姓，占 52%。他们主要是南宋以前迁入宁化及石壁，据 218 姓统计，南宋（含南宋）前迁入宁化的 181 姓，占总迁入数的 83%。他们大多是因避战乱和天灾离开故土南迁的。大多数是举族迁徙的，零散移民，也基本结伴成群。迁入石壁等地休养生息，安家之后，僻地而居，聚族而居，把建立的村庄，按姓定名，如石壁村内就有吴家屋，杨家排等。待人口发展后，又另辟村庄，单姓立村，如“孙坑”“张坊”“夏家村”等。

古墓——罗氏祖坟

吕思勉说：“族之有组织，

① 吕思勉 . 中国文化史［M］. 厦门：鹭江出版社 .2015：16.

是根据于血缘的。血缘之制即兴，人类自将据亲疏远近，以别亲疏。”在开辟建立新村后，便开始进行建立血缘组织，修祠堂、修族谱、建族产，维系以血缘为依据的宗族组织。

清明扫墓

在元明以前，石壁堪称中原人民移居至此的移民社会。彼时，迁入石壁的张姓，其来源地与迁入时间各不相同。宁化县客家研究会编纂的《宁化客家百氏》记载如下：石壁下祠《张氏重修族谱》：五代后晋天福年间（936—944），张虎（亦作武）前往汀州探望任汀使君的父亲友人，途经玉屏（石壁古名），喜爱当地山川风貌，遂举家从姑苏迁居宁化石壁。此后十二世，安卿也迁居至此。湖村店上《张氏族谱》：唐昭宗在位期间（889—903），睦公入闽。传五世后，臧兴公从江西迁居宁化城。又传七世，臧兴的侄孙九秀从清流铁石矶迁入石壁。石壁上市《张氏族谱》：宋仁宗年间，祥国公从石城白茅塘迁居石壁樟树下。祥国公育有六子，次子宣诚公，为石壁上市的开基祖。梅县、兴宁《张氏族谱》：载公（十六世），宋神宗时期（1068—1085）为陕西眉县人。他的儿子张端从陕西迁入宁化石壁，被尊为入闽张氏始祖。禾口大江头、大路《张氏族谱》：南宋淳熙十二年（1185），八十郎从石城八都（背田尾坑）迁居江头村；南宋景炎二年（1277），卓立从浙江龙泉徙居千家围。

由此可见，张姓迁入石壁的时间，最早可追溯至唐昭宗时期，最晚至南宋景炎二年，时间跨度长达380余年。其来源地涵盖陕西、江苏、江西、浙江等地。也就是说，这些最早迁入石壁的张姓，虽然同姓，却有着不同的迁入时间和来源地，属于不同支系。

然而，现存石壁村张姓族谱，却将这些来源与迁入时间各异的张姓始迁祖，纳入同一族谱体系。以1948年修订的上市《张氏总谱》为例：第二卷《清河郡张氏总谱世传》“九章公支”：九章公的二十世孙卓立，迁居宁化龙上下里千家围，

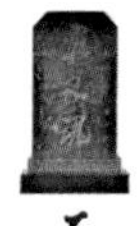

被尊为山下、石碧、上市、桥南的先祖。《宏显公房天常公一脉世传》：宏显公七世孙惟立，育有云龙、风虎二子。云龙，讳潜，号能飞，其又生笃实、昆鸣二子，居住在宁化县西关。笃实的四世孙睦翁，讳正一，字真，号吟川，北宋雍熙二年（985）八月十五日出生，葬于闽省三山（今福州）。睦翁的六世孙公奭，讳鲁，一名铭，号鉴铭，北宋天禧辛酉年（1021）五月初六出生，考中北宋进士，任宁都知县，在任上去世，葬于宁都金离山。公奭育有四子：长子罗公，居住在大洲塘；次子安公，字文定，迁居宁化石碧等地；三子智公，字文辅，其配偶为黄氏，生子叔文，迁徙至雩都银坑等地；四子惠公，字文享，其配偶为陆氏，生林崇、林茂、林青三子，起初居住在白鹿营，后来迁徙至雩都银坑等地。《宣诚公房世传》：公奭公次子祥国，一名祥定，讳安，号文定，字惟渥，先迁居白茅塘，后徙居九子丘（石壁村内），最终定居石碧樟树下。祥国育有六子：长子庆善郎，居住在会同里（今宁化安乐乡）；次子二八郎，即宣诚；三子三郎，居住在会同里；四子四郎情况不详；五子五八郎，字均茂，居住在龙下里东坑、三砾、桂下（今宁化济村乡内）等地；六子九兴，居住在大洋、八十四墩、四溪坝（今宁化水茜乡内）等地。《石碧上市宣诚公一脉世传》：宣诚公之子玄郎，字字甫，生九秀、念四郎等，其余子女情况不详。玄郎公之子九秀，讳庸郎，字节，生四子：圣郎，迁徙至宁都大洲塘；叔檀郎，迁徙至上杭县；泰郎，居住在湖头（今宁化济村乡内）；四郎，居住在石碧上市。

石碧村下市1990年第十三修的《张氏重修族谱》（以下简称《重修谱》），同样将不同支系张氏归入统一谱系。据下祠十五世祖茂甫于明洪武十年（1377）撰写的《清河郡张氏族谱分宗衍派世系源流纪序》记载：

惟立公，讳植，字桂林，号文班，侨居姑苏张家巷。他育有三子，长子讳龙，字起潜；次子讳虎，字武斌；三子讳麟，字子仁。五代后晋天福年间，虎公前往汀州探望任汀使君的父亲友人，途经玉屏（石壁古名）。他喜爱当地山川葱郁的风貌，返回姑苏后，便举家迁居至此，开启新的生活。此后，虎公的孙辈远郎，又迁徙至禾济方园里，并在此入籍定居。

麟公选择隐居，未曾出仕，其家族一直定居姑苏。到了五世孙瑞桢（讳见祥）时，瑞桢出任江西抚州乐安县令。后来，为躲避战乱，他卸任官职，迁居至宁化千家围。在宁化生活多年后，瑞桢的弟弟世郎，赴江西吉安府安福县任职。因遭遇战乱，道路阻塞，无法返回姑苏，便在任所定居下来。此后，世郎的孙辈希承，羡慕伯祖父虎公在宁化的悠然生活，也迁徙至宁陂下乡（今禾口乡坡下村）居住。

此外，谱中还记载，十二世祖安卿公来闽访友，留宿于玉屏山之下市。他被当地的风土人情所吸引，便在此修筑房舍，定居下来，再未迁居别处。

据此，我们可以看到，上祠谱把卓立、睦公、祥国（安卿）、九秀等不同支派、不同来源的张姓联系在一起，并把他们都归于远祖君政公的派下，如卓立为君政公长孙宏载的二十一世孙；睦翁为君政公次孙宏显的十二世孙；祥国为宏显的十八世孙；而九秀则为宏显的二十一世孙。下祠谱则把虎公与安卿（祥国）等联系在一起，并增加了所谓的麟公一系派下。所有这些合并和谱系的混乱现象恰好启示我们：即当不同支系、不同祖籍地的张姓进入石壁后，曾有过联合而形成合约字宗族的事实。虽然我们现在还没有找到建立这种股份式宗族的“合约字”，但是，我们仍可从族谱中找到一些蛛丝马迹。例如下祠茂甫公在首修下祠自己的族谱所写的序中写道：“历年既久，生齿益盛，谨卜丁巳之吉，首新谱牒。”这里的“首新谱牒”向我们透露了一点信息，即在此之前，石壁似还有一份谱牒，否则这里就不必用此“新”字了。由于茂甫为之写序的谱是下祠自己的谱，因而由此我们可以想见，在此之前所构成的宗族，当是同上祠等其他张姓联合的。此外，民间传说云，石壁的十八寨之所以如此取名，是因为始迁石壁的移民中，有张、朱、马、谢、程、焦、唐、陆、李、过、科、蒋、陈、赖、雷、鄢、夏十八姓共居于该地，他们曾结成兄弟，发誓相互之间不得通婚，实际上，这种举措恰是联合形成一宗族的表现，因为同姓不婚或同宗不婚，这是至迟从周礼以来中国传统的宗法准则之一。

当然，传说并不像白纸黑字记载的史料那么确定，但是民间传说或称口传历史，也保留了很确定的史影，有时甚或比官方的史书更切合现实。因为我们在现实生活中也确实可以看到不同姓氏的联宗。因此，如果这故事所反映的现象不误的话，那

么，异姓都能联合而不同来源地来的张姓人就更容易结合成合约字的宗族了，因为他们有更多的相同之处，也同样面临着在移民社会中各种需要携手合作对付的环境。

因此，笔者认为，由于移民进入石壁地区时，石壁地区仍属一个生齿较稀少的地区，移民们在开辟荒原时需要有一定的群体以便协作。也由于迁入石壁的张姓不止一人，虽然他们来自不同地区，但为了共同的开发目标，面对共同的环境，完全有可能以合约字的形式形成一宗族，因为这种组织在他们的思想中是根深蒂固的，也容易构成。所以，他们就共同合股，共定契约，以远祖君政公为始祖，把不同祖籍地的张姓都追溯到君政的三个孙子宏载、宏显与宏矩身上，并构筑了虚拟的世系，从而构成为一合约字的宗族组织，以便应付筚路蓝缕的艰辛。这也是石壁村张姓上下市族谱中，九秀、茂甫以下的世系比较清晰，而以上的世系含混不清、屡有出错的真正缘故。

（二）宗祠

宗祠，源于宗庙。有两种称谓，一谓家庙，一谓宗祠，家庙和宗祠有所区分，说是出皇帝的姓方可称家庙，但民间似乎没有严格区分，同一姓的祠堂，有称家庙，亦有称宗祠者。

宗庙制度作为中华文明的重要组成部分，其渊源可追溯至久远的历史时期。《考工记》中记载“夏后氏世室”，郑玄注曰“世室者，宗庙也”，这为我们探寻宗庙起源提供了线索。《明堂位》亦有“鲁公之庙，文世室地。武公之庙，武世室也”的记述，柳诒徵在《中国文化史》中据此提出邹、鲁之地的宗庙制度或与夏代存在关联。柳治徽说：“按之二记，则邹、鲁宗庙多沿夏世之法。所谓菲饮食而致孝乎鬼神者，即指其注重庙祭而言也。祭享之礼，其事似乎迷信，然尊祖敬宗，实为报本追远之正务。视其他宗教徒求之冥漠不可知之上帝，或宴延不经之教主者，盖有别矣。后世之于祭祀，因革损益，代有不同，而相承至今，无贵贱贫富，咸隆此祀祖之谊，虽侨民散处列邦，语言衣服胥已变异，而语及祖宗之国，父母之邦，庙桃坟墓之重，则渊然动其情感，而转结维系，唯恐或先，此夏道之有关于吾国历代之文明者三也。”

宗庙，或谓宗祠，起于夏，到西汉，在民间有所发展，魏晋以后发展相对缓慢，宋代，受到理学的影响，民间宗祠有所发展，到了明清，则出现大发展的景象。从宁化的情况看，可以印证这一发展轨迹。宁化现有宗祠229座，知道始建时间的217座，其始建情况是：唐至五代3座、宋代14座、元代6座、明代45座、清代143座、民国后6座。

宗祠，是族人祭祀祖先的场所，也是建祠的主要目的，上祀祖先、下系宗人。宁化《武威廖氏族谱》（十修，民国三十年）有一篇江西吉丰刘文光写的《大岭头祠堂记》写道："曩余典熟龙上上里梁畲历年多矣。考之乡闾耆老，传闻廖氏祖代从来甚远，而今人才彬彬，文雅冲然，有古人风。其先代科贡者，分进者，代不乏贤，而蝉联接迹者未可枚举。孟子以世臣称故国，而廖氏亦可以称故家矣。今于万历间鼎建新祠，众彦千文为记，代因辞之，弗克愿其所自新之义。众彦曰，太祖自来郎公，初居寨下，七世祖四八郎公徙居廖家障，至十八世祖五十郎徙居九寨塘，历经数代百余载，日益昌盛，嗣当溯源而崇祀焉！厥初之祖居于斯，生于斯，卒于斯，葬于斯，故墓陵坵址在于斯，而春秋祭扫安得不拜于斯乎！……祭扫不宜无所。众彦损资，鼎新建造。上筑党阶，以隆对越；下列两廊，以便游息。堂祀先祖神位，两旁监造僧房，而晨昏香火勿替，先祖灵均得安爰。……皇明万历四十四年丙辰冬月（1616），江西吉丰刘文光拜撰。"

这一祠堂记，说明了建祠的宗旨、办法和时间。

宗祠以祭祀祖先为主要目的，但其功能却远远超出祭祀一事，它供祭祀、宗族议事、聚会、执行宗法族规、娱乐、宴会等各方面之用。同时又不只是宗族的活动场所，它通过各种形式的文化表述，凝聚着宗族的历史、文化理念、价值取向，各方面的宗族思想。

一座宗祠，记录着一个宗族史或一个家族史。在神龛上的神祖牌位上、在柱联上、在以宗祠为单位编修的族谱中，清楚地记录了一个宗族（家族）的源流。一个地区的宗祠文化综合起来，便可以知道一个地区的人文历史，特别是人口的发展史。宁化从东汉始，有中原汉人的迁入，隋唐间开始"开山伐木，泛筏于吴"，拓土垦殖，唐末至两宋，汉人大量迁入，宋代达到顶峰。而后又大量外迁，人口减少。一个小地方的这些情况，正史是很少记载的，主要还是靠族谱资料"尊祖

古宗祠

敬宗，实为报本追远之正务”。客家人素有慎修追远，敬祖穆宗的优良传统。宁化一县有64姓宗祠，达229座，可以说明敬祖穆宗的重视程度。宁化宗祠堂号十分多样，但也有主流堂号。在169座有堂号的宗祠中，冠“追远堂”“思远堂”“思本堂”的21个，冠“敦睦堂”的有22个。堂号是一个宗族主要文化理念的体现，“追远”“敦睦”，则是“尊祖敬宗”的体现，同时，也是宗先报本、和宗睦族的祖训。一个大姓宗族下的各个分支的堂号并不完全一致，而是各行其是。宁化张氏共51个宗祠，其堂号就非常多样：7个宗祠是追远堂，还有：德馨堂、敦本堂、敬贤堂、弘光堂、敦睦堂、萃饮方源、受先之佑、思孝堂、永世克孝、敦伦堂、克绳堂、尽诚堂、世德流芳、孔安绥祉、致爱堂、端衍宗风、思源堂、忠孝流徽、武义堂、仁率堂、继远堂、嘉谟宏远、继述堂、绪赞曲江、永茂堂、永绥存缓、敦伦堂、惠时堂、绥我思成、华阳堂、崇俊堂、孝友堂、敦睦堂、受天之佑。一个姓的宗祠，如此纷繁的堂号，表达了各个宗系不同的文化理念，这可能是宁化宗祠的一个特点。

每个宗祠都有楹联。宗祠的大小不一，但几乎每根柱子都有联对，这些楹联饱含每一个宗祠宗族的源流、典故、文化理念、价值取向各个方面，一个宗祠的楹联，可谓是一个宗族的微型族谱，是一姓一族的简史。如：

宁化石壁杨边杨氏宗祠堂联：

授姓自三封杨国，瑞兆三亶，位擢三公，名济三喜，改革三月：编修三史，身去三惑，雪深三尺，百世渊源千古在；

展献从四袭诸侯，金畏四知，馨传四相，堂高四老，臣清四德，阁着四香，诗并四杰，量恕四邻，数相德业万年流。

可谓是一部完整的姓氏史，内容广泛，寓意深刻。

反映姓氏宗族源流的楹联，如：

河龙伊氏宗祠的堂联：

从汴播迁而后文塘泽衍武曲支分门间避翠华百世衣冠成望族；

唐代十宅以来郭仆风光水南烟景渊源接莘野千秋俎豆拜宗祠。

石壁南田谢氏祠堂联：

庙魏彪炳始祖申伯承思周宣之赐姓两千八百年宏基宏业；

神昭敬祝衷公裔孙救封宝树之灵根九州五郎号列祖列宗。

县城罗氏总祠堂联：

遵综匡正近溯豫章缅祖泽汪洋上下四千年永纪本源一脉；

先兆宜城后延吴越喜宗支繁衍纵横数万里母分遵企二堂。

彪炳氏族中的光辉历史，如：

淮阳刘氏家庙堂联：

十继朝纲申帝业；

六逾世纪拓雄猷。

王大垅伍氏家庙堂联：

浩气凛水霜御史英风慑牛李；

甘棠渑雨露大常遗爱沛姑苏。

淮土寒谷村张恩远、彦旻二房公祠堂联：

佐汉高祖代秦兴汉一颗丹心照日月；

辅唐玄宗平乱扶唐满眶碧血壮江山。

反映宗族文化理念，并凸显儒家思想，如：

南田马氏宗祠堂联：

国有贤人齐拥戴；

家无学子早栽培。

邓坊桥村张文贵祠堂联：

希贤希圣作天下一流人物；

全忠全孝扶世间亿万纲常。

以宗祠为核心的辈分排列，谓："联字必联派，方知亲疏，而序昭穆"，实际各个宗祠通过族谱把辈分字派排列下来，不仅是"知亲疏，序昭穆"，而有其丰富的文化意蕴。如宁化张氏总祠，在清同治己丑二修谱中六十字派（辈）所列文字："仁天发祥初，清河广美居。秀毓生豪杰，漠烈不登书。匡辅储经济，克治功可继。宝鉴喜相传，选举冠高第。理学仰西铭，渊源道德纯。观谋绍前哲，元恺正逢辰。民国戊子修谱新增一百二十派字，其中有"礼乐群伦干，中和大雅程。齐家推孝友，时来事业增"等句。其中都蕴含姓氏源流和各种文化理念。

为确保宗祠的各项功能得以充分发挥，维持其正常运转，宗祠一般会配备祠产。在当代，若宗祠缺乏地产、房产等传统资产，通常由宗族组织牵头，通过广泛募集资金，设立专项基金。同时，制定严格的基金管理办法，保障宗祠拥有稳定、充足的活动经费。祠产，也称作族产。在宗祠尚未建立之时，总祠下辖的各房族便已拥有产业，因而称作族产更为准确。族产类型丰富，主要包括祭产（蒸尝）、学产，部分宗族还设有义庄田产，用于赈济族中贫困成员，甚至拥有商业资产。在历史上，无论总祠，还是大房、小房，基本都拥有一定数量的产业，只是规模大小有所不同。

族产的来源，一是祖先留下的，除分配一部分给儿孙，留下一部分作为族中共同产业；二是义捐，较大户人家自愿捐一部分给宗族：三是按户、丁摊派，可以出钱，也可以出地、房产。其经营方式由宗族组织统一管理：可以出租，收租待用；也可以一部分轮流耕作，耕作者，负责当年蒸尝开支。

祭产，宁化人叫蒸尝，主要用于祭祀，包括一年春秋二祭（春为清明节，秋为农历八月初一，称小清明）、扫墓、平时祠堂香火、供品及宗族活动之用。宁化春秋二祭侧重有所不同，春清明节，祠堂、祖堂只是点烛焚香、烧纸钱，主要是扫墓。扫墓完成后，以小族为单位"吃清明"，即族中人一起聚餐。秋清明以祠堂祭祖为主，一般不扫墓。祠堂举行大祭，而后演戏、聚餐。有的大族祠堂，一连数十日的演戏、"吃清明"。如淮土刘氏家庙，在民国之前，有时一连数十天在祠堂里演戏，"吃清明"。参加的人包括六十岁以上老者、小学毕业以上学历的裔孙、官职较高者、祠堂管事成员。其经费开支，一是总祠的蒸尝收入，二是每房族负责一天，三是家庭，有的家庭为了不让子孙把家产，特别是田产卖掉“败家”，而把产业寄托宗族代管，子孙要出卖产业，必须经祠堂的领导机构批准。如此的代价是，必须做“清明”请大家，也就是负责做一餐“清明”招待。如此摊派，所以每年秋清明连续数十天，长者和有学阶的人，天天进祠看戏，“吃清明”。

宁化自宋代便有族产的产生。有的宗族把族田分为蒸尝田、军产田（军田）、学租田（学田）。蒸尝田，又称祭产、祀产、尝产，主要用于祭祀、扫墓之用。军产田主要用于族中从军者。石壁上市《张氏族谱》（十修）记载：“递年应作军人回籍以作盘费。”该谱《文善公房祭产》条开列军田中，大坑上分、大口乌墩、章家坑口等四处为长房收。漳南李家坑、门口社上，二处中房收。蒲杓丘、秀嵊、石石示下、香炉窠、主家坑、极杂坑、南地里、木马坑隔里等八处小房收。

传统祠堂文化，是以儒家纲常伦理为核心的文化，虽然承载着不少宗族历史、优秀文化、传统美德，但也有许多落后的、封建的、迷信的，与社会主义精神文明相左的东西。20 世纪 90 年代以后，宁化县大力实施《公民道德建设实施纲要》，将传统的祠堂变成社区道德的“大课堂”，革旧立新，用先进文化破除传统的封建迷信，立社会主义文明新风。石壁客家公祠建竣之后，通过客家历史文化陈列、展览、图书、楹联以及各种文化活动，成为凝聚世界客家人的圣地，团结世界客家人的纽带，弘扬客家文化的中心，爱国主义的基地，古老宗祠的楷模。古老宗祠普遍在传统的祭祀活动之外，融入了许多先进文化。在祠堂内张贴政府的一些法律法规、计划生育宣传、族中的好人好事等。其中最重大的历史性变革是女人上族谱、上寿，上门女婿也上寿匾，打破了数千年的传统束缚。淮土刘氏家庙一位 80 岁刘母（本人非刘氏）上寿，一位 70 岁姓曹的上门女婿（保留原姓）上寿，打破了陈规，开辟了时代新风。

宁化巫罗俊怀念堂（巫氏宗祠）在创建新祠堂文化方面，做出了榜样。主要做法有五个方面：一是建活动室，先后建立了“八室一栏”即图书阅览室、电教室、娱乐室、书画室、排练室、资料陈列室、公德教育室、纠纷调解室、宣传栏，使祠堂成为社区群众休闲娱乐、陶冶情操、学习知识、获取信息、交流感情、排解矛盾的重要场所，成为科技、法律、文化、卫生、计生进社区的重要阵地。二

是“演时代戏”。成立了由30多位社区群众组成的“夕阳红艺术团”，几年来自编节目上百个，剧团所演节目既有娱乐性的歌舞、器乐表演，又有结合时代特点，宣传移风易俗、计划生育、普及法律、公民道德的山歌、小调、民谣、快板、小品，内容丰富，形式多样，通俗易懂，贴近群众，剧团不仅在祠堂演、在社区演，而且还经常参加县里举办的广场文艺演出，应邀到农村去演，深受群众欢迎，成为弘扬先进文化、推进公民建设的有效载体。三是“书守德训”。在实施公民道德建设过程，把健康向上的传统家训绘成图解，写成书法作品，复印放大，张贴到公德教育室、宣传栏，并编成山歌小调由剧团传唱。四是“扬爱国情”。成立了“巫氏海内外宗亲联谊总会”，联谊会成员来自泰国、印尼、新加坡、美国、英国、新西兰、马来西亚等国家，以及中国台湾地区、中国香港特别行政区。与这些国家和地区的巫氏团体和人士建立了正常联络关系。向海外巫氏宗亲介绍祖地的经济发展、人文景观、历史渊源、增强海内外巫氏后裔对祖宗、祖地、社团的认同感，鼓励他们为祖国和平统一做贡献。自1996年至2007年举办国际性的宗族文化、联谊活动5次、海外前来宁化参加的1000余人次。他们来自泰国、英国、马来西亚、新加坡、澳大利亚、新西兰等国家以及中国台湾地区、中国香港特别行政区、中国澳门特别行政区的巫氏群体。五是“树文明新风”。通过组织社区群众为老人举行集体祝寿、对陈规陋习进行劝导、组织开展道德评议、开展扶贫济困捐资助学等活动，引导群众树立新风尚，创造新生活。巫罗俊怀念堂已经成为社会主义精神文明建设的阵地和课堂，得到社会各方面的认同、赞许和表彰。中共中央宣传部《党建》（2005年第3期）刊登题为《昔日香火缭绕，今日文明四溢》的文章、中国人民大学《精神文明导刊》（2004.3）发表题为《三明市不断创新群众性精神文明建设载体——将传统祠堂变成道德课堂》的文章。《福建日报》（2005.3）发表题为《昔日宗族祠堂如今道德课堂》的文章，对巫罗俊怀念堂的新文化做了充分报道和肯定。

中国侨联中国华侨华人历史研究所研究员巫秋玉在其《从宗亲组织活动看客家传统与族群认同》一文中说：“巫罗俊公怀念堂及围绕它而展开的活动，在一定程度上便反映了巫氏客家族群通过宗祠、祭祖、联谊、互助、同姓宗亲一祖相传的认同获得表达。因此客家的存续缘于这种集体的认同感，而集体的认同感都在客家社区所营造的宗祠祭祖联谱文化现象中完成。当然它在现代中通过创新活动及对社会的积极作用而显示了其具有的生命力。”

宁化的宗祠有很突出的特点，除了始建时间早、数量多、规模大之外，还有建筑风格恢宏壮观、古典气派的特点。宁化的宗祠大部分都是硬山顶砖木结构建筑，由正堂、天井、回廊、山门牌楼、火墙、围墙组成，穿斗式与抬梁式相结合，屋面正脊用通透青砖镶嵌，两头为燕尾式翘角，雕梁画栋，宽敞明亮，一派中原古典宫廷气象。

（三）族谱

谱牒，是我国传统文化的一枝奇葩。有称之为“地方史书”“文史宝库”“无形的祖宗言”等。总之，对谱牒的重要性及其文史价值，历来都是十分肯定的。有不同言语，也只是对谱牒的可靠性质疑，而质疑者，还往往不得不引用族谱资料来印证诸多历史事件和自己的学术观点，似乎很是尴尬。

中国谱牒历史源远流长，内容广泛详实。传播范围极为广泛。正鉴于此，方得到世人长期的重视和高度评价。20 世纪二三十年代开始，一批著名学者对谱牒进行系统的整理和研究，发表了不少论文，影响很大。诸如潘光旦的《中国族谱略史》《家谱与宗法》、杨殿珣的《中国家谱近论》等。

史学大师梁启超等名流就大声疾呼：“尽集天下之家谱，俾学者分科研究，实不朽之盛业。”罗香林对族谱做了深入研究，并引用族谱探讨了中原汉人南迁的历史，通过对正史与族谱的研究，写出客家学奠基之作——《客家研究导论》和《客家源流考》。

1984 年，国家档案局、教育部、文化部联合发出关于协助编好《中国家谱综合目录》的通知，通知说：“家谱是国家宝贵遗产中亟待发掘的一部分，蕴藏着大量有关人口学、社会学、民族学、民俗学、经济学、人物传记、宗族制度以及地方史的资料，它不仅对开展学术研究有重要价值，而且对当前某些工作也起很大作用。”20 世纪 80 年代初，台湾一份报纸，以“唐山过台湾的故事”为专题，连载台湾数十姓与大陆的渊源，有力地印证了台湾与中国大陆的血缘关系。

当然，谱牒作为一种源远流长的文化，由于长时期受封建文化意识的影响，存在精华与糟粕，真与伪并存并蓄的芜杂现象。但糟粕也好，有伪也好，绝不是谱牒的主流，也不是修谱者的主旨。一般而言，修谱者是认真的，求实的，有些问题也是疏于考证或难以考证所造成的。

我们肯定谱牒的作用，也绝非毫无鉴别地接受和引用，应以当代的文化意识标准和求实态度去鉴别、分析、采用。

就宁化而言，我们从 20 世纪 80 年代开始调查、收集、研究族谱，现已收集到 200 姓以上的谱牒和姓氏资料。通过对这些资料的统计，我们得知同宁化有渊源关系的姓氏总数、他们的迁出地、迁入、迁出宁化的时间以及迁徙的原因等。

这些资料既反映了客家先民迁移历史的总体状况，又是宁化及其石壁之所以被学者定位为“客家早期聚散中心”“客家摇篮”“客家祖地”的重要依据之一。宁化本地的族谱，经过长期多次的调查，截至 2007 年冬，宁化 160 余姓中，有 66 姓有族谱。人口多的姓氏都有族谱，还有 100 余姓无族谱，主要是因为人口少，其中，有的是外地在宁化工作、经商的或从事其他职业的，没有形成宗族。宁化全县 60 姓有宗祠，共 210 座，有宗祠的都有族谱，没有宗祠而有族谱的，也会有香火厅。从调查情况可知，宁化客家人的族谱，真实地反映了如下几方面的信息。

1. 把族谱视若神祖

中国谱牒起源于《世本》，正式谱牒肇自周代，魏晋南北朝时期，随着门阀势力的崛起，专门从事谱牒著作和研究的学者大量涌现。隋唐时期世家大族衰落后，私修谱牒开始兴起。到了宋代，除皇家玉牒外，家谱均由私家编修。明代以后，家谱、族谱的编修十分盛行。

宁化族谱最早的始修于五代后晋（937—947）年间。据 98 部族谱统计，首修时间，宋（含宋）以前 11 部、元代 2 部、明代 26 部、清代 49 部、民国 4 部、20 世纪 50 年代后 6 部，20 世纪 90 年代续修的族谱有 260 部之多。

宁化客家人与各地客家人一样，视族谱为维系宗族的依据、继承和垂范传统宗法的依据、记录宗族史和地域史的依据、讲道德守法纪的依据，更视之为宗族的“灵魂”把它像神一样供奉起来。

宁化《巫氏房谱·序》这样写道：“谱之溯支派，犹史之编系统；谱之联亲，犹史之尊贵；谱之昭穆，犹史之纪治乱。家有谱则隐幽阐，国有史则节烈彰；家有谱则伦理明，国有史则纲常正；家有谱则百世不乱，国有史则万国以宁。谱之不修则亲疏不别；史之不修乱贼不惧；谱之不修则制服不讲，史之不修则正朔不尊；谱之不修则经纬不清，史之不修则美恶不着。”对族谱的评价到了无以复加的程度。所以宗族把修谱当作非常重大的活动，十分重视。

宁化宗族修谱大致有以下过程：首先召开各大族族长会议，再由大族长召开小族长会议，讨论、通过有关修谱事宜。成立修谱机构，一般称之为谱局或理事会，确定有关人选。在确定办事人员、编辑人员、印刷者、经费摊派、工作进度安排并准备就绪之后，择吉日，修谱机构全体成员到祠堂祭拜祖先，念《告祖文》祷告祖宗，把保存在祠堂里的谱箱打开，以供利用。

修谱过程中，要邀请亲戚、朋友、名士作为见证，请他们审查、指导、写序言、后记或传记、庙记、地方轶事等，称“开门修谱”，说明本谱公开透明可靠。不请亲朋见证者，谓“关门修谱”。修谱完成后，发谱也是一件大事，必须择吉日在祠堂举。行隆重发谱仪式，请亲朋、名士参加，表示祝贺。仪式的最后是发谱，顺序严格按照各房的长幼次序。

各房接谱人一般选择各字辈年轻力壮者，备好轿辇，接到谱后，以最快速度送到本房的祖堂（香火厅），祖堂也要焚香点烛鸣放鞭炮迎接，然后全族（或只男丁）盛宴一餐。而族中各户也有许多亲朋前往祝贺，家宴款待。发谱之日，全族或全村都非常喜庆热烈。接谱者要抢时间把谱送到祖堂，是出于“先到先发”的迷信。为此，在过去往往为了“抢谱”而发生打斗。

族谱被视为“全族的命根”而供奉起来，管理甚严，各族都有具体规定。

宁化泉上延祥村的《杨氏房谱》对族谱管理的规定：

甲、谱有不幸遭水火而失者，限一月内告明主爵尊长暨管祠首事，同诣祖祠查系何字号失去，焚香告祖、立代谱字一纸付失谱人每岁呈验。

乙、谱乃家乘，各宜珍藏世守，如有私售于人者，是不敬祖宗轻族党，公议削谱出族。

丙、祭谱之期不另择吉，议定于清明日与前谱同祭，永为定规。

视此规定，族谱远比国史、方志更为神圣。于是宁化人把族谱（箱装）一般安放在祖堂的香案上，或同神祖牌位并列，非清明日，不可随便搬动、翻阅。还有一个理念是谱如家族，要越修越大（版本）。一般都用八开本，活字印刷，直至20世纪90年代，印刷技术已进入电脑时代，但为了“越修越大”，而不肯改为铅印，或电子排版，仍然沿用活字印刷，有的版本甚至用四开本。

宁化客家人对族谱的这种理念，同客家的历史密切相关。当客家先祖还在中原大地的时候，祖祖辈辈薪火相传，世代守望，大家族、大宅院，少有失散的危机感，到了被迫离乡背井，四处离散逃亡之时，方觉得家族、宗族的重要。如何维系家族、宗族这一血缘团体，大宅院已无以为继了，只有族谱，一部族谱代代相传，便成了一姓一族安身立命的无形的“大宅院”——宗族维系的依据，精神归宿的所在。从黄峭山、刘广传等人的“嘱诗”便可见证当时维系家族、宗族的理念及办法。明代以降，客家修谱的盛行，也就是这种理念和办法的延伸和发展。

宁化是客家早期的聚散中心，聚集客家先民早且多，所以修谱时间也早且密度高。法国远东学院博士生导师、汉学家劳格文在闽粤赣连接区的客家地区进行客家文化田野调查十数年（每年一段时间），他同三省的学者合作，同时动员各地的业余文化人配合，在一些地区反复多次的调查，可说把这些地区的文化翻了个底朝天。他在《宁化县的宗族、经济与民俗·序》（香港国际客家学会等单位出版，2005年）中把宁化几个地方的几个姓的族谱列了一个表，然后说：“宁化族谱由较早期间开始便被定期重修订……其中可察觉的规律是修谱时间早、没有大的中断、18世纪修谱较频密。这都是一方面可信性高和一方面反映当地地方宗族文化与宁都接近而非接近长汀。笔者并未发现一个长汀的个案有如此长的历史并如此频密修谱。在宁都这都是司空见惯。”

据已知族谱，宁化始修最早的族谱是刘姓。被尊为刘氏中代始祖的刘祥于唐乾符二年（875）因黄巢起义战乱，全家三代40多人（含家丁）从浙江金华迁居宁化县石壁葛藤凹（今石壁镇南田村）开基、生息、繁衍。刘祥孙刘沐于五代后晋天福二年（937）春主持首修客家刘氏族谱。北宋元丰二年（1079），刘月清便进行《刘氏族谱》的重修。

客家杨氏始祖杨用蕃原籍山东，唐乾符元年（874），因黄巢起义战乱，其子胜二郎自延平迁居宁化石壁杨家排。五代时，胜二郎任延平刺史，仍与宁化有渊源。北宋元祐五年（1090），杨四郎首修《杨氏族谱》。至1990年已是第13修《杨氏族谱》，其中清代续修8次，民国期间续修2次。

吴氏始祖于后唐同光二年（924）由延平迁居宁化。南宋开庆元年（1259）首修《吴氏族谱》（吴陂），至1994年已10修。宁化各姓撰修族谱在明代兴起，清代密度最高。进入20世纪50年代后，由于当时的政治环境等多种原因，族谱续修基本停止。个别姓在20世纪60年代进行续修，但在“文化大革命”期间，在破“四旧”运动的冲击下，许多老族谱被当作“四旧”遭到批判并焚烧。20世纪70年代后期，随着中国改革开放的推进，宗族活动逐渐活跃起来，续修族谱工作也开始有所恢复。20世纪90年代便出现续修族谱高潮，凡是有老谱留存的家族，基本都进行了续修。

安远封氏于明朝末年迁居安远郑坊桥，至今繁衍11代，家族人口达200余人。虽然封氏世居宁化时间不长，人口数量相对不多，但自清代开始修谱，至1995年已是第八修。

宁化张氏，始祖张君政第6世张嵩于唐广明元年（880）迁居宁化石壁田尾坑（今淮土田背）。后多支张氏迁居宁化，繁衍茂盛，成为宁化人口最多的姓氏。全县有42个支系建有祠堂，始修族谱时间最早的是江口（淮土乡）一族，于北宋嘉祐八年（1063）首修。

宁化张氏各支系修谱情况是：4修1支、7修1支、8修3支、9修5支、10修10支、11修4支、13修9支、14修9支。10修以上共32支占76%。石壁村下市张茂甫公祠共修13次，具体时间是：1377年、1452年、1613年、1705年、1742年、1798年、1825年、1850年、1870年、1914年、1937年、1989年、1995年。密度最高时期是清道光五年（1825）至民国26年（1937），112年间，修谱5次，平均22.5年。其13修（1989）至14修（1995）只隔6年，是宁化民间习惯所致，宁化民间习惯是宗祠发生大的灾难，如火灾、水灾或其他重大事故，重修祠堂后，必须再次修谱。

宁化九塘寨廖氏于明隆庆二年（1568）开始修谱，迄今11修，分别是：1616年、1646年、1707年、1768年、1802年、1833年、1873年、1909年、1941年、1992年，清顺治三年（1646）至宣统元年（1909），续修7次，平均37年一次。水茜乡老屋下雷氏族谱达18修，井背周氏族谱22修、张坊管氏族谱达23修，管氏是中原入迁宁化最早（东汉）的姓，也是修谱次数最多的姓。

2. 留下丰富的史料

传统族谱内容包括：谱名、谱序、凡例、图像、谱论、恩荣录、姓氏渊源、世系族规族法、祠堂、族产、字辈、传记、五服图、坟墓、地方掌故、寺庙记、地理风水等。宁化族谱，以上内容大体都有。“世系”是族谱的中心内容，序、渊源、族规族法、字辈、传记、族产、坟墓、祠堂等内容一般都有。

新续修的族谱基本只保留谱名、序、凡例、图像（特别是用铅排之后）、世系、祠堂、坟墓、字辈、传记等内容，把旧宗法内容删除，没有族产了，所以也不用再记。而重大改革的一项是关于女儿上谱的问题，传统的族规是女儿不上谱，实行计划生育后，强调“男女都一样”“女儿也是继承人”，因此，不少宗族修谱时，规定女儿也上谱，从族规上体现男女平等，打破了几千年的陈规。但是上谱采取自愿原则，由于上谱者都要交钱，有的家庭经济比较困难的就不要求女儿上谱。

宁化族谱内容丰富齐全，除世系之外，主要体现在以下几方面：

如前面把经过宁化聚散的客家先民和客家人姓氏迁徙情况作了数字统计，那些统计数据印证了这样几种历史状况：

客家祖先，主要是中原汉人。客家先民大多在唐后期，大批迁入以宁化为中心的闽赣结合地区。唐（主要是唐后期）至南宋，迁入宁化的姓氏共181个，占客家姓氏总数一定比例测算下的83%。

中原汉人南迁，主要由战乱及灾荒引发。以218个姓氏统计，因战乱、饥荒、疾疫等原因迁徙的有116姓，占比约53.2%。

客家民系形成后的迁徙，即罗香林所说的第三次大迁徙，主要是以宁化为中心展开。直接从北方迁入客家大本营的情况并不多见。以 218 姓为统计对象，自南宋至明代，从宁化迁出的有 105 姓，占比约 48.2%；同一时期，迁入宁化的有 84 姓，占总数的 38.5%。

唐宋以来，中原汉人分批迁入宁化，与当地畲、瑶等古越系族群，因土地垦殖、赋税制度等问题产生矛盾。经过数百年的互动，双方通过契约划界（如联山约）、信仰共享（如定光佛崇拜）、经济互补（汉耕畲猎）等方式，形成了“你中有我”的客家文化共同体。这一过程并非汉人单向同化其他族群，也不是简单的族群融合，而是多元文化在山区生态环境中的适应性重构。

正是在这样的背景下，客家民系逐渐形成。在族谱中，有不少关于相互之间争地、争林事件的记载。畲族和汉族原本各有婚嫁规矩，汉族强调门当户对，注重门第；畲族族规则禁止与外族通婚。这些看似难以调和的矛盾，经过长期“杂处”，最终得到解决。畲、汉两个族群不仅实现了文化融合，还融合了血缘。

宁化城郊乡硅头《汝南蓝氏族谱》载：十七世万一，于宋度宗（1265—1274）时迁宁化石壁开基，娶妻怀土（今宁化淮土）赖氏，生三子：熙一郎、熙二郎、熙三郎。熙三郎字小安，娶王氏十七娘，又名云英，生三子：和一郎、和二郎、和三郎，和二郎娶妻宁化张坊张氏二娘，迁长汀平岭水口，生子大一郎，先娶武平桃里刘大二郎之女刘三娘，继娶汀州水东街曾万一郎之女曾氏……

宁化治平畲族乡案湖连氏 14 世，自南宋乾道五年（1169）迁入后，与族杂处，互相通婚。据上党郡《连氏族谱》记载，自 14 世至 37 世，该连氏与钟、蓝、雷、白等少数民族通婚者 98 人，连氏娶入 83 人，其中钟氏 30 人、雷氏 27 人、蓝氏 25 人、白氏 1 人。嫁出 15 人，其中嫁给钟氏 13 人、雷氏 1 人、蓝氏 1 人。住宁化其他地方的畲族人，也都有同汉族人通婚的记载。

兴宁《幸氏古今》中一篇《幸氏族谱序》记载：“云由福建汀州府宁化县石壁村而来，属自何朝何代，并无记录……偶有宁化友对余说渠乡往事，元末时，陈友定据福建，我太祖高皇帝遣信国公汤和往征之，友定贩走，潜其踪于石壁乡，有剿石壁说于是人民惊骇四散，奔窜焉。意我祖之来即在此地也。”序作者是清顺治十二年（1655）进士幸嗣昌，此记载与宁化历史及其他族谱记载一致。

宁化在元代外迁30余姓，使全县人口急剧下降。宁化在南宋宝祐（1253—1258）年间近20万人，万历元年（1573）下降为29199人。

宁化《北隔张氏房谱》记载："世瑶，字善伐，嘉靖丙寅（1566）生，崇祯末殁……既冠之后，性嗜山水，遍涉湖海，远历琉球、日本诸国、殊俗莫不敬恭其人。"说明在明代万历年间，宁化就有人前往琉球，日本等地。

族谱中记载各地的祠记、庙记、桥记、墓记、楼记等，都是一些很有价值的史料，从中可以研究一地的建筑史、信仰、土地权属等。在划定区域边界时，往往有许多争执，无所依据的情况下，便借助族谱的记载，予以调解。

3. 彰显客家人的文化理念

客家人素有敬祖穆宗之传统美德，宁化人亦然。从前面记述的宁化兴建宗祠、勤修族谱，便可印证。

宁化安远李氏由明代迁入定居，人口发展并不快，20世纪40年代末户数约30户，现在有60多户，200多人。据民国6年（1917）《陇西李氏八修族谱》记载祭产中，有田70顷，租谷981石有余，山13处、基地9处、堂屋6处、鱼塘9处，房屋3栋。可谓十分丰厚。

客家人素有崇文重教传统，"耕读传家"的理念，每姓族谱都有所体现。为了鼓励、支持族人读书，设学堂，置田产。宁化学租田也称作文武学租田，其租米为"抽与子孙入文武庠者平分，收为养廉以图上进之资"。（石壁上市《张氏族谱》10修）。

石壁上市、下市的《张氏族谱》记载了石壁村的汉帝庙、华光庙、富下庙、三圣庙的历史。

上市《清河郡张氏十修谱》的《汉帝庙记》写道："书云，圣王之制，祀也。法施于民则祀之，以劳定国则祀之，能御灾危则祀之，是非事于也不在祀典。昔我祖子房仕汉，不以力征，不自务功，经营天下归于一统，君敬臣忠，两相用意，故我张氏者，子房苗裔也。然乡人题资鼎建高祖庙，立君臣像于（宋）某淳之秋……"

下市《张氏十三修族谱》的《富下庙记》写道：富下庙者，元至正间（1341—1368），中祀刘沛公、楚项羽二神焉。尝谓刘项二君争雄半世，骚沸中原，其先虽有兄弟之盟，并受怀王之约，先入咸阳者王之。其后沛公入关，项羽背盟，擅自称制，沛公降心以下之，受封褒中。沛公入褒，生聚训练，与羽决战，用子房谋，淮阴之策，逼项羽之于乌江。则项羽之于沛公，所谓积怨深怒，死不瞑目者矣。夫幽明一理也生有杀身之仇，乃合祀之于一处，吾不知冥冥之中当何如之，角胜而不平也虽然不具论有其诚，斯有其神，则斯庙之所祀，谓是刘项二君可也，即不必谓刘项二君，亦无不可也。文龙谨识。

这两篇庙记，记载了为了建庙祀神，如何把刘、项二君同供一庙，反映了客家人在饱尝战乱流离之苦，而对以和为贵、和平安定的渴望。二谱所记载的庙记中，汉帝庙、富下庙均供祀同刘氏有关的神像，前二庙都祀汉高帝刘邦，而华光庙一般供奉华光大帝，反映了石壁人的一种理念或心态。

4. 垂范道德伦理

宁化延祥村清光绪三年（1877）《官木公房谱》记载的族规：

国课早输

尺土寸地皆君之赐，急公奉上乃民之义，况沐天家之福，而衣租食税敢不早输国课乎？倘有因仍陋习，早不应期完纳，而待追呼再三或至贻累族人，务必集众拿获送官重处外，决不许饮福。

忤逆犯上

身由亲而出，行以孝为大，故子于父母，自当下气怡声，曲尽色眷，倘仅酒食有供，厉声诟谇或且救水不顾，恣意呛哮，大灭无伦，宜逐裔务必送官重处，永不许饮福，若弟侄辈敢于尊长之前肆侮呈凶，则处以族法，苟或不遵，定然签呈究治。

奸淫

淫为十恶之首，律例森严，而在本族尤甚，倘有上下蒸淫，灭纲常，绝伦纪等人，道于禽兽，送官究治外，仍处以族法吊谱除名，永不许饮福，以为千秋炯鉴，而养奸者亦照此例。

盗葬祖坟

祖宗坟墓祖宗之魄所依，若谋风水之胜，阴行盗葬，以为有份儿孙经发觉而

无妨，则一人作俑人人效尤，将祖墓无殊千人家矣，速即押令起迁，除拜祖谢土外，永不许饮福。

掘冢侵占

掘人尸骸，其罪莫大。律云："见棺者绞，见尸者斩"。我族当其凛之，或有凌懦弱之祖墓，欺无嗣之孤坟，掘冢篡葬，定行首官治罪，至于籍现在有坟越界址、斩龙脉，押令起迁原穴外，仍罚钱二千文，停止十年不许饮福。

盗卖

祖宗尝产，春秋祀典所关，或因贫娶、或持横强将产盗卖，不顾血食斩绝，追还原业外罚钱二仟，停止十年不许饮福，而本族受业者亦照此例。

酗酒雀角

酒以养性，亦易以乱性，庙中饮福尤宜节制，今限每席饮酒五壶，永为定例。如违规酗酒猖狂、雀角，几成大衅者罚钱一千二佰，停止六年不许饮福。

隐匿

经管蒸尝务必矢公矢慎，如已收租税，饰为未收未销，公项糊为已销，追回原项外罚钱八百，停止四年不许饮福。

潜越

宗庙之礼，所以序昭穆也，派方有尊卑，同派有长幼，断不容于潜差无知，而越者罚钱二百，停止一年不许饮福，若有识者则加倍焉。

肃衣冠

祭祀以敬为主，务宜肃衣冠，齐肃洞洞属属，俨如祖宗之在上焉。

秃头露足，何以为敬，时当对越勿遵是规，不许登席饮福。

肃清祠宇

祠宇为祖灵所栖，尚乎清洁，倘将污秽之物堆积充盈，祖灵其何安也？犯者罚钱四百。

无嗣牌祀

无嗣之伦，皆祖宗之子孙也，前代伯叔既推爱祖敬宗之意，而俾以附食矣。近代有欲立继而苦无旁支者，有能继立业而不愿立继者，将产助入祠中，议定设牌奉祀，永享血食，不仅附食于祖，所以慰无嗣之灵也。

盗伐荫木

培植荫木，盖以接龙脉也，故乡龙、水口各处坟墓暨各岭树，祖宗皆为耸蓄，至今宝之，而不忍伐，凡有盗砍一杆者，罚钱一千。不遵，则呈官以盗究治。

窝匪诱盗

处以接人，胥以正大为主，立身不轨，窝藏逃亡匪类者，与夫透诱外贼，而瓜分其盗物者，鸣官究处并诸远方，永不许回乡居住，非徙不许饮福已也。

夜行

夜行有禁，久已着为律例，当亦吾族之所共知也，况居在乡中，出作入息，自有常候，不甚紧急，夜间行游，非奸即盗，犯者以盗呈究。

赌博

士农工商，各有正业，习于赌博，不惟正业废，而家业亦以立亡洵非浅也！自后互相查察，一见有此，鸣众将族法重处不贷。

妇道不率

妇处闺门，孝翁姑，顺夫子足不逾阃，内言不出方为尽道，而要为夫者，身范端也，倘内不克孝，而际迎神、建醮会戏之时，出而观赏，与男人僧道杂处，或夫与人商事接语妄谈，甚至夫有口角细故，抛头露面散发秽言，丧廉耻，以起大衅，此皆大伤风俗者也。犯此者惟夫是问，罚钱八百，停止四年不许饮福，并录其名与犯条于祠中以示戒。

薪积要途

薪以饮食日用所需，但乡中道路逼窄，充积要途岂第艰于行走抑且火烛是患急宜预防，因仍前辙贮于空闲之地者，罚钱四百。

该族规共 18 条，其中有积极的，也有消极的；有体现传统美德的，也有封建正统的，但总的是体现中华传统宗族文化和儒教道德伦理。如“国课早输”“奸淫”“酗酒雀角”“窝匪诱盗”“赌博”“薪积要途”等条款，应是积极的，体现了中国的传统美德，也符合国家的法律精神。而无论是积极的还是消极的都体现了当时的宗族文化和人们的道德伦理观念，对研究历史文化是很有价值的。

5. 祖训

我们通常说的祖训包括了族规、族训、家规、家训。族规、族训，通常是在修谱时制定的，每届续修谱时，做些修改或完善。它是一个宗族的长老们和各层次的代表集体研究、通过，或开全族大会通过，家规家训，一般都是家族的贤者、老者，有权威的家族长辈制订，如《朱子家训》，是明末清初的朱柏庐所写。《朱子家训》，后来不仅是朱姓宗族的道德规范，同时也受国人尊崇和垂范，成为有名的古训。祖训是垂范族人道德行为的规章，它在族中、家中起到伦理道德的教育和约束作用；在家族内部起到一定的规范和引导作用；同时起到维护宗法制的作用。

祖训，几乎每个宗族都有，它明文记载在族谱、家乘之中，其内容包含方方面面。在此略举几则：

太原王氏族规（宁化）：禁抗粮以免追呼、禁忤逆以重孝弟、禁奸淫以正伦常、禁盗窃以安善良、禁优伶以敦品行、禁差役以征民蠹、禁吞灭以存祀产、禁赌博以务正业、禁侵占以保坟菜、禁欺骗以扶良弱。

郑氏族谱家规（宁化郑坊）：国课宜早输、敦睦之宜尚、儒风之宜讲、学田之宜役、师礼之宜降、勤俭之宜务、祀田所以供祭祀之费丰薄多寡弗论。

从上例族规、家训的内容看，大致相仿，归纳起来，核心的文化精神主要是敬祖睦宗、爱国守法、崇儒重教、崇尚仁义、惩恶扬善几个方面，当然也有婚姻、子嗣等一些内容，但不是核心内容，有的还带有封建礼教意识，在此不做一一解读。

下面简要分析上述五个方面的文化精神的渊源。

（1）敬祖睦宗

慎终追远、敬祖睦宗的理念，在祖训里体现得极为显著，无论是族规、族训，还是家规、家训，皆涵盖这一内容。诸如敦宗睦族、敦睦宜尚、子道宜尽、悌道宜教、宗族宜睦、崇祀庙、时祭祀、友兄弟、睦宗族、敦孝悌、睦宗党、敦大伦、作先德、守祖业、隆祀典、遵家训、孝父母等表述，屡见不鲜。《左传》有言：“国之大事，惟祀与戎。”《论语》亦云：“慎终追远，民德归厚矣。”自西周宗法制度确立后，慎终追远的意识便逐渐萌生，并绵延传承数千年之久。客家人因战乱、天灾等因素，历经千年颠沛流离，饱受背井离乡之苦，念祖思乡之情愈发浓烈。一旦觅得定居之所，这种情怀便迅速转化为实际行动，他们纷纷建造家庙、编纂族谱，以此缅怀先祖，凝聚宗族力量。在宁化地区，这一现象尤为突出。客家人往往在立足未稳之时，便迫不及待地着手建立祠堂、编修族谱，足见敬祖睦宗观念之根深蒂固。

（2）爱国守法

家国一统的观念，早在春秋之前便已萌芽。孔子所整理的《春秋》开篇即称："隐公元年，春，王正月。"意即鲁隐公元年的春天，便是周王所定的正月。

汀州第一进士（唐大中）
宁化伍正己

多才多艺的北宋进士
郑文宝

明洪武状元
张显宗

历史学家（明末清初）
李世熊

扬州八怪黄慎

书法家名吏
伊秉绶

清代理学家雷鋐

《公羊传》阐释道："何言乎'王正月'？大一统也。"唐代徐彦注疏："王者受命，制正月以统天下，令万物无不一一皆奉之以为始，故言大一统也。"《汉书·王吉传》亦提及："《春秋》所以大一统者，六合同风，九州共贯也。"由此可见，大一统、爱国守法的正统观念源远流长。在族规家训之中，此类观念体现得淋漓尽致，例如国课早输、守国法、敦大伦、禁抗粮以免追呼、惩匪类、斥胥役、除贼盗、禁冲衙役等内容屡见不鲜。这些条款借助正统道德观念，规范着族人的行为举止。在宁化的历史进程中，先贤者与民间百姓均积极践行这一理念。

（3）崇文重教

《易·系辞下》载："物相杂，故曰文。"《易·贲》彖辞曰："刚柔交错，天文也；文明以止，人文也。观乎天文，以察时变；观乎人文，以化成天下。"《论语》中亦有诸多关于学习的论述，如"行有余力，则以学文""君子不重则不威，学则不固""君子食无求饱，居无求安，敏于事而慎于言，就有道而正焉，可谓好学也已"。儒家所倡导的"仕而优则学，学而优则仕"思想，深深扎根于中国人的观念之中，历经数千年而不衰。宁化百姓亦深受其影响，耕读传家成为每个宗族、每个家庭秉持的核心价值观，从古至今，始终如一。在族规家训里，不乏此类表述，诸如儒风之宜振、学田之宜役、师礼之宜隆、勤学习、重师传、务耕读等。在民间谚语与祠堂楹联中，同样随处可见对崇文重教的推崇，例如"养子不读，不如养头猪""国有圣人齐拥戴，家无学子早栽培"等。宁化的客家祖先深受儒教熏陶，南迁之时，将儒家思想一并携带而来。因此，他们一旦定居，便即刻开启教育事业。"宁化于天圣始有学"，但实际上，在"有学"之前，教育活动已然存在。宁化安远村，"李氏开基第二代大俊就在香火业门首鱼池外建了学堂"。唐大中十年，宁化人伍正已进士及第，成为汀州府首位进士。伍氏家族乃是其父亲普德在唐长庆年间迁至宁化，仅仅三十年之后，便培养出进士，这一优良学风，无疑是从中原传承而来。宋代，宁化共有 29 名进士，数量位居汀州府之首，在赣粤的客家大本营中，仅次于建县早数百年的赣县和宁都。这些进士的家族，大多于唐末至北宋时期迁入宁化定居。这充分彰显出宁化崇文重教、耕读传家的意识极为强烈，且这一传统一直延续至今。正因如此，宁化名人辈出，如宋代的郑文宝、明代洪武状元张显宗、明末清初文史学家李世熊、清代的理学家雷鋐、“扬州八怪”之一的黄慎、名宦兼书法大家伊秉绶等。历史上，宋、清时期，宁化凭借其深厚的文化底蕴与众多的杰出人才，被誉为汀州的人文秀区。直至今日，宁化的教育质量在三明市9个县（市）中，依旧名列前茅，稳居前二。

（4）崇尚仁义

仁义观在孔子之前，便已成为华夏民族至关重要的道德范畴。随后，《论语》《孟子》等经典著作对其进行了更为明确的阐述。在族规家训中，崇尚仁义的理念体现得十分突出，如尊年高、重身家、遵家训、教子孙、和乡邻、立家规、敦崇礼让、扶持孤寡、族（助）善良、恤孤弱、禁欺骗以扶良弱等内容，皆为仁义观的具体呈现。自隋唐以降，宁化人民始终践行着仁义之道，历朝历代皆涌现出诸多仁义之士。清《宁化县志》、民国《宁化县志》所载《忠义传》中，记录了15位忠义人物；《孝友传》中，则记载了56位孝友人物，他们的事迹充分彰显了宁化人民对仁义的坚守与传承。

（5）惩恶扬善

在族规、家训中，几乎都包含着惩恶扬善的相关内容。诸如除强恶、戒赌博、禁入匪类、剪奸淫、惩赌博、惩淫盗、禁奸淫以正伦常、禁盗窃以安善良、禁赌博以务正业、禁欺骗以扶良弱、惩匪类等条款，不胜枚举。惩恶扬善，向来是治国安邦、平定天下的重要法则。中国自夏代起，便已开始制定法律。《孟子·离娄章句上》提道：“天下有道，小德役大德，小贤役大贤；天下无道，小役大，弱役强。斯二者天也。顺天者存，逆天者亡。”一个无道的社会必然陷入混乱，因此，无论是宗族还是家族，都极为重视社会的安宁与稳定，对无道者以及匪盗、不法分子深恶痛绝。正因如此，几乎所有的族规家训都设有惩恶扬善的条款，并且从古至今，始终得到切实的践行。例如，《范阳邹氏族谱》族规“惩匪类”条规定，凡族中子嗣，若有醉酒闹事、打架斗殴、赌博、盗窃、蔑视宗法等行为，情节较轻者，由房族长在祠堂中进行惩治；情节严重者，则送交官府追究处置，绝不徇私宽恕。《影树坑王氏族谱》中“禁匪类”条规定，倘若族人中有作恶多端、不孝不悌、犯上作乱、奸淫盗窃、十恶不赦之人，父兄可向祠堂投状，若亲房伯叔指证属实，经族众商议明确后，罪行严重者可报官将其处死；罪行较轻不至死者，则逐出境外，永不许回归故土。此外，对于那些赌博游手好闲、不务正业、行为秽乱人口之人，因其行为有辱祖先，众人可对其进行责罚，若屡教不改，则合族将其摈斥，永远革除其族籍，不许其进入祠堂。在民间，路见不平、拔刀相助的见义勇为者大有人在。当然，对于社会恶习的整治，主要还是依靠政府的法治力量，以维护社会的公平正义与和谐稳定。

族规、家训所涉及的内容广泛而丰富，以上所列举的五个方面，或许存在一定的局限性，还望各位方家不吝赐教。

宁化祖训高度浓缩了忠孝节义、家国情怀、居仁由义、勤奋自强、疾恶扬善等诸多方面的精神内涵。它是祖先们传承古代文化精神内核，历经生活的磨砺、社会的认知以及人生的感悟，凝练而成的言简意赅的条款，堪称中华祖训的一个生动缩影。宁化祖训承接商周时期的文化精神，虽历经时代的变迁，部分条款有所变通与修改，但其基本的文化精神得以一脉相承，核心价值观始终保持不变。其蕴含的核心文化精神与当代社会主义核心价值观高度契合。我们深入研究宁化祖训，旨在弘扬优良传统，培养人们对社会主义核心价值观的践行意识，凝聚民族精神力量，为实现中华民族伟大复兴而共同奋斗。

六、民居文化

1999 年秋，位于三明市三元区岩前镇的万寿岩遗址发现旧石器文化遗址，人们看到二十万年前人类居住的遗址，尤其是发现人类先祖已能利用挖掘沟槽排水并利用石块铺地隔湿，在感到十分惊讶的同时，也无不赞叹人类的智慧和聪明，懂得居住的重要性和舒适感。晚期智人尚且如此，而唐后南迁的客家先民，历经万里迢迢迁徙南下，最终在石壁驻足安家。在这片富饶的土地上他们展现了一幅由简陋到安适，由草寮到木屋，由土屋到封火屋，由城堡到土堡、独特的跑马楼的民居演变史。石壁客家的民居演变，反映着由南迁汉人（客家先民）到客家人（客家民系）的历史，标志着闽西北地区的逐步开发、科技的进步和社会生产力的稳步提高。

伴随着客家民居的演变，建房习俗亦代代相传，形成了独具特色的石壁民居文化。

（一）民居种类

石壁的民居建筑形式，经历了从茅寮、草棚到土墙屋，再到砖木结构的封火屋过程，现常见的民居主要有土墙屋、椿凿屋、封火屋。

古民居

土墙屋。以土作墙的土木架构民宅称土墙屋。石壁一带建造土墙屋，其筑墙办法有二，一是预制泥砖，也称“土砖墙”，制法为以黏土加人稻草段，浇水踩烂，使之黏糊，再用木模方框（一般尺寸为 1.2×0.6×0.4 尺）印压成块，晒干即可待用。建筑时以砖长为墙厚，侧卧状成排叠垒，通常在上下层之间加些黏土泥浆，就可垒起二至三层楼高。二是夯土筑，又称“舂墙”，用长约五尺、宽约尺许的厚木板做夹板，一端与长约 1.2 尺的木板连接制成“墙枷”，当毛石墙基垒好后，即可将墙枷架上，经填充黏而不糊干湿合宜的黄土，用杵分层夯实，中埋“墙绷”（竹片枝条）增强其拉力，填满后退出再舂一“枷”，使其首尾相接，连成一体，之后一道又一道，夯迭而上，层层加高，直至设计高度为止。

采用生土板筑和木构架而成的土墙屋大多为两层高，有所谓的“上不过七下不过八”之说，即上层不宜超过七尺，下层不超过八尺高。

椿凿屋。石壁一带，还有以木材为主、因地制宜的木结构楼房。在崎岖不平的山林或丘陵地区，人们采用立柱支架的方式建造房屋。施工时，在立柱上精确凿孔，通过调整榫卯穿插的位置，使构建达到水平基准，再架梁铺板作为地面，进而搭建起木屋。石壁当地林木资源丰富，为这种木结构建筑提供了充足的原材料，让当地居民能够依据山区地势，灵活布局建造房屋，这些房屋宛如空中楼阁。不过，此种木结构建筑最大的缺点是“畏火”。

古村落

封火屋。这一建筑方式的产生源于防火，为砖木结构，屋左右两侧采用青砖砌成，其墙体高出瓦面约三尺，分成若干段阶梯。所谓“砖墙”，并非实砖体，而是砖砌墙面。其砌法有两种，一种是砌“斗方砖”即一道平砖一道侧立砖，平砖伸入墙体，侧立砖面朝外，首尾相间，构成墙面；一种是砌“骑缝砖”，砖块纵向错缝，一块砖面朝外，一块伸入墙体，上下前后的砖缝交错，其横截面组成首尾相间的“T”字形花格。内空均以砂石填充。

客家先民落脚时建筑简易的茅寮、窝棚，为的是遮风挡雨，有一个落脚的地方，石壁地区历史上的“三十六窝，七十二寮”就是当时的真实写照。客家先民初到石壁时，住宅多是仿土著民竹木结构的“干栏式”建筑。后来，原分散在偏远野岭的住民，为防盗寇扰害及土著的排外，由分散居住而改为聚族而居，便在开阔地区仿照中原时代的小型宫室建造住屋，便进入了土墙屋时代。其基本格局为，以正厅为主体，两厢对称并加“马槽”“横屋”，屋前门楼围墙分内外，前有“门口塘”池塘，内有庭院；后有“后垅树”，此格局即为殿堂式建筑。若是大家族居住，有的建起正厅，分前、中、后三厅，通常厅堂建筑只建一层，却高过二层，是家族奉祀祖宗及庆典活动场所。

（二）石壁客家的栖居观

从最简易的茅寮到宏伟的土楼的发展过程也是客家民系孕育、形成、成熟和发展的过程。由此形成的石壁栖居观是客家文化的重要部分。石壁客家的栖居观可以用实用性、安全性、封闭性和宜居性来概括。

1. 实用性

隋唐之前，石壁地区是林茂人稀之处，客家先民充分利用了取之不尽的地域资源，如搭盖茅棚的杉木、茅草及杉树皮等搭建茅寮。随着土地开垦、生产的发展，土墙屋逐步取代了茅寮。然而，客家讲究实用的品性依然如初，其建造的住宅仍然以“粗”“牢”为特点。大部分的土墙屋墙壁不事粉刷，夯土或泥砖筑墙方法外在可见。清代和民国时期，不少是内墙白灰粉刷外墙也加粉刷。门窗也不太讲究，只是稍加刨斧。封火屋的砖墙，中间用黏土填充，以节约石砖。内板墙分为两节，下节用板墙代替砖墙，上节用竹编加粉刷，简易如此，体现着石壁客家人的精打细算和勤俭持家本色。

2. 安全性

隋朝末年，土堡开始在宁化出现。清康熙《宁化县志·建邑志》载：“隋大业之季……其时土寇蜂举，黄连人巫罗俊者，年少负殊勇，就峒筑堡卫众，寇不敢犯，远近争附之。”而土楼同样在宁化留下了丰富的历史印记，如宋代开基的湖村镇黄山寮村，历史上曾先后建有七座土楼。其他如安远的芒东桥土楼、安乐的罗坊土堡、泉上镇的泉上土堡等，多达50多座。随着土楼的出现，很多村以土楼为村名的中心词，如土楼上、土楼下、土楼背、里土楼、外土楼等。土楼的特点之一是易守难攻，属于防御性建筑。如一、二层均不设朝外的窗子，二层以上的窗子既是通风之用，亦是枪眼。大门或便门多采用石条或大石块垒砌，门板为厚木板，有的还包铁皮，并且门顶还设有注水孔，以防止火攻。土楼的四周没有突出的碉楼，使土楼不存在射击死角。这些防御设施令进犯者望而却步。

古土堡

3. 封闭性

“四扇三柱”作为基本单元的石壁民居，无论是殿堂式、围龙屋、五凤楼，还是土楼、走马楼，其封闭式的特点都十分显著。这些民居对内为开放式，对外则是封闭式。举“上厅下廊式”为例：以中轴线为准，正中间为正厅，左右为厢房厅前有天井，天井两侧为回廊。天井正前为下廊，下廊正中为大门。若在正厅后面再加一进，则正厅后为天井，天井后为后厅，两侧连有横屋。进一步扩大规模时，先建造一排横屋，横屋与正屋之间形成“马槽”，正厅与回廊相接处各设小门，通过小门可进入“马槽”，整体构成“回”字形格局。加上屋前的空坪或池塘，屋后的弧形楼或围墙。从总体上可以看出这种客家民居对内具有完善的生活起居功能，互相连通，呈开放式。对外只设大门或门楼，具有相当的封闭性。

4. 宜居性

从“殿堂式”民居基础上发展而来的围龙屋，堪称居住舒适的建筑典范。如石壁石坑里历史上的大夫第“浣花庄”围龙屋，俗称“九井十三厅”，其生活习俗文化意识及建筑技能等在其《罗氏族谱》“浣花庄小记”里有叙述，从中可见这种“豪宅”的舒适性：

考罗氏家乘，迁禾始祖伯达公，名维福，其先祖世居宁化罗家衙……咸丰初乃挈家西迁。其长子祖菊公原聘溪南伍姓世家女，有姻亲之谊，得玉树之倚，此溪南罗姓之由来也……祖菊公号寒清，字羹梅，自幼聪颖好学，习父业儒，后因家道日落，虽清贫自守，然屡遭乡里轻薄儿訾量讥诮，因看破世态寒凉，人情如纸，乃愤而弃儒就贾，凭公之才，千致屡获重利，渐至富甲一方，即于溪南钟灵毓秀处辟地十亩，鸠工选材，择吉营建，精筑“大夫第”别墅，命名“浣花庄”，庄房布局精明而宽敞，全庄砖木结构，坚实壮观。又请能工巧匠，雕梁画栋，牌楼上飞檐争奇，庭院间花窗斗胜，碧瓦盖顶，卵石铺路，堂皇富丽，别出心裁。全庄计设九井十三厅，均各具特色。正厅“修齐堂”、板壁辉煌、方砖铺地、祀历代神主，厅前牌楼书“浣花庄”，侧有合抱老桂一株，每逢仲秋时节，阵阵馨香随风远飏，一方咸赞；厅后书“绿竹居”，盖墙外后山翠竹成林，与香樟碧梧，青松乌柏交相掩映。东厅“慕蠡所”、西厅“揽花山房”为读书养气之斋，另有

“六一楼”“花月洞天”“月窟”等，俱精致华丽，雅而不俗……牌楼外之游坪，花窗围墙圈地数亩，中为半月形鱼池、木桥曲槛通焉，旁滥举人桅，坪中广植花木，四季姹紫嫣红，芬芳扑鼻，置身其间，顿可使人心旷神怡、宠辱偕忘，真如世外桃源，别有天地。坪两侧为罗姓家塾，书声朗朗，英才辈出，门楼上书“大夫第”，两侧联云：“喜有一庐堪寄足，凭他五斗不折腰”……

（本节内容引自廖开顺《石壁客家论述》中刘晓迎所撰第八章，有删改。）

七、饮食文化

石壁地区客家的饮食文化，既有中原文化的遗风，又融入了本土饮食文化特色，形成南北兼容、多元化的饮食体系。这种特色的形成，是中原饮食习俗与当地土著文化，主要是畲、瑶等少数民族文化相互交融的结果。在客家饮食文化中，仍保留着诸多中原饮食的印记。例如烧卖、大卷、韭菜包等美食，其夹馅、包馅的制作方法原本是北方中原人的习俗，在南方地区较为少见。辞书记载“烧卖”以烫面皮包馅，由于江南地区小麦种植较少，客家先人因地制宜，将熟芋捣烂成泥拌薯粉制作烧卖皮，形成了独特的风味；“韭菜包子”则是仿照北方水饺的制作工艺，将籼米磨浆熬成糊状，冷却后搓成粉团，捏皮包馅蒸熟；“大卷”的原料与烧卖类似，只是将芋子换成豆腐。这些美食充分体现了客家先民在传承中原面食制作工艺的基础上，结合当地物产进行的创新与改良。同时，客家饮食也吸纳了当地的食材与烹饪特色，形成了独具一格的石壁饮食习俗。例如田鼠干、腊狐狸等，反映了客家人在特定自然环境和生活条件下，对食材的利用和加工；鱼生在南方部分地区有食用传统，也在客家饮食中有所体现。这些菜品的出现，是客家先民与当地居民长期生活交流、相互借鉴的成果，展现了客家饮食文化兼收并蓄的特点。客家饮食文化注重食材的天然与质朴，烹饪方式丰富多样，讲究原汁原味和营养均衡。无论是菜肴的制作，还是饮食礼仪，都蕴含着客家人对生活的热爱和对传统文化的传承，体现了客家文化独特的魅力与深厚内涵。

（一）主食与各式制品

石壁客家以稻作为主，所以饮食以稻米为主食，番薯为辅，及部分的小麦等。

1. 主食

大米饭　农村习惯是捞饭，又称笊饭。工具有饭甑、笊篱。制作方法：首先将洗净淘好的大米放入锅里煮，半熟时用笊篱捞起，倒入饭甑，再隔水蒸，当水蒸气在饭甑盖下沿形水珠往下掉时，说明饭已蒸熟。民间这种煮饭的方法既普通又一举多得，如不把半熟的饭捞干净，留少量即成稀粥，在烧稀粥时可根据季节加入姜末、小葱等佐料，可以解风寒；有的人家在煮粥前将饭汤舀起一些，放入青菜煮成菜汤，成为家常菜中的辅助汤饮。通常，煮熟的饭，可供一天三餐食用，饭汤亦是如此，冬天冷了蒸热再吃。

炻饭包　又称草包饭、席袋饭，也叫“洒饭”。工具是席草编成的袋状饭包，又称“饭串子”。制作方法十分简单：将米淘洗干净，放入袋用细绳扎紧，置入锅中，加水过面即可添火，煮至将“饭串子”提起即干不掉水滴时，说明已可食用了。这种煮法，米饭熟软喷香，口感极好有风味，最主要的是便于出门时携带，或打柴，或出远门，既携带方便又随时可吃，还能根据个人饭量大小定量，有的商家如客栈常用“饭串子”给旅客以定量。

焖饭　是一种传统烹饪美食，其制作方法相对简便。先将大米淘洗干净，放入锅中，加入适量清水，以大火煮沸后转小火，烧至饭粒将水分吸干，再利用余热将饭焖熟。在实际生活中，焖饭常作为应急或加餐之选。当家中所备米饭不足时，焖饭可快速解决用餐问题；也有人为改善口味，在焖饭时将五花肉、鸡肉等肉类切成小块，佐以大蒜、姜丝，淋上茶油，加入适量食盐，与大米一同翻炒后加水焖煮。待焖饭熟透，揭开锅盖，香气四溢，令人食欲大增。

2. 米制副食品

大米除作主食外，还可通过不同的加工方法，做成粉干或碾成米粉制作成各类糕点，如糖糕、胖糕、香糕、七层糕、印盏糕、米冻、花朝丸、郎菇果、苎叶果、大禾粿、粉头粿、糍粑等。

粉干　平时不作为主食，逢年过节或有客人到来才煮。

糖糕　也叫年糕。以糯米为主料，宁化除过年外还用作礼物。如寿庆、新房上梁和乔迁、妇女入佛界（接珠）等庆典，至亲如出嫁的女儿亲家等都要送糖糕。寓意“年年高”以祝贺。还可敬神。

糍粑　以粳米作料。如宁化过“糍粑节”是在农历十月十五时值秋收之后，男女老少都高高兴兴的，一家打糍粑，给亲戚邻居分享，一片欢乐。糍粑的制法是：取上等糯米，浸泡之后，置饭甑里蒸熟，兜头倒进一个巨大的石臼里。然后由几名壮汉上阵，一人为“舂手”，负责为“舂持”上水和茶油，二人为“舂持手”，各执丁字形大木槌。待糯饭放进石臼里，“舂持手”用杵槌将糯饭上下挤压，初步成团后便可开打，待饭粒打烂之后，做成如鸡蛋般大小的糍粑，蘸上炒米、花生、芝麻、黄糖等配制的佐料粉，吃起来柔韧鲜滑，香甜可口。农村有句俗话：“十月朝，糍粑粄子碌碌烧。”说的是每逢农历十月，家家户户做的糍粑热气腾腾。

黄粿　这是石壁一带的特色糕点之一，与糍粑相比，制作方法相同，只是用料有区别。首先是选黏性次于粳米（大禾米）；其次，预先准备好一种当地叫“粿杂”的野生灌木，连枝带叶烧成灰，将灰滤掉渣后取其水，浸大禾米成黄色。此后做法与糍粑相同，做成饼状，食用时再切片，加以佐料或咸、或甜、炒、煮均可。

3. 豆制副食品

传统的豆制品主要有豆腐、半脱水制品（豆腐干、千张）、油炸制品、卤制品（卤豆干、香豆干）、熏制品、酱类（豆豉油）、豆浆、豆奶及豆腐皮（腐竹）。

霉豆腐　是石壁民间必备的常年菜之一，每年冬至前后，家家户户要做霉豆腐，发霉长毛，放入装有辣椒粉、盐巴的大盘内滚动均匀，最后才装入陶坛内。讲究的人家，会在坛中加入不同的佐料，如萝卜干或芋头干，或加入客家酒娘和熟茶油，密封一段时间，待其充分发酵后，便可食用。

4. 薯制品

石壁客家民谣这样唱道：“火炉当棉袄，番薯当饭饱。”这里的番薯亦称甘薯、地瓜。从前，为弥补粮食作物的不足，于明万历年间传入中国，此后逐渐在包括宁化在内的地区引种。甘薯耐旱易种，具有含淀粉高、味甘甜等特点，乡民

喜欢将其蒸吃或生吃，丰收之后挖地窖贮藏长期备用，同时将其制作成番薯干、番薯片等加工品，是宁化客家人重要的辅助食粮。番薯干（片、皮、条），制作极为简单，方法有二：一是切片生晒，叫番薯片；二是切条或片，煮熟后再晒干，叫番薯干。此外，将番薯磨烂，澄出淀粉制成番薯粉皮或粉条，称番薯皮或粉条。

（二）传统菜肴与风味小吃

宁化客家人早期创业维艰，生活清贫，不贪口腹之欲，不讲花色菜谱，久而久之，饮食不求精，只讲实，即便喜庆宴席，也是重味轻形，以肉多吃饱为首要，所担心的则是怕客人吃不饱、喝不够，自己会脸上无光。

1. 传统菜肴

石壁客家饮食虽注重实用，但在重要喜宴及城镇宴席中，仍遵循传统菜谱规范，如“八大碗”“九长寿”“满堂红”“十样锦”“六合”等特色菜肴，风味别具一格。

客家小吃节

“八大碗” 盛行于宁化城关一带，菜品组合以鸡、面、燕、肉为主，后四道搭配时令蔬菜，最后以酸汤收尾散席。这些菜品真实反映了客家人的饮食特点，例如其中的鸡为“白斩鸡”，肉是“红烧肉”；喜宴时习惯用双碗面待客。而“燕”这道菜颇具特色，它以油爆干熟猪皮替代燕窝，与肉丝、笋丝、萝卜丝、菜茎丝、芹蒜等一同合炒，不仅名称雅致，口感更是鲜嫩脆甜，别有一番风味。

“八大四小” 是在“八大

碗”的基础上，额外增加四小碟菜品，丰富宴席层次。

“九长寿”与“满堂红”　这两款菜谱常见于客家乡村宴席。“九长寿”宴席包含鸡卷、鲍鱼、猪肚、酸爪肉、海参、鱿鱼、干贝、薯汤、全鸡等菜品，通常取九道寓意长久的菜肴组成宴席核心，体现对宾客福寿安康的美好祝愿；而“满堂红”宴席菜品更为丰盛，涵盖孔丝（可根据实际菜品补充准确名称，如“笋丝”等）、蹄子肉、全鱼、扣肉、猪肝、腰花、鸽子圆蛋、蛏干、酸汤等，一般以十九道菜为主，取“长长久久、红红火火”之意，通过丰富多样的菜品，营造热闹喜庆的宴席氛围。两款宴席各有特色，承载着客家人独特的饮食文化与情感寄托。

2. 风味小吃

粉皮　粉皮滑嫩可口、风味独特，当地俗称“上菜”。原料主要为淀粉，在宁化当地，多采用地瓜粉制作。用地瓜粉为原料制作的粉皮，色浅透明、薄如纸张，闻名遐迩。粉皮制作方法及所需工具十分简单，先将地瓜粉用水适度稀释，再取“粉皮盆”（薄铁皮制成，直径约一尺），用油涂抹均匀。将地瓜粉稀释液用小勺盛入粉皮盆中摇匀，放入沸水锅中略烫，随后沉入水中浸片刻。取出后，用竹笪晒干，至八九成干时，叠起压平，便可备食。

食用时，先将粉皮用热水泡软，掰成适口大小。入锅后，加入姜、葱、鸭血及内脏等佐料同煮。在当地举办宴席时，无论规格高低，粉皮都是常见菜品。

烧卖　辞书谓“烧卖”以烫面皮包馅。所谓“烧卖”，全国各地都有，但宁化的烧卖特别之处是其皮。将熟芋捣烂成泥加地瓜淀粉做成皮包成圆锥形。其馅是香菇、冬笋、肉、葱、萝卜等剁成的馅，蒸熟后淋上香油即可热食，皮薄不烂、馅味鲜美。

韭菜包　北方人用面粉包饺子，南来定居后，客家先民逐渐用米粉替代了面粉，先将大米磨浆，置于锅内熬成糊状，冷却后搓成粉团，取适量捏成薄皮，包入以韭菜为主、猪肉丁与香菇等混合而成的馅，形状如北方水饺，蒸熟出笼即可。

伊府面　相传是清代在扬州任知府的宁化人氏伊秉绶的厨师所制作的一道面食。宁化人在寿庆时会邀请亲朋好友前来祝贺，在正日前夜，亲朋好友便陆陆续续前往祝寿，这被叫做“吃寿面”。寿家必须用以面为主的菜肴款待客人。由于

客人数量往往较多，而且到达时间前后不一，难以统一安排就餐，所以厨师想了个办法，事先把面条煎熟，客人来了，便可随时把煎熟的面冲上高汤加上佐料，便可食用。如此用“流水席”的办法应对了陆续到来的客人。这种制作面的方法是一种创新，后被称为“伊府面”。伊府面的制作方法在面食制作上有一定独特性，其提前加工面条便于快速食用的理念在一定程度上有别于传统面食，在面食发展历史中有其独特地位。

（三）饮品

糯米酒　俗话说：“无酒不成席”，说的是民间的酬宾待友、喜庆佳节中少不了酒。入冬之后，农村家家户户都酿，为过年，也为平时之用，可以吃半年。

擂茶　顾名思义擂茶的重点在于“擂”。客家擂茶是在传统擂茶上，有很大的改进，它一改传统擂茶的制作方法和内容，特别是宁化擂茶更有其独特性。它不仅流传到广东客家地区，还传播到海外客家地区。宁化擂茶已作为一种客家饮食品牌，从家庭走进社会，成为饮食行业的一种品牌遍布城乡。

擂茶

宁化擂茶分为清茶和酽茶两种。清茶主要供自家饮用，制作简单，一般用于解渴或冲饭。过去穷人家在晚上缺粮时，会用擂茶充饥。制作清茶，主要将自制茶叶、油、盐、葱、蒜或一些青草药擂碎后冲水即可。酽茶以清茶配料为基础，额外加入猪小肠、瘦猪肉、豆类、花生、米粉、地瓜粉皮（条）等。酽茶多用于招待客人，自家也会煮来当饭“加餐”，有时还会根据不同病症，加入相应青草药，用以治病。

宁化人好客，一般男客喝酒，女客喝擂茶。一家有女客，会邀请邻居和好友一起喝茶，凡应邀的人都会带点东西，如油、米粉等。

宁化擂茶之所以特别，是吸纳了原住居民的传统。宁化当地的原住居民在无医无药的情形下，采集青草药做出的一种擂茶，既可当饮料又可治病，更可充饥，可谓是一种因地制宜的发明。这一饮品由于有其功效，而被客家先民所接受，并传承下来。

米茶　宁化还风行一种“米茶”。米茶历史久远，但制作简单，将大米、姜、茶叶等一起炒后，碾成粉状，加水煮成稀糊状，放入油、盐后以及配料，即可饮食。配料主要是香菇、冬笋、肉丝、炸豆腐、黄豆芽、葱、大蒜等掺入。米茶大多是在生、丧、婚嫁或病愈后，为向亲朋好友表示感谢而特意制作，用以招待亲朋好友表达感谢。

（四）特色食品

鱼生片　即“生鱼片”，其历史悠久，渊源可追溯到唐以前。制作鱼生片时颇为讲究：首先，对鱼有要求，需选择 1.5 公斤左右鲜活的草鱼，放在流动的溪河中圈养几日，使其吐尽污物。制作时，先敲晕鱼头，刮去鱼鳞，开膛去除内脏，取鱼两侧肉块，脱去鱼皮，剔除鱼骨，揩干血水，将鱼块切成薄如纸张的鱼生片，蘸上麻油、芥末与酱油后生吃。其口感鲜、嫩、脆。这道菜要求制作速度快，从处理活鱼到端上桌往往只需两三分钟；对厨师刀功要求高，切片须薄且均匀，同时要抹净血水。吃鱼生的习俗，是客家先民与当地土著民文化融合的产物，此习俗也传播到了广东客家地区。

蛇类　食蛇，亦是客家先民适应南方生存而别无选择的饮食习俗之一。蛇，作为山珍之一，具有滋阴解毒、活血泻火之效，其实用的药用价值是适应自然环境的选择，同时对蛇的敬畏也体现在对食蛇的加工制作方法上，反映出客家先人尊重原

住民信仰并相互磨合这一历史进程。食蛇制作时，大都小心谨慎，去头、剥皮，开膛取胆。胆大者，佐酒吞胆，据说可清热明目。随后去脏切段，洗净后置入锅中清煮即可。民间煮蛇，常在屋外，因蜈蚣喜欢蛇的香味，怕其吐入毒汁。

（本节内容引自廖开顺《石壁客家论述》中刘晓迎所撰第四章，有删改。）

附文：

客家民俗中的越、僮之风（摘录）

吴永章

客家人好食水产，举凡青蛙、泥鳅、鳝鱼、鳖、蛤、蚌、田螺、小螃蟹等水中之物，无所不食。此俗，与中原地区迥异。当系受越俗影响所致，因越人临海近水而居，故行此俗。早在晋代，张华《博物志》卷三，已对我国南北食俗的差异性做过精彩论述：东南之人食水产，西北之人食六畜。食水产者龟蛤螺蚌以为珍味，不觉其腥臊也。

东南地区是古代越人聚居区。又隋代杜台卿《玉烛宝典》也载：菹龟蒸，南方妨（好之误）食水族耳，非内地所行。

及唐，房千里《投荒杂录》岭南女工条载：岭南无问贫富之家，教女不以针缕织纺为功，但躬庖厨勤刀机而已。善醯醢菹鲊者，得为大好女矣。斯岂退裔之天性欤。故俚民争婚聘者，相与语曰："我女裁袍补袄，即灼然不会；若修治水蛇、黄鳝，则一条必胜一条矣。"

"俚民"，系指越人后裔。把岭南人善烹饪水产与善治水蛇、黄鳝作为评定"好女"的基本条件，虽属形象笔法，但却反映了岭南人好食水族的历史事实。岭南此风，源于越人古俗。

客家人南徙后，一改过去"非内地所行"之俗而从新居地之人"好食水族"。

蛇为"上肴"

客家人以蛇为珍品，不仅因其味美肉鲜，且传说可防生疮，有清热解毒之奇效。蛇的全身，无论是皮、肉、胆均可食用或上药。客俗食蛇法，以煲汤为盛。客家嗜食蛇肉，自宋而然。这从苏东坡的爱妾在客家聚居区惠州吃蛇肉而死的故事中，可以得到证实。据宋代朱彧《萍洲可谈》卷二载：广南人食蛇，市中鬻蛇羹。东坡妾朝云，随谪患州，遣老兵买食之，意谓海鲜，问其名及蛇也，哇之，

病数月竟死。当苏东坡之妾获知所食非海鲜而是蛇肉时，竟因此受惊吓而病死，可见岭南与内地食制差异之悬殊。中原人是素来不吃蛇的，并视其为可惊可异可怖之蛮荒殊俗。客家人食蛇肉是南来后从越俗的结果。越人嗜蛇，首载于《淮南子·精神》：越人得髯蛇，以为上肴，中国得而弃之无用。

东汉章帝时粤人议郎杨孚《南裔异物志》记述了髯蛇的形状习性及捕蛇时机：髯惟大蛇，既洪且长，采色驳荦，其文锦章。食豕吞鹿，腴成养创；宾享嘉宴，是豆是觞。

上述记载表明，至迟在汉代以前，越人已把髯蛇作为“宾享嘉宴”，即酒桌上的珍异上品。其后，由汉及清历代均有岭南人嗜蛇的众多记载。

结论是：南土有食蛇之习，尤以岭南为甚，南人嗜蛇，尤以越人及其后裔为甚。这样，客俗食蛇，其来龙去脉一目了然。

“甘犬”

客家人喜食狗肉。其主要表现有二：一是已形成夏至节日的食俗。如，道光《英德县志·舆地下·风俗》卷四载：夏至，磔狗御蛊毒，又谓之解疟毒。由于客家地区多行是俗，故有“夏至狗，无处走”之谚。此俗形成之因，当系在炎热天气降临之际，吃狗肉这种阳性食物，有增强体质和解毒防病之功用。一是吃狗肉已成了一种时尚，在客家县城街头，往往分布着星罗棋布的狗肉店，这简直成了一道特异风景线。

越人及其后裔甘犬之俗，首载于《魏书·僚传》：至于忿怒，父子不相避，唯手有兵刃者先杀之。若杀其父，走避，求得一狗以谢其母。母得狗谢，不复嫌恨……平常劫掠，卖取有讲究，其质其味则“入口冰融，至甘美矣”。作为一代粤人宗师部的屈大均，竟自至有点忘形宣称：北方人不知此味，“不足与之言也”。

广东人喜欢吃“鱼生”，广西人也毫不逊色。明代越族传人广西壮族土司即是例证。据明代徐宏祖《徐霞客游记·粤西游日记三》载：都结州主农氏命峒丁捕鱼，乃取巨鱼细切为脍，置大碗中，以葱及姜丝与盐、醋拌而食之，以为至味。不仅屈大均认为味“至甘美”，广西土司也“以为至味”，可见两广人同此嗜好。

一言以蔽之，两广人包括客家人吃“鱼生”之俗，乃是上古越人“不火食”即生吃的遗习留存。

“行虫走兽”为食

客家人的食物包罗万象，除上述犬、鼠、蛇、蛙、鳖、螺、蚌诸物外，部分客家地区还食用竹虫、土狗（虫）以及蜂蛹等。

此俗，源于岭南百越及其后裔喜食“异味”之俗。早期最富代表性的记载，当推宋人范成大与周去非。

据范成大《桂海虞衡志》载：僚人，以射生食动物为活，虫豸能蠕动者皆取食。

后世相类记载，均出此。又，宋人周去非《岭外代答》卷六，“异味”条，记述更为详尽：深广及溪洞人，不问鸟兽虫蛇，无不食之。其间异味有好有丑。山有鳖名蛰，竹有鼠名鼬，鸽鹳之足腊而煮之，鲟鱼之唇活而脔之，谓之鱼魂，此其至珍者也。至于遇蛇必捕，不问短长，遇鼠必执，不别小大。蝙蝠之可恶，蛤蚧之可畏，蝗虫之微生，取而燎食之。蜂房之毒，麻虫之秽，悉炒而食之。蝗虫之卵，天虾之翼悉鲊而食之。此与甘带嗜荐何异哉。

（原载《从地域族群与客家文化研究》）

八、民间信仰

客家先民在漫长的迁徙和演变中，客家先民对祖先习俗进行了艰难的固守，保留了大量的古中原的文化因子，但面对全新的生活环境，重新建构信仰体系是必然的趋势。石壁客家先民的信仰本为中原汉民所信奉的佛、道等为主体的宗教，但赣闽连结地带的石壁地区却具有浓厚的巫术色彩，石壁客家先民在与原住民的交往中吸收、融会了原住民宗教文化，丰富了自己的文化内涵，得以形成自己多元、丰富的民间信仰。

（一）石壁民间信仰的形成与特征

石壁客家民间信仰是一个相当复杂的多宗教兼容型的区域信仰，这种存在状态与当地特殊的地理位置和人群结构有着必然的联系。石壁是客家先民最重要的集聚地和播迁地，大多数的客家先民在这里定居并从这里迁往他处。石壁这种中心的位置成了客家文化的孕育地和文化的发源地之一，也是汉人与原住民信仰最早融合的地区，因此石壁客家民间信仰成为客家人复杂信仰系统的典型代表。

1. 对中原祖灵观念的固守

中原的汉民有传统的根深蒂固的观念，即“落叶归根”和“入土为安”，这种观念其实是对祖先的崇拜和信仰。客家人对祖先的崇敬感尤其突出，他们背井离乡，北归无望，只好背着祖先的骨骸到处漂泊。在返回故土无望的背景下，客家先民由对祖先的无限怀念，产生了对祖先的强烈崇拜感。客家人对祖先的功业感到骄傲，存在着光宗耀祖的潜意识，祖先成为他们心中最亲的神灵，在日常的行为中期待着得到祖先的护佑；同时，他们来到一个陌生的地方，需要通过一定手段来维系内部的团结，壮大族群的实力，所以利用宗族的血缘关系，把祖先作为力量内核和权威指向，精神支柱和行为动力成为他们必然的选择，祖先因而成为其崇拜的最重要的对象，祖先崇拜是客家民间信仰中极为主要的内容。

2. 对迁徙地原住民信仰的兼收并蓄

石壁客家人信仰构成复杂的重要原因，是客家先民的来源复杂，遍布整个大中原地区。迁徙时间长，路途遥远，在上千年，行万里之中，走走停停，受到沿途不同地区、不同文化的影响，并融入了新居地的本土文化，因而形成多种多样的崇拜信仰。

除此，还有自然物信仰、人神信仰、俗神信仰、道、佛信仰等。石壁圆墩山的神像不少于 20 个，儒、道、佛和地方神不分主次杂糅于香坛上。

（二）主要民间信仰

1. 自然物信仰

石壁客家自然万物的民间信仰对象十分广泛，从天空到地上，从山川到江河，从水火到云雨，从动物到植物，名目繁多，十分庞杂。据李世熊《宁化县志》记载："宁化素有祭祀天地山川，风雨雷电之俗，在县城郊外设祭坛有三处：社稷坛、山川风云雷雨坛、邑厉坛并定期祭祀。"因此，天地万物是石壁客家人祀神中一项主要内容。

（1）天象信仰

天象信仰是古人对日、月、星、云、雾、风、雨、雷电等的信仰。我国更多地方把日月等同一并拜祭，台湾高山族人甚至把日月说成是两个太阳。石壁客家人对日月的祭拜一般的形式是转化为对天公的祭拜。风与雨的信仰与稻作生产直接相关，所谓"风调雨顺"，是小农经济条件下的重要自然物信仰。石壁客家人把风云雷雨等同为一体，一同拜祭，并建立山川风云雷雨坛。在宁化，唐玄宗时祀雨师与雷师同坛；宋代则山川与社稷同祭；元代把风云雷雨附于社稷；至明洪武初年，立山川坛于城西北，立风云雷雨坛于城西南。洪武六年（1373）癸丑合山川风云雷雨于一坛祭祀，十四年辛酉，与本县城隍之神合祭，设三个神主牌中间是"风云雷雨神"，左边是"宁化县境内山川之神"，右边是"宁化县城隍之神"。祭坛设于城南二里处，高二尺五寸，方阔二丈五尺。神主牌用石柱制成，每年春、秋二仲上巳日致祭。祭时，以吹打乐伴奏。献礼先风云雷雨，次山川，后城隍，祝祠是："惟神妙用神机、生育万居，足我民食。某等钦承上命，忝职兹土，今兹仲春（秋），谨具牲醴庶品，用伸常祭。尚飨。"[1] 这些都是石壁客家人对上天

① 乌丙安．中国民俗学 [M]．沈阳：辽宁大学出版社，2002：282.

物象的祭祀和崇拜，笼统归为祀天的信仰现象。

（2）土地信仰

土地是人类生存的地方，中国上古以来就有土地信仰，土地信仰是石壁客家最重要的民间信仰之一。各乡村都有祭社稷的场所，各村的水尾都有土地祠或土地庙，其规模有大有小，每年开春或收成之日都必在此祭拜土地神。宁化设社稷坛，祭祀五土、五谷之神，这是对土地的信仰发展到五行阴阳之说风俗的保留。“五土”指山川、林泽、丘陵、坟衍、原隰，“五谷”为：黍、稻、麦、稷、菽。宁化社坛于明洪武六年（1373）兴建，位于城西三里，用土筑成，高三尺四寸，四方各三丈五尺，以北为前，南为后，东、西、北出陛各三级。坛下，前一十五丈，东西南各五丈，周围矮墙，则北门进入。土、谷神以柱石为主，长二尺五寸，顶端形如钟状，埋在坛土正中近南处，只露出圆顶。用木制两个神牌，一个上书“宁化县县社之神”；一个书“宁化县县稷之神”。左稷右社。两个神牌平时藏于城隍庙，只有在举行祭祀的时候才设于坛上。每年春、秋上戊日，时任官员要前往祭祀。祭品设羊、猪各一头，以及果品、干肉，菜羹等，无音乐。祭文称：“品物资生，蒸民乃柱，养育之功，司土是赖。惟兹仲春（秋），礼宣告祀，谨以牲帛制粢盛庶品，式陈明荐。尚飨。”据《宁化县志》记载，宁化的土地神祭祀在原县衙门内左侧的“土地祠”内。李世熊言：“宁化土地肖像乃增置二妃，初诧不经，后考《巫氏家谱》谓神即巫祖定生（巫罗俊），开辟黄连镇者。定生殁，葬竹窝。即今治署。后唐改邑，迁葬定生于嵩溪黄沙渡，而祀定生之神于此。以土地辟自定生，而邑治又利其宅兆也。二妃即定生柴、纪二配。”“黄连人巫罗俊者，年少负殊勇，就峒筑堡卫众，寇不敢犯，远近争附之。罗俊因开山伐木，泛筏于吴……贞观三年，罗俊自诣行在上状，言黄连土旷齿繁，宜可授田定税。朝廷嘉之。因授巫罗俊一职，令剪荒以自效。”巫罗俊在开辟宁化疆土过程中是一个领袖，加之带领民众发展经济，抗拒外敌，因此被民众奉为本县的土地神。这里可见宁化客家人土地神信仰的对象化，并突出了实用性，把土地信仰与祖先信仰混融为一体，从而反映出宁化客家人信仰的泛化倾向。从宁化社稷坛的设置和祭祀来看，可以说石壁客家信仰中土地神的崇拜是传统的方式，其渊源可以说是对中原古俗对土地神的崇拜的承传。但有突破，如其祭品以各种食物祭来代替血祭。

（3）山水石信仰

崇拜山是一种最原始的信仰形式。山体的高大雄伟，在古人的心目中是一种通向天国的路径，特别是那些特别高大险峻的山体，人迹罕至，甚至没人能及的大山，其神秘性将更加明显。由此，人们认为山是神灵居住的地方，崇拜大山亦是常理。石壁客家人对山川的崇拜往往与水的崇拜相联系，显然表现了中国传统风水学的某些观念。从石壁张氏上市《清河郡张氏十修族谱》中的《宁阳石碧形胜记》中关于石壁村选址的记载，可见石壁客家对山水选择的重视。对岩石的崇拜也是古老的信仰。我国古代神话关于女娲用五色石补天的故事，可以看到古人对岩石的信仰。《山海经》中记述的“精卫填海”故事中，精卫衔西山木石填塞东海的神话，显示了石头的神力。石壁地区客家人住址存在着大量“石敢当”和“泰山石敢当”的岩石信仰遗迹。清代康熙版《宁化县志》记载着一例关于“石佛庵”的文条：

去邑作八十里。宋祥符间创，清康熙十七年僧重修。邑令王之佐记曰：“邑南七十里为东坑，又十里为宝灵山。山延袤数里，草木如发，虎豹强居，人迹所不到。宋祥符间，山颠倏奇云缭绕，沉沉有钟梵声，仰望空中，仿佛如佛子。乡人异之，始斩木通路，于山得阿，于阿得涧，于涧得三石，若跏趺状，背水而坐。乡人曰：异哉！此岂有神降于此乎？再舁之涧中，诘朝仍坐如。乡之人始础材，筑招提而供之，名其山曰石佛，远近村郭，凡水旱灾疫，奔走祈望者，感应如响。以故历宋、元而明，数百年香炎不缀。嗟乎！石佛之灵，予不知果如人言否也。昔明先生调鄠县主簿，南山僧舍有石佛，岁传其首放光，远近聚观，男女杂处，前政莫能禁。先生至，则诘僧曰：“石佛现光有诸？”僧曰：“然。”先生戒之曰：“俟再现必先白吾。吾职事不能往，但取其首来观之。”自是不复有光矣。宋王宾性佞佛，赐赍千万，俱奉释氏。尝在黎阳捐俸修废寺，掘地丈余，得数石佛及石偈，有宾姓名。事闻，诏赐经一藏，钱三百万。然则石佛之灵，古盖有之矣。吾不能如王宾之诚感于佛，又不能

如程先生之道高于佛，但经此地耄倪疾苦丰乐，悉仰赖神休，则是迪善警顽，佛固襄长吏之不逮，非道神道设教而已。故因僧之请，而为之记。

除以上诸多石的信仰外，还有一些诸如“石壁”“石碧”地名，也应隐含对“石”的崇拜。

（4）火信仰

使用火是人类走向文明的重要标志，人类与其他动物区分出来主要标志是对火的运用，火之于人类的生活至关重要，但火在带来恩惠的同时也带来了灾难，人类对火的威力的不理解上升为对之崇拜，也就在情理之中。《淮南子·时则训》中记载：“祝融吴回为高辛氏火正，死为火神，托身于灶”，这可能是对火的信仰的一种注解，可以从中看出对火的信仰转向对灶神的崇拜。因火的用途主要是烹煮食物，同时与食物的神授观念相结合，灶火被人们赋予神性。进入文明社会的石壁客家人对火的信仰更多是转化为对灯的信仰。石壁每年举办一场大型的花灯节日庆典活动，还有宁化县治平乡高地村的“文武灯”，石壁的“牌坊灯”，泉上的“高棚灯”，曹坊滑石村的“角子灯”等，并且各个地方的灯造型各异名类繁多。各种灯会既有节日娱乐的性质，也有对火的崇拜的因素。

（5）动植物信仰

石壁客家的动植物信仰表现在对风水树林，耕牛的爱护等方面。如端午节挂菖蒲、艾枝和葛藤，习俗上叫“挂青”。在“挂青”中，有时还加上桃枝。挂葛藤的习俗虽然与黄巢的民间传说有关，但是不无祈求吉祥植物消灾禳祸的信仰因素。崇拜龟习俗全国各地都较为普遍，从古到今，龟因长寿具有着人长寿安宁等长寿含义。宁化客家人盖房子时，往往把龟埋在房基下，认为以龟填宅可保全家平安。

此外还有飞禽走兽、家禽家畜信仰，有相信它们会兆示吉凶，用以禳灾祛邪的。如客家地区民谚有“猪来穷，狗来富，猫来着麻布”。还有崇拜龙、凤、麒麟，狮子等动物或想象中的某种动物的崇拜，每逢节庆，要举行舞龙、舞狮活动。

2. 人神信仰

宋代以来，福建兴起造神运动，包括客家的造神。所造之神是在中原或客家移民过程中出现的先贤、英雄、开基始祖。贤圣信仰是祖先信仰的延伸，是贤圣英雄的业绩被神圣化、神秘化后产生的信仰。石壁地区的圣贤神明主要有：

（1）武侯。即诸葛亮。清代李世熊关于宁化武侯崇拜的记述称：无论武德王之封号无据，计武侯定蜀之日，吾宁筚路缕，狐狸与居耳。去之四百余年，而黄连（按，即黄连峒，宁化的旧称）始于史。武侯于宁，何功何义，而祀之，非淫祠乎？武侯有灵，不此必矣。[①] 李世熊所言的意思是：诸葛亮虽然无功于客家，得到祭祀，是因为他的“德政劳绩”。石壁镇禾口村的武侯庙的对联写道：“匡复正统沥胆披肝一心两表酬三顾，仰瞻威仪赤足仗剑四面八方保万民”；“成大事以小心一生谨慎治国，仰流风于遗千古清高配乾坤；观天文察地理日夜忧思传汉礼祀，拒北魏联东水面策画用火攻。”这副对联表达了石壁客家对武侯忠君爱国的敬仰，同时崇尚武侯的智慧，祈望他保护民众万世太平。

（2）张巡、许远。张巡和许远是唐代两位元帅，张巡（709—757），邓州南阳人。“安史之乱”时以真源令起兵守雍丘，至德二年（757）移守睢阳，与睢阳太守许远共同守城御敌。不久，睢阳失守，不屈牺牲。许远（709–757），唐代杭州盐官人。初从军河西，为碛西支度判官。在“安史之乱”时，他被荐于唐玄宗，拜睢阳太守，协同真源令张巡共守睢阳，守城数月失陷被捕获，囚于洛阳，后因不屈遇害。崇拜张巡、许远的原因：一是大批客家先民迁徙石壁始于唐末“安史之乱”，对两位将军的英雄业绩特别难以忘记；二是崇敬张巡与许远的“忠孝”和“节义”；三是张姓是石壁客家大姓，以张巡为祖圣象征，以张、许二将为保护神在情理之中。“双忠庙”是专门祭祀张巡和许远的庙宇，宁化尚存四座，在新岗上、安远村、店上村、禾坑村。两位将军被尊为元帅，每年农历七月二十五是张、许二元帅的殉难纪念日，被定为“双忠庙会日”。庙会期间，场面热闹非凡，以湖村镇店上山和淮土乡禾坑村的“双忠庙会”最为隆重和热烈。石壁镇禾口村双忠庙对联为：“许身赴国难百姓心仪，张目叱贼臣群奸胆落”，“生已画忠名亮节昭行千古，死犹显圣德露和风惠万民”，张、许两将军为石壁客家最崇拜的贤圣神之一。

① 汪毅夫．客家民间信仰 [M]. 福州：福建教育出版社，1995：116.

（3）李纲。石壁客家的李纲崇拜与张巡、许远崇拜有很多相类处，多数民众崇敬他们的“忠孝”和“节义”。李纲（1083—1140），祖籍福建邵武，北宋元丰六年（1083）生于秀州华亭（今上海松江区），曾在徽宗朝内任太常少卿等职。宋室南渡以后，高宗（赵构）一度起用李纲为相，李纲力主抗金，一生几次遭贬，为宋之名臣及抗金英雄。位于宁化城西南三里处原有一座“草苍祠”。绍兴年间，李纲被贬谪途经草苍祠，因题诗于壁云：“不悉芒屦长南谪，满愿灵旗助北征。酹彻一杯揩泪眼，烟云何处是三京？”诗后自述云：“旧岁新皇，光嗣宝历。予被命拜相，献恢复中原之策，上不采用。几阅月，予以观文殿学士出知潭州，今改洪州，夏，又改福州，自洪抵吉、赣来福，道宁化，行倦，憩草苍祠下，因拜神。坐间，思忆二帝有感，作一绝写怀，兼寓行踪云。时大宋绍兴二年壬子（1132）夏，五月吉。金光禄大夫平章政事樵川李纲书。”后人把这首诗镌刻在石碑上。嘉靖年间，知县潘时宜把原草巷祠神像移至后堂，特意祀李丞相神像于中堂，改祠额为“大忠”。同时拨出民房五间，官塘四口，每年租金用于举办春秋二祭。嘉靖三十一年（1552）知县陈统新建祠屋三间于堂前以奉李纲。旧县志将其列为宁化八景之一，名曰“草巷遗迹”①。据李世能《宁化县志》载：今神祠一憩，词气慷慨，且忘迁谪愁苦，北征之心，直与雷霆霞而风飚驰、生气犹泠言凛凛也。或谓公激烈忠勇，与诸葛武侯相似，侯吞并吴、魏之心百折不渝、而征剿孟获，徘徊瞻拜于伏波庙，词义感愤，得无与兹类乎……而公下位中堂，神安其居，民仰其德，忠义遗风，千载辉映……

明代宁化学者黄槐开纪念李纲诗云：

丞相祠堂寄草苍，壁间留句照斜阳。
一麾出守三持节，千载行人几断肠
蝉咽暮云悲旧国，马嘶寒雨立空廊。
采蘋荐罢空回首，山鸟无声水满塘。

① 李根水、罗华荣．宁化客家民俗 [M]. 北京：中国华侨出版社，2000：144.

（4）关公，即关羽。关公的崇拜遍及中国，关公是中国最普遍的民间信仰神，石壁也不例外。从宋代开始，关公屡受敕封，由侯到王，由王到帝，如："显烈王""壮缪义勇王""壮缪义勇武安显灵英济王""三界伏魔大帝神威远震天尊关圣帝君"，其封号不断加长，清代顺治帝对关羽的封敕已达二十六个字，即"忠义神武灵佑仁勇威显护国保民精诚绥靖翊赞宣德关圣大帝"。到清代时关帝神庙已遍及天下，真可谓："凡妇女儿童，无有不震其威灵者。香火之盛。将与天地不朽。"[①]民间相信关羽具有司命禄、佑科举、治病除灾，驱邪避恶、巡祭冥司、招财进宝、庇护商贾等多种法力，因此可能说是"万能神灵"。此外关羽还被认为是诸多行业的保护神，如皮革业、烟业、军人、武师、酒业等。宁化城区有两座关帝庙，一座是在上进贤坊，建于明万历十六年（1588），另一座是在龙门庵左侧，建于万历三十二年（1604）。石壁客家人尊奉关帝神灵与其他地方并无太大区别，比较特别是宁化有一个民俗：每年农历五月十三日为关帝老爷磨刀日，在该日或前后几日，据说这几天宁化必有大雨，并常河水暴涨，洪水滔滔，称："涨水磨刀"。[②]

（5）妈祖。妈祖也称"天后娘娘"或"海神娘娘"，是福建沿海广为崇敬的人神。宋代时被封敕为"灵杰夫人""崇福灵惠照应夫人""灵慈昭崇善福利夫人""灵惠妃"，并建立庙宇：元代时被封较为"护国明著天妃"，明清后封救名号更多："护国辅圣庇民是佑灵感广济助顺福惠威烈明著天妃""昭考纯正乎济感应圣庆妃""福佑群生天后""诚感咸乎天后""显神赞助诚感咸乎天后""护国庇民妙灵昭应宏仁普济福佑群生诚感平显神助乖慈笃佑天后之神"等。在口头中都称她为"天妃""天后""天上圣母"等。宁化城区建有夫人庙，称天后宫，石壁镇也有天后宫。每年农历六月十一日或八月十八日是天妃宫庙会，其场面热烈的程度胜于其他庙会。《宁化县志》载：

天妃庙即夫人庙。庙在邑南塔下街。天妃林姓，世居莆田湄州屿，是五代闽王时，都巡检林愿之第六女儿也。生于宋元祐，一云太平兴国四年。幼悟秘法，长能布席渡海，乘云游岛，雍熙四年升化，是后常衣朱衣，飞翻海上。

①② 李根水 、罗华荣 . 宁化客家民俗 [M]. 北京：中国华侨出版社，2000：144.

宣和中，路允迪使高丽，中流八舟七溺，独迪一舟神降于樯，安流以济。使还，奏闻，特赐顺济庙号。自后救疫御贼，屡有奇烈，不可殚述。

明永乐间，内宫甘泉郑和有暹罗西洋之役，各上灵迹，封“弘仁普济天妃”，立庙致祭。或遣官出使琉球等国，率以祭告祈祝祷为常。乃宁化不知海舶为何物，无故而祀天妃，得无谄乎？

宁化是福建内陆山区，信仰天后的原因，据汪毅夫所论：“汀江‘运材’和汀江‘暴水’，使得当地军民对于‘纲运之护’的神明祈盼有加，这是普应庙神附加了‘纲运之护’的功能，也是妈祖信仰后来得以传入客家住区的原因之一。”[①]他认为宁化的妈祖崇拜最先是从汀江航运开始的，人们祈求避灾禳祸，妈祖崇拜而传入客家山区。再者，宁化、清流（部分地域原属宁化）处于闽江水系，清流一带航运向来都比较发达，大量木材运往福州，本地早有护航之神，如，安济庙神和白马将军等。既有水运，也需要妈祖的佑护。同时，山区祭奉妈祖也反映客家民间信仰的兼容性。这一点，还可以从天后宫所奉另外两位女神得到印证。宁化天后宫除了妈祖，还有陈氏娘娘和李氏娘娘。陈氏娘娘靖姑，福州仓山人，称临水夫人，是一位母神。主要功能是救护妇女生产和儿童的生长。古代，天花与麻对儿童的生命构成最大的威胁，石壁客家认为陈氏娘娘有专门防治这两种疾病的“奶”即“痘奶”和“痘哥”。每当孩子“过麻”和“过痘”时，宁化客家人都得到夫人庙中祈求陈氏娘娘保佑，让孩子平安过关。到庙是祈祷，称“许愿”，过了关后到还要到庙中兑现承诺，称“还愿”，“还愿”祭品是蒸好的糖糕。陈氏娘娘还是一位祈嗣之神，即生育之神。天后宫的另外一个是李氏娘娘，是东周时代的女道姑，法号慧康，湖北荆州人，有祀雨的功能，民间有保护妇女生育功能。客家人把妈祖、陈氏娘娘、李氏娘娘三位女神置于一处，她们来源不同，功能不一样，反映的民间信神的也不同，同置一处，既反映石壁客家民间信仰的兼容性，也隐含原始的女性崇拜。

（6）三圣。“三圣”是高丽籍的唐、葛、周三位将军。据石壁《张氏族谱》载，

① 汪毅夫．客家民间信仰 [M]. 福州：福建教育出版社，1995:140—141.

三圣庙是薛仁贵征东时，以“三箭破之，三圣旋陨，天山平复”，后“高丽既克，太宗凯旋，路经三山，风雨迷离，军士俱惊。太宗疑之，左右奏请敕封三圣，太宗乃封唐、葛、周三将军永镇天山。须臾，云止雨收，军士踊跃，太宗乃得回銮”。石壁信仰三圣，是为了镇服村对面的官山、太平山和圆墩山。“石壁开基不久，风水先生找上门来，说村西的官山、太平山、圆墩山有碍风水，如不加镇服，将不利于村人。乡中族长齐集商量办法，不知为何就把三镇将请至石壁，在三圣庙中奉通天显应唐、葛、周三将军神位和塑像，禳灾驱邪，庇护石壁村民。”[①] 石壁地区的三圣庙，旧称樟树墩，建庙后，因有古井，故称井下庙，坐落于本村的村口，始建于明洪武六年（1373），由石壁张氏下祠十六世祖文宝公营建。现此庙同祀一祠的其他神有五谷神、地母娘娘、萧何和萧夫人、项羽等神像。每年正月初九日举办庙会，抬出神像巡游。据说如逢下雨，神像巡游时必定雨停。庙会隆重、热闹炮声不绝于耳，供品种类繁多，荤素具备，巡游的时辰通过“投筶”，由神明决定。

（7）刘邦、项羽。石壁村上市有汉帝庙，始建于南宋淳祐二年（1242），由上祠的祖先洞仙公所营建。清顺治十八年（1661）重建，后多次重修，现存三间，前殿未建。逢年过节拜祀，除刘邦、项羽二神像外，还有其夫人及张良夫妇。此外，还有坐落于石壁村中的富下庙，元至正年间，十五祖茂甫公所建。刘邦和项羽是秦末起义军首领，后楚汉相争，最后以项羽失败而告终。将敌对双方祀奉于一庙，其中信仰的含义深刻而复杂，至少反映石壁客家对英雄的崇拜，祈望英雄和智慧人物（张良）佑护家园，也反映化解恩怨的心理，同时还体现客家民间信仰文化的兼容性。

3. 俗神信仰

（1）社官

社官，俗称“社公”。其实社官是一种土地神，有的地方也有“土地公”，有的地方也称“伯公”“后土”“土翁”等。《礼记·郊特祀》述道：“社，土地之主。稷，五谷之主……土地广博，不可遍敬，故封土以为社，而祀以报功也。”

① 孔永松.客家宗族社会[M].福州：福建教育出版社，1995：80.

《通俗编·神鬼·土地》述道："《孝经纬》：社都，土地之神。土地阔不可尽祭，故封土为社，以报功也。按今凡社神，俱呼土地，惟茔旁所祀称后土。"《礼记》述道："共工氏之霸九州也，其子曰后土，能平九州，故祀以为社。"不管称呼如何，其意都指土地神。在石壁地区一般村庄的水口处都设有"社官"的神龛，社官是村庄的保护神，同时也保护百姓的平安和收成，与百姓的日常生活关系密切。其信仰对象通常是一个假定对象，如一块石头、一棵大树等，或是某一传说中有灵验的对象如白马、龙神，有时甚至可以是某一人物，如宁化的巫氏祖先巫定生。李世熊《宁化县志》记：考《巫氏家谱》，谓神（按：指宁化县土地神）即巫祖定生，开辟黄连镇者。

石壁客家一年中，除春祭和秋祭外，本村百姓适逢大小喜庆都要先奉祀社公。石壁本土出身的刘善群先生说："家养猪宰杀时，先要向他报告，在社坛上拿块砖头回家，打'花纸'（猪血淋在砖头和纸上），谓'请社公回家食猪血'，猪宰杀后，还要拿一块煮熟的猪头肉和猪尾巴以及'花纸'到社坛敬奉社官，并要烧香鸣炮，祈他庇佑六畜兴旺。逢年过节更忘不了他老人家。年三十，家家户户都要杀几只鸡鸭，一般习惯上午捉鸡去社坛杀（若一家要杀几只鸡，只需拿一只即可），要烧鸡香点烛回敬一次。所以每逢年三十这一天，社坛香火不断，热闹非常，大家都去感谢土地爷一年守土安民之功德，祈佑来年大吉大利。"①宁化客家的社官的祭坛设施极为简陋，一般只有一个小小的土神龛或一个砖砌小屋，高约尺，长宽约四尺，里头没有神像，只有牌位或石头，或什么都没有，但客家对社公的祭祀却非常重视，从刘善群先生所描述的情形就可以看出，社公是与石壁客家日常生活最密切的俗神，石壁客家人对其有相当的依附性和亲近感。

需要指出的是，石壁客家的社官信仰仅限于当地地方的土地神，是一方很小的神，佑护的地域相当有限，与民间信仰的土地崇拜有相当大区别，但人们往往将二者混淆。诚然，社官信仰与土地信仰有很多相似性，对象都是土地，有很多的交叉性，但土地信仰应归入自然信仰；而社官信仰应归入俗神信仰。

（2）城隍神

---

① 刘善群．客家礼俗 [M]. 福州：福建教育出版社，1995：7.

城隍本是城市的保护神。“本义是指没有水的护城壕。古代，人们最初建造城市就是为了保护城里人的安全，所以修筑了高大的城墙、城楼、城门以及城壕护城河。古人认为神无所不在，遍及人类生活的各个层面，各个角落，于是城和隍就被化为城市的守护神。”“在阳初祭祀城隍的活动中，城隍是人们报德的目标，象征着古人对城堡、城市的依赖感。道教把城隍纳入自己的神系，称城隍是剪除凶恶、护国护邦之神，并管领着阴间亡魂。”①《礼记》述道：天子之八祀，其一为水庸。古代有水之城堑为池，无水之城堑为隍。城隍神是由最早的护城沟渠水庸神转化而来的，后来又转化保护城内的人们生活等方面的安全之神。据《明史·礼三·城隍》载：三国时东吴赤乌三年（239）修建芜湖城隍庙。南北朝时，北齐大将慕容俨镇守郢城，被梁朝大都督侯瑱率水陆大军团团围住。慕容俨听说郢城有一座城隍庙，官府百姓遇事都祈祷城隍神，于是率众祈请，希望神灵保佑，果然反败为胜，大败梁军，人们认为这是城隍神显灵保护的结果。南朝梁邵陵王因数有妖怪作祟而祭祀城隍神。唐代已是普遍信奉城神，各地城镇纷纷建庙祀奉。宋以后，城隍庙已遍及天下，各种传说纷纷出现，或是政府的颁诏封爵，迁就附会。到了明代，在朱元璋的倡导下，城神被提升到极高的地位。据《明史·礼三·城隍》载：明洪武二年（1369），朱元璋对大臣说：“城隍神历代所祀，宜新封爵。”因此，封京城城隍为的承天国司民升福明灵王。与此同时，也把一些地方如开封、临濠、太平、滁州的城隍神封为王，如显圣王、贞佑王、英烈王、灵护王，秩正一品；其余各府城隍诏封为“监察司民威灵公”，秩正二品；州城隍为“监察司民灵佑侯”，秩三品；县城隍为“监察司马显佑伯”，秩四品。又下令建京城都城城隍庙，迎城隍神时，用王者仪仗大礼，朱元璋令天下府州、县重建城隍庙，庙制规格与当地官署正衙相同，按城隍王、公、侯、伯的级别，配制冕旒衮服，还令词臣专门撰文颂扬城隍神，祭祀城隍列入国家祀典，每年中秋，皇家要祭祀都城城隍神，皇帝诞辰，均遣太常寺礼官祭祀礼拜，国家有大灾也要祭神告庙。各藩中亲王也要亲自祭祀，各府、州，县最高官员都得亲自祭拜在朱元璋的大力倡导下，城隍神风行天下。城神的作用主要是护佑一方水土，御灾捍患，惩恶扬

① 檀明山．象征学全书 [M]. 北京：台海出版社，2001:24.

善，赐子降福。但后来，与佛、道结合，把城隍神解释成掌管阴间亡魂神灵，也就是人死后，必须到城隍神处报到，之后，城神才发子文牒，这样才能到达阴曹地府。在宁化，古代凡有地方官员到宁化任职，必定先祭拜城神后上任。凡遇灾害，也必备好文牒，烧化于城隍庙前，以祈城隍神的护佑。

（3）灶神

灶神，又称灶君、灶王、灶王爷、灶王菩萨、东厨司命、定福神君等，而且各地的称呼不大相同。石壁客家人当地把灶神称为“灶君老母”“灶君太太”。民间把灶神当做掌管家庭福运的家神。在民间中，关于灶神的说法不一，有的说是黄帝，有人说是炎帝，也有人说是火神祝融。最流行说法是张单。“张单，字子郭，他的太太生了六个女儿，据说这一家人都喜欢窥人隐私，而张单则成了专向玉皇大帝打小报告的小神仙，言人善恶。”①又“张单，系黄帝第五子张挥之一百零六世孙，因家境清贫，长期为人烧火而发明了造灶做饭……天宫玉皇大帝的女儿看到张单勤劳忠厚而家境清贫，心生爱慕而私下凡间，与张单结为夫妻，夫妇俩每日教人造灶，用灶烧饭比埋锅烧饭方便多了。后玉帝女儿因思念父母姐妹，乃带张单同赴天庭省亲。玉帝不喜欢张单这个‘烧火佬’，但王母娘娘疼爱女儿，要玉帝给张单封官，玉帝因张单发明了灶，就顺水推舟封他为灶王神。张单敦厚老实，故不甚出名；而其妻却聪明伶俐，智计百出，又处事公正，好打抱不平，经常替人排难解困，出谋划策，在人间广施德惠，深受凡人爱戴，故一般人都称灶神为‘灶君老母’或‘灶君太太’”。②从这个传说来看，石壁客家人把灶君说成老母或太太，其实是对灶君夫人的崇拜。灶神的祭祀日期，各个地方都不大一致，有正月、四月、八月、十二月等不同时间。宁化民间说法是：灶神夫妇每年农历十一月二十三日赴天庭向玉帝面奏人间善恶，除夕之夜返回人间，所以其祭祀时间大约在腊月。古代祭祀的时间不一样。据《礼记·月令》载：为孟夏之月祀灶。孟夏为四月，古时祭祀应是四月。道教典籍《玉匣记》称灶神的诞生日是八月初三，祭祀在八月。东汉以后，一般祭灶神的时间大多为十二月。对于灶神的崇拜有两

① 檀明山．象征学全书 [M]. 北京：台海出版社，2001:20.

② 李根水 、罗华荣．宁化客家民俗 [M]. 北京：中国华侨出版社，2000：141.

种意图：其一是畏惧灶神上天打“小报告”，祀其言善；其二是灶神掌管人间饮食和房屋，祈求他保佑家宅平安，富足吉祥。灶神图的画像，当然有多种多样：有的是两个头像，一个是灶君，一个是灶君夫人，旁边还有一些小神；图的正上方横批“灶君府”、或“司命主”、或“皂君府”、或“司命之神”、或“东厨司命”、或“司命灶君”：对联为：“上天言好事，下界保平安”或“人间司命主，天上奏功臣”或“二十三日去，初一五更来”；有的图像的下方还有财神和福神，写有“五路进财”“财神进门”等字样。石壁客家人的灶神图样是：图正中是灶神夫妇的坐像，前有一供桌、桌有一对蜡烛，两只杯，儿碟供品，桌的一侧有一个灶，灶前立四人狗，其中一人作烧样，灶旁挂有刀、铲，勺。灶神后还有神将，上角两侧分别有令旗和“天门”。灶神左右立两位童子，一位执令箭，一位执剑。横批分两行，上为“神之格思”，下为“东厨司命主”。对联为“上天奏好事，下凡降吉祥”。图下方写有“刮锅日忌”，其后还关于灶神生日和上奏玉帝的时日。石壁客家人“送灶”为十二月二十四日（十咤学全书三或二十四两天都有，民第页代起多为腊月二十四），数日后接回（宁化为三十子时回位，有的地方是正月初四）。范成大的《祭灶》诗形象地描述了祭灶神的情形：

古传腊月二十四，灶君朝天欲言事。
云车风马小留连，家有杯盘丰典祀。
猪头烂熟双鱼鲜，豆沙甘松粉饵圆。
男儿酌献女儿避，酹酒烧钱灶君喜。
婢子斗争君莫闻，猫犬触秽君莫嗔。

（4）财神

在民间信仰中，财神是最普遍的一种俗神。不管是古代还是现代，不论是城区还是乡村，随处可见门户上悬挂着财神的神像，人们企盼着财神的降临，以求得大吉大利，财运亨通。特别是春节期间，“恭喜发财”不绝于耳。一些人家还供奉着财神的神位，以求一年都能保佑其财运亨通。关于财神原型的说法有几种。

一位是“正财神”赵朗，即赵公明，也叫赵玄坛；一位是“文财神”范蠡（有的说除范蠡外，还有财帛星君和比干）；一位是“武财神”关公；还有一位是“偏财神”五部财神。[①]有的说赵公明是武财神，为五路财神的统帅，分别掌管着其它四路财神：招宝天尊萧升，纳珍天尊曹宝，招财使者陈九公，利市仙官姚少司四位神仙。[②]一般认为赵公明是武财神，文财神是比干与范蠡。勿论说法如何，民间俗神信仰不管在什么地方大都一致，因流传地区不同，风俗不同，加上不同的实际需求，就可能产生不同的信仰形式，导致不同的说法。对财神的祭祀，各个地方的表现不同，很多地方有正月迎财神的习俗，北方有正月初二祭财神，财神纸马的习俗，正月初五有“抢路头”的接抢五路神的习俗。一般来说，对财神祭祀比较隆重的地方是商业较发达的城市，而商业较落后的山区对财神的崇拜一般化，表现得比较淡薄。宁化财神信仰只能说是一般性崇拜，并没有大型的祭典，只有一些民间习惯性的禁忌，如：扫地时应由外向内扫，而不向外扫；不能坐门槛；春节时，不能把洗脸水倒在门口或院中。这种现象是对财神的尊重，是对财神到来的一种祈盼心理，对于商业不是很发达的客家山区也是一种很正常的现象。

（5）五通神

关于宁化五通神的信仰应从闽粤赣的百越民族说起。在百越中，除了越族外，还有大量的原住民山越人，通常被称为山都和木客。据《太平寰宇记》所载：“曹叔权《庐陵异物志》云：庐陵太山之门，有山都，似人，常裸身，见人便走，自有男女，可长四五尺，能啸相呼，常在幽昧之中，亦鬼物也。”又载：“赣石山……又有山都，似人形。《异物志》云：大山穷谷之间有山都，人不知其流绪所出。发长五寸而不能结。裸身，见人便走避之。种类疏少，旷时一见，然自有男女焉。”邓德明《幽明录》载：“山有物，形如人，长四五尺。裸身被发，发长五六寸，长在高山岩石间住。暗作声，而不成语。能啸相呼，常隐于幽昧之间，不可恒见。有人伐木宿于山中，至夜眠后，此物抱子从涧中发石取虾蟹，就人火边烧炙以食。儿时有人未眠者密相觉语，齐起共突击，便走，而遗其子，声如人啼也。此物便

① 檀明山．象征学全书 [M]. 北京：台海出版社，2001:17.

② 殷斐然、殷伟．中国民间俗神 [M]. 昆明：云南人民出版社．2003:38.

男女群共引石击人，趣得其子然后止。”（《太平御览》卷八八三《神鬼部四·鬼下》（新引《幽明录》）又如汀州“州境五百里，山深林木秀茂，以领长汀、黄连、罗三县地多瘴疠，山都木客丛萃其中……州初治长汀，大树千余株，皆豫章迫隘。发新造州治，故斩伐诸树，其树皆枫、松，大径二三丈，高者三百尺，山都所居。其高者曰人都，其中者曰猪都，处其下者曰鸟都。人都即如人形而卑小，男子妇人自为配偶。猪都皆身如猪，鸟都皆人者，尽能人言，闻其声而不见其形，亦鬼之流也。三都皆在树窟宅，人都所居最华。人都有时见形，当伐木时，有术者周元太能伏诸都，禹步为厉术，则以左后赤索围而伐之。树既卧扑，剖其中，三都皆不为化，则执而投之镬中煮焉”。宋代洪迈云：“大江以南多山，而俗讥鬼，其神怪甚诡异。多依岩木、树木为丛祠，村村有之。二浙、江东曰‘五通’；江西、闽中谓‘木下三郎’，又曰‘木客’。一足者曰‘独脚五通’。名虽不同，其实则一。考之传记，则谓木石之怪，魍魉及山猓是也……大抵与北方狐魅相似，可能使人乍富，故小人好迎致奉事，以祈无妄之福……人绝畏惧，至不敢斥言……尤喜淫。或为士大夫美男子或随人心所喜慕而化不求甚形，或只见本形……体像不一。皆骄捷动健，冷若冰铁……妇女遭之者，率厌苦不堪，憔悴无色，精神奄然。”

由上可见，山都木客其实是古百越族原住民，属于山越，他们个头卑小，但因长期出入于茂密的山林中，行动迅速敏捷，却又穿着原始，与当地南迁的北方移民少有来往，少有现身，被视为魅类是完全可能的。“总的说来，唐宋时期常常见于记载的山都、木客，自元明以降就越来越少见了。部分的原因是汉人对山都一类‘鬼物'采取了仇杀，歼灭的方针，造成山都死亡率高，有的则逃到更僻远的深山中，不为所知；更重要的原因是他们与其他族群接触、交流，被同化了。一部分汉化成为客家，另一部分与南迁的武陵蛮同化成为畲族。”[①]

在树林茂密和瘴气潮湿的闽粤赣三角边地，客家先民山都木客自然充满恐惧和戒备的心理，加之山都、木客神出鬼没的行踪，向来人们都认为其为山精鬼魅。因此，为求得安宁和平静的生活环境，就建庙祭祀，乞得平安。在宁化当地有很多的“五通神”庙，据李世熊《宁化县志》记载，宁化城乡有五通神庙多处，其

① 谢重光.畲族与客家福佬关系史略[M].福州：福建人民出版社，2002：54.

中城区北门、东门各有一座。宁化许多地方还有举行五通神庙会之俗，每年农历九月二十八日举行。会时有出游五通神之俗，并请戏班演大戏，气氛甚为热烈。

4. 民间化的道教信仰

自晋代以降，客家先民不断从北方迁到南方，道教也由北方传到南方。“随着北方人民的南迁，道教也进入客家地区，在明朝以前客家地区道教非常盛行。现在许多佛寺都是由道教庙观改过来的，说明道教曾盛极一时。”[①]“过去，客家人死了，必请道士‘除灵’‘做七’，超度亡灵。乡村间雷电击死人，遭了水火天灾，发生了瘟疫，都要请道士祭醮，受灾严重时，要祭七七四十九天，叫‘罗天大醮’。到近代，道教日渐式微，除名山大川有极少的教职道士外，其他地区所存道观不多，道徒多是不脱产的农民。现在禾口附近有水口庙，供奉华光菩萨；双忠庙，供奉唐代张巡、许远二元帅；圆墩山庵，供奉玉皇大帝、三宝、地藏王等。村民去朝拜时要焚香点烛，放炮。”[②]从这里可以看出道教在石壁的存在是一种民间化的状态，少有中原那样专门的道观和神职人员，而且往往与佛教混融一体。一些道观，也奉了偶像，一些佛寺也有道像。可谓佛道杂处。《宁化县志》记载：“刘、熊道士炼于石壁之香炉峰。隋义宁间，白日飞升，乡人为刻二像于石壁，创台于香炉峰顶，祀之，曰‘升仙台’。”“传说，刘、熊乃石壁村的两个屠夫，操刀为业。有一天，时近中午，他们感到腹中饥饿，就到一家店中煮豆腐充饥。这时，来了一个跛脚道士，向屠伯讨得碎肉，要与刘，熊同锅煮肉。只见他把肉放入锅内，用手指一划，豆腐与肉泾渭分明。那道士又把跛脚伸入灶膛内当柴燃烧。顷刻，肉已熟而豆腐还冰冷。道士食罢，道声谢了飘然而去。此时，刘、熊二人发现肉案被烧毁一只脚，省悟道士不是凡人，急起尾追至香炉峰，拜道士为师，结庐练吐纳之功，后经点化得道，白日飞升而去。后人在他们修炼处构筑道观，塑三仙神像，其地称‘升仙台’。”现在升仙台是一座佛道合一的建筑，佛殿 100 平方米左右，砖、土、木结构，前奉释迦牟尼；中殿奉三尊千手观音，两边是三十六

---

① 陈国强、张恩庭、刘善群等主编：《宁化石壁客家祖地》，中国人类学学会编印，1997 年版，第 200 页。

② 陈国强、张恩庭、刘善群等主编：《宁化石壁客家祖地》，中国人类学学会编印，1997 年版，第 200 页。

天神像；后殿为道观，峰顶的平台上有一间独立的方石屋，形貌古朴，尖顶屋面，上覆铁瓦，熠熠生辉。屋内的正厅壁上画有一幅古画，居中为跛脚道士，左右为刘、熊二位神仙。石屋台上还供有三清神像和其他道教神像。上山祭拜，一般先拜道观，后拜佛像。在宁化，客家人信仰道教，一般没有完全独立的宗教观念，而是与风水阴阳学说结合，同时与当地民间俗神混合，许多民间俗神被纳入到道教的神祇体系，并与巫术信仰相结合，成为民间信仰系统，用于生活中的现实诉求、如求雨旗灾、治病、超度亡灵、驱、求等方面，广泛影响了石壁人日常的生活和生产。

5. 世俗化的佛教信仰

佛教传入中国后，即开始了中国化的演化过程。中国人按照中国传统的宗教观念来理解和接受佛教。“佛教自唐代以后传入客家地区，至宋代即非常兴旺。有的地区存有唐朝的寺院，宋代的古塔。至今各地名山大川乃至普通村落中都建有寺院。”佛教传入石壁地区的时间应是与客家先民到达的时间相应主要在唐末以后。宁化客家人“……五十岁开始，就要请人将自己的生辰八字推算看什么时候有‘案道’，然后选择其中一个‘案道’时间，请本村的‘念佛公公’‘念佛妈妈’和斋公和尚，举行‘接珠’仪式，从此，自己就算是皈依佛祖了，每年还要‘回佛’，并且可去参加别人‘接珠’和念头佛的活动了，‘接珠‘念佛’时必须穿‘念佛衫裤’。男的穿蓝色大襟长衫，白色裤、袜；女穿蓝、黑色大襟上衣白色下裙和裤装，白袜、黑底绣花鞋……有不少人一经‘接珠’念佛，性格，脾气往往发生了明显的转变……许多人与人之间的积怨矛盾，也在念佛声中悄悄化解，故尽管许多人明知‘佛’只是一个虚幻、并不存在的理想，然而人们却不大放弃，以致把对‘佛’的追求，作为自己一生最后的归宿。”以上反映了客家人的佛教观念。

宁化客家人除了有佛教的观念外，其信仰对象主要是世俗化的地方佛。如老佛、二佛和吉祥大佛。根据邓光昌、黄瑞、张国玉对宁化民间信仰中的老佛、佛、吉祥大佛的调查报告：

宁化县农村信仰老佛、二佛、吉祥大佛的历史悠久，地域比较广泛，起

始年代可追溯到唐五代（907—960）期间，距今已有1000余年历史。按清康熙甲子（1684），宁化县泉上乡乡贤李世熊修纂、宁化县志纂委员整理，1989年福建人民出版社出版的《宁化县志》寺观志（66）记载："鹫峰寺（即崇祀老佛、二佛、吉祥大佛的寺庙）去邑四十里，在黄源铺，五代天福（937—947）时，张濠坑（现属宁化县安乐乡管辖）张姓建。明正德十年（1515）张姓重建……"这是宁化县民间崇祀老佛、二佛、吉祥大佛建筑最早的寺庙之一。资料显示，宁化家村信仰崇祀老佛、二佛、吉祥大佛的乡村还有：城郊者寮村古佛庙、黎坊村水口庙、城南乡上坪村水口庙、翠江镇老佛庵等。①

宁化的地方佛信仰的对象与其他客家地区地方佛信仰大致相仿，老佛即为定光古佛，二佛即为伏虎禅师。"74岁老人吴景生说，老佛（亦称古佛）出南岩山，即定光古佛；二佛出平原山，即伏虎禅师"？在客家地区佛的职能较广泛，最主要是祷雨救灾，保禾护水。在小农经济条件下，客家人极需有能够保护生产的稳定性的地方俗神，定光古佛和二佛就是出于这种要求而应运而生。石壁地区有过关于二佛显灵的多种传说，所涉及的内容多为因农事活动：

宁化县安乐乡，古时候为崇祀老佛、二佛而建造古佛庙时，当地农民正忙于插秧，而建庙木材急需赶运，凡派有任务的人家，都抢先插好秧，全力投入扛抬木材，而雇有两位长工的东家，却因长工偷懒贪玩，延误了插秧时机，更顾不上抬木头之事。这时东家气急败坏地大骂长工说："还不抓紧插秧去抬木头，我要饿你们饭，扣你们的工钱。"两个长工听后同声说："功夫在手面上，不怕打浪荡。你看他们扛木头转弯转曲多难啊！"转眼间，他们插好了秧，手中拿着两块鹅卵石，随手往田边一插，顿时两石间一股清泉从岩中滚滚而出，成为一条二三尺宽、一二尺深的小河流，长工说："我们的木头不用肩驮，全从水里漂来。"话音刚落，只见建寺所需之木材，一根接一根从"小河"中源源不断地流到建寺工地。待问到"木材够用了没有"时，

① 杨彦杰主编：《闽西北的民俗宗教与社会》，国际客家学会出版，第217页。

木匠师傅答道："够了，够了！"顿时河水干涸，木材也不流了。原来这两位长工就是老佛、二佛的化身，在此显灵。[①]

石壁客家人的佛教信仰与农业生产有着密切的联系，其中最为突出的是当地打醮"保禾苗"民间拜会。杨彦杰先生对宁化的田野调查：

按传统习惯，宁化县城郊乡都寮村古佛庙和安乐乡丁坑口黄源铺村鹫峰寺的老佛、二佛、吉祥大佛，都是每年农历"芒种"后，逢"辰"日出寺，到各村去接受香火，打醮"保禾苗"的活动……仅以丁丑年都寮村为例。农历五月初一是戊寅，是日又是"芒种"节，初三日为庚辰，是日老佛、二佛出庙驻村"保禾苗"，享受打醮供奉之蒸尝。初二日下午由石下非村首事组织安排吹鼓手和乐队执事及扛抬神佛的人手，到都寮村古佛庙迎请老佛、二佛、吉祥大佛下位，端到神轿上坐稳，座轿只有两乘（因吉祥是一尊塑得很小的菩萨，寄站在老佛座前，不另乘座轿）每乘4人扛抬，前面敲铜锣，叫"鸣锣开道"，接着提炉、旗、幡、凉伞随后，一锣鼓、唢呐吹奏曲牌，敲打牌子锣鼓，十分悦耳动听，紧跟菩萨座轿缓缓而行。迎神锣鼓没有一路敲打，只是出村或经过村庄时使劲敲打一阵。还有放铳、放鞭炮等，一路浩浩荡荡迎老佛二佛、吉祥大佛到村。当菩萨坐轿抬进村时，全村家家户户都要在门前摆设香案，点烛、烧香、放鞭炮、顶礼膜拜，虔诚迎接，村中男女老幼争先恐后，拥向菩萨座轿，簇拥菩萨至神庙或水口庙安放坐稳，才散伙回家。初三日由道士8人在庙内老佛、二佛、吉祥大佛神前打醮一天，下午完成醮事后，菩萨由邻村——社背村接去，初四日在该村打醮一天。其余各村按顺序照此进行，即老佛、二佛、吉祥大佛每天驻一村，在古佛庙、水口庙或香火厅虔诚供奉，打醮一天。如都寮村在古佛庙，中山村在上东门外五谷庙，东街村在下五通庙，阁背村在关阳庙，小溪村在老佛庵，大忠村在行祠（庙），上进村在武圣庙，横街村在元帝官，城西村在关岳庙，永福村在天灯庙，公园村在石古庙：塔街村在夫人庙（即天后宫），双虹村在观音庙，杉岭村在

① 杨彦杰主编：《闽西北的民俗宗教与社会》，国际客家学会出版，第219页。

水口庙……直至七十二村游驻完成。[①]

此外还有一尊吉祥大佛，是老佛、二佛随行之佛，关系并不大，它的功能是继嗣赐孕、治女不育。“吉祥菩萨雕琢小巧玲珑，头上梳一条小辫子，面带微笑，衣着华丽，胸前系一红肚，孩童打扮，穿开裆裤，赤脚站立，男生殖器外露，有求蟲孕、治女不育之功。它站在老佛菩萨坐像前，随老佛、二佛遍游村境，到处显灵。”从这里看来，吉祥菩萨其主要的功能就是喜神，其它功能纯为附属，与老佛、二佛同游打醮，与老佛、二佛同祀一字而已。

由上述可见，宁化客家人对佛教的信仰基本上以生产、生活的实用功能为主，以功利至上，与佛教本来的信仰大相径庭，另一个突出的特征是佛教信仰与道教的信仰交织和混融，如打醮“保禾苗”的主持都是道士，“是日由案首负责事先请好八个道士，在庙内打醮……打醮道士也手持法器，主士（道士中的为首者。他道术较高，醮词熟练，法器敲打，整个醮事程序清楚，有驾驭全盘的能力，且年龄较长，在道教中阅历较深）身披道衣（亦称袈裟），敲锣、打鼓、吹奏唢呐等跟随游村……”由此可见，客家人对佛道的信仰并不是站在对佛道基本教义的理解基础上，而是基于功利对佛道内涵的模糊混沌的信仰。另一种解释是：“因为‘保禾苗’是要驱妖除怪，必须杀生除孽，不能心慈手软，尤其是按照‘神齐将不齐’的规律，既要依仗佛祖的法力，也要依仗得道法师的（荤神降魔除妖之功力），以‘打醮’毕其功于一役。”[②]中国宗教信仰是建立在三教交融的基础上，即儒、释、道的交融，其实儒家的积极人世的思想还不是真正意义上的宗教，只是具有宗教的功能和宗教色彩而已，由于中国长期的儒家思想的统治，佛、道二教只是中国人信仰领域中的补充部分。由于中国传统文化有很强的交融性和吸纳性特征，中国的佛道在民间形态中的存在方式基本上是处于相互交织和相互弥补的状态，民间在实用的现实需求中，往往取其之长，弃其之短。所以，才可能实现佛法与道术的结合。

6. 巫教信仰

---

① 杨彦杰主编：《闽西北的民俗宗教与社会》，国际客家学会出版，第 221—222 页。

② 杨彦杰主编：《闽西北的民俗宗教与社会》，国际客家学会出版，第 149 页。

巫是人类社会中最早出观一种民间信仰。《说文》中解释："觋，能斋肃事神明也。在男曰觋，在女曰巫。"徐印第安锴注巫觋："能见鬼神。"巫觋一般被认为能通鬼神，有两种方式：一是请神附体，神附后巫术体现神，代神言行，此时巫为昏迷状态。另一种是灵魂出走，巫觋的灵魂可以离开肉体，到鬼神所在的地方，接受神鬼的指示，并传达于人。巫术按施术的预期结果可分为：预知、预制和预防三种以占断、测兆、施术、化吉等手段来化解生活中苦难和灾祸。巫术的主要职能：一是预测有生的命运好坏。人的命运是由神灵主宰着，请巫觋或术士卜可以预知前途好坏，并采取一定的行动策略。二是主持祭祀活动。古代民间的大型的活动都由巫觋来主持，如古代的"七祭"，即祭祀文星神、土地、城门，道路、厉鬼户神和灶神，皆由巫觋主持。三是驱疫求吉施巫。民间对一些善神的祭祀，恶鬼的驱逐，还有求雨、驱疫都是由巫觋来主持。四是主持人生礼仪。人生几大礼仪，如诞生礼、成年礼、婚礼、丧葬礼都由巫觋来主持。五是主持神判，处理纠纷。民间里头有些纠纷不用法律裁判，只好交予神判，请神下凡，求得妥善解决，但往往是不公平的。

巫术在石壁地区的主要表现有：一是驱疫术，也可称为驱鬼术。是对恶鬼神魔的驱逐。当灾难来临时，人们首先想到是恶鬼的作怪，因此可以让巫觋用某种方式把恶鬼驱赶。宁化客家人叫法不一，如"讲童"，或称"跳神"。讲童的职能是驱鬼、问亡、寻物和人、为人治病等。二是招魂术。古人认为人有灵魂的存在人死了，其灵魂出走，可以把它唤回；当小孩生病了，认为小孩的灵魂暂时出走。失魂就会生病，只要把灵魂招回，病就能好；另一种方式是每当祭祖时，要把祖魂招回祭祀，祭毕再把他送走。宁化客家人把招魂称为"曰魂"或"曰吓"，其招的魂主要是被惊或被野鬼摄走而生病的人的魂魄。采取的方式是："傍晚时分，在家门口用一杆长竹竿，顶端绑一簇点燃的香火，系一件病人穿的衣服，挂一面镜子，然后放一挂小鞭炮，烧若干纸钱，尔后，由病者母亲或口齿伶俐的妇人手扶竹竿缓缓摇动，口中高声呼唤：×××（病人的名字）……转来呵，上山斫樵被野兽吓了也转来唷；过河时滑一跤摔倒了也转来唷；读书时被人背后大喊一声吓了也转来唷……东边吓来东边转；西边吓来西边转；南边吓来南边转；北边吓来北边转，东南西北吓了都要转呵。××——快回转呵，转来屋下呵……在‘曰魂’过程中，要把病人近期到过的地方和耳闻目睹的事情都念遍。结束后，要把绑在竹竿上的衣服取下，在香火上绕三圈，然后迳送到病人怀中，意为魂魄归来附体了”。[①] 三是放蛊巫术。这种巫术是黑巫术，用这种方式害人是巫术里头最恶毒的行为，高贤治、张祖基编著的《客家旧礼俗》载：“‘家鬼’又名金蚕鬼、金蚕蛊。取金蚕的法系在端阳节，捉倒各样的恶虫，瓦罐封紧它，使它自残食，过一年打开来看，独独生剩到一条虫，形状像蚕虫金黄色，摘到枫树叶来养它，以后捡到虫屎暗中放落食物内去，唔知侪食倒就会中毒，肚痛来死，其的魂魄就同他做功夫，因此养金蚕的就会发财。”这种巫蛊的行为不仅客家存在，福建的其他地方也一样存在，在福佬人中也大范围地流行。明代医学著作《本草纲目》载：“造蛊者，以百虫置皿中，俾相啖食，取其存者为蛊。”这种巫蛊是药蛊，与之相类的还有疳蛊癫蛊、泥鳅蛊、肿蛊、石头蛊、蛇蛊等。四是“施物”巫术。这也是一种黑巫术汉代的时候就有“木人”的巫蛊术，把仇人制成木人，利用“同能致同”的原理，通过对“木人”的施害（如埋葬）和念咒令仇家身死；也有用仇人的身体的某一物，如对毛发等东西施害，也同样能达令仇人致死的目的。在宁化客家人住区，有一种“魇镇”巫术，就是工匠玩弄某种手段害人，如通过把主人的某些东西压于建筑物某处，主人就可能会生病或受灾。以上诸种巫术是客家人信仰一种，其实也存在南方其他地方，并非客家人所特有。在文明历程较快推进的石壁客家地区，放蛊巫术、“施物”巫术等黑巫术极为少见。

总之，石壁客家民间信仰庞杂而繁多，它是心灵的润滑剂，并形成一套完整的信仰体系，抚慰着民众心灵。与此同时，民间信仰又是文化构建的重要部分：也是文化构建的精神层次，对于一个地方民性的构成起到了核心的作用，所以客家文化构建离不开客家民间信仰这一民间核心文化。

（本节内容引自廖开顺《石壁客家述论》中蔡登秋所撰第九章，有删改。）

① 李根水、罗华荣：《宁化客家民俗》，中国华侨出版社，2000年，第163页。

九、伦理文化

在历史发展过程中，客家伦理道德是在对传统道德价值观念的继承和实践中形成的。石壁客家伦理道德的内涵其实就是儒家伦理道德文化，在理学兴起之后得到进一步强化。其道德价值主要表现为：尊崇孔孟之道，视“三纲五常”为处世为人的道德价值标准。在他们的意识中最重视“忠、孝、节、义”，把不忠、不孝、不义和不节视为大逆不道。与此同时，也相当重视“仁、礼、智、信”，把不仁、非礼、愚昧、失信，视为最大不敬和缺德。这些都成为客家文化意识中为人处世的道德观念和价值观念。在现实道德践行中，他们重名节、薄功利；重孝悌、薄强权；重文教、薄无知；重信义、薄小人等是这种价值观的直接体现。

（一）石壁对儒家文化的传承

1. 对儒家核心思想的秉承

儒家的核心思想是“仁”与“礼”，“克己复礼为仁，一日克己复礼，天下归仁焉。为仁由己，而由人乎哉？”“非礼勿视，非礼勿听，非礼勿言，非礼勿动。”（《论语・颜渊》）“仁”是孔子的思想体系中的道德品质，“礼”是其所指向的实践行动标准，仁礼融为一体。仁是礼的精神支柱，礼是仁的外部体现，仁是人的心性体悟，礼是人的社会性规范。以石壁张姓四修《张公君政总谱》的族规和家规为例，其中第五条载道：“讼端宜息：不报无道君子，居之盖情恕理，遣忿斯消矣。讼则终凶，小不忍乱大谋，无论事之大小，必先宗族理论，族中长老宜从公直判断，不可袒护，以酿祸胎，子弟亦不得顽抗，动辄起诉。”在客家的主堂上所挂的对联能够反映了儒家的仁礼思想：“执事有恪；明德惟馨。”“礼乐家声远；诗书世泽长。”“仁义礼智信；忠孝节德行。”“昭穆明其礼教；俎豆荐以馨香。”“以燕以翼宏堂构；孔惠孔时洁蒸尝。”“孝孙弟恭皆学问；先祖是皇礼莫愆。”

石壁客家人重视个体的修为，从儒家思想仁礼思想出发而达成修养的恭宽、信、敏、惠五德是他们为人处世的标准。庄重、宽厚、诚实、敏惠、慈善，其实就是儒家的温敏敦惠的君子人格。石壁张姓四修《张公君政总谱》的族规载：“宜习正业：礼曰时教必有正业，凡属宗支，朴者耕，秀者读，耕读之外惟工贾耳。所有他技岐趋，涉于不正者，悉宜避之若浼。”“宜重儒术：斯文为朝廷精彩，亦一族风教，攸关恢先绪。大家声舍，读书种子，其熟能之，族中俊秀，家富者不俟人给宜鼓舞经以励其上达之志；清寒者则资助，宜津贴学费，俾其卒业成名，今世家曰族以不费之费，广开学校作育人材，非但补助而已，有功者幸亟图之。”上述显然是对个体内在修为儒家风范的倡导和规约，渗透出淳厚的儒家气息。

2. 对儒家孝悌忠恕观念的承传

以“人则孝，出则悌”（《论语·学而》）为人品德性情志修养的儒家伦理观，是建立在对人之于社会和谐基础上的社会规约，是人立身于社会的根本，也是封建人伦关系的一个基本点，所以以孝悌作为人的行为出发点来构建社会关系。而孝又与忠恕思想相联系，从对家庭关系的构建上升到整个社会，并与族权和政权相统一，形成了完整的和谐社会规范。其中的“孝”是子女对父母的孝顺；“悌”是弟对兄的敬爱；“忠”是个体对家族长者和政权中心（君主）的忠诚；“恕”则是“己所不欲，勿施于人”，倡导换位思考。这些家思想在宁化石壁客家思想中显然是根深蒂固的。例如，石壁客家人的住房厅堂上和门边楹联中存在大量的有关孝悌忠恕的字样：“仁义礼智信；忠孝节德行。”又如石壁客家人重视以老小长幼、辈分高低来规范言语行为，“亲戚按血缘亲疏，宁化以舅公（舅母），为最大，称：上有雷公，下有舅公”；朋友以世交深浅或年龄大小排；同宗则按辈分大小排，同一辈分，则视年龄。上辈交谈，下辈不得多言插嘴，俗语云：“在人话事，细人摁耳。”由此可见，石壁客家人对孝悌观念的重视和恪守。在宁化客家人的信仰中特别重视对忠孝的推崇，在石壁大大小小的村落存在大量的武侯、张巡、许远、李纲、关羽等忠君爱国名臣名将的庙宇，其中大量的对联和批语都表达了他们忠孝思想的尊崇，是对儒家思想的实践和生活需求的具体化，并且在一定程度上带有现实功利性的诉求。“习俗移志，安久移质”，在生活环境变化的前提下，石壁客家人对儒家思想进行了有效的变通。

3. 对儒家礼法的承传

石壁客家人对中国礼法都相当重视。中国礼法最早在周代已经形成一套完整的礼乐制度。春秋时期孔子看到中国大地礼崩乐坏，为了恢复中国周代的礼乐制度而周游列国，并广收门徒，同时整理了周代的礼乐制度，形成儒家以“仁、礼”为核心的思想体系。孔子所言的“天下无道”“礼乐征伐自诸侯”“陪臣执国命”（《论语·季氏》）等论述，表现出孔子对历史的使命感。真正明确提出礼法概念的是荀子，如，“故学也者，礼法也”。（《荀子·修身》）荀子崇尚“圣人作则”，所谓“圣人化性而起伪，伪起于性，而生礼义，礼义而生法度，然则礼义法度圣人之所生也”（《荀子·性恶》）。后来，汉代董仲舒对儒家思想的神秘化，把封建道统观念上升为上天的意志，建立了亲亲尊尊的封建等级制度和礼法观念，并被历代的统治阶级所利用，特别是到了宋明时期，程朱理学建立和发展，儒家礼法制度被上升为“天理”，对人性的规范而进入了纲常化时期。客家人对此推崇备至，无论是黄峭山的嘱子诗、刘氏族诗和客家迁流诗，都有“任君随处立纲常”的表述。

中国礼法有《周礼》《仪礼》和《礼记》，合称“三礼”。中国礼法大致由这“三礼”而来。宁化客家人所重视的礼法，主要是对中国古代传统礼法的承传，但随着客家人地域不同和时间的推移，自然发生了很大的变化。“客家人重礼最主要的是由古礼沿袭，但也少不了演绎，赋予地域特色。如客家人的婚丧节庆礼俗基本沿袭古礼，但在具体活动程序和内容上，却千姿百态，富有地方特色。”石壁客家对中国古代“五礼”中的“吉礼”“凶礼”“宾礼”等对人生礼俗有着很传统的承继。如婚礼的程式相当古老，有纳采、纳吉、请期、亲迎四个阶段，只是少了中国古代婚礼的“六礼”中的“问名”和“纳征”两个阶段，但基本上是对周礼的传承。还有宁化客家人夜间迎亲是对古代礼法固守很明显的标志，而这种夜间迎亲的方式在大多数地方已不复存在。客家民系在形成过程中，根据当地生活的实际需要，对儒家礼法中不适应当地习俗的东西进行删减，这也是实际生活所必要的。所以石壁客家人对儒家礼法传承的过程，也是一个不断演化的过程。

（二）石壁对儒家文化的践行

1. 修身：崇文重教的人格塑造

石壁客家将“修身”视为伦理实践的起点，通过教育与族规双重机制实现人格塑造。族谱《张公君政总谱》（清光绪二十年刻本，卷三《家规》）明确规定：“宜

习正业：礼曰时教必有正业，凡属宗支，朴者耕，秀者读，耕读之外惟工贾耳。”这种“耕读传家”模式在童谣中具象化，如“月光光，秀才郎，骑白马，过莲塘”的传唱，将读书出仕与家族荣耀直接关联。族谱《族规》进一步强调：“宜重儒术：斯文为朝廷精彩，亦一族风教，攸关恢先绪……清寒者则资助学费，俾其卒业成名。”据《宁化县志》（清康熙甲子刻本，卷四《艺文志》）记载，仅明清两代，石壁张氏就有 27 人考取功名，印证了教育投入的实际成效。

2. 齐家：忠孝节义的宗族治理

宗族通过“重孝轻权”的实践维护伦理秩序。《张公君政总谱》（卷三《族规》）规定：“子道宜尽，孝为百行……苟或忤逆，必治以族法。”这种孝道实践在建筑中体现为祠堂“天子壁”的核心地位，其楹联“忠孝节德行”直接呼应《论语·学而》“弟子入则孝，出则悌”的训诫。同时，宗族通过“重义轻利”原则规范成员行为，如《族规》“宜慎婚姻”条引用《周礼》“娶妻不娶同姓”之制，结合“钱财如粪土，仁义值千金”的俗谚，构建起以义为核心的价值体系。值得注意的是，这种伦理实践在当代发生转型，如 2018 年石壁村修订《村规民约》时，将传统孝道与赡养老人的法律义务相融合。

3. 治国：家国同构的价值延伸

石壁客家将“治国”理念转化为对国家义务的履行。《官氏族谱》（清乾隆三十年抄本，卷一《族规》）第一条明确：“国课早输：尽土寸地皆君之赐，急公奉上为民之义。”这种义务观念在信仰体系中表现为对忠君爱国神明的崇拜，如武侯庙楹联“匡复正统沥胆披肝一心两表酬三顾”，将诸葛亮的忠诚精神神圣化。同时，宗族通过“轻商”策略维护农业社会结构，《张公君政总谱》规定“耕读之外惟工贾耳，他技岐趋悉宜避之”，这种价值取向在建筑中体现为“大夫第”石旗杆与商铺的空间区隔。

（三）石壁栖居生活中的儒家文化

1. 祠堂建筑中的儒家文化

石壁客家在祠堂建筑中渗透了浓厚的儒家思想。由于客家人的社会结构是以血缘关系为纽带的家庭式社会结构形式，对祖宗的敬重比一般的中国百姓显得更为强烈。正如罗香林在《客家源流考》中所言："客家是一个最讲木本水源的民系……他们最重视祖宗的手泽，最重视光前裕后的工作，每每建筑宗庙兼住宅式的大屋。"在儒家思想的影响下，客家人秉持"毓德垂后""励志扬名"的理念，将对祖先的尊崇与对家族荣耀的追求，深深融入到生活的方方面面。[①] 由于崇宗敬祖的情结，客家人对祖房的建筑特别重视，宗祠在宁化石壁一地就有 60 余座，宁化全县内现存有保存尚好的宗祠有 200 余幢。这些建筑大多是仿中原宫殿式飞檐斗拱的大门楼。这种大门楼建筑（在其他客家聚居区较少）以门楼为房屋建筑的精华，其讲究的程度在主房之上。凡到过宁化的人对宁化客家祠堂都有一个印象：大门建筑之雄伟甚于主房。不论建筑工艺，还是建筑造型都高于主房建筑。如宁化城关的罗氏宗祠大门有三层结构，第一层为高高的门楼，中间大门有四根大木柱，刻有两副对联，门两侧亦有一副对联，门上有几列雕花横板，正中央挂有"罗氏宗祠"巨匾，顶上两侧有一对巨大的飞檐；第二层在第一层飞檐平面上似蜂窝状拱起，支撑上一层飞檐；第三层是纯粹的飞檐。其他地方宗祠建筑基本相仿，如淮土的刘氏宗祠、黄氏宗祠，石壁张氏宗祠，双石的童氏宗祠，滑石的温氏宗祠，龙地的邓氏宗祠等。这些宗祠建筑体现儒家思想中的门第观念，这种门第观念反映了客家人对家族门望的重视和门第的等级的崇高。有的客家宗祠的门楼大门两侧的壁上挂有"经文""人孝""出悌"等字匾，反映了客家人对儒家经典的重视，对儒家的孝悌观念的尊崇。客家宗祠的主房建筑是上厅下廊式，以中轴线为准，正中间为正厅（正厅的中正面壁称为"天子壁"），左右为厢房，厅前有天井，天井两侧有回廊，天井正前为下廊，下廊的正中为大门，形成了"回"字形的结构。有些客家宗祠的房前还有石旗杆，很张扬地表现了其对儒士入仕的"慕念"，也体现了客家人积极入仕的心理愿望。正如石壁客家人建房"发彩"时所咏之歌"……五要五子登金榜；六要驴马满山岗；七要文官来拜相；八要武将封侯王；九要九子下科考；十要代代状元郎……"[②] 这既是客家人崇文重教的体现，也是儒家积极入仕的思想体现。正厅的大柱上的对联更能体现儒家思想的

① 黄汉民．客家土楼民居［M］．福州：福建教育出版社，1991：111.

② 李根水，罗华荣．宁化客家民俗［M］．北京：中国华侨出版社，2000：154.

社会诉求，如“干国家事，读圣贤书”“肃纪立纲，德进业修”“谦恭睦乡里，爱敬笃伦常”“勤俭修业，耕读传家”等都体现了客家人对儒家思想的尊奉。这一切都蕴含着浓郁的儒家观念，并作为对子孙后代的教化和熏陶，促使他们发奋图强，建功立业，光宗耀祖。

2. 学堂中的儒家文化

石壁崇文重教之风尤显突出。崇文重教风气的影响，在学堂的建筑和布置中突显出来。这一点主要体现在学堂的数量上，据相关传述，古代在宁化石壁村有大大小小的学堂数十个之多。古代学堂的厅中央奉孔子的神位和画像，所学的内容多为儒家经典和启蒙诗文，如《三字经》《千字文》《百家姓》和四书五经。如宁化石壁石坑的“大夫第”，在一个私人大宅院里就有两个家塾，《罗氏族谱》中的《浣花庄小记》里述道：“坪两侧为罗姓家塾，书声朗朗，美才辈出，门楼上书‘大夫第’，两侧联云：‘喜有一庐堪寄足，凭他五斗不折腰’……”可见当时“大夫第”学堂的盛况。又如宁化县泉上镇延祥村的私塾：“延祥建村之后，村民恪守先人之道，重礼重教，潜学于家，修身勤仕，奋发农桑。人口繁盛，人才辈出，特别在明、清时期，道光之前，杨氏一族人口发展到 390 余户，4000 余口，官氏亦达 801 余户。私塾广布，仅延祥本村便有正义堂、新竹堂、诏教、朱文公祠、半亩、一鉴堂、井丰楼、守素楼、彭湖等 10 余所学堂。除此，谌家地、铁炉坑、上村、谢厝杭、香仁垅、瓦子窠、石狮岭、庵背、当坑等村亦设私塾学堂。明清二代，村人有功名者 220 余人，其中有进士、举人 3 名，职官者 60 名。”这些例子无疑代表了宁化石壁地区的客家人对教育的重视和私塾的兴盛。在宁化客家聚居区，崇文重教的另一个体现是对取得功名的客家子弟的敬重，在客家祠堂前必树立石杆旗，如石壁的张氏祠堂前树有一根清代举人的石杆旗，这根石杆旗约三四米，造型没有南靖县书洋乡塔下村张氏祠堂那么壮观，但也体现客家人共同的重教儒家思想风范。

3. 民居建筑中的儒家文化

儒家思想认为，“中”即为不偏不倚，“中”是对待事物的态度；“和”为自然的和谐、人与自然的和谐特别是人与人之间的和谐。“贵和尚中”的儒家思想和谐观渗透到各个文化领域中，建筑更不例外。石壁客家民居建筑有土木结构的土墙楼、以木结构的椿凿楼群和砖木结构的封火屋。不管是哪一种楼房都为上厅下廊式，这种结构的楼房以一中轴线为准，正中为正厅，以厅为准，左右分开有厢房和回廊，如有向外拓展的横屋等都围绕着正厅这一中心点。这种结构的建筑体现了儒家思想的“中和”的观念。石壁客家民居结构上如此，其建筑仪式上也同样体现了儒家的思想。石壁客家人的建房程式复杂，一般为：起手、上梁、出火殡等，这些程式中还包含小程式，如起手中有：“发彩”“动土”“奠基”等程式，这些礼法仪式本身就是儒家文化的“礼”反映。

4. 楹联中的儒家文化

楹联是中国传统文化一种特殊的文化形式，在中国建筑文化中是重要的组成部分。在中国传统建筑中，楹联较为常见，很多有门的地方会有门联。当然，很多楹联置于木柱上，因为中国传统建筑多为木结构，柱子是房子支撑，而柱子也是贴楹联的最佳之处。在中国传统建筑中，无论是宫殿、庙宇、官府，还是一般的民房建筑，楹联随处可见。在中国楹联文化中，内容主要是对现实生活社会及国家存在吉利祥和的祈求。作为中原汉民南迁形成的客家人，到了僻远的山区其文化不免带有移民与当地原住民融合的特质,但更多的是对中国传统文化的固守，因此具有浓厚的儒家文化氛围。石壁客家宗祠的大量楹联一方面反映了客家宗祖源流的要素，一方面就是儒家思想的沉淀。如“爱国爱乡恭敬桑梓通四海，重礼重教力行孝悌播五洲”。

（三）石壁客家的主要伦理道德原则

1. 至善原则

善与恶本为伦理道德的最主要的原则，人之善恶是人之本质之辨。在石壁客家人的伦理框架里，对至善的追求是最主要的组成部分，如石壁镇四修《张公君政总谱》中“家规”里的最后一条：“戒户首偏徇以彰公道。户首统摄合族，凡族中有事，理宜秉公剖处，方足以资督率而分曲直。若一味趋炎附势，并且希图口腹，贪爱费财，以致颠倒是非，其何以服众耶？查律载：凡事不应为而为者，笞四十，事理重者，杖八十。如户首有偏徇祖护，实属不应，由合族禀革另举。

房长有犯者，亦照此辨理，以彰公道。对族中户首在处理本族事务时给予严明的规定，在家族内部不管是族权受行使者，还是行使者，都有必须公正。又如家箴中载：九、为政：公正不阿，惠政清廉，变革求新，开拓进取。”“十、为将：勇武忠烈，报国尽忠。”这就是石壁客家人入仕的至善追求的真实写照。当然，也要看到客家伦理观念的封建性和不公正方面，特别是理学伦理观念的影响。如，其上尊下卑显然存在不公正的地方，如宁化泉上镇延祥村的杨氏族谱的延祥村光绪丁丑年官木公房谱族规中载：“忤逆犯上：身由亲而出，行以孝为大，故子于父母，自当下气怡声，曲尽色眷，倘仅酒食有供，厉声诟谇或且菽水不顾，恣意咆哮，大灭天伦，宜逐裔务必送官重处，永不许饮福，若弟侄辈敢于尊长之前辈肆侮呈凶，则处以族法，苟或不遵，定然签呈究治。”这种族规条例显然是建立在不公正的传统伦理基础之上，其至善追求是在中国传统纲常规范下的公正，并不是完整意义上的公正，也就不是现代至善的追求。

2. 良心原则

伦理学里的道德范畴重要组成要素就是良心。因此，日常生活中有句很普通的话，“要对得起良心”，其实就是说人要对社会对他人的责任感和义务感，失去良心就是失去了对社会和对他人的责任感和义务感，那么这样的人就是不完美的社会中人。客家人的伦理文化的重要组成部分就是良心，良心在石壁客家人的族谱和其他的典籍中多记载，如石壁镇四修《张公君政总谱》中“家规”里载：“戒兴谣迁谤以正人心。人非圣贤，孰能无过，隐恶扬善，仁厚之风。乃人心浇薄居多，每每挟私寻隙，或编作歌谣，污人闺阃，或逞其簧鼓，坏人声名，致使抱屈终身者有之，被诬自尽者有之，此等居心实同蛇蝎。”这一则即是对人心不正的罚戒，有力地提倡了“隐恶扬善，仁厚之风”之良心，其他则条文中的戒条都不同程度地对良心大力提倡。其他姓氏的族谱中对“奸淫”“强占”“偷盗”“僭越”等的规范，都是对良心的倡导，对不道德的惩戒。这些规则就客家人对社会以及他人的责任和义务方面做了明确的划定。

3. 义务原则

义务有两种情况，一种是不可为之义务，一种是不可不为的义务。中国人传统伦理中孝、悌、忠、信、义、友等是不可不为的义务，而偷、盗、淫、欺、诈等是不可为的义务。义务本与良心相联系，正如蔡元培所言："人之有当不当为之感情，即所谓本务之观念也。是何由而起乎？曰自良心。良心者，道德之源泉……"[①] 在现实社会中，不只道德规范人的义务，法律更为强调这一点，在法律中强调人只有在承担义务的前提下，才可能有权利的享受，义务和权利是一对共存的"孪生兄弟"。石壁客家十分重视义务的划定，对国家的义务，对社会的义务，对他人的义务，都有明确条文和不明文的划定。如宁化泉上镇延祥村的官氏族谱中第一条规定："国课早输：尽土寸地皆君之赐，急公奉上为民之义，况沐天家之福，而衣租含税敢不早输国课乎？倘有因仍陋习，早不奕期完纳，而待追呼再三或至贻累族人，务必集众拿获送官重处外，决不许饮福。"这则族规是对客家人在国家税缴纳义务方面的明文规定。又如张氏族谱中族规载："相友相助相扶同井之人尚然，况谊同本支而忍秦越视乎？悯鳏寡、恤孤独，化猜嫌、解纷难，抑强暴、扶良弱，皆族之大要，非煦煦为仁而已也。"这就是对他人、对社会的义务。石壁客家在重建家园、孕育客家民系和建构客家文化的进程中，将爱国爱家始终作为义务进行强调和要求。

（四）石壁客家的伦理道德实践

1. 始于个人修为

石壁客家人重视个人的修为，人的一生必须有所作为，作为是如何选定，这就要求有一定的道德标准，有所为而有所不为。客家人一向都以儒家的伦理道德为旨归，重视人生整体修为：格物、致知、诚意、正心、修身、齐家、治国、平天下。虽然不是每一个人都能达到治国平天下人仕的政治目的，但每一个人的一般人生追求都有较为严格的设定，石壁各个姓氏的族谱中都明确规范了人能做什么，不能做什么，强调恪守本分，不僭越造次。如家规中的十六戒，要求族人在了伦常、孝道、节义、家业、性情等方面保持自律。又如张氏族谱的第七条所言："宜重儒术：斯文为朝廷精彩，亦一族风教，攸关恢先绪。大家声舍，读书

① 蔡元培．中国伦理学史［M］，北京：商务印书馆，2004：217.

种子，其熟能之，族中俊秀，家富者不俟人给，宜鼓舞经以励其上达之志；清寒者则资助，宜津贴学费，俾其卒业成名，今世家巨族以不费之费，广开学校作育人材：非但补助而已，有功者幸亟图之。”重视教育，给每个人同样的机会，能达到什么程度都在其鼓励和支持的范围之下。除了人生和道德理想的追求之外，还有习惯、品性、意志等方面的养成，这方面在家规中已列出若干的条例，此处就不赘言。

2. 在家国建构中完善伦理道德

客家在重建家园的过程中完成了客家社会、客家民系和客家文化的立体建构，家国一体的思想始终是客家伦理的核心之一。

蔡元培先生阐述了中国古代家国建构中的伦理道德：客家传统社会和家庭的有序正常的运转，构建了具有淳厚儒家风范的耕读传家的农业社会模式，为我国的传统社会家国同构的国家模式提供了稳定的基石，为传统伦理的践行建构了祥和的环境。

（本节内容引自廖开顺《石壁客家述论》中蔡登秋所撰第七章，有删改。）

第四章　石壁客家研究在路上

客家民系的形成是中原南迁汉人与赣闽粤边畲瑶族群长期互动的历史过程。唐宋时期，以宁化县石壁为中心的闽赣结合部成为移民聚集地，南下汉人在与畲瑶等土著族群的杂居过程中，初步形成具有独特语言、习俗的文化共同体。元明时期，随着宗族制度的完善和文化自觉意识的增强，客家文化体系逐渐定型，南宋文天祥《正气歌》中“客家”称谓的出现，明代《嘉靖惠州府志》对“客方言”的记载，均印证这一群体身份认同的初步确立。

清代，闽西粤东地区的人口膨胀与生态压力，促使客家人开启新一轮迁徙浪潮。康熙二十三年（1684）海禁政策调整后，部分客家人迁入广东沿海地区。至19世纪中叶，珠江三角洲西部的土客矛盾逐渐激化，1854—1867年的广东西路械斗持续13年，其本质是族群间对沙田开发权、矿产资源的经济竞争。这场冲突引起国际学界关注，英国传教士艮贝尔1880年出版的《客家源流与迁移》，成为西方研究客家的首部专著。

20世纪初，罗香林《客家研究导论》（1933）系统论证客家五次大迁徙理论，标志着客家学研究体系的正式建立。当代研究表明，客家文化形成具有动态特征：笔者认为唐宋是孕育期或谓交融期，元明是成熟期，清代为定型期和扩散期。其身份认同是在迁徙过程中通过文化记忆重构实现的。当前学界仍在继续深入研究客家学的建构和客家文化的创造性转化、创新性发展等相关课题。客家学已成为中华民族多元一体格局研究的重要分支。

一、客家研究的历史背景

客家民系在唐宋时期孕育，南宋时初步形成。这一特殊群体并非中国南方的固有族群，自其形成之后，关于他们是怎样的一支人群、从哪里来、何时来到南方、如何称呼以及身份如何等诸多问题，就一直存在着讨论和争论。

罗香林教授指出，中国前代的学者往往不重视考察各民族民系的情况，对于华南各民族或民系，更是只有鄙视而缺乏深入的检验考察。他们偶尔提及华南各族各系时，也不过是使用“南蛮鴃舌”之类的成语来描述。至于各族系的源流变革及其在人群中所占的地位等问题，他们则一无所知，难以回答。不幸的是，他们对“客家”也持有同样的态度。自明末清初起，客家人士随着同住闽粤的其他汉人前往海外各地从事工商业经营。随着经济势力的逐渐膨胀，中西人士才开始逐渐关注到客家民系。而粤省广惠二属的客家人，由于人口不断增加，且语言习俗与其他相邻民系不同，引发了相邻民系的恶感，逐渐出现了一些斗案，双方还恶言相向。一些较有见识的学者担心这种交恶情况持续下去会伤了和气，于是开始有了一些关于客家源流变革以及语言习俗的讲述。

清嘉庆二十三年（1818），和平人徐旭曾掌教惠州丰湖书院。当时东莞、博罗发生土客械斗，徐旭曾于是召集门人，向他们讲述客人的来源，以及客家语言习俗之所以与粤内其他汉人不同的原因。博罗的韩生将其记录下来，虽然文章仅有一千余字，但内容简明扼要，是系统论述客家源流的早期重要文献，令人敬佩。不久之后，镇平（今蕉岭县）的黄钊著《石屈一征》，特别用两卷的篇幅叙录客家语言。

“同治年间，广东鹤山玉桥乡文人易其彬的《次高明县》曾写道：‘杀气销边埌，于戈忆往年。万山曾鬼哭，十里少人烟。远旅添耕户，残黎学种田。一家何主客？搔首总茫然’。这首带给我们无尽叹惋与哀思的小诗，所描写的就是震惊中外的广东西路土客大械斗的情形。”[①]

这事件发生在清后期，广东梅州、惠州的客家地区人满为患，大批外迁广东西路各地，发生了主客之间因经济矛盾，宗族冲突，学额之争，习俗相差，语言各异的种种问题，日积月累，逐渐尖锐，咸丰四年至同治六年（1854—1867），广东西路（今江门、阳江一带）爆发持续 13 年的土客械斗，涉及鹤山、恩平、开平、高明等八县。冲突源于沙田开发权争夺与文化差异，清廷于同治三年（1864）派兵介入，最终将客家人集中安置于新设立的赤溪厅（今台山赤溪镇）。此举基本平息了土客矛盾，为区域稳定奠定基础。

吴泽教授把十九世纪以来，客家问题研究归纳为四个时期进行阐述，他认为：第一个时期是从 1868 年至 1904 年。

这时期，由太平天国运动的发生以及客家人在这次起义中的重大作用，加之

① 安国强．客家士迁徙［M］．北京：北京师范大学出版社，2015：667.

广东西路土客纠纷所带来的社会影响，使得客家问题首次为世人所注目，……客家问题作为文化人类学的一个特殊现象来进行学术探讨的开始。

第二个时期是从1905年至1919年。这个时期，由于教科书上误把客家人作为非汉族人，从而引起客家人士的不满，于是纷纷组织研究团体，阐述客家源流，追溯客家与中原汉族的渊源关系，这是客家人对于自己民系作独立、系统的研究之发轫时期。

第三个时期是从1920年至1930年。当时，伴随着新文化运动的发生和发展，近代西方的学术在中国广泛传播，近代人种学、民族学和民俗学也相继传入中国，并为一大批中国学人所掌握。于是他们便运用这些新兴的学科，研究中国人种和民族，其中也包括对华南地区客家民系的调查与研究。

第四个时期是1930年以后。中国学术机构开始客家民系作现代学术上的探讨，并开始把人种学、民族学、历史学、民俗学等各相关学科的基本理论和方法融通起来，用之于客家问题的研究，使得客家问题成为一个独立的、新兴的学术研究领域。1930年，北平燕京大学国学研究所顾颉刚、洪煨莲先生，商请罗香林先生编辑《客家史料从刊》，两年后罗香林与史蒂芬先到广东考察人种调查客家文化，稍后，罗香林先生任广东文理学院院长和香港中文大学东方文化研究院院长，致力研究客家问题，并先后出版了《客家研究导论》和《客家源流考》二书。这两部著作的问世，标志着我国的客家问题研究已由草创阶段进入发展时期。而罗香林先生也因此成为客家问题研究的拓荒者和奠基人。

吴泽教授所归纳的四个时期中，前三个时期，似乎可以认为是客家问题研究的迷惘期，这个时期对客家的认识非常模糊，对这一群体的来源，如何形成、身份是什么、语言属什么语系，习俗的属性是什么等，莫衷一是，因此，歪曲、贬义，甚至侮辱，说客家人“好斗”“刁滑”，把“客”写成“犭客”。1905年，顺德人黄节在《广东乡土历史》中，称客家人“非粤种，亦非汉种”，把客家人排斥在汉民族共同体之外。

在迷惘中，诞生了徐旭曾的被认为“客家宣言”的《丰湖杂记》，该文开始便把械斗的双方称为土客。学生问其“何谓土与客”时，“答以客者对土而言，寄居该地之谓也。”说“今日之客人，其先乃宋之中原衣冠旧族，忠义之后也”。《丰湖杂记》作为早期系统论述客家源流的文献，对客家名称、身份等做了较为系统的阐释，在一定程度上为客家问题研究指明方向，减少了人们对客家群体认识的模糊性。

此后，国内外学者也不断有研究成果发表，随着徐旭曾的启迪不断深化。兹选载国内外学者发表的文章摘录：

清代黄遵宪《己亥杂诗》中自注：

客家来州，多在唐末宋初，本河南人，五代时，有九族随王审知入闽，后散居入闽。今之州人，皆由宁化县之石壁乡迁来，颇有唐、魏俭啬之风，礼俗多存古意，世守乡音不改，故土人别之曰客人。方言多古语，尤多古音。

妇女皆勤俭，世家巨室，亦无不操井臼，议酒食，亲缝纫者，中人这家，则无后不从，甚至务农、业商、技家、教书，一切与男子等。盖家人家法，世传如此。五部州中，最为贤劳者。

有耶稣教士语余：西人束腰，华人缠足，唯州人无此弊，于世界女人，最完全无憾云。

《客方言》序

章炳麟[①]

广东称客籍者，以嘉应诸县为宗，当宋之南逾岭而来时，则广东已患人满，平原无所寄其足，故树艺于山谷间。犹往往思故乡。其死也，下数岁之后，必启而检其骨，内之一定陶器中，使可提挈，幸他日得归葬。至于今七八百年，子姓繁衍，遂世世为侨居之民。家率有谱系，太氏本之河南，其声音亦与岭北相似。性好读书，虽人子，亦必就傅二三年，不如是，将终身无所得妃偶（客人有“不读书，冇老婆”之儿歌），盖中州之遗俗也。以言语异广东诸

① 章炳麟（1869—1936），浙江余杭人，语言学家。

县，常分主客，心者或鄙夷之，以为蛮，播之书史。自清末以来，二三十年之中，其争益剧。余独知言蛮者为诬，常因其《方志》为《岭外三州语》，盖本之温氏书，犹未完具；最后得兴宁罗翙云《客方言》十卷，所记逾于温氏盖三四倍。上列客语，下以小学故训通之，条理比顺，无所假借，盖自是客语大明，而客籍之民亦可介以自重矣。方域之中，言语节奏，不能无殊别，盖自古而然。《周官》虽有听声音、谕书名之制，要以大体相合，其辨不在小苛；“六书”有转注，所谓建类一首，同意相受者，若考老。但（古音如）之伦，不为叠韵，则为双声，以其音有小异，故判而为二文。若举国无异语者，焉用此重沓为也。其后去本逾远，末流亦益分，遭乱迁徙，又不尽守其故。当汉之时，迁闽粤之民于江淮间，其地遂空；近世福建之民，悉后来占籍者也。四川以流寇之祸，荡然无唐宋遗民，今著籍者，其本皆自外来。二者事例为最著，其他小小迁徙，不可纪录。幸而与土著同化，久亦无所别；不幸保其旧贯，声音礼俗与土著不相入，遂相视若异类，若是者，世固多其比。以广东辨世系最严，而嘉应诸县人特知本，学者能通古今语以自贵，故其事尤暴于世。世有不幸同其比者，法于罗氏则可也。

民国 11 年 6 月余杭章炳麟序

（原载谭元亨主编《客家经典读本》）

客家源流与迁徙
（摘录）

（英）艮贝尔

客家人可以从其他华人中，于语言上、习惯上辨别之。概括言之，妇女不缠足，通常体健而轩昂，唯其如此，故能过其户外生活……乡村居民比城市居民更能勇敢自主，彼等具备全世界山居者爱好自由之特性。

……客家人之往外洋者，为数颇多，无论在任何地区，均有客家人的踪迹，其人数仅次于广州人耳。在荷属东印度、罗、缅甸等处，客家人特别众多。

其较早迁于台湾者，据说有50万人，在海南岛者，亦有相当数目。

岭东之客家，十有八九皆称其祖先系来自福建汀州府宁化县石壁村者。按诸事实，每一姓的第一祖先离开宁化而至广东时，族谱上必登着他的名字，这种大迁徙运动自始至终皆在十四世纪时代，于是可见广东之初来客族，距今已是五六百年前的事了。

（原载谭元亨主编《客家经典读本》）

中国的客家

（节选）

（美）罗伯·史密斯

客家妇女，真是我们所见到的任何一族妇女中之最值得赞叹的；在客家中，几乎可以说，一切稍为粗重的工作，都是属于妇女们的责任。

如果你是初到中国客家地方居住的话，一定会感到极大的惊讶。因为你将看到市镇上做买卖的，车站、码头的苦力，在乡村中耕田种地的，上深山砍柴的，乃至建筑屋宇的粗工，灰窑瓦窑里的工人，几乎全都是女人。她们做这些工作，不仅是能力上可以胜任，而且在精神上亦非常愉快，因为她们不是被压迫的，反之她们是主动的。原来客家因山多田少的关系，大部分男子壮丁，都到南洋去谋生，或是到军政界去服务了，在家中多数是只有老年人或幼小的孩子，因此，妇女在家中，便成主干。这情形粗粗看去，与原始的母系氏族社会，真是一模一样，而实则大大不同。

客家妇女，对于她们的丈夫，都是非常尊敬和服从的，单就这点来说，与原始社会，便有很大的差异，换句话说，即男子仍旧是一家之长。客家妇女，除了吃苦耐劳和尊敬丈夫以外，她们的聪明热情和在文化上的进步，也很使我们羡慕，因为需要劳动。所以客家妇女，自有历史以来，都无缠足这一陋习，她们的迷信程度，也远不及其他地方的妇女。她们的向神祈祷，多是以敬重祖宗为动机。与客家的男子相比，妇女受教育的机会是很少的，但她们多数

很聪颖，当她们在山中砍柴草时，常常是一面劳动，一面唱她们自己所创造和喜爱的山歌，而且一问一答，应对如流。有些会唱歌的男子，便会唱起含有爱情词句的山歌，向女方挑逗，往往因此成良缘。现在这种特殊风格的客家山歌，在东方民俗学中，已经占有重要地位了。

（原载谭元亨主编《客家经典读本》）

客法词典

（摘录）

（法）赖里查斯

在嘉应州，这个不到三四十万人的地方，我们可看到随处都是学校，一个不到三万人的城中，便有十余间中学和数十间小学，学生的人数几乎超过城内居民的一半。在乡下每一个村落，尽管那里只三五百人，至多亦不过三五千人，便有一个以上学校。因为客家人的每一个村落都有祠堂，那就是他们祭祀祖先的所在，而那个祠堂也就是学校。全境有六七百个村落，都有祠堂，也就有六七百个学校，这真是一桩骇人听闻的事实。按照人口比例来说，不但全中国没有一个地方可以和它相比较，就是较之欧美各国也毫不逊色。

为什么客家的教育会这样发达呢？我觉得最大的原因是由于环境所促成，因为这地方山多田少，粮食不够，男子必须出外谋生，而学习谋生技能，自必先知书识字，况且祖先原由北方迁来者，皆为门户清高的人物，都存有读书为贵的观念，因此他们便极力想法设立学堂。他们的祠堂都拥有许多公产，将公产所收入的用来办学，学生大抵免费，所以虽属乞儿子弟，亦有读书求学的地方，而不至于成文盲，此即所谓教育机会均等者是也。

一般说来，中华民族的特性是保留的、保守的，但客家人例外，因为客家人的特性，客家人的精神，那是革命的、进取的。

（原载谭元亨主编《客家经典读本》）

自然淘汰与中华民族性

（摘录）

（美）韩廷敦

有数约百万以上的客家人，因从事贸易而居留于南洋群岛及欧美各国，客家的名称，英文是Hakkas，在人类学上已有相当重要的地位。客家人的重要特性，就是能吃苦耐劳和团结，唯其如此，故在工作上常占优势。因为他们能团结，故能以外地人的身份，在当地生存和繁衍。客家人很注重武技，每一个市镇都有练武习艺的团体。他们所以要注重武艺，原因很简单，就是为了自卫，因为客家人转徙万里，沿途难免受到抢夺。

（原载谭元亨主编《客家经典读本》）

无形的世界帝国——客家

（摘录）

（日）中川学

笔者本来是专门调查唐王朝的，在追踪唐王朝被推翻之后的去向的过程中，发现并开始了对这个石壁村的调查。大量逃亡的农民到哪里去了呢？统计调查后发现，原来石壁村确实是个人口流动的集中地。通过当地的资料验证，果然明确记载着大量的“盗贼”潜逃者等非法草民都聚集在这里。

但若干年后，在这里有将近200个家族又渐渐恢复元气重振威风，并在不久之后迁往南方。继而又来到广东省的梅县，并经汕头向海外腾飞，或者是生活所迫不得已而背井离乡到海外谋生。

在石壁村建有客家的大祖庙，这里是客家共同的祭祀场所。在这个客家的大祖庙里，陈列着被客家的客属总会所公认，严格筛选出来的客家家族的牌位——高50厘米、宽8厘米，涂成黑色的木制板上写着同族的姓名。仅有

名的就达 100 个之多。

客家先祖终于定居下来的根据地，最初是在福建省汀州府宁化县石壁村。

（原载中川学《客家中国人的政治、经济史像》，1980 年发表）

客家的起源
（节录）

（美）谢廷玉著　葛文清译

到目前为止，我们对中国历史上的移民有了大概了解。可以发现，几乎每个朝代末期都有移民，而不仅仅指客家移民。客家人可能是一群有关联的人因为战乱而背井离乡南下。

而在本地人的记载中，他们的移民史也大致相似。那么，谁是客家人呢？大约 960 年宋初时，在江西南部、福建西南部特别是汀州和赣州，居住着可能是北方血统的居民，后来他们越过山区边界进入广东，演变成了客家人。

客家人迁徙到嘉州的历史说来特别有趣。早在 900 年从福建、江西涌来许多流民。梅县 976 年的人口统计中，有 367 个这样的“客户”，1210 个“主户”。（《太平寰宇记》）一位同时代的人记载：“郡，土旷民懒，而业农者鲜，悉汀赣侨寓者耕焉……”（《舆地纪胜》）

一百年后，到 1078 年，人口统计显示，“客户”6548 户，“主户”5824 户。从福建、江西来的移民大量流入，逐渐代替了老居民。在宋朝，早期的居民已经消失，宋末时迁来的居民只有十分之一或十分之二留下来。到了元朝和明朝初期，这个地区才基本安定。

第一次涌入广东的浪潮开始于南宋。是什么使得福建人、江西人离开家园呢？首先，山区环境不能供养渐增的人口，而越过广东边界后，面临的虽然也是群山，但人口稀少，有更多的机会养活家人。

此外，无数的盗贼和山贼时常威胁人们。1171 年一名官员上奏朝廷说：“在福建，汀州的山贼最麻烦，十年间官府派兵镇压了三次……很多人失业

后便去入伙山贼。”（《福建通志》）

蒙古人的入侵又使许多人逃亡，一些人到官府自愿当兵，很多都在1279年的崖山最后一战中阵亡，当蒙古人到达梅州时，州官蔡蒙吉因辱骂他们而被处死。

一年后文天祥收复梅州，追谥蔡蒙古。在当地征兵扩大队伍后，他北上江西，蒙古人重回此地，进行了大劫掠。一位当地的作家惊叹这里竟成了狐狸、乌雀栖息之地。

元后的人口统计只有2478户了——没有区分“客户”和“主户”——只剩下200年前宋朝时的人口的五分之一。（《元史·地理志》）据说只有杨、古、卜三个姓氏的家族保留下来。许多福建人特别是宁化人蜂拥而入，占领了那些荒地。

蒙古人被明朝赶走后，第二次移民浪潮涌入嘉应州，福建客家移民如此之多，向来有排外习惯的他们把嘉应州先前的一切都驱赶走了。

与此同时，江西南部的移民到嘉应州西南部。以下是《宁化县志》人口统计给出的福建移民的生动说明：

北宋	1078年	3700户
南宋	1253年	35000户
明初	1391年	12588户
明中	1492年	6565户
明末	1613年	5279户

至此我们可以看出客家人迁入广东有两次大的运动——一次在南宋时期，另一次在元末明初——持续约300年。但是，他们是怎么到福建、江西的呢？他们是那里的土著居民吗？如果不是土著，那么他们又是什么时候从哪里迁到这些地方的呢？我们要认真推敲以下五种假设，它们之间有一千多年时间的差距，且似乎互相矛盾。

一种假设认为他们是残留在南方士兵的后代。随着元朝的灭亡，在浙江向明朝投降的士兵被当作流浪者和奴隶，客家人被归作同一类。

但是，这种假设成立的可能性很小，客家人在唐朝之前已居于闽、赣，蒙古人入侵前已迁入广东，这样来论定客家人的起源太迟。而且，他们的语言、风俗与蒙古人没有什么相同点。

一些人认为客家人并非中原人，而是福建土著居民的后裔，但客家人不只是从福建来，也有从江西来的，况且这种推断也与他们的语言、风俗和其他中原人相似有矛盾。在福建和南方其他地方也生活着一些土著，但大多力量薄弱、落后。而客家人对他们的种族、历史深感自豪，独立、无畏使得他们不断迁移、扩散。

另一些人认为客家人是公元前214年秦始皇派来的50万征讨南方的士兵的后裔后来还派了12000个寡妇随军，大量的军事殖民者和半文明的部落通婚。当汉武帝再次征服广东时，他采取了把大量人口迁往江淮地区的政策[①]。

这次人口的迁入和文化的混合产生了一种“中原”文明，这些人与客家人相比，更可能是现在本地人的先祖。没有一群纯粹血统的中原人，客家并不能说明是最纯粹血统和“中原人的精华”。（亨廷敦《种族的特性》）最初的中原人定居黄河流域后，与当地的苗族或游浪者通婚，使今天的中原人混合了不同种族的血统。在周朝，中国的封建社会的家族和土著间的通婚很普遍。南北朝时，许多野蛮部落进入这里，渐渐在血统和文化上被中原人同化。

客家人的家谱和传统中总是把河南当作老家，在晋唐朝因野蛮人入侵而南迁。在离开老家几百年后，他们依然保留着婚、葬习俗和语言、风俗，每家都有一个或多个堂名，大多是从河南来的。例如“叶”“张”两个姓氏就把河南南阳当作老家，像欧洲殖民者在美洲上一样客家移民到哪儿都将那个地方称为“新河南”，并保持家乡的传统和习惯，代代相传。

他们的家族自豪感是这样强烈，以致他们能够保留着自己的语言、风俗，

① 公元前138年，福建的闽越和浙江的瓯越交战，后者被当时的皇帝允许迁到江淮地区，即现在的安徽省。公元前110年，汉武帝又把闽越人迁到同一地区的北部，这种大规模人口迁移所留下的空地，后来被来自北方的中原移民占领。（连志超《中国种族再研究》）连志超认为，广州人或本地人是宋代经南雄进入广东的移民的后裔的说法不可信，而相信他们是中原人和摆夷部落或者夷家的混血后代。

不管在什么陌生地方，甚至在海外也没忘记。

我们可以看出，在晋末、唐末、北宋末时期的三次大移民。第一次北方移民规模小，与当地人通婚，融合在一起，被当地人同化了；第二次规模上和文化上稍大，吸收了闽、赣地区的原住民；第三次移民到新的地区，形成了"中原"文明。

客家人把光州的光山县作为老家[①]，而福建人把同一个州的固始县当作老家，这仅仅是个巧合吗？假如美国人认为他们的祖先是1620年乘"五月花"来的说法被承认的话，那么必须有一个舰队来搭载那些清教徒了。

同样的，多少客家人是光山县后代，又有多少福建人确是从固始县来的呢？似乎两青都是建立在王潮、王审知兄弟的基础上；在885年他们因不满朝廷，带领500士兵出逃，最后定居在独立的汀州、赣州、漳州。

因为野蛮人的劫掠和无数造反者，河南处于极度混乱，许多人越过长江往江西，然后进入福建，当他们进入王潮、王市知的领地后，他们很圆通地把光山县当作老家。许多人或许真的有这种正统身份，但也有很多人只是"采用"这种身份而已。

因此，这个被山区隔绝的地区，就变成了一个"新河南"。他们在这里生活了四个世纪（大约900—1300年）。在这期间，可能吸收了一些原住民，采用了后者的一些习俗，改变了后者的语言——我们称为"消失的古语"。

"客家"这个词语并无体现种族区别，大约出现在780年唐朝的人口统计中，从968年到1223年，在宋朝人口统计中，采用"主"和"客"来估计人口。[②]宋朝后，就不再用这两个词。在968年宋太宗时，最早的注家写道："汉族，包括'主'和'客'……雷州人口包括101户'主'、5户'客'

① 宋代伟大的史学家郑樵和当代梁启超，都几乎不承认这种情况。而且，广东东部的大部分客家人宣称他们的福建祖先来自汀州宁化县石壁村。一般只有一或两个家族居留在一个县，为什么有这样多家族宣称宁化是他们以前的居留地呢？

② "主"和"客"的名称据说出现在宋时期。但《玉海》第20卷指出，大约780年的唐初期的国家人口统计中，1800000户"主"，1300000"客"户。可是，奇怪的是，713—806年的唐朝《元和郡县志》的户口统计中没有这些名称，见《嘉应州志》。

和 2 户蛋家。”

仁宗三年，颁发法令减免漳州、泉州、兴化军的税务，因为贫穷、战乱，“客”户减少的数量比“主”户少得多。

1085 年的人口统计中，有 10109542 个“主”户，4743144 个“客”户。主户中包括士兵、隐士、山中人、和尚、尼姑、渔民和黎部落人，而客户中包含流浪者、海贼和部落外的人。

根据《宁化县志》，“主”户是本土人，“客”户是外来谋生的。因此根据以上材料的研究，我们可以概括如下：

（1）“主”表示“旧的，本地的居民”，而“客”表示“新来的，异己的，客人”

（2）这名词不只适用于某一地方，在宋朝人口普查中适用于全国。

（3）客家人之所以有如此称呼，是因为他们并非现在居住地的原始居民。

（4）本地人称移入广东的为客家人，并非表明他们之间种族的差别和优势。

（5）客家人吸收或赶走了一些地方的当地人，成为新土地的独占者。

（6）这些词仍然用来区分新到者和老居民。客家人因语言、习俗不变，到哪儿都和当地没有相似点，总被称为“客家人”。

经过仔细调查，客家人来源最有可能的是，晋、唐战乱时从中国北部迁移的移民的后裔，他们中许多是难民，一些是被流放者，一些是官员。

当时整个村子迁移的现象很常见，就像广东许多村庄出国一样。当一个家族听说邻族已迁到南方一个有希望的地方，他们也收拾家当，长途跋涉，前往新的目的地。虽然他们守旧，有守住祖地的本能倾向，也阻止不了他们的离开。

尽管困难重重，客家祖先还是迁移到遥远的地方。只有坚强不屈的人活了下来。是他们的战斗的永不妥协的精神使得他们独立、积极，为自己的种族感到骄傲。他们的传统、特性、风俗和语言，都显示出中国北部的历史背景。

然而，客家人并非“中原精华”或“纯正血统”。他们的祖先可能和遇到的原住民通婚。但那些原住民是谁呢？是中原人或半开化的部落吗？

我们应记得，勾践统治下的越国曾非常强大，在公元前473年打败了邻国吴国。后来越国衰弱了，最后在公元前333年被楚国打败，分散成百越。移民们分布在福建、江西、广东，可是仍时时被百越骚扰。

汉武帝几次交换这个地区和江淮地区的人口。这样，到晋朝第一次中原移民高潮到来时，这里已有人口的特性确实已变得相当复杂。因此，认为客家的先民是越族难民的假设似乎也有道理。

但是，问题在于有哪些客家传统能被指证是来自越族地区，或在常用语中有多少是残余越语？如果客家确实是越族后裔，那么他们又为什么丧失了越族的身份而被“汉化”。

似乎更加可能的是，北方移民由于数量和文化上的强势，而把这些地区的原住民赶跑或者同化了。在接触交流过程中，他们可能不得不改变他们的习俗和语言。由于生活在与世隔绝、崇山峻岭、远离交通要道的环境中，他们就能够在习俗、语言上形成一个同质族群，并和本地人、福佬人区分开来。

（原载于《客家魂》第5期，2000年）

这一时期，国内外学者发表的作品，大多是对客家某些方面提一些个人的认识，少有对客家整体历史的系统性阐述。其中也有涉及宁化县及石壁，但也是点滴。从整体而言，到了1930年以后，罗香林教授先后发表《客家研究导论》以及《客家源流考》才是“拨云见日”，此二部著作被称为客家问题的“拓荒”“奠基”之作，其中许多理论观点，被广大学者所认同和接受，而传承下来，为客家研究开辟了新阶段。

二、客家研究的发展

吴泽教授在20世纪90年代初发表的《建立客家学刍议》中说：“罗教授两部书的问世，标志着我国的客家问题研究已由草创阶段进入发展时期。在这以后，世界范围内关于客家问题研究从未间断。各种研究成果也纷至沓来。据不完全统计，到 20 世纪 80 年代末，世界学术界有关客家人的各种论著已不下 300 部（篇）。至此，把客家问题当作一门独立的学科，构建系统的客家学学科理论和方法，终于被提到了世界学术界的议事日程上来。然而遗憾的是，在世界范围内客家问题研究由草创阶段走向学科建设和独立发展之时，我国学术界在近半个世纪来，不论是专门的研究机构和科研团队，还是系统的资料收集和整理工作，均处于迟滞状态，无所建树。其间虽有一些零星分散的研究，但大多数止于就事论事，很少触及这一学科的基本理论问题，其研究水平，尚难越过罗香林先生当年的水平。直到今天，有关客家学的学科范畴，理论体系、研究方法等，尚未得到充分的论证，从严格的学科定义来说，客家学尚未成为一门独立的学科。”

20 世纪 80 年代，中国改革开放的春风吹遍中国大地，国门打开了，海外客家游子接踵回到中国大陆寻根觅祖、探亲访友、寻找商机。中国大陆敞开怀抱，热情迎接海外亲人在改革开放、发展经济的洪流中的到来，政府提出“文化搭台，经济唱戏”的方略。文化、经济同时推到台上。在这个形势下，被冷落了将近 40 年的客家问题研究，也随潮流登上学界的殿堂，逐渐热起来了。

这一波客家热的掀起，大环境是中国的改革开放，大力推动经济发展。在这形势下，一是“文化搭台”，大力举办文化活动，招引人流。二是 20 世纪 80 年代，中国大陆开展中华人民共和国成立后的第一轮编修地方志事业，这一工程，必须了解地方史，客家地区必须搞清楚本地的客家历史，因此，关注和进行客家问题研究。三是接踵而来的海外客家人士回乡探亲、寻根，促使客家地区人士了解本地客家历史和姓氏源流，以满足接踵而来的海外客家人士探访的需要。四是学界的自觉意识。在大环境下，激发了文化自觉和责任，把几乎封存的客家历史问题，再次掀开研究。

在这一背景下，“客家热”迅速兴起，表现在客家联组织从县到省纷纷成立，相应的有的还成立研究机构。同时高校也不缺席。纷纷成立客家研究所、中心，后来发展为研究院。可以说一段时间，客家联谊，研究组织，在客家地区遍地开花，非客家地区也有不少成立，如河南、四川、上海等地。

1988 年上海华东师范大学成立“客家学研究室”是全国高校之第一。1989 年编辑出版大陆第一本客家学研究专门刊物《客家史和客家人研究》。

1989 年 12 月，第九届世界客家恳亲大会在广东梅州举行。华东师范大学中国通史著名专家吴泽教授出席大会，并在大会的学术讨论会上做了《群策群力，开创客家学研究的新局面》的专题演讲。他在演讲中首次提出“客家学”这一崭新的学术概念。不久，吴教授发表了《建立客家学刍议》的重要文章，这篇文章被视为大陆客家学科建设的纲领性文件。

1991 年华东师范大学客家学研究中心成功举办了首届国际客家学研讨会。

1992 年 9 月，香港崇正总会和香港中文化大学联合举办首届国际客家学研讨会，并成立国际客家学会。在两届客家学研研讨会的影响下，大陆的学术研究进入实质性的发展阶段，大批的研究机构成立，非客家核心区的广西师大、郑州大学也成立客家研究室。一些高校还开设客家文化方面的专业课程。华东师范大学客家研究中心还开设客家学专业的硕士和博士学位课程。一批客家专刊、专著也陆续面世，如华东师大客家研究中心的《客家学研究》、闽西客家研究会的《客家纵横》、梅州客家研究会的《客家人》、嘉应大学客家研究所的《客家研究辑刊》、江西赣南中华客家研究会的《客家源》及福建宁化县客家研究会的《宁化客家研究》等。一批客家学专著也陆续出版问世。如福建教育出版社策划、

上海客家学研讨会

出版，谢重光主编的10分册《客家文化丛书》于1995年问世。这套丛书是国内外第一部客家文化丛书，该书一问世，便引起海内外客家人士、学者的高度关注，短短时间便销售一空，又进行再版。

1995年赣南师范学院教授谢万陆出版《客家学概论》，1996年华东师范大学王东教授的《客家学导论》在当时对客家研究起了很好指导作用。

华南理工大学谭元亨教授在《高擎“中原说”的旗帜》中说：在20世纪90年代开始，由于一批著名学者、文学家的崛起，“文起八代之衰”，在沉寂了半个多世纪之后，一批批学术专著、文学名著得以问世，其影响力，已与过去不可同日而语了。客家人更在这一研究热潮中，赢得了广泛的国际声誉与社会信誉，甚至重塑了自身的历史形象。这是客家学的又一辉煌时期。

这一波的客家问题研究，或者说“客家热”从“狂热”到理性，逐步降温，出现既坚持、又平稳；既传承，又创新；既务虚、务实，述学立论，建言献策，守正创新。

特别明显的客家问题研讨会，20世纪90年代，或更后一点，几乎遍地开花，到了2010年以后，能正常化坚持下来的只有赣南师大客家学院开创的“客家文化高级论坛”、福建宁化创办的“石壁客家论坛”和台湾中华海峡两岸客家文经交流协会创办的“海峡两岸客家高峰论坛”，还有就是配合全球客家联谊会全会而举办的客家学研讨会，是从香港首届客家学研讨会而延续下来的。

在不断开展理论建设的同时，进行文化平台建设。大部分客家县市兴建了客家历史博物馆，和客家乡村的文化建设，如宁化石壁客家公祠，石壁杨边村客家文化建设。

客家文化在创新性转化方面，发展客家文化创意产业，既传承传统文化，又把传统文化转化为经济产业，激发客家文化的创新发展活力，让客家文化发挥新的生命。

在这阶段中，中央采取了多项举措、保护、发展客家文化。文化部先后把广东梅州、江西赣南和福建闽西、列为“客家文化生态保护实验区或保护区”加以领导、管理，使客家文化得以更好的发掘、保护、传承、转化。

石壁客家公祠

这阶段在客家研究方面，即守正创新，对一些核心学术问题更加广泛深入的研究，有的甚至照单全收，但同时也出现不同的话语，甚至与罗香林二书中所述的核心问题背道而驰，对罗香林的功绩也予以否定。

1. 关于中原移民的“始机”的问题，华东师范大学中国通史著名专家吴泽教授在《渊源篇（客家）》中：对客家先民南迁徙“始机”和秦始皇派兵南下戍边与客家民系的关系作了分析。吴教授写道（摘录）：

客家先民南徙“始机”的情况极为复杂。从时间说：有的始在西晋，有的始在东晋，不能简单地说“东晋南渡”。从动机说：有的避“五胡乱华”中的匈奴和羯族豪酋之乱，有的避“八王混战”之乱，不能简单归结为“因边疆部族内徙或侵寇而引起的中华民族内地人民的迁移”。有的不是为了避乱，而是其他动因。从地区说：有的渡江南迁，有的不愿南迁或南迁后苦请北归。总之，情况复杂不能简单化。关于徙南时间，已有解说，不再重复。关于南徙动因和地区问题，现据罗氏引用过的《兴宁温氏族谱》记载：“逮东晋五胡乱华，怀愍帝为刘渊所掳……我峤公时为刘琨记室，晋元帝渡江，峤公奉琨命，上表劝进……后峤出镇洪都，子孙因家焉。”现先指出：该谱所记刘渊掳愍帝是记错了。刘渊死于 310 年即永嘉四年。晋愍帝于 316 年即建兴四年被刘曜俘虏。该谱所记“我峤公奉琨命，上表劝进”一事，正史亦有所记。刘琨原是西晋高级士族，任并州刺史。他在任内募得士卒千余人，进驻晋阳为根据地，吸引许多士族和流民，甚至非汉族人也纷纷归附，与匈奴刘渊的汉国对峙，牵制汉国兵力，堪称晋朝的忠臣。刘琨叫温峤携带奏章到建康，劝请司马睿称帝，《纲鉴·东晋纪》是这样记载的：312 年 3 月“丞相睿即晋王位。刘琨、慕容（鲜卑族人）皆遣使劝进。刘琨翼载晋室，遣温峤奉表诣建康劝进。谓峤曰：晋祚虽衰，天命未改。吾当立功河期使卿延誉江南。行矣。勉之”。可见，温峤南渡不是避战乱，而是奉命劝进。当温峤启程往建康以及到了建康之后又苦请北返的情况，《纲鉴·东晋纪》也作了记载：“峤之诣建康也，其母崔氏固止之，峤绝裾而去。既至，屡求返命。朝廷不许……峤闻母亡阻乱不得奔丧，苦请北归。”朝廷又下诏指责温峤“以私难而不从王命”。温峤不得已才留在东晋做官。温峤的母亲不让他南渡，南渡后温峤苦请北返，这说明当时情况是：晋朝官僚士族的迁徙，有的渡江南徙，有的远走，北徙至辽东，有的留在黄河流域中原地区……

综上剖析可以概括为：客家先民是在 307 年至 316 年间，因避西晋八王混战、五胡之乱的天灾人祸而第一次南徙的西晋士族和农民、佃客。他们之所以被称为客家是相对当地原来居民而言的外来户或外来人。

近年，有些学者认为，客家先民是秦时驻戍五岭的“南来客群”。他们的根据，《嘉应州志》记载：“客家人祖先本齐晋人，至秦时被迫迁于豫皖。”二是据谢梅的《广州人文浅说》称：“那时（秦时）有个将领史禄通，屯兵揭阳一事，其部署之一部分留在梅县地区，这就是客家最初的来源。”有的作者更明确地表述：“梅州客家先民来到梅州，最早始于秦代，秦始皇统一中国后，派驻岭南戍边的五十万大军，其中一部分留在梅州地区安家落户。”

以上观点如果从汉族的形成发展的广义角度来理解尚无碍大体；如果认为它是客家先民的南徙，则站不住脚。这是因为：

第一，开辟五岭以南沿海地带的是已同当地居民相融合的华夏族人。把客家先民看成是秦汉“南来的客群”，其实质是对汉民族的发展过程不够理解。

汉民族是炎黄帝族与各氏族相融合经过长期的自然发展而形成的伟大民族。它经过若干发展时期，首先是初步形成为华夏族。在传说中，汉民族远祖是炎帝族同黄帝族的融合。炎帝族姓姜，主要活动在黄河流域中上游地区，以农耕为主，是较早进入中原地区的部落之一；黄帝族姓姬，发祥于黄河流域的中原地区，同样以农耕为主要生产方式。炎帝部落和黄帝部落相遇时曾发生过冲突，如阪泉之战。后来，黄帝部落联合炎帝部落与九黎族的蚩尤部落在涿鹿展开大战，打败蚩尤，逐渐成为黄河流域的主导势力。此后，炎黄部落在中原地区从事农业生产，繁衍生息，进入文明门槛，到夏禹之后创立夏朝，初步形成华夏族。华夏族继续发展是夏朝以后的事。当时在华夏族周围仍有较为落后的部落，被称为东夷、西戎、南蛮、北狄。以后经历殷商、西周、春秋、战国各朝代，由于华夏族的经济、文化有相当高度的发展，有条件融合四周较落后的部落。秦始皇消灭战国的诸雄，统一全中国，华夏族便自然发展形成为一个伟大民族，创造灿烂的炎黄文化。秦朝疆域东至海、西至临洮、北至辽东、南至南海。五岭即越城、萌渚、都庞、骑田和大庾等湘桂粤赣闽边界山区。秦分天下为三十六郡时，属于五岭山区及以南的有桂林郡等。史称秦始皇曾派遣军民大约五十万驻守五岭及以南地区，与当地土著杂居。以后，秦朝征服百越又增设闽中（今福州）、南海、象郡（含雷州半岛）。汉朝继秦长期统治中国。它国力强盛、经济繁荣、文化昌盛、版图扩大，威震海内外，华夏族也发展成为汉民族。汉继秦法，北向匈奴开战，迫南匈奴投降，移民大量人口北戍边防；通西域，其势力发展到天山南北；南征闽粤，灭南粤国，设置交趾九郡，流放内地居民与土著百越人杂居。当时，岭南土著百越人是一个复杂的族群集合，他们的祖先和中原地区的炎黄帝族不同，其来源和人种构成较为多元。有观点认为，整个蒙昧时期，中国南部都没有人类生存活动的痕迹。蒙昧晚期，南太平洋系人种经两条路线移入中国南部。一支由中南半岛，溯湄公河与澜沧江进入云南；另一支由越南沿北部湾海岸进入中国的广西、广东和福建东南沿海一带……这支人种是后来百越之族的祖先。雒越人在秦时已经进行农业生产，但其耕作极为原始，随海潮涨落，以定收获丰歉。秦汉时，汉族移民有较高的生产技术和文明进步，他们与雒越人杂居交往、通婚，自然易于融合。在东汉初年，由于汉官贪赃枉法，压榨雒越人，当时，雒将女儿微侧、微武起兵反对汉官，朝廷派马援率兵平叛，击毙二澂，整治贪官，交趾各郡的统治得以巩固。三国孙权时，把交趾、九真、日南三郡合并，称为交州；把南海、苍、桂林、合浦四郡合并称为广州。南海郡辖地，据《汉书·两粤传》称：武帝元鼎五年（前112）讨南粤，揭阳令史定降。又据《汉书·地理志》，武帝元鼎六年开南海郡，属县六，一揭阳所以《乾隆嘉应州志·沿革》记载：程乡县（嘉应州古名）“秦汉为揭阳境，属南海”。但是，在秦汉时并没有程乡县的设置。由于广州所属各郡交通方便，靠近中原地区，与内地联系频繁，秦汉时与南来的汉族人相杂居的雒越人便朝着逐渐融合于汉族的方向发展。所以，广州所属各郡即五岭以南广大沿海地带的居民，是秦汉时南来的炎黄子孙与雒越人相融合，也是继秦朝以来华夏族的大发展。这时已经是汉，当时居民便把自己看作汉族了。然而，当今学者把南徙的客家先民当作秦汉时“南来的客群”，实际是把开拓粤桂闽沿海地带的汉族人错认为客家先民。这种笼统地错认究其实质来说，是对汉时内地居民大迁徙，以及汉民族的形成发展过程缺乏历史的认识。

第二，粤东客家人住地在秦汉时是荒无人烟的山野地区。如上所述，粤东北山区古为程乡县，秦汉时属南海郡揭阳县，是未“建邑”的荒山野地。按翦伯赞的《先秦史》所描绘的是“繁茂的森林，遮蔽了天日，在森林中充满了毒蛇与猛兽”的处女地。《乾隆嘉应州志·沿革》考证程乡县建邑的经历：据《通志》记载，“晋义熙九年（413）析置义安郡。又析东官之五营，置义招，即今之程乡，大埔地，是晋已名。义招其后始分为程乡也。”又据《南齐书·州郡志》记载，“义安郡卞县、绥安、海宁、海阳、义招、程乡。”又再据《通志》记载，“齐义招县属析置程乡县。”以及明朝嘉靖年间编撰的《程乡志》，终于确认“程乡县建邑始于南齐，属义安郡”，到唐朝义安改为潮州。宋元两朝置梅州，领程乡县。明朝程乡县改属潮州，清朝雍正十一年改程乡县直隶嘉应州。《乾隆嘉应州志》是嘉应州建置不久，采集原《程乡邑志》而首创州志，其记述较为翔实。该州志未记载南齐“建邑”以前的史实，仅在“田赋部·户口”内记载：“嘉应版籍，汉唐之世，无可稽考。至于宋元旧志所载，仅举其一，亦无所考，故今断自明始。明洪武二十四年，人户1786户，人口6989口。”可见程县“建邑”是在东晋以后的南齐，既证实秦汉之时，“揭阳境”的粤东北山区是人烟稀少，遍地森林，毒蛇猛兽出没的尚待开发的地区；

也说明它是南徙的客家先民尚未抵达的地区，怎么能说“客家先民来到梅州，最早始于秦代”呢?

所谓“客家人祖先本齐鲁人，至秦时被迫迁于豫皖”的说法，为什么《嘉应州志》没有记载秦发 50 万大军戍五岭，以及史禄通留在揭阳境内的屯兵是“客家人祖先”呢？这些不是正好说明客家人的祖先是定居于山西、山东，秦时才迁居于河南、安徽的华夏族人吗！而秦时“南来的客群”虽是华夏人，却不是客家人的祖先。再者，清光绪时编撰的《嘉应州志》记载过“梅地古为畲、瑶所居”。假如说客家先民是秦时“南来的客群”与雒越人融合的汉族人，为什么该州志没有像记载畲、瑶族一样记载雒越人呢？总之这些都说明客家先民来到梅州不是始于秦代。

顺便说一说，近年来有人以《客家人从哪里来》为题写文章称：“客家人是潜伏在中原的蚩尤部族的后裔。”该观点认为“黄帝与炎帝联合把蚩尤打败。蚩尤族没有逃徙到南方留在中原一带，也不同炎黄子孙彼此通婚、混合，而自称为黎民。秦汉以后，人口胀，西北方胡人大加压力，中原的民族逐渐南徙……客家人的南迁比其他汉人更晚，因此被称为客………没有比蚩尤这一族更适合地解释客家人的来源”。这种违背史实，无视汉民族形成发展的事实，离奇无稽之谈，既然有人作了反驳，就不再赘述了。

以上几个问题的剖析，旨在推动对客家先民的认识更科学、更贴近历史实际，也期望对深化当代客家人的凝聚力与向心力，促进中华民族大团结有所助益。

当代客家人广泛分布于中国多个省区。据相关研究，其主要分布在江西、福建、广东、广西、湖南、四川、贵州和台湾等地。在这些区域中，纯客住县与非纯客住县数量众多，但由于人口统计受时间、标准等因素影响，具体数据存在一定差异。1982 年全国人口普查数据对中国大陆客家人口进行了估算，同时结合其他时期对台湾地区以及海外、港澳客家人口的统计，因统计时间和范围不同，数据难以直接汇总得出精确总数。若参考新加坡《客总会讯》1986 年第 11 期刊登的《海外各地客家人数（小资料）》，日本、东南亚、北美、拉丁美洲、欧洲、非洲等地的海外客家人总数约 500 万人，但这些数据仅作参考，实际客家人口数量需综

合更多权威研究。

客家人作为具有共同语言、习俗和心理素质的群体，在全球范围内发挥着重要作用。以新加坡为例，其在经济建设与城市文明建设方面成果显著，如在城市卫生、公民礼仪等方面表现突出。新加坡以英语为第一通用语言，同时大力提倡讲普通话。新加坡前总理李光耀原籍广东大埔县，是客家人。他熟悉中国文化，在国际事务中发表的诸多言论和观点，体现了对中国国情的深刻理解。

在台湾地区，客家人是重要的群体之一，在当地社会文化发展中扮演着重要角色。在香港，也聚居着大量客家人。近年来，众多海外客家人秉持爱国爱乡传统，积极投身祖国建设，通过投资等方式助力家乡发展，为中国式现代化建设贡献力量。

我们海内外客家人都具有共同的心理素质。它是客家先民在长期的艰难环境中养成的开拓进取、坚韧卓绝、刻苦耐劳、勤俭向上、热爱桑梓的优良品质。它一定能发扬光大为爱祖国爱家乡，加强团结，提倡互助，共同为祖国的繁荣进步，弘扬炎黄文化，推进祖国统一，创造美好的明天做出更多的贡献。

2. 关于客家名称的由来

客家名称的由来，已经讨论了一百多年，虽然罗香林作了论述，但还是有不少讨论。

吴泽教授对罗香林的论述也作出自己的阐述。

吴教授认为“客家称谓来自‘客户’不要轻易否定”：

> 客家人为什么称客家？它的科学根据是什么？是客家研究的基本问题。关于这个问题，以往学者有多种不同意见，罗香林教授交流地研究了中华民族的迁移史，考察客家先民的南迁进程。根据《南齐书·世郡志》记载，认为“客家的”客字是沿袭晋元帝诏书所定的。其后到了唐宋，政府簿籍乃有‘客户’的专称。而客家一词，则为民间的通称。

这就意味着客家人是对当地居民而言为外来户或外来人。罗氏对客家人的界定，被较多人所接受，影响也较大。但是，有些学者对罗氏的观点提出异议，认为“严重失误”，是把“主客之分与土客之别混为一谈，犯了知识性的错误”。这种异议是值得商榷的，其理由有如下四点：

第一，“客户”与“主户”在户籍上是相互对称的概念，有多种含义。据民国版《辞海》的解释：主户是“别于客户而言，谓地方原有之民户也”；客户是“别于主户而言，谓外籍来附之户”。后来，《辞海》新版本的解释客户则有两种含义。即一是指由外地迁徙来的人户，另一是指汉魏以来在封建剥削和土地兼并下，广大农民流亡各地，成为“流民”。“流民”为官僚地主门阀豪族荫占后被称为佃客、浮客、荫户、包荫户等。唐宋时户籍中并无主户、客户区别。客户大抵为无地佃农。宋元之际，客户名称完全消失。这就说明：在户籍管理上称主户或客户的标准有多种，不是一种以“是否占有土地”的标准。诚然，户籍上登记的客户，既含有失去土地的农民或佃农，也含有外地迁徙而来的人户。这样，就不能否定在户籍上登记为客户的客家先民是指外来户或外来人的称谓。

第二，土与客有分别，但又有联系。这里所谓分别，即土是指该地区原有的居民，客是指该地区外来的居民。所谓联系是指土与客杂居、交往、通婚，经过长期相处的融合，到那时没有土客之别而“混”在一起了。历史上客家人与畲族人相处的事实，足以说明这论断的科学性。闽粤赣边境山区是今日客家人的主要居住地，也是昔日畲族人聚居地。据记载：7世纪时，畲族人已经是这些地区的主户，而客家先民迁入该地区是在10世纪唐末，更多是在宋元交替之际。就是说这些山区的主户是畲族人，客户是客家先民。时至今日，闽粤赣边境山区的畲民已无多了，但是，遗留下来的畲族人居住过的带有畲字的地名却很多。据闽西南六个县的《地名录》记载：带有畲字或“斜”字（客家话把畲读作斜）的地名就有138处。其中永定县有两个地名最能说明问题：一个是湖雷乡的“客祖斜”，另一个是堂堡乡的“客斜坑”。前者是说明客家先民迁来之前，该地的土著居民是畲族，也是户籍上登记的“主户”。后者是说明客家先民迁来之后，与该地土著民畲族人杂居交往以

致融合，没有土客之别了，“客斜坑”成为主客融合的见证。这事实足以说明罗氏认为“客家居地虽说尚有无数的主户，然而新种（客户）一人，旧种（主户）日衰，主户的言语日益为客语所排驱，主户的苗裔亦渐渐为客家所同化”（括号内的注释是原引者加进的——引者[①]）的判断，是正确的。但是，对此判断所作异议的论据，只是从《嘉应州志·方言》中引述《太平寰宇记》和《元丰九域志》所记载的梅州和其他各地的户籍登记数字重新排列提出异议。它写道：“若说‘客户’是‘客家’，九十年间，增加了10929户，那么，各地的主户即罗、温二位所说的‘土著’增加了55 749户，是怎么冒出来的？”[②]其实，如果对登记户口的册籍，即户籍做些历史考察，并对“客户”的认识有全面的理解，持异议者就不会有疑问的。须知最初户籍的编户之所以分主户和客户两类，是登记户口的流动，迁入迁出，新迁久住事项的需要。到了唐朝中期，人口迁移频繁，社会动乱，户籍失修。宋朝立国以后，为了缴纳身丁税和其他赋税、徭役的需要重订户籍，把编户的主户和客户的含义重新规定。凡占有土地和资产者编为主户，又依据占有多少不同分为上主户和下主户，其中一至三等占有土地从几顷到上百顷的是上主户，作为缴纳赋税和科派力役的依据，四等户占有少量土地是自耕农，五等户占有更少土地是半自耕农，他们编为下主户都要向官府纳税和服徭役。凡侨寓外地的小工商业者，全无土地靠租种土地为生的佃农编为客户又称为无产税户，要向官府纳身丁税，向地主纳地租。可见宋朝户籍没有排除侨寓外地居民编为客户。到了宋末元初之际，因社会动乱，情况变化，客家之称便完全消失了。了解户籍沿革有助于认识宋太宗年间撰写的《太平寰宇记》和宋神宗年间撰写的《元丰九域志》所记载的土户和客户的变动情况。宋太宗到宋神宗的九十年间，一般来说是较为安定的，人口迁移不多，户籍册上的原客户因长期无迁移变化或田土地占有的变化，在新编户时被改为主户了。再因新迁进的客户比原客户改为主户的数目少，这就显得户籍册上的主户多于客户。在唐朝，《唐

①② 张卫东、刘丽川：《论客家研究的几个基本问题》，原载《深圳大学学报》1988年活页文选之一，见《客家研究》第1集。

会要》记载："开元十八年旧诸户籍三年一造"，不论前朝规定是否贯彻执行到后代，但从宋太宗到宋神宗统治期间的户籍肯定会登记过若干次，主户和客户的编户肯定有变动。持异议者称"其（主户）绝对增长值竟是客户增长值的5倍多"，正是反映宋朝九十年来的盛世，人口迁移不多和土地占有变化的事实，不宜据此否定罗香林的判断。

第三，罗香林认为客家称谓来自客户的"客"，有一定的史实根据。罗氏在《客家研究导论》里考定客家界说认为：客家名称起于宋朝户籍册的"主客之别"。客家是民间的通称。1950年罗氏发表《客家源流考》，依据《南齐书·州郡志上》记载申明：客家的"客"字来源于东晋元帝诏书所定的"给客制度"。罗氏的引文是"南兖州，镇广陵……时百姓遭难，流移此境，流民多庇大姓以为客。元帝大兴四年诏以流民失籍，使条名上有司，为给客制度"。现查对《南齐书·州郡志》，罗氏的引文是作了删节，这给人一个错觉，认为晋元帝是治理失去户籍而庇护于大姓的荫客、佃客、部曲等南渡流民。其实细读全文并非如此，而是叙述晋太兴四年（321）侨置南兖州，治广陵。晋太宁三年（325）、晋义熙二年（406）把南兖州寄治改在京口（今江苏镇江），南朝宋永初三年（422）又把南兖州寄治迁回广陵的经过。《晋书·地理志》也作如是记载："惠帝之末，兖州阖境沦没石勒。是时遗黎南渡，元帝侨置兖州，寄居京口。明帝以然郗鉴为刺史，寄居广陵，后改为南兖州。"又云："永嘉之乱，元帝渡江之后，是时，幽、冀、青、并、兖五州及徐州之淮北流人相继过江淮，帝并侨立郡县以司牧之。"可见，罗氏的引文原意应是，晋元帝侨立南兖州以安置从兖州南渡的"遗黎"，安置在侨州、侨郡、侨县的"遗黎"不仅有南渡流民：也有南渡士族。再者，《南齐书·州郡志》所称晋元帝诏书所定"给客制度"，设置侨州、郡、县，究其主旨不是为着南渡流民，而是安抚南渡士族。侨寓在侨州郡县的"遗黎"，通称为寄居他乡的"侨人"。《隋书·食货志》正名称："晋自中原丧乱，元帝寓居江左，百姓之自拔南奔者谓之侨人。"同是"侨人"，士族与流民其待遇截然不同。出身流民的"侨人"毫无权利。他们只有依士族享有的"私附"特权，在大姓户主的庇护下，不上“黄籍”，即不上普通民众的户籍册，得到逃避赋税和徭役的好处。出身士族的“侨人”有继续为官，不纳赋税，不出徭役，还有“挟藏户口，以为私附”的巨大特权。士族“侨人”享有特权正说明侨置州、郡县，诏定“给客制度”是为了依靠士族制度，以巩固政权的主旨，同时也说明“给客制度”是安置寄居他乡主人的用意。所以罗氏认为“客家的'客'字是沿袭晋元帝诏书所定的”，不失为有一定的史实根据。

第四，宋朝户籍册的主户专称，没有土族的含义。唐朝中期士族势力已经极大削弱，唐末裘甫、黄巢领导的农民起义，在一些地区消灭了士族地主，士族的部曲、荫客、佃客、奴婢得到解放。士族制度逐步消失，土地占有方式不断变动，原订户籍已失效用。宋朝立国以后重订户籍，主户和客户两类编户，再不依据土著和客籍，而以土地资产的有无来划分，作为征收赋税和科派徭役的依据。具体的划分编户，如上述与前朝截然不同。但是，对罗氏观点持异议者，以宋朝户籍的论据论述晋朝“衣冠南渡”，认为“南渡之衣冠在北方时为主户，到了南方侨居地，置产安家乐业，仍为主户——成为客家，但非客户”。并且认为“中原的主户（士族）与客户（流民）同时南迁……主户仍是主户，客户仍是客户”。这里且不论指出客家先民在晋朝南徙是士族与流民同时南迁的正确论点。但以户籍上的主户专称与南渡之衣冠士族相联姻，则是苍白无力、难以说服他人的论点。

（吴泽《渊源篇（客家》原载谭之亨《客家经典读书》）

时是为厦门大学人类学研究所硕士刘朝晖在首届“宁化石壁与客家世界的学术研讨会”论文：《客家、文化认同下的“他称”和“我称”》中提出了他自己的认识，全文转载：

客家的界定是客家学研究必跨的“门槛”之一。以往的学者从客家民系形成的血缘、地域、语言、时间、族群互动等角度切入，对其进行探讨，得出了很多有启发性的见解，丰富和推进了客家学的研究，同时也造成了认识上的紊乱。对客家界定求新的突破，非得要有一个整体的、前瞻性的眼光才行。本文通过对客家称谓的研讨，从文化认同的角度来确定客家界定的标准："形'即客家民系的客观存在和"神"即客家的文化自觉意识。

一、从"他称"到"我称"是一个客家民系的客观存在到客家意识的萌芽过程客家民系是历史移民的产物。"客"是相对于"主"而言的。客家称谓的确定应该经历了一个从"他称"到"我称"的过程。这里的问题是：谁称谁为"客家"。要理清头绪，需从三个方面入手。一、客家称呼最早出现的时间；二、客家称呼最早出自谁之口；三客家指称谁即哪一群人

（一）客家称呼最早出现的时间

目前学术界的研究主要有以下几种观点：1. 罗香林教授的赵宋"给客制度"；2. 客家人自称；3. 大约在十六七世纪。我们可以对以上诸说进行辩证。

1. 罗香林认为在赵宋就出现，而且先由皇帝钦定，后流传于民间。"鄙意欲定客家界说，自时间言之，当以赵宋一代为起点""客家的'客'字是沿袭晋元帝诏书所定的，其后到了唐宋，政府簿籍，乃有客户'的专称，客家一词，则为民间的通称"。罗香林所言客家得名于"给客制度""客户"之说被一些学者沿循，如邓迅之、陈运栋等，而近来有不少学者对此持有不同看法，他们认为历史上的"给客制度"指的是有无土地的主人、流人（或曰佃客、佣夫等），与我们所言的客家名称没有必然联系。这些学者的分析与辩驳有史有据，言之成理，此不赘言。

2. 客家人自称说主要是由陈美豪、陈修所云"由于客家人有强烈的祖先崇拜观念，不忘自己的祖先是'夏家人'，有理由认为就是'客家人'这种称谓的由来"，"所谓'客家'就是'河洛'二字之音变，……以同音或近音字去代替写成'客家'，所谓客家人即'河洛人'，亦即从河洛地区迁从而来的"。刘佐泉先生认为这种说法只是望文生义、就字解字和缺乏根据的大胆假设，不能实证。再说，也不符合中国人传统的用语习惯，就得名而言，"客"应是相对于"主"而言，它最初应当是一种他律性的称呼。

3. 十六七世纪之说主要以刘佐泉、陈支平等为代表。不过对刘佐泉所言客家人的身份是外来的“佃耕之民”说，王东有不同看法，认为它有很大的不准确性和模糊性,不足为依据。笔者认为客家得名应滞后于客家民系的形成，那么，最迟在什么时候呢？近来一批学者研究认为当在明中叶以后。

陈支平：“十六、十七世纪之交，粤东的居民向西南迁移，进入广东南部的海丰、归善地区，继而博罗及广州府北部，于是当地居民与移民间的摩擦冲突不断出现,而且爆发了许多次大规模的械斗冲突。随着这种冲突的出现，原先广东南部的当地居民称外来移民为‘客民’，也正是大约在这期间，客家’这一名词才开始出现，并逐渐在地方和官府文献中引用。”

王东：“随着明代中期以后，客家民系向外的进一步发展，客家人与周边的其他民系的接触日益频繁，原先闽南人对客家人的这一称谓遂逐步演变为其他民系如广东本地人对客家人的通称。”

万方珍、刘纶鑫：“明万历年间，交界地的居民成批向归善博罗等地移居，当地居民日益感受到移民在经济上的竞争和潜在威胁，双方发生摩擦、冲突渐至械斗，‘客家’作为与当地人相区别的移民代称，大约就在这个时期。”

刘佐泉：“至于‘客家’这个名词是十七世纪才出现的，以前的地方志上没有提到这个名词。”

以上诸说的共同点可归纳为两个：一是客家名称在明中叶以后；二是首先是他称，然后才转为自称的。既然是从他称转为自称的，那么是谁先说出来的呢?

（二）客家出自谁之口

关于这个问题，集中有两个观点：一是认为始于广府人，二是福佬人中的闽南人。

陈支平、谢重光、万方珍和刘纶鑫等人只是认为是广东的当地人，而没有指明究竟指的是广府人还是后来早于客家人迁到粤东的闽南人。

王东认为客家之名最早出自闽南人之口，更确切地说，是明中叶以后迁移到粤东如潮汕一带的闽南人对来自闽粤赣三省交界区居民的称呼。原因有二：一是此时已有闽南人迁到潮汕一带，大规模的客家人迁移到此比闽南人晚到一步；二是称呼的习惯使然。广东本地人对外来人的称呼习惯主要是根据其迁入后的耕作方式，或者是根据其原生活区域相对于广东的方位而言，总之，没有把由外地迁入广东的人称为“客”的习惯，而闽南人则有。

笔者认为王东的分析有相当的道理，即客家称呼最早应出自已迁至粤东的闽南人之口。

（三）客家指称谁即哪一群人

在第一个问题中，我认同客家称呼最早出现的时间应当在明中叶以后，很显然，这个时期的客家指称的就是已迁移到广东各地的原居住在闽粤赣三省交界地的居民。这一群居民的渊源又是怎样的呢？这个问题恰就是学界长期纷争的话题：客家民系的形成。这要涉及民族南迁移民史、客家先民、客家方言、族群互动等复杂问题。

民系形成的标准究竟是什么呢？罗香林教授在《客家源流考》中其实就有点明：“盖民系的形成，纯基于自然和人为二环境的大部分的变化。”具体来说，自然环境应当包括稳定的居住区域和一定规模的人口存在，而人为环境即是“社会遗业”，“它包括建筑物、工艺品、社会组织、言语、艺术、哲学、宗教、道德及风格等。”

按此标准，我们来对照罗香林所陈述的客家五次大迁徙，其真正意义上的客家先民的聚落生成显然是从第二次移民的时空背景下开始孕育到第三次迁移时才完全形成，即从唐宋直到元时才诞生出客家民系这一客观存在。

第一，这一时期的前期（唐末到宋）已有稳定的居住区域、一定规模的人口和独特的文化特征。何谓稳定的居住区域，可以这么说，在一定的时期内某一人群共同体所聚居的区域不再大规模的迁入人口而是迁出人口，即人们在此处于一种稳定的生活状态，不随便游动了。“在北宋时期是有一定数量的外地人民迁入闽粤赣边区，但这一时期涌入闽粤赣边区的移民来源空间又比五代以前更加局限，主要是在今江西北部地区，这一现象说明从中原进

入客家基本住地的长距离迁徙现象已近式微，从而客家迁徙事象至此告一段落，并以后将朝着另一种迁徙形态发展：即多由客家基本住地向外地扩展。”

与此同时，一定规模的人口也形成了。王东通过对人口户数的对比得出：北宋末年以降，自北方迁入大本营地区的新近移民，在人口总数上起码不少于先期而来的各个时期的客家先民。如闽西的汀州，据乾隆《汀州府志》记载宋宝祐中期，汀州共有223432户居民……而南则有321352户。

这些居民是否都是北方南迁的汉人及其后裔？部分学者认为其主体是来自中原的汉人，而且以士族为主，“我们必须承认对于客家历史的发展与文化传统的形成，南来的中原士族及其后裔确实构成客家先民的主体，不管这种作用是好是坏。”也有的学者认为主体是平民百姓，“客家先民的基本构成，主要是平民百姓尤以贫苦农民为多，当然也包括一批官宦人家、书香子弟，但从数量上说，官宦人家、书香子弟在客家先民中只是少数。”甚至有的学者认为其主体是当地的土著人。“历史上确曾有过一批批南迁客家地区的中原流人，但与当地人相比，其数量任何时候都属少数，客家共同体在形成的过程中，其主体是生于斯长于斯的本地人。”

当然，还有相当一部分学者认同此时的居民共同体是民族融合的产物，因为自唐以来陆续迁入此地的汉人与先前居于此地的土著（主要是畲族）在长期的相处中，必然带来族群和文化上的互动，因此，这些居民可以说是“入迁的汉人和当地畲族文化互动于闽粤赣交界处形成一个新的文化共同体”。这是一种新质文化，它们是土楼建筑、宗族组织、语言、宗教、民俗、心理情感等文化事象，这其中尤以客家方言的形成为客家文化的主要标志，语言学家罗美珍认为“在这种特定的条件下，到宋形成了一个庞大的社会群体和社会区域，语言也在这时候发展为与中原汉语有一定差别的独立系统。客家方言是客家文化传承、传播的重要载体，成为客家民系区别于其他民系的主要标志。

第二，这一时期的后期从元代甚至延续到明初，是客家民系生长、形成的主要时期，从元初的民族矛盾（如文天祥等在基本住地开展抗元斗争），元时的等级统治制度，直至元末的斗争。总之，这一时期是三省交界地最为动荡不安的时期，从某种程度上说，是客家民系形成的文化磨合期。因为具有同一种文化类型的人群，往往具有相互的一致性和认同感，在生存斗争中，于周边其他民系的自我区分意识日趋明朗和强化，这种文化自觉意识一旦形成“可发生一种相当的势力，以维系其民系形式上的存在，与夫固有特性的传演”。也就是说，客家先民在长达数百年的孕育，形成过程中，还伴随形成相互间的自我认同意识，并得到强化以至于生活在三省交界处的居民自觉与周围其他人区别开来，“因此，而他人遂觉其为另一系统，而其人亦自觉其是另一系统，这样在意识上和观念上便成了客家这个民系。”

综上所述，到十三四世纪的时期，居住于闽粤赣三省交界处的客家先民，已演化成有自己的社会文化特点的族群共同体，他们在与别的族群接触过程中，由于经济、社会、政治上的竞争，不但有客家民系客观存在的“形”，而且还产生了日渐明晰的文化自觉意识。

二、在特定的历史条件下，片面强化客家意识带来的负面影响迫使人们不得不冷静思考它的宣泄渠道：从文化自觉到文化认同

文化自觉意识随着社会发展呈现出由低潮向高潮前进的态势，在一定的历史条件下凸现出来并得到强化。澳大利亚墨尔本大学历史系梁肇庭教授认为客家种族集团自觉性“第一次是在十七世纪初的岭南出现，第二次是在十九世纪出现”。这与上述的分析不谋而合。第一次出现的标志就是始作“他称”后为“自称”的“客家”名称的出现，它所蕴含的客观背景是粤东的闽南人和广东人已经真真切切地意识到了一群不同于自己的人群来到他们中间，这群人也有了初步的自我意识。第二次是因为客家人在与广东人、闽南人的利益冲突中（如广西路事件、土客斗等），使“客家”声名鹊起。这种由于族群互相接触而出现族性自觉的凸现，梁肇庭先生曾用西方社会学中的种族集团概念做过解释，这个概念主要有以下几点：“一个集团的形成是因为一群人有着一套共同的社会和文化特点和价值观念，主观地把自己和他人区别开来，也就是说此种族集团必有自觉性，自觉性显然是和发觉他人的存在联

系起来的。因此，只可能出现和他人发生联系的情况下，也就是说，孤立存在的一整套社会和文化特点及价值观念，并不会产生自觉性，只有在进行接触并产生矛盾的情况下才会出现种族集团的一致性。”

这个概念对我们认识客家意识有参考价值，但在某些点上过于绝对。我们认为社会存在决定社会意识，意识又反作用于客观存在，并且在某些特定的社会历史条件下，这种反作用力非常强大。具体于客家而言，客家文化自觉意识并不是从与他族产生矛盾时才出现的，而是一开始伴随客家民系形成时就有了，由于缺乏外界的刺激，它处于一种潜伏的、隐性的状态，一旦有外界某种力量的介入就会凸现出来。这种情况尤其体现十九世纪以来客家意识的强化趋势上。明中后期客家民系在与周边其他民系冲突中，经常处于劣势，严峻的现实唤醒了客家的自我意识，增强客家民系向心力和凝聚力，族群意识空前高涨。这股冲击波绵延至今。

其实，出现这种现象还有一个原因就是学界的炒作，无形中为强化客家意识起了催化剂的作用。学界最先出现关于客家的记录是清嘉庆十三年（1808）客家学者徐旭曾先生所作《丰湖杂记》中的被后人誉为“客家人宣言”式的记述。而后官方的史志中，民间的家谱中频繁出现，直至近现代掀起了客家学研究热潮，有意或无意地为强化客家意识推波助澜。在研究中，有的学者为达到某种现实目的，带有强烈的情绪化倾向，有的甚至不惜编造，牵强附会，混淆视听。这种研究倾向的思想根源就在于把客家民系当成一个纯粹的种族概念来研究，以致误导大家从血缘传承上去“追本溯源”，出现不顾实事而捏造的现象，走进了死胡同，不但不利学术研究的推进，而且对全体客家人本身也是一种伤害。陈支平教授在最近的研究中，用详细的族谱资料和官方史书、严格的历史考究方法，认为客家民系的形成和来源除了中原汉人外，还有四种类型。这种研究很有启发意义，它说明客家民系是一个开放的、包容的民系，客家文化是一个互动的产物：不管是所谓“正宗客家传人”还是后来迁入客家聚居区，融入客家成为其中一分子，或者随着迁出或迁入客家区到非客家区，只要他们还保持了客家话和客家的文化心理，都可视为客家人。简言之，以文化认同作为界定客家人的标准。

三、结论：文化认同是客家界定的战略性标准

客家名称的出现应该经历了一个从“他称”到“我称”的过程。这个称谓最初是由明中叶后生活在广东潮汕一带的闽南人，对从闽粤赣三省边界地迁到粤东东部的那部分人的总称。由于不带任何贬义和称谓本身确实能涵盖客家民系那种独特的历史背景和文化内涵，从而逐渐被客家人接受，并作为自称固定下来，这种自称在同其他民系的人交往过程中，能达到强化族群认同的效果，所以从“他称”到“我称”的转变实质就是民系的客观存在到客家意识的萌芽过程，但在特定的历史条件下，对客家意识的极端化追求，迫使人们不得不思考它的负面影响，寻求引导的正确途径。基于上面的分析，笔者最后得出两点肤浅的认识：

（一）客家的界定应建立在“形”“神”兼备的基础之上，即把客家民系的客观存在与客家的文化自觉意识结合起来考察。存在决定意识，意识具有反作用。客家民系在唐宋处于孕育、成长时期，并于元时基本形成，同时产生的朦胧客家意识，到明中叶以后，由于特定的历史条件，逐渐明朗和显现，并在清中期后达到空前高涨。

（二）对客家意识的片面强化源于把客家当成纯粹的种族的概念来追寻。其实，客家民系是一个开放的、包容的文化体系，在现代社会里，我们应该有前瞻性的眼光，从文化认同的角度上去界定客家，才有利于客家在新的历史时期全面的、健康的发展。

（原载《宁化石壁与客家世界学术研讨会论文集》，中国华侨出版社 1988 年）

笔者认为，“客家”是一个融合了多种文化元素的群体，并非单纯由中原“衣冠士族”或中原移民构成。客家人是以汉族为主体，与原住民（如畲族、瑶族等）相互融合而形成的族群。这与晋代的“给客制度”以及宋代户籍制度中“客”的身份有所不同。晋代的“客”是指南下寄居在江淮地区“侨郡、侨乡”的移民；

宋代户籍制度中的“客”则指没有产业的民众，且这种户籍分类在宋元之际逐渐消失，并未延续下来。因此，晋、宋时期的“客”与后来集中在闽粤赣边区的客家人不能简单等同，二者在概念和身份内涵上存在差异。如果客家人是晋、宋时期“客”的延续，那么在这一族群形成之后，就不会出现关于其名称的争论持续数百年才得以确定的情况。

3.“中原”身份之争

关于客家民系的身份，自罗香林的相关著作问世后，“客家是汉族的一支民系”这一观点得到了众多学者和客家人的广泛认可。这确实是客家问题研究中的核心要点，后续大家的讨论也多围绕这一观点展开，旨在进行更广泛、更深入的探讨，例如对其身份的具体构成、民系形成的时间和地域范围、形成的具体过程等，但总体上都未脱离客家属于汉族这一基本属性范畴。随着研究的不断深入，对于客家民系身份的认识也愈发清晰和确定。

然而，在学术研究领域，也存在一些不同的观点。部分学者提出了与罗香林观点相悖的看法，比如“客家是土著”“历史上并不存在客家中原南迁史”等论调。这些观点引发了学界的关注和讨论。

有些学者批判所谓的“血统论”，但这种批判可能存在对相关概念的误解。还有一些学者对传统的“史实诠索”和“文化阐释”方法提出质疑，尝试运用“心理学分析”等方法进行研究。他们从集体意识、历史记忆等角度对一些历史现象进行解读，认为部分被认为是历史事实的内容可能是基于集体意识的历史记忆或存在一定虚构的成分。但这种观点并非是要否定历史的真实，而是从新的视角去理解和阐释历史，不过这种方法也引发了一些争议。

例如，有学者以《临汀汇考》中未提及“中原南迁”以及没有“客家”二字为由，主张将汀州的客家人认定为土著。该学者还强调闽西汀州的历史发展中，当地土著居民在开发与建设山区、创造山区经济文化辉煌成就方面的重要作用，认为不存在“南迁者”与他们瓜分这些功劳的情况。但这种观点仅依据一部著作的记载来判断，论证依据相对单薄。一部著作未记载某些内容，可能受到多种因素的影响，不能仅凭此就否定客家民系的形成和迁徙等历史事实。

谭元亨教授在《客家经典读本·前言》中提道：

然而，在热闹的背后，却潜藏着隐忧。“客家人有过去”这一表述，若单纯从字面理解，似乎是在推崇客家人已有的辉煌历史，但在实际语境中，却可能引发一些误解。的确，由于地域因素，客家大本营多处于经济相对落后的山区腹地，在改革开放进程中，其发展相对滞后于珠江三角洲等地区。这可能导致一种现象，即强调“有过去”的同时，给人一种当下发展不足的印象，在一定程度上使客家人在一些领域失去了部分话语权，甚至受到轻视。

以语言传承为例，在香港地区，随着社会的发展和文化的交融，不少客家人后代已不太会说自己的方言，广府话在当地占据了较大优势，甚至部分人对自己的客家身份认同感有所减弱。这种情况在与强势经济区域接壤的地方较为普遍，客家方言的萎缩成为一个不容忽视的问题。对于一个秉持“宁卖祖宗田，不忘祖宗言”传统观念的民系而言，这无疑是一个巨大的挑战。广大客家学者、文学家积极呼吁，努力寻求振兴客家文化的出路，这是一种积极面对问题的态度，也是对客家人传统深入挖掘和重新解读的体现。

然而，并非所有人都能以积极的心态应对。在经济全球化的大背景下，强势文化借助经济力量迅速扩张，给一些人带来了强烈的文化冲击和恐惧。例如，在粤港澳地区广府文化以及台湾地区闽南文化的影响下，部分人对客家文化的未来发展感到担忧，甚至有人认为客家文化正面临化解、萎缩乃至消亡的危机。一些香港学者提出“客家，误会的历史”等观点，认为客家话与广府四邑话相似，从而质疑客家民系的存在，主张将自己归为广府人的一部分。

在客家腹地，也存在着“客家是土著”“历史上并不存在客家中原南迁史”等不同声音。华南理工大学客家文化研究所秉持“中原说”这一主流观点，认为客家文化在形成过程中，中原文化是重要根基。但同时也应认识到，客家文化是多元融合的产物，在迁徙与发展历程中，与南方本土文化、其他民系文化相互交流，共同塑造了其独特的人文精神。在全球化和文化多元化的背景下，客家文化既面临挑战，也迎来新的发展机遇。客家文化凭借自身丰富的内涵和独特魅力，能够在多元文化格局中不断传承创新，焕发新的活力。

“反听之谓聪，内视之谓明，自胜之谓强。”（《史记·商君列传》）在面对关于客家文化的种种争议时，需以客观、理性的态度审视自身，积极吸收各方有益观点。二十多届世界客属大会在全球各地成功举办，这不仅体现了全球客家人的紧密联系和文化认同，也展示了客家文化在国际交流中的生命力。但我们也应清晰认识到，这与全球化背景下的文化互动既有联系，也存在差异，需从更广泛的层面探索客家文化与全球化的契合点。

为进一步传承和弘扬客家文化，回应学术争议与时代挑战，我们编选了这本《客家经典读物》。书中收录的作品，既包含体现“中原说”的经典论著，展现客家文化与中原文化的历史渊源；也选取了反映客家人文精神丰富内涵的篇章。以文天祥的《正气歌》开篇，不仅因其创作背景与客属地相关，更因为其蕴含的浩然正气是客家人精神的重要体现之一。同时，书中收录罗香林等老一辈学者的经典论著，致敬他们在客家学创立过程中的卓越贡献。但我们也深知，客家学研究在当代不断发展，众多学者从不同角度对客家文化进行探索，新成果不断涌现，这些都为深入理解客家文化提供了更丰富的视角。

愿天下客家人以开放包容的态度，共同推动客家文化的传承与发展，在新时代续写客家文化的辉煌篇章。

三、石壁研究

石壁研究有两方面含义，一是对石壁历史的研究，一是石壁的客家学研究，前者研究对象主要是石壁在客家史上的作用和地位；后者的研究对象是客家学的方方面面，“石壁”是文化代号。

对石壁的研究，基本是同客家问题研究同步，或是稍后一点，从所了解的资料看，它起自清晚期，而石壁客家问题的系统研究则起自 20 世纪 80 年代。它是以宁化为中心地进行的。这节主要是记述宁化开始客家研究的历程和成果。

1. 前期的石壁研究

广东梅州温仲和所著《嘉应州志》刊行于清光绪二十四年（1898），温氏在编纂该志书过程中，深入探究嘉应州历史，其中对梅州客家史的研究便在此之前展开。而黄遵宪的《己亥杂诗》创作于光绪二十五年（1899），由此可见，梅州学人对客家历史的研究至少可追溯至19世纪末。

英国传教士艮贝尔于1912年发表《客家源流与迁移》，其凭借在梅州多年的传教经历，对当地客家文化进行深入研究，研究时间应早于民国初年。此后，相关研究著作不断涌现，1927年，谢廷玉的《中国社会与政治科学论》对客家问题有所探讨；1936年，罗香林发表《宁化石壁村考》，从历史地理等角度考证宁化石壁在客家迁徙中的重要地位；台湾地区，陈运栋的《客家人》出版于1978年，系统梳理了客家历史、文化与民俗；邓迅之的《客家源流》也在较早时期问世，从不同视角阐述客家源流。这些著作从不同维度对宁化石壁进行介绍与评析，共同推动了客家学术研究的发展，为后人了解客家历史文化、研究宁化石壁在客家民系形成过程中的作用提供了重要依据。

关于石壁在客家历史上的作用，蔡骥博士在其《关于“宁化石壁传说”的真实性和形成背景》一文中，把日本三位学者的讨论以及作者的分析论证，阐述很清楚。兹全文转载，以供研究。

关于“宁化石壁传说”的真实性和形成背景
——以闽西客家文化的南北差异为视点的考察

蔡骥

宁化客家公祠里祭祀着150多个姓氏的祖先牌位，据说在这些姓氏的族谱上都有关于先祖曾自宁化石壁入闽、在宁化居住过的明确记载。可见“先祖自宁化石壁入闽，先祖来自宁化”的传说在客家民间流传之广泛。本论文旨在通过分析闽西客家文化的南北差异，探究这一传说的真实性和它的形成背景。

一、中日学界有关“宁化石壁传说”的诸说和本论文的课题

正式把“宁化石壁传说”作为研究对象引进学术领域，约始于罗香林氏。半个多世纪前，罗氏著《宁化石壁村考》，文中提出，客家民间流传的“先祖自宁化石壁入闽”的传说虽不见诸正史，但事出有因，它既能如此广泛流传，就不可把它看作是毫无事实根据的。作为考证，罗氏首先根据多数客家族谱所记载的移居宁化石壁的原因是“为避唐末黄巢之乱”，以及还有部分客家族谱虽未明示移居原因，但所记移居时间也是“唐末”这一现象，判定客家移居宁化的时期当在唐末黄巢之乱时期；然后他又依据《新唐书》的有关记述，推定当时黄巢军和政府军在虔州、信州、建州和福州的争斗最为激烈，故使这些地方受灾最严重，不过战火却未延及与虔州、信州和建州邻接的宁化县，所以客家先民在唐末黄巢之乱时为避战乱而移居宁化（石壁）是势所必然。另在《客家研究导论》中，罗氏还对“葛藤村（坑）传说”做了分析。该传说的意思大致如下：黄巢之乱时，石壁某村的一位妇女带着两个孩子逃难，路遇黄巢。当黄巢得知她因担心失去双亲的侄儿遭黄巢军杀害，而把侄儿背在身上，让比侄儿年幼的亲子自己走时，就告诉她：“回去，在门口挂上葛藤，就不会遇难。”之后，妇女所在村庄的家家户户都在门口挂上了葛藤。因黄巢命令部下不准伤害门挂葛藤的人家，遂使该村没遭侵扰。自此，村民把村名称作葛藤坑（村），客家民间传说“今日各地客家，其先，皆葛藤坑居民”。罗氏认为这一传说也反映了客家先民的迁徙和黄巢之乱有关。罗氏经过上述考证，认定“客家先民自宁化石壁入闽，客家先祖来自宁化”可视为历史事实。半个多世纪以来，随着罗氏学说被奉为客家研究之经典。“客家先民自宁化石壁入闽、客家民系孕育于宁化石壁”这一观点也成为绝大多数客家问题研究者的“共识”。至20世纪90年代，有学者进而提出，是否途经宁化石壁入闽，乃区别客家与其他华南汉族民系的标准。

但是，也有学者持相反观点。如谢重光氏就著文指出，宁化既非由赣入闽的唯一通道，也非从浙江及闽东南进入闽西粤东的必经之路，因此“客家族谱普遍声称先人来自宁化甚至具体指实为来自宁化石壁的说法未必可信”，是“出于后人的编造”。这种以闽赣交通史为根据的分析，具有一定的说服力。

但是也不能否定有这样一种可能性：有一群人在多条道路中，选择了其中的出乎常人意料之外的一条，后来这些同道者及其后代形成了一个有共同文化特征的集团。

日本学界对“宁化石壁传说”的看法，也并非一致。这里，笔者想介绍具有一定代表性的中川学氏、牧野巽氏和濑川昌久氏这三位学者的观点。中川氏在日本学界被誉为“以史学方法研究客家的先驱”，他主要从社会经济史的角度考证传说内容的真伪。牧野氏和濑川氏都曾专门撰文论述“宁化石壁传说”，并都试图以文化人类学的方法从传说的传播主体的意识中发现这一传说得以成立的背景。濑川氏对“宁化石壁传说”形成过程中，该传说的传播主体在华南汉族中的特殊性以及宁化在历史文化地理位置上的特殊性所起的作用予以了特别的关注。三者见解不尽相同，但都有独到的精辟之处，从不同的角度给我们以启示。

中川氏对“宁化石壁传说”的基本态度，是和罗香林氏一致的，即把客家先民于唐自宁化石壁入闽，并由宁化向闽西南部地区和粤东北发展看作是历史事实。中川氏在《客家中国人的政治经济史像》一文中，依据客家先民在唐末黄巢之乱时避难于宁化石壁以后又南迁的资料，明确肯定“客家先祖终于定居下来的根据地最初是福建省汀州府宁化县石壁村。”他所依据的主要资料，除罗氏的《客家研究导论》《客家史料汇编》和《宁化石壁村考》所提示的客家族谱外，还有传教士艮贝尔著于1912年的《客家源流与迁徙》一书中有关粤东的客家“十有八九皆称其祖先系来自福建汀州府宁化县以及该县的石壁村”，“来自河南的移民最初定居于宁化，是在唐朝末年”等记述。中川氏认为由于这两方面的资料所显示的客家先祖移居宁化石壁的时间是一致的，“所以可以把它看作事实”。

然而，中川氏对于客家先民迁徙原因的分析，并没有限于黄巢之乱。他认为，唐朝中期以后朝廷推出的“括户政策”和“主户客户制度”，使离乡背井之人可以在他乡重新获得户籍，从而导致移民的增加，而这正是引起客家先民迁徙的社会经济史的背景。他说，“客家先祖在唐朝统治日渐衰退的

8世纪中叶向华南山区移迁从流浪逐渐过渡到定居，最初在汀州一带定居下来”，至“群雄抗争五代十国时期，这些客家先祖们在华南山区，特别是在江西福建和广东的三省交界地带建立起新的故乡”。在这些论述中川氏把“汀州一带”看作客家先祖“最初的定居地”。宁化石壁属于“汀州一带”，但“汀州一带”并不只有宁化石壁一地。中川氏似乎已觉察到宁化石壁在汀州一带的特殊地位。但是，为什么偏偏是宁化石壁会成为客家先祖的“最初的根据地”？对这个理应是说明“宁化石壁传说”的真实性的关键问题，在中川氏已发表的论著中，我们尚未能找到有关结论。

牧野氏所著的《中国的移住传说》，对包括客家的宁化石壁传说、福建人的河南固始传说、广府人的南雄珠玑巷传说在内的诸多移居传说分别进行了考证和分析。和罗氏、中川氏的观点不同，牧野氏认为，“宁化石壁传说”“与其说是历史，不如说更具有民间故事的色彩”。

为论证移居传说的形成背景，牧野氏提出“祖先同乡传说”的理论。在他看来，所谓移居传说，其大多数在本质上是一种“祖先同乡传说”。他所说的“祖先同乡传说”，是指“在一个广域地区的居民中所流传的其祖先都来自同一个地方”的传说，其流传范围：往往与方言集团的分布相一致。关于“祖先同乡传说”的实质以及产生根源，牧野氏指出：“在广域方言区内，居民姓氏各异，因而显然没有血缘关系”，他们“不是光凭现在住在同一个地区、使用同一种语言、共有类似的风俗习惯，就能产生‘同种’的意识的。还要借助于过去祖先都是从同一个地方迁移来的——即拥有共同的历史，来形成双重的同乡观念”，只有这样，他们才会感到彼此是“同种”的。也就是说，居住于同一地区的人们有一种形成共同的自我认同和连带意识的需要，“祖先同乡传说”正是人们出于这种需要而虚构的故事。另外，牧野氏把“祖先同乡传说”的形成看作是一个过程，他说，当某种“祖先同乡传说”逐渐成为一个地区的关于祖先来源的强势传说后，就会直接影响“该地区居民的家系传说”，使绝大多数居民的家系都趋同于那种“祖先同乡传说”。关于“祖先同乡传说”的真实性，牧野氏明确指出：“只要是在众多人中广为流传的祖宗同乡传说，它就绝非真实的历史。”

不过，牧野认为“祖先同乡传说”也许在某种程度上反映了祖先迁徙和文化传播的方向。

濑川氏在《族谱——华南汉族的宗族、风水、移住》一书中设专章讨论“宁化石壁传说”的“真实度以及形成背景和存在理由”。

濑川氏首先对香港新界地区的11部客家族谱中有关先祖来自宁化石壁的记载的真伪进行了考证，指出“难以设想那些族谱中所记载的宁化石壁传说是将以往的事实如实地一代一代地传下来的东西”，显而易见，它们中有的是从同姓宗族的族谱中转抄来的，有的只是把民间流传的故事写进族谱而已。

在关于“宁化石壁传说”的形成背景和存在理由的问题上，濑川氏的基本立场和牧野氏相同，也把“宁化石壁传说”看作是“祖先同乡传说”，但他认为仅仅用“同乡、连带意识的创造物”来说明“宁化石壁传说”这种“祖先同乡传说”的形成是不充分的，因为光凭这一点不能说明客家为什么指认宁化石壁为祖地的问题。基于这一认识，濑川氏从“宁化石壁传说”对于客家民系的特殊意义着眼，分析这一传说得以形成和相传的原因。首先，他认为“宁化石壁传说”有利于促进客家民系的形成。他说，这一传说“把可能具有多种来源的客家祖先，强有力地扭合到中世纪的一个时点一个地点”，从而使这些人能在地方文化集团或民系这样的层次上形成连带意识，因而它对于在多民系的华南汉族中形成并强化客家民系的自我意识和团结意识是极其有效的。他进而认为，客家的“祖先同乡传说”指认宁化为祖地也是有特殊含意的。他分析指出，福建在唐宋以前尚住有许多非汉族的居民，因而位于江西通往福建的武夷山一隘口的宁化是“汉族世界周边地区的最前线”，是从“已经内地化的江西通往边境——福建的第一步”，客家之所以在传说中“强调这个边境线上的地点，正是因为能借此表明自己出身于中华世界的中心部，自己是汉族的正统子孙”，“也就是说，‘宁化石壁传说’中蕴含着边境居民对自己在中华世界中的正统地位的主张”。应该说，濑川氏的这些见解是富有启示的。但是从《临汀志》以及《汀州府志》的有关记载来看，

即使在闽西地区范围内，作为闽赣通道，宁化江西间的通道也既非唯一的，又非主要的。这就是说，以江西通往福建的“第一步”来论证“宁化石壁传说”的形成背景，依然是不充分的，尤其不足以说明闽西南部地区的客家为何要指认宁化为祖地的问题。

然而，正是闽西南部地区的客家对“宁化石壁传说”的认同才是这一传说得以成为客家民系的共有传说的关键。因为“宁化石壁传说”在广东客家那里的表现形式是：先祖自宁化石壁入闽，尔后经闽西南部入粤。这就是说，广东客家对这个传说的认同是以闽西南部为中介的。笔者以为，要究明闽西南部的客家认同“宁化石壁传说”的原因，不能只着眼于闽西和外界的关系，还必须把握闽西内部各地间的关系，尤其是以宁化为代表的闽西北部和闽西南部的关系。因此，本文拟通过对闽西客家文化的南北差异的分析，探究闽西南部的客家认同“宁化石壁传说”的原因，以尝试对这一传说的真实性和它的形成背景做一新解释。

二、闽西客家文化的南北差异和统合

在着手比较闽西南北两地文化之前，首先面临从哪些方面进行比较，才不失合理性和科学性的问题。这样，实际就遇到了一个学界争论了几十年仍尚无结果的问题：文化的基本要素是什么？这里，笔者无意于加入这一概念之争，只为确定比较项目而姑且做以下理解。即所谓文化，从根本上说，是由人类集团在特定环境中所形成的相对稳定的、并占主导地位的行动方式所构成的。而这样的行动方式，又可以剖析主体集团、地理环境和生业形态等三个基本要素。下面，我们就从这三方面对闽西南北两地的文化差异做一概略的考察。

1. 闽西南北两地文化主体的差异

在社会科学领域，方言是区别各人类集团的一个主要标准，因为它可以说是一种最微妙地表现各地居民的系统和文化差异的东西。因此，下面我们从闽西南北两地的方言着手考察两地文化主体的差异。

李如龙氏把闽西客方言区分为南、北、中三片。他认为，北部的宁化、清流二县的“方言并非典型的客家话，而是杂有闽方言的特点”（应是赣方言——刘注）；中部的“长汀县北半部和连城县，尤其是连城县内，有一群相互之间差异甚大的小方言，……有的是客家化了的闽语，有的是客闽混合语，有的是带客味的闽语”；南部的“永定、上杭、武平及长汀的南半”的方言“和梅县一带的客家话属于同一个区”。

关于闽西南北两地方言的不同，早在70余年前叶国庆氏就在其论文中做过明确论证。他把福建的方言分成九个系，其中长汀、武平、上杭和永定的方言被归为一系，而宁化、清流、归化（今明溪）、连城和建宁的方言则被注入另册，叶氏认为这些县的方言难以归入九个系中的任何一个系。

这种闽西方言的南北差异，似乎早已存在。明人王世懋的《闽部疏》在讲到福建各地方言的特点时，把“长汀以南”作为一类，说“长汀以南，杂虔岭之声”。

值得注意的是，闽西方言的南北差异和方言主体的族群自我认同相一致。据李如龙氏说：“在闽西七县之中，真正有明确的客家意识的只有三个半县，即南边边界的永定、上杭、武平及长汀的南半”，而宁化、清流二县“历来民间并没有多少客家意识。”也就是说，闽西南北两地的文化主体在母语和族群的自我认同上都不尽相同。

2. 闽西南北两地地理环境特征的差异

对于某人类集团来说，其稳定地居于支配地位的行动方式，是该集团为谋求生存和发展而积极地作用于自身所处的地理环境的结果，因而它也必然为一定地理环境所制约。这种制约作用，主要表现在两个方面，一是该集团和他集团的联系，二是该集团的生业形态。在地理环境方面，闽西南北两地之间最明显的差异有以下两点。

首先，两地属于不同的水系流域。闽西南部位于汀江流域，汀江属于韩江水系；而闽西北部位于九龙溪流域，九龙溪属于闽江水系。分属于不同的水系，对两地的文化有何影响呢？我们首先借用斯金纳氏（G·W·Skinner）的区域理论来做一说明。斯金纳认为，经济区域和文化区域，都是以水系为

自然分界线的。他把中国按水系流域划分为中国北部、中国西北部、扬子江上游流域、扬子江中游流域、扬子江下游流域、东南沿海、岭南和云贵等九大区域，闽西被划归于东南沿海区域。关于清朝末期东南沿海区域的特征，斯金纳氏论述了两点。其一是“高度的小区域化”，“在那里，各主要河川流域即使左右相邻，也被崇山峻岭而隔绝开来”；其二是该区域“有两个同一层次的城市，即福州和潮州府”。在“高度小区域化”的东南沿海区域，由于福州位于中心偏北，所以潮州府成了南部的核心。按照斯金纳氏的理论，闽西南北两地虽然在行政上同属汀州府，但由于所属水系流域不同，两地间的交往必然比较少。那么，实际情况怎样呢？有资料表明，在民国时期，长汀、武平、上杭和永定的外运货物大多集中到汕头，而宁化、清流以及归化的外运货物，除宁化有大米运往长汀外，大多经永安集中到福州。清乾隆年间所修《汀州府志》中有关水路的记载表明，宁化、清流、归化和连城的主要水路是通往福州方向的，而长汀、上杭和永定的主要水路是通往潮州方向的。而在《临汀志》里也有“若水路，则长汀溪达上杭，直至潮州入海；宁化溪下清流，投南经沙县、南剑州直至福（州）人于海”这样明确的记述。由此可以推知闽西南北两地自古以来就属于不同的交通圈和经济圈，当然，这并不意味闽西南北两地之间完全没有往来。

其次，两地属于不同的地理类型。闽西地区北部虽然可以经过永安抵达福州出海，但路途曲折遥远，所以在地理类型上属于普通的山区。而闽西地区南部虽然山林连绵，但有“汀江—韩江航道”直通潮汕，所以就构成一种特殊的地理类型——山海结合部。如果按地理类型区别文化类型的话，北部文化属于山文化，而南部文化则似可名之为山海文化。而正是这种地理类型上的不同，决定了两地生业形态有着质的差异。

3. 闽西南北两地生业形态特征的差异

某人类集团的生业形态，既可以说是对该集团的行动方式起决定性作用的要素，也可以说是该集团的占支配地位的行动方式之本身。关于闽西南北两地生业形态特征之差异，限于篇幅，这里无法展开具体的论述，只能就两个突出的现象做一说明。

首先，从华侨人口的比例来看，南部明显高于北部，最南端的永定县是闽西唯一的重点侨乡，有些村庄的海外华裔人口甚至超出现有村民数倍。这一现象表明，与北部相比较，历史上南部的经济和海洋经济间较多地建立了一种互动关系，它积极地参与于海洋经济，海洋经济渗透进它的方方面面。换言之，历史上南部依靠与海洋经济相关的职业维持生活的居民远较北部为多。妈祖信仰普及程度上的南北差异，实际也是这个问题的反映。妈祖信仰（或者说天后崇拜），是一种海洋性民间宗教现象，有学者把它视为“亚洲沿太平洋地区海洋文化的核心”。明清以后在上杭、武平、永定一带，天后宫“各乡建置，所在多有”，竟多至县志“不备载”的程度。而妈祖信仰在北部地区民间不甚普及的状况，则可从清代所修《宁化县志》中的“宁化不知海舶为何物，无故而祀天妃，得无谄乎”一句中窥见一斑。

其次，历史上南部是缺粮区，北部的宁化一带则往往有余粮供应南部。据清代史料《宫中档雍正朝奏集折》记载，“汀州一府，惟长汀、上杭、永定三县买补颇难”。这段史料所提供的信息从字面看只是上述三县缺粮且不易获得补充的情况，但也可由此推测缺粮的程度，即之所以“买补颇难”，是因为所缺甚多。那么，南部所缺之粮，大多是从何处得到补充的呢？葛文清氏的关于历史上闽粤赣边区盐粮流通的研究，对汀赣间的盐米贸易做了详尽分析。不过，闽西区内部也有互相调节的。巫宝三氏和张之毅氏关于民国时期福建省粮食运销的研究表明，民国时期长汀是“长汀运销区域的运销中心，来自清流、宁化以及瑞金、会昌的米，先集中于长汀，然后转运上杭、永定以及粤东”。而据 1993 年版《长汀县志》记载，“自宋末至民国近一千年间，……县东的宁化、清流，县西的瑞金，县北的石城等地，周围数千里范围的商品粮，每日肩挑车载，源源不断输入汀城，粮食日贸易量约 10 万公斤。”关于闽西北部有多余粮食的情况，朱维干氏的《福建史稿》中也有言及。该书中提到，明溪农民有这样的话，“一年种够三年吃……宁化农村也有同样的情况”。上述北部供应商品粮、南部消费商品粮的现象，反映了闽西南北两地产业结构的不同特点，即就粮食生产所占比例而言，是北部高于南部，而就经济作物生产及工商业所占的比例而言，是南部高于北部。对于地域文化来说，生业形态既作为属于经济基础范畴的东西对其起决定作用，又构成该地域文化的最核心的部分。在这个意义，也可以说历史上闽西南北两地的文化是属于不同类型的——提供商品粮的闽西北部的文化无疑应归类于农业文化，但自古以来就大量依存于商品粮的闽西南部的文化，将之划归于农业文化，似有欠缜密。

闽西南北两地的文化尽管明显不同，但是由于南部地区的客家普遍认同“先祖来自宁化”，指认宁化为祖地，因而两地之间有着浓于水的“血缘”关系。在这一点上，可以说“宁化石壁传说”把闽西客家，进而闽西文化统合为了一体。

三、关于“宁化石壁传说”的真实性

为了尽可能准确地把握“宁化石壁传说”的真实性的程度，我们在这里把这一传说分解为两个部分进行讨论，一是“先祖自宁化石壁入闽”，一是“先祖来自宁化”。

1. 关于“先祖自宁化石壁入闽”传说的真实性

首先应该肯定，古代有人自江西经宁化石壁入闽，是实有其事。清乾隆年间纂修的《汀州府志》所附宁化地图上，有一名为“石壁隘”之处，其位置就在宁化和江西的交界线上。众所周知，赣闽之间为高峻的武夷山所隔离，两地交通必须经从相对低平的隘口。因此，既然有石壁隘的存在，就必然会有经此隘口进入福建的人。而这些人中，有一部分在宁化定居下来，或又流向闽西各地，成为客家的先祖，这是可以置信的。

但必须指出，在客家先民中，经石壁隘入闽的只是一部分。因为即使客家先民的大多数确实是来自江西的，而那些来自江西的客家先民也不可能都是经石壁隘入闽的。闽西中部的长汀和南部的武平都有直通江西的道路，故可推知在闽西地区，特别是在闽西南部地区的来自江西的客家先民中，经这两路入闽者应多于经宁化石壁隘入闽者。

2. 关于“先祖来自宁化”的传说的真实性

可以肯定，在唐宋时期，有不少人自（或经过）宁化及其附近地区移居闽西南部。但这都是些什么样的人，他们为什么离开宁化？对此我们在这里略去特殊的情形，只举几类普遍现象。

第一是寻找耕地的农民。这些农民，主要有三部分。一部分是游耕民。多处史料表明，唐宋时期汀州有大量的“畲人”存在。“畲”字，在中国农业史上有两种含义，音为“yu”时，用以指“二岁治田”；音为“she”时，用以指刀耕火种、游动耕作的农耕方式。在闽西，历史上被称作“畲客”的，就是“随山插种，去瘠就腴”的游耕民。另一部分是新土地的开拓者。开拓新土地，必然与从开发较早地区迁往开发较晚地区的移民现象相伴随。闽西在历史上，大致说来，北部的开发早于南部。第三部分是不堪租税重压的“逃户”。从朱熹的著作中，也可以得知这类人在宋代的闽西曾普遍存在。

第二是矿工。唐宋时期，闽西是重要的矿产地，大小矿场、矿坑多达数十，仅就主要场务而言，宋时北有龙门场，中有拔口和吕西两务，南有钟寮场。当时所谓“场”“坑”“务”者，均为矿业机构的名称，前两者是生产单位，后者是国家设置的矿冶税务所和矿产品收购站。而称“场”者，多是官营或半官营的矿藏丰富、矿质优良的矿业生产单位，并多设有冶炼所。上述龙门场，位于宁化，历史悠久，有新场和老场，又分银场、铜场和铅场。在宁化，除龙门场外，光在史料上留下记载的，就还有好几处。宁化矿场的矿工因故流向闽西南部的矿场，这是完全可能的。

第三是从事流通业的商人、运输工等。唐宋时期闽西流通业主要有矿、盐两项。前者缘于闽西是矿产地，后者起因于官盐政策。原居住于宁化的商人、运输工跑到闽西南部，并在那里定居下来这是容易推知的一途。另外，已故日本闽国史专家日野开三郎氏认为，由闽国通往中原的陆路商道，主要有三条，其中第三条道路的经由情况如下：“溯闽江及沙溪抵汀州，自汀州沿贡水而下至虔州，溯在虔州与贡水相汇的章水西行到大庾，经今汝城附近之地入郴州，顺耒水而下至衡州，由此溯湘水经潭州、岳州、荆州进入中原。”所谓“自

汀州沿贡水而下至虔州”，实际是从汀州城附近经陆路到瑞金，从瑞金再利用贡水往虔州。由此可见，从沙溪流域，也即宁化一带至闽西地区的中南部之间的通道，曾是重要的商道。另外，据日野氏提供的有关“吴越王镠遣浙西安抚判官皮光业，自建、汀、虔、郴、潭、岳、荆南道人贡”的史料可知，这条路还曾是吴越经由闽、湘、楚往中原的贡路。如此看来，有从浙江经宁化一带迁居闽西地区南部以及粤东者，也是不足为奇的。

第四是王朝统治的反抗者。汀州是王朝统治在福建最后设置的一个州，置州的起因是“开山峒”“招抚逃户 3000 余”。据此可推知，当时汀州居民主要由两大部分构成，一部分是从未受过王朝统治的人们，他们或者是汀州这块土地的土著（这并不意味他们是世世代代居住在同一个地方。刀耕火种的游耕方式决定了他们不可能永远生活在一个小区域范围内）或者是来自已经设州置县的周围地区的那些拒绝“德化”和登记入册做王朝的“编户”的土著；另一部分是来自周围地区的“逃户”，即他们曾经接受“德化”，成为王朝的“编户”，但后游离了王朝统治圈。可以推测，在汀州建立之后，这些“峒民”不可能全都马上顺从地接受登记入册、成为“编户”；即使成为“编户”，也不可能全都顺从统治者的意志。他们中的很多人会流向王朝统治势力相对薄弱的地方，或者群起反抗，在失败后逃往王朝统治尚难以鞭及的地方。汀州建立初期的三个县，都在中部以北，这表明相对于闽西南部地区而言，闽西北部地区的王朝统治力量较为强大。因此，发生居民由北向南的流动（因为他们非“编户”之民，所以凭人口史料，难以把握其实际状态），是完全可能的。

在三县之中，宁化的情况比较特殊。有文字记载的宁化历史始于黄连峒时期。“黄连峒，隋陈以前，名不见于史”，然至隋末，“东海李子通率众渡淮，据江都，称吴帝，改元明政，遣使略闽地”，闽地因此而“土寇蜂举”，互相攻杀。在黄连峒，有“黄连人巫罗俊者，年少负殊勇，就峒筑堡卫众，寇不敢犯，远近争附之”。同时，巫罗俊组织民众“开山伐木，泛筏于吴，居奇获赢”，发展地方经济，并“观占时变，益鸠众辟土”扩大势力范围。至唐贞观二年（628），巫罗俊“自诣行在上状，言黄连土旷齿繁，宜可授田定税”，对此举，“朝廷嘉之，因授罗俊一职，令归剪荒以自效”。此后，黄连峒的势力范围愈加扩大，“东至桐头岭，西至站岭，南至杉木堆，北至乌泥坑”。至乾封二年（667），唐王朝在黄连峒一带设置了黄连镇。开元二十三年（735），“因居民罗令纪请，升镇为县”。（清康熙《宁化县志》载宁化于唐开元十三年（725）升县——编者）翌年，“开山峒，置汀州，因属之”。天宝元年（742），终改县名为宁化。对于这段历史，似特别要注意两点。一是在闽西地区，宁化是最早进入王朝统治圈的。二是宁化进入王朝统治圈的过程，同时也是地方自治势力从无到有、由弱到强的过程。所以，可以推知在宁化因汀州的建立而激化的社会矛盾，除了在其他二县也普遍存在的民众和王朝统治之间的矛盾之外，还会有地方自治和中央集权之间的矛盾。在这种情况下，由宁化流向闽西南部的人会较其他二县更多，特别是乾宁元年（894）以失败告终的黄连峒蛮二万攻打汀州的事件，可能会是许多宁化人逃亡闽西南部的一个原因。

四、“宁化石壁传说”的形成和闽西南北两地在文化发展进程上的差异

基于以上的分析，笔者拟对构成“宁化石壁传说”的形成背景的主要因素做一归纳。

第一，上面讲到闽西南部的客家先民中有不少人来自宁化及其附近地区，笔者以为正是这些人及其后代对“先祖来自宁化”的自我强调，孕育了“宁化石壁传说”。第二，从宁化及其附近地区移居闽西南部的人们及其子孙强调“先祖来自宁化”的原因，笔者以为主要在于唐宋时期宁化在闽西的特殊地位和闽西南部在文化上的相对后进性。首先，闽西最早进入王朝统治圈的宁化，按传统的说法，理应是同地区最早开化的地方。而南部的武平县和上杭县建于宋朝，永定县建于明朝。其次，从科举状况来看，有唐一代，整个闽西只出了一个进士，而他的故乡就在宁化。至宋朝，宁化培育了 29 个进士 44 个特奏名进士，比汀州府所在地长汀还多了 1 个进士。而武平、上杭（含永定）一带只有武平出了 2 个特奏名进士。也就是说，北部的宁化曾是闽西文化最发达的地方，而闽西南部则是文化最不发达的地方。再次，南宋时，

汀州住有宋朝宗子5人，其中3人住宁化，2人住长汀。这也从一个侧面反映了宁化当时的文明开化程度。中国自“三代以后”便有“以地望明贵贱”的“传统”，唐宋时期宁化的先进程度居汀州各县之首，尤遥遥领先于闽西南部地区。正是这种宁化和闽西南部地区在文化发展进程上的差异，因“地望贵贱”观念的作用，而成为从宁化及其附近地区流往闽西南部的人们及其子孙要强调自己的宁化出身的家系，而其他客家人会认同“先祖来自宁化”传说的最基本的客观原因。

第三，“宁化石壁传说”最终成为闽西南部客家共有的传说，除上述宁化和闽西南部间的地区格差之外，还因缘于闽西南部自身社会发展阶段的特点。唐宋时期的闽西南部，尚有为数甚多的游耕农以及矿徒、盐贩、长途搬运工等始终处于移居状态的人群。世世代代无长期居住点的人，难以说清先祖来自何处，这是不难理解的。但明朝以降，闽西南部地区依凭位于山海结合部的地理优势经济和文化有了长足进步，在科举上有了“零的突破”，仅有明一代，武平、上杭和永定共出18名进士（不含武进士）和89名举人（不含武举人）。这种经济文化状况，促进了宗族制度趋于完善。而当南部人开始着手纂修家谱族谱时，宁化方面的族谱很可能被拿来当蓝本。因唐宋时期，特别是宋代，科举最发达、理学最兴盛的福建的文化已盛行修谱，宁化的文人当无例外。而随着宁化人所编的家族谱系被照搬进越来越多的闽西南部客家人的家谱族谱，“先祖来自宁化”的传说就和“先祖于唐末自宁化入闽”的传说合为一体成了闽西南部地区的有关先祖来源的强势传说，此后又由于它的“强势”使闽西南部绝大多数客家的家族起源说都趋同于“宁化石壁传说”。同时，由于粤东北和闽西南部之间的人员流动相当频繁，所以“宁化石壁传说”得以传至粤东北客家民间，被写入其家谱族谱，最终成为客家民系共有的先祖来源说。

第四，“先祖自宁化石壁入闽”的传说可能形成于唐末五代至宋代的宁化居民之中，并是当时宁化居民关于先祖来源的强势传说。因为如果这一传说在宁化居民中没能获得强势的话，闽西南部的客家即使普遍认同“先祖来自宁化”，也不可能普遍认同“先祖自宁化石壁入闽”。以唐末五代为入闽时间，认河南光州固始县为在中原的祖籍，这并不是客家的“专利”，而是福建民间各家族谱所共有的。从宋代史学家郑樵的著述可知，这种现象至迟在宋时已十分普遍，而其背景在于河南光州固始人王潮、王审知兄弟于唐末入闽，后建立闽国，随之入闽的固始人皆成名门贵族这一段历史。宁化人要移根于中原，就要为先祖选择一个入闽地点，而石壁隘作为宁化江西间的通道自然就会中选。

根据以上的考察和分析，笔者以为，“宁化石壁传说”的价值似乎在于，透过它可以看到闽西汉族社会及其文化的整合过程，和对这一过程起了推进作用的闽西人的对于中华文化的向心力；而“宁化石壁传说”正是这一过程和这种向心力的产物。

（原载《石壁与客家》，中国华侨出版社 2000 年版）

2. 宁化的石壁研究

宁化客家研究，在客家问题研究的大环境下开启。

20 世纪 80 年代，宁化启动《宁化县志》编修工作。在编修过程中，为厘清宁化客家历史，当地开展了广泛的客家资料调查、收集与整理工作。其间，宁化的修志团队与广东梅州的学者进行了大量交流。由于宁化方面当时对客家问题尚处于初步接触阶段，故而在交流中积极借鉴梅州学者的研究成果与经验，双方保持着密切的互动往来。通过一系列的学术研讨、实地调查与资料梳理，宁化在客家历史中的“角色”逐渐明晰。研究团队将宁化石壁定位为“客家摇篮”“客家祖地”，并在《宁化县志》中把宁化传统文化界定为客家文化，将宁化方言归为“闽西客家话的土语”。这些定位在县志审查环节引发了诸多讨论。审查人员就定位的依据、学术规范性等方面提出质疑，例如对“客家摇篮”“客家祖地”概念的界定标准、宁化方言与闽西客家话土语的具体关联等问题展开探讨。经过多次深入的学术论证与意见交换，编修团队进一步完善了相关表述与依据，最终使得县

志得以顺利出版。

宁化这一阶段的客家研究处于实用性，是为编撰宁化县志服务的。但尽管如此，仍为后续研究开了个好头。

《宁化县志》基本定稿之后，县志办主要精力转入了客家研究。在县志问世（1992）之前，1991年成立"宁化县客家研究会"。在"章程"中，明确提出研究方向和任务：

宁化县客家研究会的研究对象是客家学，研究重点是宁化石壁在客家史中的地位和作用。研究范围侧重在：搜集、整理、研究客家民系的源流、社会经济、语言。民俗、文化、心理情感、民族意识等方面的发生、发展及演变过程的有关资料。撰写出版有关客家民系的历史和现状的文章和书刊。

开展学术研究活动，并广泛与国内外客家组织和研究团体进行学术合作、交流，并开展咨询服务。

宗旨是弘扬客家精神，振兴客家祖地，促进祖国统一大业，为建设有中国特色的社会主义服务。学术上坚持辩证唯物主义和历史唯物主义，坚持党的"四个基本原则，坚持两为"和"双百"方针，积极参加和支持以客家为专项内容的各项活动。

根据客家研究会的章程，开展客家研究和客家事业。

宁化石壁客家宗亲联谊会也在1992年成立，之后，宁化客家两会协力为客家研究的客家事业一致努力。在客家地区，特别在闽西和赣南县级单位，在客家研究和客家工作都起领先作用。如成立客家研究和联谊组织、编辑客家刊物、举行客家学术研究会，举行客家文化节各方面，都属第一位。

宁化的客家问题研究，至今，可分为两个阶段。第一个阶段研究中心主要是石壁在客家史上的作用，第二阶段主要把研究方向扩大化，是围绕客家历史、客家文化、客家现状和未来，以及客家文化的转型、运用，发挥其对社会、经济更大的作用和有关海峡两岸关系和祖国统一，还有客家文化生态保护等问题。

（1）从1991年至2010年20年间，举行三届"宁化石壁与客家世界"学术研讨会。三次研讨会，有全国10个省、区、市和中国香港、中国台湾等地区，以及日本、马来西亚等国学者 211 人参加，发表论文 184 篇。参加学术会议的学者有中国社科院近代史研究所的领导和专家、北京大学、南开大学、复旦大学、华东师范大学等高校的知名教授。有全球崇正会联合总会总执行长黄石华博士、中国人民大学著名教授胡绳武、香港国际客家学会会长刘义章等出席或作“序”。

三次学术研究会和宁化学人的研究，20 年间，基本把石壁在客家形成史中的作用研究清楚。把石壁的自然地理环境和文化地域概念、石壁在客家早期的客家聚散情况、石壁客家文化摇篮和客家祖地的定位，用大量历史资料、理论辩证，确定了以上的定位，并得到客家人士和学者的广泛认同。

在这期间，宁化及参与宁化学术研究的县外学人编、著了 50 多种书刊。其中，宁化学人编著了 8 分册的《客家祖地石壁丛书》由中国华侨出版社 2000 年出版。有关人士对这套区域文化丛书很重视，福建省人民政府副省长汪毅夫研究员，全球客家崇正会联合总会会长、总执行长黄石华博士，首届国际客家学会会长郑赤琰教授，中国社会科学院侨联副主席、文化部华夏文化促进会客家研究所所长丘权政为“丛书”作序，对“丛书”高度评价。

在学术成就的背后，也有一些不同话语，甚至是对正道的背离。

有人说“石壁说”的谬误则不仅在于其强调“温床和摇篮”，而是“囿于一隅”，而且未能注意到石壁空间狭小，大多数外来的移民进入石壁滞留时间都较短，连客家民系形成的标志——客家方言都未能形成，谈何民系的形成。①

还有所谓《客家“宁化石壁传说”的心理学分析》，文章的作者批判“史实诠索”和“文化阐释”，用所谓瑶民寻找祖地的故事神话，套在客家历史上的石壁，是潜意识事件的不自主的陈述。

这种历史虚无主义的邪说，以前已作过批判，在此不再多说。

有人以《临汀汇考》中找不到“中原人南迁”的记载，也无“客家”二字为由，否定汀州是客家地区。宁化是汀州属下，而且是建县最早的县，否定汀州，自然也包括宁化。

有的人，通过否定族谱的真实性，而否定宁化石壁客家祖地的历史。

① 张佑周.客家祖地闽西［M］.北京：作家出版社.2005：96.

"宁化石壁与客家世界"学术研讨会

对上述的偏见或颠倒黑白，三明学院客家研究所所长蔡登秋教授在其所著《石壁客家祖地与海内外、客家人关系研究》一书中说道："研究者们在石壁客家文化研究过程中存在多种学术观点，这是一种良性的研究状态，学术研究从来都提倡'百花齐放'，提倡一种自由的话语空间，一种'海纳百川'的开阔视野，一种包容的学术襟怀。我们极其赞赏一些研究者从多学科、多角度进入石壁客家文化的研究，如从地理学、体育学、民俗学、宗教学、社会学、民族学、艺术学等学科，为客家文化研究做出卓越贡献。"正因为宁化石壁在客家民系形成过程中的特殊地位，对石壁的研究是研究客家文化绕不开的话题，正如历史学家胡绳武所说："大凡论及客家史，都难以回避石壁。石壁，是一个不大的村庄，但其名声却传遍客家世界，致使一些学者在写客家文章时，想回避石壁，而又无法回避，这大概就是客家历史使然。"在研究过程中，我们应秉着历史客观、尊重事实的态度，既不草率地下定论，也不必执意否定历史真实，更不可以用理论来套事实。

石壁的历史性与真实性，正如原赣南师院教授谢万陆在《再论石壁》一文中所说的那样："我们说的武夷山南段，赣、汀、闽江之上游，而石壁则是这一地域的中心，是摇篮的代表。当然，我们这样断言，绝非出于主观臆造更不是沾带个人感情的炒作，而是得益于天公（自然）的赐予，也依赖于历史的安排，非任何个人所能左右。"[①]

① 谢万陆．再论石壁［M］．北京：光明日报出版社，2002：19.

附文一：

第三届石壁与客家世界论文集·序1

黄石华[①]

呈现在读者面前的这本论文集，是为召开第三届宁化石壁与客家世界学术研讨会而编辑出版的。

这本论文集的众多作者，从不同角度再次深入论述和肯定了宁化石壁客家祖地在中国客家民系史上的重要地位和作用，无疑是正确的，也是完全必要的。

我们说是正确的和完全必要的，是因为近阶段来，在评述客家祖地宁化石壁中出现了一些杂音，否定石壁客家祖地，否定石壁客家祖地文化，为此否定和批判罗香林教授的名著《客家研究导论》《客家源流考》和《宁化石壁村考》，说什么“石壁在哪里？如果从作为正史的古籍文献中，基本上找不到答案，从行政区位地图上，一般也不会找到石壁”。说什么“宁化人不认为自己是客家人，也没有客家的说法”，“对客家一无所知”。说什么“宁化石壁作为客家祖地，是文化建构的结果，与历史事实本身基本无关”。说什么“在很长的历史时期内，客家族群作为‘隐形人’暧昧了与其他族群的族性差异”等。诚如中共福建省委原副书记、全国政协港澳台侨委员会原副主任、福建省客家研究联谊会会长林开钦先生所说：“这些杂音虽不是客家研究的主流，但的确乱了一些视听。”因此，这本论文集的众多作者对这些扰乱视听的杂音发表文章进行澄清：就显得十分必要、十分及时和具有深远意义和广泛影响了。

石壁客家祖地是历史发展的客观存在，是客家先民自中原南迁的产物。石壁客家祖地不仅是宁化的，也是中国的和世界的。中国社会科学院近代史研究所原副所长、研究员、博士生导师耿云志教授指出：“石壁客家祖地文化之优点，在

① 作者系全球客家·崇正会联合总会会长兼总执行长、香港中文大学新亚书院校董、中国农业大学名誉教授。

于既能保持固有文化之优秀传统，又能适应新环境，吸收其他族群的优点以发展自己。”我对此表示完全赞同。此外我还要强调说：石壁客家祖地文化，是中华文化中一个具有莫大创造力、骄人传统和顽强竞争精神的子文化。人们必须注意到：数千年沉淀下来的一个语系文化传统不是一件薄弱的东西，尤其是它曾以无比的内聚力支撑了客家人多次四出迁移，甚至远涉重洋至地球每个角落而竞存。国际客家学会会长郑赤琰教授认为，客家人“在海内外接触的族群虽还未曾作精确统计，但结果都能与人和睦相处，既能自重，也能宽以待人，怀抱着世界大同的思想。整个客家族群的生存发展的历史，可以说是人类族群万千中，一部可贵的科学宝鉴”。而宁化石壁客家祖地的历史及其文化，则是这部可贵的科学宝鉴中一个重要的组成部分。西方学者自 18 世纪便开始注视中国的客家文化，注视宁化石壁客家祖地的历史及其文化，动用各学科方法去认识它的精髓和积极动力。可是，时至今日，仍有极少数的学者不顾宁化石壁客家祖地及其文化的客观存在，极力将它边缘化，甚至诬蔑宁化石壁客家祖地是人为虚构的，这不禁使人痛心叹息。承前启后是人类发展的自然规律，在世界上没有哪个族群可以因无视祖地的存在及其文化、放弃传统而得到进步的。

不管否定宁化石壁客家祖地的历史及其文化的学者其动机和出发点如何，但其产生的副作用和恶劣的影响不能不引起人们的高度警惕和严正反驳。20 世纪 90 年代，面对台湾客家人掀起回大陆寻根问祖的热潮，到宁化石壁客家祖地祭祖，“台独”分子为了“去中国化”，极力攻击罗香林教授的《客家研究导论》《客家源流考》和《宁化石壁村考》名著，抛出所谓批判罗香林教授的“原乡论”血缘论”，要扬弃作客心态，“割断原乡脐带”“脱离母体”，做“新客家人”。他们假研究“客家学”为名，则分裂祖国之实。在此情势下，大陆有的学者打着探索客家源流的旗号标新立异，企图一鸣惊人，竟称“客家人并不是中原移民”“客家主体为百越族”“宁化石壁作为客家各姓氏宗族的开基祖是一种文化建构，未必是历史的真实”。他们以否定罗香林教授的《客家研究导论》《客家源流考》和《宁化石壁村考》为“创新”。对此，必然引起正直的有造诣的专家、学者的批判和澄清。如中国社会科学院近代史研究所研究员韩信夫先生发表文章说：罗香林教授的《客家研究导论》《客家源流考》和《宁化石壁村考》，“为客家民系形成的研究奠定了基础，其基本观点经得起历史考验，指出，轻易否定前人（主要是罗香林教授）的学术成果，似乎客家学研究只有从根本上否定罗香林的观点，才能有突破，是当前客家学研究存在的误区之一。”文化部华夏文化促进会客家研究所所长、研究员丘权政先生也发表文章反复强调，宁化石壁是不折不扣的客家祖地。他强调：罗香林教授在客家研究方面的成就是举世公认的，而其成就，不是靠标新立异、一鸣惊人、哗众取宠，而是在艰苦环境中，不嫌繁难，查阅大量史料，并实地考察，反复论证取得的。他严谨的学风，但开风气不为师的奉献，是值得后继的客家学研究者学习的。

最近，中共福建省委、省人民政府提出发挥“五缘”优势，促进“六求”。“五缘”，即：地缘相近、血缘相亲、文缘相承、商缘相连、法缘相循。“六求”是：力求在紧密经贸联系、两岸直接“三通”、旅游双向对接、农业全面合作、文化深入交流、载体平台建设六个方面取得新成效。“五缘”的核心是血缘亲，做好对台工作，建设好客家祖地文化。这正确的决策对海峡两岸的客家人是巨大的鼓舞，对“台独”分子利用客家做靶子，割断血缘关系，实现“去中国化”的图谋，是有力的遏制和打击，对出现的杂音是有力的澄清。

第三届宁化石壁与客家世界学术研讨会的召开是客家世界生活中的一件大事，我在此表示热烈祝贺，也真诚希望与会学者本着爱国家、爱人民，从全局、大局出发，认真贯彻中共福建省委、省人民政府的指示，发挥“五缘”，促进“六求”，就如何加强促进宁化石壁客家祖地经济文化建设深入开展讨论，互相交流，互相切磋，献计献策，取得丰硕成果。

附文二：

第三届石壁与客家世界论文集·序 2

胡绳武[①]

即将于 2009 年 10 月在福建宁化举行的宁化石壁与客家世界学术研讨会，是继 1997 年和 2000 年前两届的研讨会之后，第三届的学术研讨会了。这充分说明客家祖地有关人士对客家学研究的重视，以及推动这一学科发展的积极性。

据了解，自 20 世纪 80 年代改革开放，国内建设生机勃勃，海外客籍人士纷纷回国探亲、寻根、祭祖以来，客家祖地福建宁化县的有识之士，即加强了对客家祖地的历史与文化的调查研究及对外的交往。20 世纪 90 年代初，先后成立了宁化县客家研究会与宁化石壁客家宗亲联谊会（以下简称“两会”），推动有关工作。在“两会”有关人士的推动下，不仅办起了《客家魂》杂志，还编辑出版了多种有关客家的著作。据统计，先后出版的有关客家的书刊，计 40 多种，上千万字，发行 10 余万册。其中不少书刊得到学术界与客家人士的好评。

与此同时，宁化的“两会”还积极开展有关客家学术研究与学术交流活动。早在 20 世纪 30 年代，客籍学者罗香林教授从研究客家的族谱入手，对客家的源流进行了缜密的考证，提出了“客家学”的专门名词，开创了客家研究的先河以来，客家学已成为一个专门的新兴学科。但对它的学术研究进展不快。改革开放后，随着众多的海外客籍人士纷纷回国探亲、寻根、祭祖以来，客家学这一新的学科，得到了快速的发展。有的高校还成立了客家研究所或客家研究中心。在有关单位的推动下，召开了多次有关客家的学术研讨会，发表了许多论文，出版了若干有关客家研究的专著，使客家学真正成为一门新兴的学科。福建宁化的“两会”联合文化部华夏文化促进会客家研究所和北京大学客家历史文化研究所、三明市客家文化与华侨研究会所举办的宁化石壁与客家世界学术研讨会，也表明和促进客

① 作者系中国人民大学教授。

家学这一新兴学科的日趋兴旺发达。

我对“客家学”没有研究，只是对这一具有特色的汉族民系甚感兴趣。近年来，陆续读了些关于客家研究方面的著作，特别是2003年受邀为《三明与客家》这部有关客家的学术论文集写序，通过对这部文集的阅读，使我对宁化及其石壁有些了解。我在《三明与客家·序》中（方志出版社，2003年版）说：“三明之所以遐迩闻名，为海内外人士所关注，除上述因素外（指三明历史、文化、经济等方面的成就），还与三明宁化石壁是海内外数千万客家人的摇篮和祖居地有关。至今经绝大多数客家人寻根问祖，探索源流，几乎都要追溯到石壁。”关于石壁，早在清光绪年间广东梅州温仲和在他的《嘉应州志》中云：“梅州人民抗元的壮烈，地为之墟，闽之邻粤者，相率迁移来梅者，以宁化最多。所有戚友询其先世，皆来自宁化石壁人。”1912年英国传教士艮贝尔在其《客家源流与迁移》一书中云：“岭东之客家，十有八九皆称其祖先系来自福建省汀州府宁化县石壁村者。按诸事实，每一姓的第一祖先离开宁化而至广东时，族谱上必登著他的名字，这种大迁徙运动自始至终皆在十四世纪。”客家学的拓荒者和奠基人罗香林教授，在《客家研究导论》（1933）和《客家源流考》（1950）中，关注到石壁在客家史上的作用，后随着研究的不断深入，又专题写了一篇《宁化石壁村考》，他在文中说：“唯黄巢变乱与石壁村及其与客家迁移之关系，则尚未提述，不无遗憾。”他说：“广东各姓谱乘，多载其上世以避黄巢之乱，曾寄居宁化石壁村葛藤坑，因而转徙各地。此与客家源流问题，关系颇巨。”正是这一颇巨的关系，所以大凡论及客家史都难以回避石壁。石壁，是一个不大的村庄，但其名声却传遍客家世界致使一些学者在写客家文章时，想回避，而又无法回避，这大概就是客家历史使然。

石壁是宁化县西部的一个村名，紧邻江西石城县，石壁与石城，两地是武夷山脉的一个隘口连接起来，来往十分方便，是闽西与赣东南的一条十分重要的通衢。南迁的中原汉人，很大一部分就是通过这一隘口从江西到福建。一过隘口，就是石壁的地域，这里是一方200多平方千米的盆地，土肥水美，森林茂密，自然资源十分丰富，而且隋唐时期便有汉人和当地土著居民在这里开始开发。这里是两省接合部，山高皇帝远，朝廷鞭长莫及，大江南北的历史动荡、战乱，都未曾波及这里，所以被称为战争的“避风港”“世外桃源”。这里的自然环境和社会环境，对长期颠沛流离、疲于奔命的中原移民，实在是再理想不过，于是在唐后期至南宋间，大量涌进包括宁化全境及邻县的所泛称石壁的石壁地区。在这里休养生息，建家立业，垦荒拓殖，与土著居民长时期磨合，在生产、生活、文化意识乃至血缘上融为一体，而孕育出客家民系。当新民系诞生之际，因为宁化整体环境发生了变化：人满为患、社会动乱、资源耗损，不再是当年“世外桃源”的光景，所以这些已树立四海为家、不怕奔波的客家人，又从这里再往闽西南部、广东、赣南迁移，以致最后播衍世界五大洲。这是客家史上非常重要的一页，客家史缺了这么一页，就不完整，成了断代史。罗香林教授之所以说“关系颇巨”，极具深意，所以说，宁化石壁与客家世界的关系，非常值得深入研究，是关系客家学构建的非常重要的课题。希望通过第三届宁化石壁与客家世界学术研讨会，有更深入的研究，获得更大的成功。

（2）2010 年，石壁客家研究迎来全新发展阶段，自此掀开学术探索的崭新篇章。这一年成为石壁客家研究进程中的重要节点，标志着研究工作在深度与广度上实现双重突破，为后续学术发展注入强劲动力，推动石壁客家研究迈向更为系统、多元的新阶段。

这一阶段进一步贯彻落实时任中共福建省委副书记习近平同志于 1998 年 2 月 15 日临宁化调研时，对宁化作的有关客家工作的重要、全面的指示。“把它（客家文化）作为一篇大文章来做”。在学术研究中，对客家统战工作、客家文化研究、开发和转型、民俗、旅游、经贸各方面，作为学术研究的主要对象，加强理论探讨，方略策划、传统的传承和转型各方面。述学立论，建言献策，既加强了理论建设，又为施政提供了方略，取得理论和实践双丰收。

时任中共宁化县委书记肖长根在论坛开幕式上致辞

在论坛大会上，曾祥辉、刘凤锦分别为“三明学院客家文化研究所宁化研究基地”“华南理工大学客家文化研究所宁化研究基地”授牌。

石壁客家论坛

2013 年开始每年举办“石壁客家论坛”。这一学术定名，是基于前面的“宁化石壁与世界”为主要研究对象的研究任务基本完成。取“石壁客家论坛”是宁化学术研究的转型和发展。原“宁化石壁与客家世界”的内容很明白，就是石壁与客家的关系，当然在“石壁与客家”的研究中也必然涉及客家历史的方方面面，如中原汉人的南迁及其早期的聚散、民系的孕育、客家人的迁徙，以及客家名称来由和客家核心区域的形成等。通过前三届学术会议的讨论，石壁与客家历史关系基本清楚的同时，也把所涉及的客家民系历史的方方面面有所研究和得到学术共识。所以不及时转型，便有停滞不前之嫌。而取名“石壁客家论坛”，概念更加广泛。此中的石壁既是地方名称又是文化概念。其意不是以石壁为对象，而是一个学术文化名称。也可以指在石壁对客家方方面面的研究活动。如此，学术研究对象就更加广泛。

从 2013 年开始至今，“石壁客家论坛”的实践，也充分体现上述石壁客家论坛的面貌。

十余年中，在宁化党、政和广大学者的大力支持下，论坛每年举行，就是疫情严重的情况下，也仍然坚持。在这十余年中，举行“石壁客家论坛”十二届，其中分别与第七届海峡两岸客家高峰论坛（2014 年）、第二届客家文化（闽西）生态保护实验区学术研讨会（2021 年）和第十三届客家文化高峰论坛（2024 年）联合举办。

这 12 届论坛参加者 983 人次，发表论文 825 篇，稿件是被选入围数的两倍。

①论坛主题举例

第一届的中心内容是：推进客家研究，传承客家文化，弘扬客家精神，发展客家事业，促进海峡两岸和平发展和世界客家的凝聚，实现中华民族伟大复兴之中国梦。

论文分类：

客家与客家人物

石壁与客家

客家文化与客家文化产业

海峡两岸客家

第二届主题：携手两岸客家繁荣文化经济

论文分类：

两岸客家研究

石壁与客家研究

客家历史与文化研究

客家经济与文化产业研究

客家文物研究

第三届主题：客家文化产业的开发和发展

论文分类：

宁化客家小吃产业发展的研究

宁化客家文化旅游产业发展的研究

宁化历史名人与客家文化产业的研究

宁化石壁“葛藤凹”文化产业的研究

第六届主题：光大祖地美丽客家

论文分类：

客家文化与振兴乡村

发挥客家祖地优势

深化海峡两岸文化艺术交流

传承客家文化，共建美丽家园

客家传统经济转型发展研究

第九届

论文分类：

石壁客家祖地三十年历程回顾与发展研究

全面落实《客家文化（闽西）生态保护实验区总体规划》研究

客家文化的整体保护、活态传承和坚持发展研究

客家非物质文化遗产资源保护与开发研究

客家文化与红色文化融合发展研究

宁化客家小吃、食材产业助力乡村振兴

第十二届主题：发挥石壁客家祖地优势创新闽台客家文化交流

论文分类：

客家文化个案研究

客家史研究

闽台客家文化研究

客家艺术与传播研究

客家人物及移民研究

从以上的几届论坛主题和选题看研究的面更广、更深，但客家史的研究并未间断。

②石壁客家论坛部分论文摘要

客家文明具有历史性，如“先民居地”客家向南迁徙“大概途径”客家民系的形成”等词语，表明她具有深远的源流、深邃的根基。客家文明具有世界性，客家人分布在地球上的许多国家和地区，到处从事经济文化等活动、发挥着广泛的影响。客家文明具有宽容性，客家人在国内与国外，都能生存、安家、立业，说明世界容纳了客家。客家无疑也该拥抱世界，即必须怀着一种世界的胸怀、学术探讨的宽容培育着学术研究的成长，她也体现客家文明的宽容性，这正是作为一个人类大群体的客家充满活力的内涵。

论坛，无疑应具有充分的学术性。客家论坛既为了提高客家学研究的科学水平，也为了加强学术切磋和友谊，深刻了解客家文明的共同性，进而更好地发挥她的积极性，促进中华文明的蓬勃发展。科学探讨，为的是在现今的研究状况中，目前的条件下，达到我们能够达到的水平。

——郭华榕（北京大学教授、博士生导师），原载《第一届石壁客家论坛论文集》

客家人所称的“祖宗言”，包含有非常广泛而深刻的内容，我曾称之为“文化遗嘱”——对于客家这样一个“文化遗民”而言，这当是其整个的精神领域的金科玉律，当然，我们还可以对此做更多的解读。

中国历来讲家国天下，家的孝，上升到国的忠，这便是汉代的以孝治天下，到了宋代，则上升为“忠孝不能两全”，把国家置于最高的位置。“保家卫国”本来就是不可分开的，所谓“家国同构”，亦可如此解读。

因此，作为“祖宗言”的客家族谱，其构成“言”的成分，不仅仅是血缘的延续，姓氏的承继，还在于家规、家风、家训的代代相传，“言”本身，也是有形与无形的，所以，祖宗言更是如此，族谱这种形式，本身就是言的载体。

——谭元亨（华南理工大学客家研究所所长、教授、博导），原载《第四届石壁客家论坛论文集》

客家文化对己要做到“文化自觉”，注重本土化，对外则要加强国际交流与合作，坚持“请进来，走出去”的国际化策略。在此基础上，通过吸收近年来在地域文化、区域经济史和区域社会史各领域研究中所不断形成。发展和丰富起来的种种理论与方法，建构客家文化研究新的理论与方法论体系。笔者试图从族群和地方社会研究中发展出一套新的客家文化研究的学术话语，其核心概念是客家文化具有“地方性”和“族群性”，在此基础上提出“客家文化既是一种地域文化，又是一种族群文化”的理论观点，将客家文化研究纳入族群人类学的学科范畴，赋以客家文化在历史学、人类学等知识体系建构上的意义。该学术话语体系是在借鉴和反思罗香林创立的客家研究范式的基础上，从地域文化研究的普遍性和人类学族群理论出发，通过与“民系——文化论”和“赣闽粤边社会史论”的对话比较和理论反思，立足于大量的经济研究和理论分析的基础上逐渐建立起来。

——周建新（深圳大学文化产业研究院执行院长、客家研究所所长、教授、

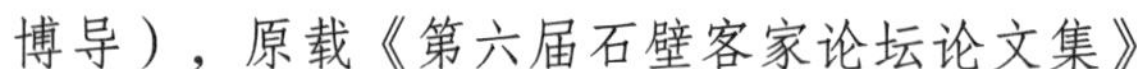
博导），原载《第六届石壁客家论坛论文集》

大力弘扬石壁客家文化，增强台湾民众的认同，民族认同，通过多元化、多维度，多层面的交流，品味客家文化、艺术生命泉，发挥宁化石壁客家祖地文化优势，打造以世界客家总祖地、祖地文化海峡客家品牌。深化两岸文化交流是民之所需，更是促进两岸融合、造福两岸人民的必经途径，为促进全天下客家人的大融合、大团结、发展做出自己应有的贡献。

——刘秀梅（漳州市图书资料馆员），原载《第六届石壁客家论坛论文集》

人类文明因文化多样而精彩纷呈。中国文化因文化多元而光辉灿烂。文化以语言为主要载体。中国不同民族各具特色的方言母语，是中国多元文化的根基。一旦各地各民族的方言母语消失，则依附于其之上的地方文化、民族文化，离消亡亦即不远。而一旦失去丰富多彩的地方——民族文化的支撑与烘托，则不仅中国文化黯然失色，民族文化自信亦势必大受影响，中华民族亦必在“特化”的道路上愈行愈远。因此，我们要像保护地球物种多样性一样，努力保护中华民族文化的多样性，捍卫各民族各民系的方言母语。

因为，守住了方言母语，就守住了民族文化多样性；守住了民族文化多样性，就能保证中国文化的光辉灿烂，就能维系并增强中国民众的文化自信，最终保障中华民族的健康存续。因此，我们要在全国开展一场方言母语保卫战。各地中小学，要像重视外语教育一样，将方言母语引入园、引入课堂。以会讲方言母语为时尚、为荣。开展多种多样的方言母语教学、歌谣、朗读朗诵、讲故事及演艺活动。各地各族家庭，更应以讲母语为责任，以传承民族文化为荣。凡居家、家庭成员或本族系人之间，倡议多讲本族系方言母语。

——刘道超（广西师范大学客家文化研究所副所长、教授），原载《第

五届石壁客家论坛论文集》

客家文化既是中华文化的优良成分之一，如何重新诠释客家文化，发挥客家文化的优良成分，并对两岸和平统一作出贡献，这是当前客家人应该共同思考的问题。

21世纪的海峡两岸，特别是当中国大陆改革开放近40年，中国崛起已经成为不可阻挡的世界潮流，中国即将迈入盛世。也有人认为，中国需要发扬自身优良传统，学习西方，继续努力，循序渐进，才能再造高峰，迈向大同盛世。因此，在21世纪全球化时代，弘扬客家文化，促进两岸和谐发展，特别有其重要的意义。近百年来，许多客家人在反抗帝国主义、反封建主义的斗争中，在政治、经济、军事、文化、教育等方面，表现出具有伟大历史意义的可歌可泣的事迹，为中国历史留下了宝贵的精神财富。以孙中山先生为例，他是出生于广东中山翠亨村的客家人，幼年期间即常常听到以客家人居多的太平天国的革命故事，感染了客家人爱国革命的胸怀。20世纪初期，孙中山目睹清政府之腐败，目睹中国遭受帝国主义的侵略，为了救国救民，乃致力于中国的革命运动，经过多次起义，终于推翻清朝，建立共和。孙中山希望把中国建设成为一个富强的共和国，进而促进世界和平。

客家文化是对中国优秀文化精华的继承和发扬，客家人的爱国心极强，是永远不会被征服的。“没有客家，便没有中国的革命”，“客家精神是中国革命的精神”。正如上述，21世纪，弘扬客家文化，对于促进中华民族伟大复兴，实现中国梦，特别有其深远文化意义。

客家文化强调崇祖敬宗、耕读传家、节俭勤奋，客家人有坚韧的爱国精神，这些客家文化特质是非常可贵的。历史昭告世人，维系一个国家与一个民族的存在，靠的是光荣又伟大的传统，特别是爱国精神。今日海峡两岸的客家人必须重新认识与了解客家文化传统，对客家文化有所传承，汰旧换新，进而以文化主体的身份对客家文化做出创造性的转化，赋予客家文化新的意义与价值。今后，客家人在实现中国现代化的历史进程中，绝不会缺席。尤其，

在追求中华民族伟大复兴的中国梦际，笔者相信客家爱国精神对建构两岸和平发展，一定能做出恒久的贡献。

——刘焕之（台湾苗栗县联合大学客家研究学院副教授、博士），原载《第五届石壁客家论坛论文集》

当代的客家文化在不断地创新和重构，客家族群意识的兴起与凝聚，得力于大众媒介的推动，客家民众通过日常的媒介体验完成心理认同和族群想象。客家的意象如何被媒介筛选、描绘以及形塑，不只影响到客家民众的族群认同，更影响到社会大众如何认识客家，这涉及客家族群和客家文化的被接受度与开拓性，关系着客家地区以"客家文化"特色定位经济发展路线的成功与否。

未来客家文化将会怎样发展，其走向和态势如何？笔者认为，网络化，将是今后客家文化发展的新趋势：网络客家，即客家文化的网络化，或者更具体地说是客家文化的网络传播化，将成为未来客家文化传播和发展的总体形态和典型特性。无论是老客家，还是新客家，出于对客家文化的喜爱，使得他们可以共同在网络上安家。

我们有理由相信，客家文化的网络传播，将在今后向人们展示越来越大的成就和迷人的色彩。尽管以客家文化为主题的网络媒介刚刚起步，还处于"在路上"的阶段，但其呈现出方兴未艾、强势勃发、浩浩荡荡的态势，因此这些"刚起步、在路上"的客家网络媒介对于"在路上"的客家族群和客家文化的建构和传播将发挥越来越重要的作用。但同时不可否认的是，客家文化的网络化由于其自身特性和时代大背景的影响，其发展前景不容乐观，仍处于喜忧参半的境地。客家文化网络化的有序发展，将是我们有待继续深入思考的课题。

——周建新（深圳大学教授、博导），原载《第一届石壁客家论坛论文集》

当前客家和合的最重要问题是客家认同和维护祖国的统一。20 世纪后期以来，海外客家普遍面临客家文化危机，特别是海外客家都面临所在国家和地区的强势族群和主流文化的冲击。同时，客家族群内部也面临客家语流失、客家习俗淡化和客家后裔对客家认同缺失的严峻问题。为此，20 世纪后期以来，客家人更加追求族群和合、客家认同，鲜明地提出“天下客家是一家”的口号。中国大陆改革开放 30 多年以来，回大陆寻根谒祖的海外华人以客家人为最多。在宁化石壁，自 1995 年 10 月建立世界客家公祠以来，连年举办世界客属祭祖大典，来自世界各地近 50 万人次的客家乡亲参加祭祀先祖，大陆其他客家地区也一样，海外客家纷纷回原乡寻根谒祖。虽然海内外客家人之间存在很多的“不同”，如国籍、政治信仰、生活方式等，但是，血缘、文化和语言的同根同源一直是海内外客家“和而不同”的“和”的基础。中国国家统一的和合、中华文化的和合是全世界客家人的共同心愿。在反对“台独”的斗争中，客家人的主流始终维护祖国的统一，坚决反对任何分裂祖国的行为。客家和合文化，也是对宋明理学和合的整体本位主义精神的发挥。“宋明理学所发展所突出的儒家整体本位主义精神，强有力地维护了中华民族的团结统一，形成了中华民族的强大内向凝聚力、整体生命力，形成了中华民族不屈不挠地克服内部忧患、抵抗外来侵略的整体坚强意志和自强不息精神，从而使中华民族文明的巨大实体延续几千年而不衰。这大概是整体本位主义精神的优越性和巨大力量所在。”客家人继承发扬中华文化的精髓和合文化，对于族群认同、族群团结、中华文化和合、祖国统一具有特别重大的意义。

——廖开顺（三明学院教授），原载《第四届石壁客家论坛论文集》

客家文化是海峡两岸的共同资产，如何发挥客家文化力量，对两岸和平发展作出贡献，而且又能够促使客家社会迈向现代化，是很重要的课题。特别是，海峡两岸及全球社会，有近一亿之客家人口，若能发挥客家文化的优良成分，对治全球化的弊端，并对统一中国作出贡献，这是当前客家人应该严肃面对的问题。客家文化有深厚的爱国精神，这种精神是客家祖祖辈辈在经历流移转徙而形成的。客家人爱好和平，也富有追求国富民强的奋斗精神。今后，客家人在实现中国现代化的历史进程中，绝不会缺席。同样，在追求中华民族伟大复兴的中国梦际，笔者相信客家爱国精神对建构两岸和平发展，一定能做出恒久的贡献。

——刘凤锦（台湾联合大学客家研究院院长、博士）、刘焕云（台湾联合大学副教授、博士），原载《第一届石壁客家论坛论文集》

宁化客家祖地文化定位是学界热议且有广泛共识的话题。客家外迁研究中意外获得的宁化（含石壁）历史上外迁发生频率最高的数值，从数量直观的全新视角，有说服力地证明了宁化是历史上福建客家最为重要的迁出地，是名副其实的客家祖地。在宁化由刘善群领衔的祖地文化研究团队诸君满怀对祖地文化的自信和深情，为祖地文化研究倾注了大量心血，硕果累累，功不可没。今后，在祖地文化自信视野下，跳出祖地看祖地，祖地文化研究的道路将越走越宽阔，也将进一步加强宁化世界客家祖地的地位。

——俞如先（龙岩市委党校副教授、博士），原载《第一届石壁客家论坛论文集》

旧时代的乡村政治、经济和文化场域已经被解构，当代乡村文化建构的主旋律是用社会主义价值体系引导建构符合现代乡村环境和农民需求的先进乡村文化，这是社会和文化的进步，但是，乡村文化须由全体在场民众共同创造的规律尚未实现。在乡村文化建构中，农民的话语权不够，普遍存在邓小平同志所指出的“我们的各级领导机关，都管了很多不该管、管不好、管不了的事”。改革开放以来，农民的经济和文化空间空前扩大，拥有更多个人的社会空间和自主权，但是参与文化建构不够。“县域发展动力由政治力量向资本积累倾斜，又转向文化软实力。在国家政治动员的权力强制性逻辑下，县域发展主要靠政治力量推动”，“权力与资本都是县域发展的动力支撑。相对而言，社会力量仍相对不足，县域治理面临着激发社会发展动力的挑战”。政治力量的引导和经济资本的参与必不可少，还需要乡村全员参与并重点培育在村的乡村文化人才。在国家实施乡村文化振兴的战略中，除了加强乡村公共文化服务、文化人才下乡等一般措施以外，在战略上应在高校增设乡村文化专业或课程，培养倾情于乡村文化的专家学者、文学艺术家和文化创意人才，使之成为乡村文化主体的新时代精英。乡村产业振兴和全体民众主体地位形成，才具备乡村文化重构和客家文化振兴的前提和基础。

——廖开顺（三明学院教授），原载《第八届石壁客家论坛文集》

无论是客家先民的中转站、客家摇篮，还是客家祖地，到了 20 世纪 90 年代初，这一客家民系形成的特殊地域，在客家界有识之士的心中已逐渐形成统一的观念，石壁客家公祠建设已酝酿完成。在宁化当地政府、学者和海内外有识之士的共同努力下，客家公祠破土动工在即。自从 1995 年以来，随着每年的石壁客家祖地祭祖大典如期举办，来自亚、美、澳、欧、非五大洲几十个国家和地区的客家社团和组织，前来石壁客家宗祠寻根谒祖，他们一致认为宁化石壁是他们的祖籍地。显然，不远万里来到宁化石壁寻根谒祖，若非祖先的遗训，是难以达成缅怀祖先的历程。也正是潮梅及海外客家的大量谱牒和世代口耳相传族源口述被不断地发现，引起了宁化当地及海外客家乡贤对石壁祖地建设的重视，特别是宁化本土学者及政府理念共识的形成，才能成就了今天世界客家祖地祭祖盛况。

——蔡登秋（三明学院文化传播学院教授、客家研究所所长），原载《第八届石壁客家论坛论文集》

百余年的“石壁研究”，学者们从不同学科、不同领域、不同层面，对宁化石壁进行长时间全方位的研究，得出的结论是：宁化石壁是客家早期的聚散地、是客家摇篮、客家祖地。她在客家形成史中，其作用表现出了早期性、集中性和唯一性。她在客家世界中，具有独特性、典型性和代表性。正如许多权威学者所言，她是历史使然，不以人的意志为转移。法国远东学院博导劳格文在《宁化县的宗教·经济与民俗》一书的《序允》中写道：“我们通过宁化的集中研究，得到个吊诡的结论，虽然宁化拥有客家历史上非常重要的石壁平原，而且文化模式都是非常独特的，不见于其他客家地域……有一种文化上的混合而有自己的丰富和独特处。”

中国人民大学教授胡绳武云：“石壁，是一个不大的村庄，但其名声却传遍了客家世界、致使一些学者在写客家文章时，想回避，而又无法回避，这大概就是客家历史使然。”原赣南师院教授谢万陆在《再论石壁》一文中说：“我们说的武夷山南段，汀江、闽江之上游，而石壁则是这一地域的中心，是摇篮的代表。当然，我们这样断言绝非出于主观臆造，更不沾带个人感情的炒作，而是得意于天公（自然）的赐予，也依赖于历史的安排，非任何人所能左右。”

当然，对石壁的学术结论，也有不同声音，如“构建说”“符号说”“心理学说”来淡化或否定宁化石壁客家祖地的历史和文化。虽然发声者只是个别，但其影响不能小视。正如全球客家·崇正会联合总会总执行长黄石华博士所言：“肯定了宁化石壁客家祖地在中国客家民系史上的重要地位和作用，无疑是正确的，也是完全必要的。我们说是正确的和完全必要的，是因为近阶段来，在评述客家祖地宁化石壁中出现了一些杂音，否定石壁客家祖地，否定石壁客家祖地文化，为此否定和批判罗香林教授的名著《客家研究导论》《客家源流考》和《宁化石壁村考》。”诚如中共福建省委原副书记、全国政协港澳台侨委员会原副主任、福建省客家研究联谊会会长林开钦先生所说：“这些杂音虽不是客家研究的主流，但的确乱了一些视听。”“石壁客家祖地是历史发展的客观存在，是客家先民自中原南迁的产物，石壁客家祖地不仅是宁化的，也是中国和世界的。”“西方学者自18世纪便开始注视中国的客家文化，注视宁化石壁客家祖地的历史及其文化，运用各种学科方法去认识它的精髓和积极动力。可是，时至今日，仍有少数的学者不顾宁化石壁客家祖地及其文化的客观存在，极力将它边缘化，甚至污蔑宁化石壁客家祖地是人为虚构的，这不禁使人痛心叹惜。承前启后是人类发展的自然规律，在世界上没有哪个族群可以因无视祖地的存在及其文化、放弃传统而得到进的。”不管否定宁化石壁客家祖地的历史及其文化的学者其动机和出发点如何，但其产生的副作用和恶劣的影响不能不引起人们的高度警惕和严正反驳。”“严谨求实的学大精神，既是科学精神，也是学术精神，是人们在长期的学术实践活动中形成的共同信念、价值标准和行为规范。”希望学者们都能秉承这一学术精神，客观求是地研究和认知宁化石壁，舍弃偏见，正确对待客家史和客家研究史。

——刘善群（福建省文史研究馆馆员），原载《第八届石壁客家论坛论文集》

研究者们在石壁客家文化研究过程中存有多种学术观点，这是一种良性的研究状态，学术研究从来提倡“百花齐放”，提倡一种自由的话语空间，一种“海纳百川”开阔视野一种包容的学术襟怀。我们极其赞赏一些研究者从多学科、多角度进入石壁客家文化的研究，如从地理学、体育学、民俗学、宗教学、社会学、民族学、艺术学等，为客家文化研究做出的卓越贡献。正因为宁化石壁在客家民系形成过程中特殊地位，对石壁的研究是研究客家文化绕不过的话题，正如历史学家胡绳武所说：“大凡论及客家史，都难以回避石壁。石壁，是一个不大的村庄，但其名声却传遍客家世界，致使一些学者在写客家文章时，想回避石壁，而又无法回避，这大概就是客家历史使然”。在我们研究过程中，对石壁研究应秉着历史客观、公正事实的态度，既不草率地下定论，也不必执意否定历史真实，更不可以理论来套事实。石壁的历

史性与真实性，正如原赣南师院教授谢万陆在《再论石壁》一文中说："我们说的武夷山南段，赣江、汀江、闽江之上游，而石壁则是这一地域的中心，是摇篮的代表。当然，我们这样断言，绝非出于主观臆造，更不沾带个人感情的炒作，而是得益于天公（自然）的赐予，也依赖于历史的安排，非任何个人所能左右。"大胆假设，小心求证，公正客观地阐释历史与文化，才是人文研究者们的学术良心。

——蔡登秋（三明学院客家研究所所长，教授），原载《第七届石壁客家论坛论文集》

文化自信要求我们要充分认识客家传统社会主流价值观的积极意义，充分认识历史上重要意识形态王阳明思想在客家历史中的重要地位和作用，并在对石壁客家祖地地位进行审视的时候，能够自觉地把包括王阳明思想在内的中华民族主流价值观的影响、继承和弘扬作为重要的参照要素，这样也能进一步提升石壁客家祖地地位的认同。如就王阳明心学而言，长汀、上杭等县都有其过化影响和思想传播的资料记载。从近些年新发掘的史料看，宁化并没有缺位，实际也是阳明先生过化之地。如国家图书馆藏有光绪庚辰重修的浙江嵊县《剡溪王氏宗谱》，宗谱（卷七·仕宦志）存明代王厚之（公讳温）先生传记一篇，题为《宁化公志》。浙江嵊州市的朱刚先生读此志内容，发现王厚之曾在福建宁化任县丞一职，故称"宁化公"，其与王阳明产生过交集。嵊州人士王厚之在宁化县担任县丞期间，因故被知县罗织罪名，并被审判定案。时逢王阳明莅临县境，辨明是非，王温得以洗白冤屈。"幸王文成公莅境，得白。"王阳明过境宁化，为县丞洗冤昭雪，引领了宁化政治生态、社会舆论的正确导向，为当时的宁化社会注入了正能量。朱刚在对载有与王阳明先生在宁化县产生交集的史料《剡溪王氏宗谱》进行充分的考证，认定了该宗谱的真实性、可靠性。《剡溪王氏宗谱》传承有序、修订严谨内容具有较高的真实性和可靠性。朱刚进而得出结论，认为"王阳明行迹曾至宁化”之说是可能成立的。阳明先生过化宁化行迹史料的发现，证明历史上宁化也是王阳明思想的熏沐地。在阳明先生过化方面，宁化（石壁为中心区域）没有缺席，也担当了传承、弘扬的使命。由此进一步提升了宁化在中华民族主流价值观继承、弘扬方面的历史地位，进一步提升了石壁客家祖地地位的认同。

——俞如先（中共龙岩市委党校教授），原载《第十二届石壁客家论坛论文集》

结语：“一代人”的学术责任与学术理想

我与周建新教授在客家学术会议上相识，每每在台下聆听周建新教授的学术发言，都能激发出内心对客家文化研究的滚滚热潮；我对周建新教授客家学术思想的更深理解更多的是在他字里行间的学术论文中，每每阅读，都能感受到一位“文化学者”和“实践学者”的文化力量。每一代人都在自己所属的时代中生活、思考与耕耘。此处“一代人”包含三层意思，其一是周建新教授的学术道路是在前辈学术研究中沿袭与创新，时刻回望和坚守前辈们的文化研究资源与精神食粮，与前辈的学术思潮既积极回应也保持着一定的张力，这是第一个层面“一代人”理解；其二是周建新教授在他们这一代人的学术使命中坚韧耕耘，既根植于文化田野现场又站立在教学专业建设一线中，既徘徊在学术边缘地带又有着跨视野的学术敏感，既沉浸在自己学术的精神之塔中又心怀学术研究的理性力量和文化关怀，这是第二个层面的“一代人”理解其三是周建新教授这一代人的学术道路影响着我们这一代人的学术理想，为专注于客家文化、文化产业等不同层面与角度的青年学者们指引研究路径，践行着学术研究的文化温度与文化思考，这是第三个层面的“一代人”理解。每一代人都有一代人的学术责任与学术理想，作为青年学者应基于时代问题发问，周建新教授的研究为我们奠定了一个坚实的学术基础，年轻一代的学者如何在前辈的基础上开

辟新的研究路径，如何述说客家文化的新时代话语，这是值得我们不断思考和叩问的问题……

——周静红（女，马来西亚理科大学博士生），原载《第十二届石壁客家论坛论文集》

石壁峒人的价值观念，自我塑造良好的精神风貌，襄助于客家文化传承发展进程中，提供绵延不断的动力，在父家长制影响的结果之下，裨益于族群认同。这些方面，在石壁峒社会，最终是为客家文化构成的重要组成部分，同时由于客家文化是为多元文化交融而产生，承继自中原社会的父家长制发挥重要作用、体现价值，给了石壁峒人族群认同、维护独有的族群文化以良机，以此为驱策力促进石壁峒社会的发展演进，而且以文化中原生存生活形态为中心的传承发展。与此同时，在石壁家思想的影响与族姓间践行儒家思想的结果，催生了客家民系祖居地地位的确立，所以现当代定义为客家发祥地，是有历史方位朝向的。

在石壁峒，受儒家思想所影响的石壁峒文化，深远也广泛。有了儒家思想给予熏陶强力塑造，有文化中原生存生活形态等的影响和秉持，最终的客家文化形成与发扬光大广泛传播于赣闽粤边区及至全球范围内的中原河洛等外迁群体子孙当中。从上文可知：石壁峒文化中仅仅是围屋和土楼内的居住习俗，就充分体现了儒家思想“仁爱”精神。人与人之间如何关爱和互助，社会层面上有着和谐共处的社会理念体现。父家长制主导下的石壁峒人，家庭内部有亲情培养维护的重注，邻里间友善团结的强调。而儒家思想“礼制”观念，在石壁峒人中，是极为重视礼仪、规矩与强调祖宗祭祀、孝亲护幼，日常生活遵循社会规范、行为准则，人们对于社会秩序、道德规范既是尊重，也极度维护。于是，在石壁峒，一个和谐友好的区域性社会，能够存在和延续几百上千年。这是与儒家思想“包容”精神有着极大的关系。由于父家长制作用发挥，石壁峒人既得利益是最大化的，居住习俗造就的和谐共处，反映人与人之间的心态，具有开放包容特质。这是居住环境内部因素所决定。由于人们包容精神的践行，在整个石壁峒社区空间，石壁峒人相互之间能够尊重、接纳本非同一族姓、文化背景不同的中原汉族分支迁入户。对待汀州府的百越族、畲族等先期住民，石壁峒人同样是以包容精神相待相处，因而石壁峒能够成为多元文化交融的迁徙族群社区，来自中原的陕晋冀豫鲁等省份的人们，他们带来的各种中原文化，相互之间发生了碰撞、融合，促就一种独特性却又丰富的客家民系文化景观。综上所述，儒家思想的“仁爱”“礼制”核心价值观和包容精神，在石壁峒得到了全方位体现，说明了石壁峒人是儒家思想的忠诚实践者。这里的“包容”，是儒家思想“智”“信”的意涵与间接性体现出来的一种精神。实质上就是智慧的石壁峒人的明智决断能力：既辨别善恶、明辨是非，又有符合道义的客观选择。再者，石壁峒人以其诚信和道德要求，尊重、信任他人。于是，石壁峒社会和谐，社会关系处理得当。石壁峒人实践儒家思想，追求教育教导出成效，是为家庭和家族所着想。所以说“学不厌，智也；教不倦，仁也”，是人们冀望达到“仁且智”而能够“既圣矣”。

我们从石壁峒族姓之间，他们的交际式相处来进行考述，发现平等与尊重是石峒人注重族姓间关系的一个重要因素。前文述及石壁峒人以其团结、互助、包容的精神，与不同族群、不同族姓的人和睦相处，彼此互为促进，这里再进行深入考述石壁峒人在细节上的儒家思想精神践行。在石壁峒，大姓氏、小姓氏之间，相互尊重是其必要的处世态度，人们彼此尊重每一个族姓的历史及其文化传统，能够善待交际交流之中族姓传统的充分展示，是为尊重的思维态度。石壁峒人对于族姓间团结的认知是：如果要促进共同发展，“尊重”即基础。所以人们能够做到相处相待，进行和谐和友善相处氛围的努力营造。这种营造也给了石壁峒人讲求族姓间进行互助和合作提供了有效保障，如婚丧嫁娶、建房修路。在石壁峒，各种节庆活动经常性的举办，是以族姓间的联合互动为主导的，文化交流及至融合得到了加强，而且族姓间凝聚力因此得到了增强，彼此之间的友谊也有了促进和巩固，在对石壁峒社区发展和兴旺上，夯实基础。孟子就讲：“人皆有不忍人之心。”因此，儒家文化“和合”思想也能够在石壁峒得到很好体现。

从上文所述及，我们能够了解到石壁峒人是在中原社会与文化社会下的生存生活，所体现的是传承与坚守中原文化的思维态度，而有语言、音乐、舞蹈、戏剧、建筑、服饰饮食等各方面永恒的深深烙印。这也说明人们在宁化这个南方特殊自然环境空间里，能够适应也有创新，是为“适者生存”理念的客观诠释。因此说，石壁峒人的生存生活思维，对后期客家民系文化的产生有着深刻影响与价值观体现，并且传承和发展中能够提供有力支撑。

——刘钦泉（山西省社会科学院儒学研究中心特约研究员），原载《第十二届石壁客家论坛论文集》

思考与对策

（一）争当排头——树立石壁祖地的权威性

根据城市“首位度”、品牌“定位”等相关理论，“第一”比“第二”更能吸引到各种资源。“客家祖地”品牌要在闽赣粤客家文化集群中脱颖而出，就要在树立“权威性”上做文章。一是要大力宣传习近平总书记“树立石壁祖地权威性”的重要指示、石壁是客家“总祖地”的学术论证成果，争取赢得更广泛的社会认同；二是要持续办好“石壁客家祭祖大典”，进一步提高宁化的知名度、美誉度和影响力；三是要让宁化争当学术成果的产出中心、交流中心，争创客家文化研究的新高度。

（二）创意为王——有效化解资源瓶颈

中国文化产业品牌研究中心主任欧阳友权指出：“事实证明，建设文化品牌，创意是关键，而其所使用或吸纳的文化资源不过是一个稀薄的背景。”众所周知，沈从文一部著作——《边城》，使湘西凤凰旅游热持续至今，这便是一个很好的例证。省境之内客家风情旅游向福建土楼集中、红色文化旅游向古田会址集中、山水康养旅游向武夷山、泰宁集中，宁化有着面临市场边缘化的风险，更要通过文化创意产品的“走出去”实现游客和项目的“引进来”。

（三）梯次发展——优先盘活既有资源

城市文化品牌建设要考虑现实性、阶段性，与综合实力和整体发展同步协调。短期内，应根据自己拥有的资源优势，优先发展资源型文化品牌，突出发展能够自身造血、自血循环的消费文化。当前，宁化积极培育特色小吃品牌、打造特色工艺品，将各村镇、各景点串联成旅游线路，发展康养游、农家乐，促进客家文化和红色文化的整合发展，都是很有益的探索与实践，并取得了良好的成效。

（四）主动联姻——高层次高标准培育龙头企业

从整个经济领域成功经验来看，龙头企业做强了，能够带动全产业链发展，进而形成示范引领、规模叠加效应。而龙头企业的做大做强，需要雄厚的资本、先进的技术高效的管理，往往是通过整合优势力量、实现高效利用来促成的。张艺谋在各地打造的印象系列，成功经验值得借鉴。从宁化当前综合实力来看，主动向上、向外寻求优势资源对接，才是科学理性的选择。

（五）优化环境——培育品牌建设的良好生态

宁化的“客家祖地”“红色宁化”两个品牌有较强的知名度，“名人故居”“客家小吃”“生态康养”等系列品牌还有待打响，甚至部分文化资源才初具品牌或处于创意阶段，还待继续挖掘、整理。由于客观条件，目前，宁化文化产业市场仍然由政府主导行业协会、市场主体的力量和参与的积极性、经营能力都还比较薄弱。因此，政府需要对各企业、各品牌精心培育，提供有力指导，积极排忧解难，做好“育苗护苗”工作。要树立长远观点，逐步由台前转到幕后，让产业、企业、品牌在市场竞争中强身体。

——唐倚，原载《第九届石壁客家论坛论文集》

宁化石壁客家公祠建设之后，紧接着在公祠前面立了一方“客家魂”的巨石碑，是时为全国政协委员、香港南源永芳集团有限公司董事长局绅斥资亲自立的。

客家文化生态是客家民系生存的基础和灵魂。生态更是“灵魂的载体”，所以要守护客家灵魂，就必须守护好客家文化生态，生态不好，何谈灵魂。

客家文化生态保护要有理论引领，明确客家文化生态，保护文化生态的意义和如何保护文化生态。守正创新客家文化。要有方略，有文化自觉。

——刘善群（福建文史研究馆馆员），原载《第九届石壁客家论坛论文集》

一年一度的石壁论坛，给了我们探讨客家文明的好机会。近年来，客家学的研究获得显著发展，会议上的发言、发表的论文与出版的专著，广泛介绍客家人的祖训、传统、文化。如果与罗香林先生所处的时代相比较，现今的研究无疑成绩斐然。同时，还有若干问题值得探讨，以求充分了解客家文明的基本内容。笔者学识有限，经常感到存在一个重要问题：客家先民与客家人如何能够避开社会灾难、克服生活贫困，不断地为生存与发展而迁徙和拼搏？这是何种文明特性？它怎样锻造、锤炼而成？

艰难的历程始于离开中原大地，而后在闽、粤、赣山地得到发展，如今延伸至远隔重洋。这就是客家文明难能可贵的品质，它的柔韧性。依笔者之孔见，柔韧，指受外力压迫时，虽然变形而不易折断，受压者坚持着自己的基本信念。通常这种策略不受重视，然而它是持续的灵活方式的反抗、人类群体的“能伸能屈”“文武之道一张一弛”与治国理政不同的张弛。文明，历来不限于文雅，它内含着新与旧、硬与软、强与弱、粗与细、暴力与说服、顺从与反抗、暂时出现与长久延续，以及守旧固化与变革创新……客家文明也不例外。请容许考察与客家文明的柔韧性相关的历史事实。

——郭华熔（北京大学教授、博士生导师），原载《第五届石壁客家论坛论文集》

“客”者，外来者，也就是移民，所以人们常把客家人与犹太人等族群相比较，移民便是最根本的属性，相对于原住民土著而言，否则，何以为“客”，况且，近千年来，这个族群形成之后，也不曾停止过脚步：走得出去是条龙，走不出去是条虫，这是基本的生存观；而“宁卖祖宗田，不卖祖宗言”，则是移民属性引伸出来的文化价值观，如同犹太人敬重“教书先生”一样。抽掉了移民属性，也就没有了客家人——这正是客家学之本。而汉民族身份的认同，也就是客家学的核心，即“中原说”，客家人来自中原，姑且不论是否“华夏贵胄”“衣冠士族”，但族源是不可改变的。当年，客家人的正名，正是由此而起，这关系到民族自尊、历史担当，尤其是中国自古以来的正统观念——承袭这种观念，本身就是客家人对自己汉民族的身份的强调，不愿被边缘化、不愿作化外之民，不愿被贬抑、被排斥。无论是汉族身份，还是中原之源，这更是客家学创立时的根基。

——谭元亨（华南理工大学教授、博导），原载《第六届石壁客家论坛论文集》

一直以来，客家源流研究都是客家研究中的重点。近年来，有许多的学者通过历史学、语言学、民族学、民俗学、体质人类学、血型及人体免疫球蛋白等方法来研究和探讨客家源流问题，但始终留有争议。2010 年 10 月在宁化客家祖地，由福建省委原副书记、福建省客家研究联谊会会长林开钦亲自启动客家基因族谱研究项目以来，我们从分子人类学、遗传学研究角度出发，在不同的客家地区采集数以千计的基因样本，通过检测 Y 染色体 DNA 上的重要 STR 遗传标记，进行系统的、深入的遗传学分析，印证了“客家人祖先的主体是北方中原汉人”，并为此提供雄辩的科学依据。

2010 年 10 月以来，该项目在宁化县境内收集所有传统客家姓氏的 DNA 本 405 个龙岩地区客家姓氏 DNA 样本 183 个，广东（梅州、兴宁、梅县、河源、蕉岭、五华等）地区客家姓氏 DNA 样本 350 个，江西赣南地区（赣州、兴国、石城、丰城、于都、赣县、瑞金）客家姓氏 DNA 样本 106 个，中国台湾地

区客家姓氏DNA样本36个，四川成都客家姓氏样本15个，中国香港地区以及马来西亚、新加坡等国也共收集客家姓氏DNA样本19个，共计收集客家姓氏DNA样本1114个。在1114个DNA样本中，共有130个姓氏，姓氏包括《中国百家姓的新排名》前20名的李、王、张、刘、陈、黄、周、吴、孙、胡、朱、高、林、何、马、罗和客家人常见姓郑、谢、袁、邓、傅、沈、曾、彭、余、钟、方、廖、邹、熊、邱、江、雷、汤、赖、温、俞、伍、管、欧阳、连、蓝、巫、黎、上官等，也包括一些稀有姓氏，比如修、项、危、伊、谌、揭、阴等，囊括了宁化所有的客家姓氏。该项目通过对1114个有代表性的客家地区、客家人样本进行Y染色体DNA的检测，并做深入的遗传学分析（包括Y染色体单倍群分析、与中国各族的Y-DNA数据的比较，以及客家人之间的亲缘的分析），分析结果获得了关于客家人起源和迁移历史的系统、深入的科学发展。

结论是：客家基因族谱的研究结果表明，客家人在父系遗传方面与北方汉族最为接近，虽有少数百越人和苗瑶族群的遗传成分，这就是客家民系的特征，也为“客家人主体来自中原”的观点提供了直接有关的科学依据。

——孙朝晖（无锡汇泽基因科技有限公司首席科学家）、朱炎墙（无锡汇泽基因科学有限公司项目合作部主任），原载《第一届石壁客家论坛论文集》

（3）三十多年的编著

自19世纪80年代中期，宁化学人和关心支持宁化客家学术研究的各地学者，积极交流、深度合作，进行田野调查研究，获得大量各种文化资料，著书立说，取得丰富学术成果。据统计，在三十多年中，编、著一百余种书刊，出版面世。兹此罗列其中的一部分。

资料书

《宁化三套集成》（故事、谚语、歌谣）三册，主编谢启光　1991年

部分资料书

《宁化客家百氏》（增订本） 余兆廷 1995 年

《宁化客家姓氏源流》 余兆廷 2000 年

《论石壁》（文摘） 余保云 2003 年

《宁化籍客家名人索引》 张恩庭 2003 年

《宁化客家小吃十例》 居苏华 2003 年

《宁化姓氏简介》 余保云 2004 年

《石壁与台湾马氏》 余保云 2009 年

《宁化农民抗租史料》 张恩庭 2010 年

《宁化客家姓氏》 余保云 2010 年

《宁化祠堂大观》 张恩庭 2012 年

《石壁客家祭祖纪实》 张恩庭 2014 年

《宁化石壁客家祠堂》 吴来林 2014 年

《石壁客家光彩》 张恩庭 2015 年

《宁化族谱家训选编》 雷继亮 2016 年

《宁化客家名人谱》 张恩庭 2017 年

《客家名人传略》 张恩庭 2013 年

《石壁客家纪事（2）》　张恩庭　2018 年

《论石壁（2）》（文摘）　刘善群　2019 年

《宁化释源记》　黄润生　2016 年

《宁化寺观》　张恩庭　2001 年

《世界客家精英》　徐兴根　2008 年

论文集

论文集

《石壁之光》　张恩庭等　1993 年

《宁化石壁与客家世界学术研讨会论文集》　张恩庭　刘善群　1998 年

《石壁与客家——第二届宁化石壁与客家世界论文集》　张恩庭　刘善群　2000 年

《石壁与台湾客家》　何正彬　张恩庭　2008 年

《石壁与客家世界——第三届宁化石壁与客家世界学术研讨会论文集》　刘日太　2009 年

《石壁与台湾客家》　张恩庭　2010 年

《宁化客家明代状元张显宗》　张永善　2010 年

《祖地情 · 中国梦》　唐又群　2014 年

《客家论丛精选》　杨兴忠　2014 年

《客家论丛选集》　张启城　2017 年

《拓荒牛——刘善群先生作品及其评论选集》　吴来林　2016 年

《拓荒牛——刘善群先生作品选及评选》（2）　赖洪林　2022 年

《石壁客家论坛论文集》12 集　2013—2024 年

《风展红旗》（1921—2000 大事记略）　县党史办　2003 年

学术著作

史志书籍

学术专著（含史、志、田野调查报告）

《宁化县志》1992 版　刘善群　1992 年

《宁化石壁客家祖地》（田野调查报告）　张国强　张恩庭　刘善群　1993 年

《客家礼俗》　刘善群　1995 年

《客家与宁化石壁》　刘善群　2000 年

《宁化客家人物》　张恩庭　2000 年

《宁化掌故》　余保云　2000 年

《宁化客家姓氏源流》　余兆廷　2000 年

《宁化客家民俗》　李根水　罗华荣　2000 年

《宁化民间传说》　谢启光　2000 年

《宁化客家民间音乐》　王建和　张标发　2000 年

《宁化风光》　伊可生　蒋道钟　2000 年

《宁化客家牌子锣鼓》　钟宁平　2001 年

《宁化的宗族、经济与民俗》（上下集）（田野调查报告） 劳格文 杨彦杰 2005 年

《客家与石壁史论》 刘善群 2007 年

《延绵美味客家情》 连允东 2007 年

《宁化客家民俗》 张 桢 2007 年

《翠北记忆》 张恩庭 2009 年

《世族春秋》 萧春雷 2010 年

《历程》 刘善群 2012 年

《宁化客家传统文化大观》 刘善群 吴来林 2012 年

《石壁客家述论》 廖开顺 刘善群 蔡登秋 2012 年

《宁化史稿》 刘善群 2014 年

《东华客家祖山》 张恩庭 2016 年

《宁化客家文化简明读本》 肖毓云 2016 年

《宁化革命史概况》 余爱林 2016 年

《流金岁月》 吴来林 2017 年

《退休 30 年》 刘善群 2023 年

《起步·开创》 张恩庭、刘善群 2002 年

《客家祖地 红军故乡》 福建省炎黄文化研究会、福建省作协 2014 年

《激活传统文化资源的宁化探讨》 叶志坚 2019 年

《宁化县志》（1988—2005） 罗朝祥、张初进 2018 年

《石壁客家祖地与海内外、客家人关系研究》 蔡登秋 2002 年

文学著作（含画册、期刊）

《开疆始祖巫罗俊》 高珍华 1998 年

《义士高风罗令纪传纪》 罗华荣 2004 年

《状元张宗显宗》（小说）张万益 2006 年

《驿站》 何葆国、曲利明 2006 年

部分画册

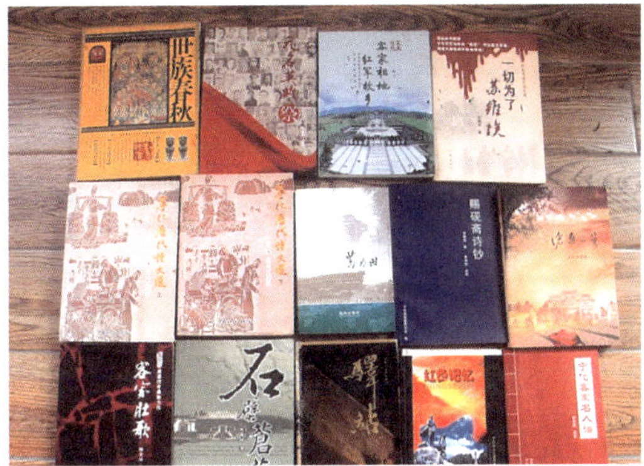

部分文学著作

《石壁苍茫》（小说） 何葆国 2008 年

《客家壮歌》（小说） 杨金远 2010 年

《客家葛藤凹》（电视小说，已拍成电视剧《大南迁》播放） 刘善群 2012 年

《无名英雄祭》 王秋燕、王曼珍 2011 年

《一切为了苏维埃》（长篇小说） 刘晓双 2011 年

《沧海一叶》 宗夏曦 2008 年

《宁化历代诗文选》（上下） 宗夏曦、朱建华 2012 年

《宁化黄慎书画集》 连新福 2006 年

《伊秉绶法书大观》 连新福 2009 年

《敬天穆——石壁客家祖地的建筑与雕塑》（画册） 叶武林 刘善群 2012 年

《客家祖地——宁化》（画册） 2000 年

《中国——宁化客家祖地》（画册） 刘善群 2004 年

《宁化与台湾客家始祖渊源》（画册） 朱建华 2010 年

《石壁客家祖地》（画册） 朱建华 2010 年

《宁化客家研究》（刊 1—2） 1991 年

《黄慎书画艺术欣赏》 陈新元 2017 年

《客家诗人》（二期） 2017 年

附文：

凝聚众智　开拓前行

——宁化客家学术研讨三十周年回顾

1991 年宁化县客家研究会成立时，提出“从史学和社会人文科学的角度，研究客家的历史和现状，研究宁化及石壁在客家史中的作用和地位，研究石壁的地理、语言、民俗、文化、经济、科技和著名人物等方面的问题。通过研究和宣传，丰富客家史的宝库，为弘扬中华民族的优秀文化，为促进祖国的统一大业作出贡献”的宗旨。宁化自 20 世纪 80 年代后期，启动客家学研究，迄今已三十余年。

1998 年 2 月 15 日，时为中共福建省委副书记的习近平莅临宁化调研后，指示：“客家祖地源远流长，要把它作为一篇大文章来做，做好了，对全县两个文明建设有很大的促进作用。一是要做好客家统战文章，做好台、侨、港、澳工作；二是要研究客家文化，树立石壁客家祖地的权威性；三是要做好客家民俗、节庆、服饰、礼仪、待客、姓氏源考等资料的收集整理工作；四是要开展客家旅游活动；五是要利用客家人士的牵线搭桥作用，推动经贸发展。”①

习近平同志对石壁客家祖地的充分肯定，对宁化客家工作的重要指示，给宁化以莫大鼓舞和鞭策，给宁化指明了工作方向，宁化县委、县政府认真学习，深刻领会，对宁化客家祖地文化、客家工作更加明确、更加自信、更加努力，使宁化客家工作、学术研究，文化平台建设迅速发展，取得历史性的成就，得到海内外客家人士和学者的高度赞赏和肯定。

就学术研究，宁化县客家研究会、宁化石壁客家宗亲联谊会及其成员，长期以来，以小学生的姿态，认真求学，真诚与境内外客家组织、学术组织及学者广泛联谊、交流、合作，获得各方面的广泛有力支持和协作。数十年来，通过不懈努力，深入调查，综合研究，务实求真，大胆开拓，把握正道，推动学术研究不

① 叶志坚 . 激活传统文化资源的宁化探索［M］. 北京：中共中央党校出版社，2019：6.

断发展。1987年迄今，编著书刊116种，近3000万字，印刷出版20余万册。在学术活动中，举办学术会议12次，参加学术会议人数470余人，人次达874，投稿者达1200余人（次），出版论文集11部，论文729篇，813万字。这些是学术成果的汇集，其内容突出地表现在客家源流、客家身份、客家形成史、宁化及石壁在客家史中的作用和地位。客家文化及其传承、转化、发展，在客家文化促进中国社会现代化、为海峡两岸的客家渊源和合作，客家文化弘扬与爱国主义教育等各方面取得丰硕成果。

宁化对客家研究的长期坚持并取得骄人的成就，因此得到学界的高度评价："在当代大陆的客家研究的热潮中，宁化石壁起着前沿阵地的作用，筑了县级客家研究的时代里程碑。"[①]在第七届"石壁客家论坛"中，著名学者戎章榕说："在学术研究上，孜孜以求，绵绵用力，久久为功，在累计编辑出版客家文化研究文献资料、宣传书刊近百种的基础上，业已形成客家学石壁学派，这在国内县一级客家研究中首屈一指。"

三十年来，宁化的客家研究成果，是客家学的重要构成，为客家学建构作出重要贡献。而这一成就和贡献是在中共宁化县委、县政府直接领导和支持下宁化学人和参与宁化客家研究的全体学人共同努力的结果。

下面分三个部分进行阐述。

一、宁化客家学术研究的路径

宁化客家学术研究，虽然不是风平浪静，但还是坚持下来，并取得令人瞩目的成就，三十年来的发展状况和研究脉络，概括起来就是"二步四转变"，"二步"即起步——进步（发展）两个阶段，实行四个转变。其转变的节点，大体在21世纪开始。

起步阶段自20世纪80年代后期至2000年。在这个阶段内，启动了调查、研究活动；搭建文化平台；进行舆论宣传，做了一些在客家区内开创性的工作：学术活动57次，其中接待海内外学者来宁调研49批次。成立了首个县级学术组织——

① 冯秀珍.略论宁化石壁在世界客家的独特地位.［M］∥刘日太.石壁与客家世界，太原：山西人民出版社，2009：51.

宁化县客家研究会（1991年）、编辑出版首个县级客家学术刊物——《宁化客家研究》1991年5月）、首创客家民俗文化节（1992年11月）、兴建首座唯一客家人的总家庙——客家公祠（1995年）、编辑出版首部县域文化丛书——《客家祖地石壁丛书》，此丛书被称为“首见的客家学术大事”。

在此期间，自国家级至地方媒体前来采访者50余家200多批次。他们向国内外发表了大量宁化信息，于是宁化石壁在世人面前撩开了神秘的面纱。使处于偏远山区的宁化及石壁名声传到了客家世界，国内各级党政予以关注，海内外客家人士和学人也对其予以关注并加深了认识。宁化客家学研究和客家事业取得了阶段性的成功。

进入21世纪后，宁化的客家事业，加强了党政领导，2007年，以县委书记为组长、县长为第一副组长的“宁化客家工作领导小组”成立，2009年，“宁化县客家工作办公室”“宁化县客家研究中心”成立，此二单位都是由三明市编委批准，纳入政府编制。第四届宁化石壁客家宗亲联谊会由现职政协主席任会长，县委常委、统战部部长任常务副会长。领导力量的加强，使客家工作有了长足发展，

世界客家文化交流中心

如客家文化平台建设大规模发展。期内新建、扩建以客家公祠为轴心的客家祖地文化园，世界客家文化交流中心，客家祖地博物馆、客家美食城等，共计占地面积651亩、投资20余亿元；学术活动大量增加，三十年共办学术会议12次，收到论文1000余篇。入选729篇，出版论文集11部，其中2001年后共9次，入选稿件615篇，作者来自18个省区市、出版论文集9部。

纵观三十年的客家学术研究路径，三明学院客家研究所所长蔡登秋教授在《论石壁客家祖地理念的形成历程》提出：萌发期、确认期、固化期的进程路径（第八届《石壁客家论坛论文集》）。刘善群在《历程——宁化客家工作20年回眸》中，则以“历史呼唤、闪亮开局、着力推进，新的跨越”概括20年进程。

本文从三十年的学术研究进程梳理，可以概括为“二步”的过程，具体体现在“四个转变”上，即：被动性向主动性转变；微观向宏观转变；表层向深厚转变；专注历史文化研究向兼容时政服务研究转变。

（一）被动性向主动性转变

宁化客家学术研究，最初是以现实需要服务为目的的。如20世纪80年代后期，编修宁化县志需要认知宁化的客家史，于是调查研究宁化在客家史上的角色，通过调查研究，得出宁化县是客家摇篮和祖地的定位。随着“客家热”的掀起，20世纪90代初，宁化县委提出“打客家牌”的战略方针。为此，为给县委、县政府提供可行性理论的实践方略支持，进一步对客家源流、客家文化以及宁化史与客家史的密切关系进行研究，把研究成果既告知宁化也告知世界，一方面给当地以文化自信和鸣锣开道有力支持，使宁化县客家事业顺利进行，并得以抢得先机、抢占文化高点。由此，引起了国家和地方党政领导的关注、重视和支持，促成了石壁客家公祠的兴建，掀起了以血缘寻根、文化寻根为主旨的新客家运动；促进了“福建省首届客家文化旅游节”在宁化石壁举行，使宁化和石壁走出国门，走向世界，在世界客家舞台上闪亮登场。

进入21世纪后，通过前十余年的学术研究，和两届“宁化石壁与客家世界”学术研讨会，宁化和石壁在客家历史上的作用基本定位，取得广泛学者和客家人士的共识和支持。对客家历史的石壁的二元性，基本得到认定，之后就基本没有

再讨论。对“石壁客家摇篮”的定位，广东省方志办副主任、研究员侯国隆在2000年学术研讨会上，发表《石壁是客家摇篮》之后，少有再论“石壁客家摇篮”的文章。三明学院蔡登秋教授在《使石壁客家祖地理念的形成历程》中说：“无论是客家先民的中转站、客家摇篮，还是客家祖地，到了20世纪90年代初，这一客家民系形成的特殊地域在客家界有识之士的心中已逐渐形成统一观念。”法国远东学院博士生导师劳格文教授2003年在《论石壁·序》中说“对发展世界客家人的认同感而言，很少有石壁那样扮演着中心的角色。”“石壁代表客家人的认同感。不管历史学家对此认同感背后的事实有何看法，但他们既不能否认这个认同感，也不能否认这个由石壁来代表的认同感的事实，历史学家只能承认它们的存在。”但是宁化的学术研究并没有由此松懈，更没有止步，而是更加的努力和主动。在2009年又举行一次学术研讨会，2013年开始，连续举行每年一届的“石壁客家论坛”编辑出版论文集9部，出版专著《宁化县的宗族、经济与民俗》（上下集，劳格文、扬彦杰，2004年）《客家与石壁史论》（刘善群，2007年）和《石壁客家述论》（张开顺、刘善群、蔡登秋，2012年）、《宁化史稿》（刘善群，2014年）还有其他一些刊物和著作。这些学术活动和编著是学术成果的总结，也是宁化学术研究自被动性向主动性转变的表现。

（二）由微观向宏观转变

实践性的学术研究，主要是为实践提供佐证和理论支持，其视域比较狭小，为科学建设的学术研究，其视域比较开阔，它涉及学科的多个方面。以上所述“被动性”和“主动性”也说明了“微”与“宏”的问题。我们还可以从近三十年的两项学术相关事业进一步说明这一问题。

一是从学术会议的名称和选题看，在12次的学术会议中，前3次名为“宁化石壁与客家世界”，后9次为“石壁客家论坛”。前者是以“宁化石壁”为主题，主题很明确，就是以“宁化石壁”为中心开展客家研究，从3篇论文看，主要内容也是围绕石壁为主题而展开的论述。据统计前3部论文集共166篇论文，其中146篇论述或提及宁化石壁与客家史的关系，占88%。后来以“石壁客家论坛”为名，“石壁”是个地名，但在这里更是文化符号，是指在“石壁”举行的客家论坛，并非指研究“石壁”，或以“石壁”为主题的客家论坛。已举行9届论坛的“选题”，只有一届是以宁化石壁为主题的。9届提出选题65个，其中有关石壁的只有21个，占总题数的32%。而实际以宁化石壁为中心内容的论文所占比例很少。

二是从两本“文摘”内容也可以略见一斑。2003年出版的《论石壁》(论文摘录)目录是：石壁的地理概念，石壁是客家早期聚散中心、石壁是客家摇篮、石壁是客家祖地、石壁是客家圣地共五辑。2019年出版的《论石壁》（论文摘录第二集）目录：石壁客家祖地；石壁客家祖地文化、经济；客家历史文化和现代；客家著作序文、书评共四辑。第一集《论石壁》内容采摘的内容是2000年前的书、刊文章，第二集是2000年后的书刊文章，两个时间段的两本文摘，所反映的是两个不同时间段学界(主要是宁化域内)学术研究的侧重很明显，后者比前者更有宽度和深度。

上述二例，共同说明一个学术路径，就是从微观向宏观转变。

（三）由表层向深层转变

三十年的宁化客家研究，是由表及里，由浅而深的渐进过程。

在进入21世纪后，宁化客家学术研究，在方法论和知识论方面，显得更加自觉，更加深层，促进理论和方法更为理性化，容纳更多的可能性，使客家学更合理、更自觉的发展。

赣南师大教授谢万陆在第二届“宁化石壁与客家世界”学术研讨会上说：“要给石壁定位，结合石壁实际，先需给石壁定性。也就是说：要回答石壁究竟有多大，先要明确石壁在客家民系形成过程中起过怎样的作用。石壁作为一个历史过程的存在究竟是一个怎样性质的存在。又如将石壁定为‘客家祖地’。祖地之谓极为宽泛，因为称祖者，既可是始祖、远祖、高祖等，也可以是五服之内的家祖，还可以是一般意义上的祖宗生息之地。”

问题提出后，关于论述的第一个问题的答案，在之后的两次“宁化石壁与客家世界”学术研究会上，有较全面、深层的论述，所以之后少有再论者。而后者，即“石壁客家祖地”的内涵，在刘善群《客家与石壁史论》和廖开顺《石壁客家述论》二书中，有较全面的论述，然而，直到2020年第8届“石壁客家论坛”上，还在讨论，主要是在“客家祖地”的定义和内涵上，还在不断深化。在进行求证和叩问历史真相的基础上，引入人类学研究，把其定位上升到理论高度。

譬如，对客家孕育过程中，汉畲交融的研究颇有进展，特别是汉畲在血缘、经济、文化方面。宁化县客家研究会副会长余保云在福建省炎黄文化研究会2004年12月举行的“客家文化学术研讨会”上发表《从宁化客畲关系看客家族群的融合》一文，引起了与会学者的关注。宁化廖仕耀先生通过安乐乡的田野调查，在2009年第三届宁化石壁与客家世界学术研讨会上发表《宁化安乐古代畲汉族群磨合的调查》。宁化县党史办主任、中国管理科研院特约研究员刘根发先后在第七、八届“石壁客家论坛”上发表《闽赣边畲族问题之初考》和《宁化畲族及其遗存民族特征痕迹之考辨》，论述了汉畲语言、经济、血缘、文化、社会的融合及宁化畲族的各方特征，对客家学在这一方面起到添砖加瓦的重要作用。

在客家文明方面，北京大学博士生导师郭华榕教授作了长时间的关注和研究，在“石壁客家论坛”中发表了多篇见解独到、别具一格的文章。他在2009年举行的第三届“宁化石壁与客家世界”学术研讨会上发表《石壁——客家文明的标志》。而后在2013年首届“石壁客家论坛”及之后的论坛上分别发表了《客家文明的历史性、世界性和宽容性》《客家文明中群体激情的思考》《客家文明中弱势群体的社会价值》《客家文明的动态存在》和《相率南奔艰难求生——客家文明魅力的萌生》等，深层地揭示了客家文明的方方面面。他堪称为客家文明研究的佼佼者。

理学与客家文化这一命题较少被关注。可见的有三明学院蔡登秋教授在第三届“宁化石壁与客家世界”学术研讨会发表《石壁客家文化对儒家文化的传承和重构》，文中写道：儒家文化在石壁客家文化中的主要体现：1. 思想文化的儒家思想观念；2. 建筑文化之儒家思想；3. 礼仪文化之儒家思想。石壁文化对儒家文化传承特征：1. 重视对儒家核心思想的秉承；2. 重视对儒家孝悌忠恕观念的传承；3. 重视对儒家礼法的传承；4. 重视对儒家文化的再重构。“客家文化对儒家文化的传承并非全盘接受，而是在固守的基础上加以一定程度的改造，而这种改造是建立在当地客家特殊的民系文化基础上的。”

廖开顺等专著《石壁客家述论》中，对石壁“对理学融入客家建构客家文化的过渡作用”做了专题论述。他说道：“客家文化以儒家文化为内涵，但较直接受理学的影响。理学是客家文化的思想文化，尤其表现在伦理价值体系上。理学成熟于南宋，而南宋时期是客家先民大量进入宁化和闽西，客家民系和客家文化形成时期，理学的融入，最后形成了客家文化的思想体系，促进了客家文化的成熟。”宁化客家学研究中体现广度和深度的文章，远不止这些，但这些也可以体现宁化客家研究由表及里的成果，它是客家学建构的重要组成。

（四）专注历史文化研究向兼容时政服务研究转变

历史研究紧跟现实步伐，为现实服务，是学以致用的必然要求。把客家学置于整个中华文化现代化层面进行定位，探寻其在中华民族伟大复兴进程中的价值与意义，才能创造出新的文化成果，这是历史研究真正的价值所在。

在学术研究中，自首届石壁客家论坛开始，论坛讨论的中心议题，大部分围绕客家文化与社会发展的多方面联系展开。如：客家民系及历史文化与实现中华民族伟大复兴的中国梦关系；客家祖地文化的传承与创新；建设客家文化（闽西）生态保护实验区；客家地区传统经济与当地经济发展；客家与“一带一路”；传承客家文化，共建美丽家园——对党的十九大建设美丽中国的实践与思考；客家传统经济转型发展；发展客家优秀文化传统，推进乡村良好社会道德建设；客家文化与红色文化相互融合共同发展路径；发挥优势，探讨客家文化交流新模式等。针对以上议题，学者们经调查、研究，发表了不少卓有见地的好文，有效地支持了时政方略，助力地方文化、经济和社会的发展。特别在文化平台建设、美丽乡村建设、文旅建设、思想道德建设、文化创意发展等方面，都起到很好的作用。

二、宁化客家研究的成果

三十年来的客家研究成果，范围涵盖客家历史本源和当今实践的方方面面，在客家形成史、文化、经济、社会各方面，卓有成果。它集中体现在长期以来的学术活动过程和12次的学术研究会论文集以及百余种书刊上，它是在宁化县党、政领导下众多学术组织、学人的大力支持下的石壁研究群体的集体创作，它体现在对前人研究基础上的传承和发展，在客家学术上添砖加瓦，向前迈进。

它侧重体现在如下几个方面：

（一）对客家民系本质的研究和认识

客家民系的形成史，是中国移民史的重要组成部分，她是中原汉族移民的产物，她的产生，由特殊的人群、时、空、环境等要素综合决定。

1. 客家源流和身份的认识

我们以唯物史观为指导，坚持认为形成民系的第一要素是人，以及人所承载的文化生态。

华南理工大学谭元亨教授在第六届石壁客家论坛上说："作为客家学这样一门学问，当今已成为'显学'，它所跨的学科，不仅是历史学、人类学、民族学，还有经济学、文化学、语言学，以及中国传统的不分家的文史哲。再分，则与迁移史、革命史、文明史密切相连，而从精神领域上看，客家人的宇宙观、人生观、价值观乃至生命观，都值得深入探究，就当站在更高的层面，更广的视野去审视这一学问。尤其是它与其他同类学问的不同之处，从而有所鉴别区分。"

基于这一认识，运用体质人类学的研究方法，并结合血型及人体免疫球蛋白等方法的研究来探究客家史、客家源流和客家身份。并采用历史文献法、综合与分析法、田野调查法等学术逻辑，从多层面、多角度研究客家源流和身份。在这些方面取得了基本一致的主流认知。这在宁化学者和参与宁化学术研究的各学者（或可称为"石壁学群体"）的著作和论文中有充分的表现。

譬如刘善群2007年由方志出版社出版的《客家与石壁史论》一书，在"前言"中，开宗明义便说："客家史是中华民族史的一部分，是汉族史的一部分。""客家民系的形成，使汉族多了一个分支。""她的成员是北方（主要是中原）避难的流民为主体与闽、粤、赣边地区同汉人相融的畲、瑶等族人所构成。"

廖开顺、刘善群、蔡登秋2012年由河南人民出版社出版的《石壁客家述论》一书中，第一章开始就阐明了以下论点："客家源流问题，首先是客家族源问题，即它源自何方，何时。""客家民系的形成是一个漫长的历史过程，自北方汉人大规模南迁，到唐后期开始较大规模聚集赣闽粤边地，与当地原住民杂处，发生文化碰撞、磨合，从而开始客家民系的孕育、诞生，直至成熟、定型、然后不断发展。”

北京大学教授、博导郭华榕在《客家文明的历史性、世界性与宽容性》一文中说：“罗香林明确的介绍‘先民居地’‘基本住地’‘客家向南迁徙’‘大概途径’‘客家民系的形成’等词语，这是千千万万民众，基本方向一致的，人类大群体的生命轨迹，也是人类大群体的和平与艰难的大迁徙，值得载入中国的人类的史册。客家文明的历史性表明她具有深远的源流，深邃的根基。”

谭元亨在《去中原化，还有客家学吗？》一文中说：“汉民族身份的认同，也就是客家学的核心，即‘中原说’，客家人来自中原，姑且不论是否‘华夏贵胄’‘衣冠士族’，但族源是不可改变的。当年客家人的正名，正是由此而起，这关系到民族自尊、历史担当，尤其是中国自古以来的正统观念——承袭这种观念，本身就是客家人对自己汉民族的身份的强调，不愿被边缘化，不愿作化外之民，不愿被贬抑、被排斥。无论是汉族身份，还是中原之源，这更是客家学创立时的根基。”

宁化学者从历史文献中研究、查阅、检索，得出宁化主要客家姓氏的主源：河南59姓，资料只显示“中原”的28姓、山西15姓、山东17姓、河北13姓、陕西7姓、甘肃3姓、安徽7姓、江苏8姓、浙江8姓、江西3姓、辽宁、广东、四川各1姓。河南占35%，若加上“中原”则为67姓，占52%，大中原范围的有149姓，占88%。实际江西、浙江、广东等地的汉人，应该也是来自北方。

2010年10月宁化启动客家基因族谱研究项目，此项目是无锡泓德基因科技有限公司首席科学家孙朝辉等与宁化客家学者联合，通过检测Y染色体DNA上的重要STR遗传标记进行系统的、深入的遗传学分析，印证了客家人的主体是北方中原汉人，并为此提供了雄辩的科学依据。

客家基因族谱研究启动仪式

上述列举，有力地论证了客家民系是汉族

的一个支系，源出中原。

2. 客家民系形成史的研究和认识

北方汉人经过多次的、长期的、远途的、群体性的大迁徙，在唐后期开始大规模地渡过长江，溯赣江、抚河而上，涌进赣闽粤边地区，初始聚集在以宁化石壁为中心的闽赣接合部，开始了民系的孕育、诞生。从南宋中期开始，在民系初步形成之时，便开始往南、往西大迁徙，在明清时期，民系基本成熟，或谓定型。

客家民系自唐后期开始聚集、孕育至明清的定型，经历了数百年之久。在整个民系的形成史上，经历了孕育、诞生、成长、成熟（定型）的不同阶段，这些不同阶段是在不同区域完成的。这些区域便是民系形成史的历史节点。处于不同时期的不同节点，各自起着不可替代的不同的历史作用。这些节点，不在于区域的大小，而在于它所出现的时间点、人流量和所产生的文化生态。各节点，虽然在时间、人口、文化有差异，但他们把整个历史连接起来，这是在特定历史范围内的特指，是在特定的时空界域内填充着仅仅为其所独有的文化内蕴，而不是人为的臆造。

这些方面，在宁化研究中，有不少的成果。如刘善群在2000年龙岩举行的“第六届国际客家学研讨会”发表题为《试探客家民系形成的阶段性》一文，文中提出客家民系形成史，可分为三个时期，四个地区。即诞生于闽赣边连接地区，成长于汀州，定形于梅州，赣南是客家聚居区。

赣南师大谢万陆教授、福建省客家研究联谊会会长刘有长等，也先后提出相类似的论点。

中国航空工业总公司六〇三研究所研究员张树祥则提出，客家民系形成和发展的阶段划分：雏形期，时间从汉末到唐末，历时五百年，中心在福建宁化石壁；成熟期，时间在唐末到宋初，历时五百年，中心在汀州流域；扩展时，时间约从南宋至今，历时八百年，中心在粤东、北。

北京大学教授、博导郭华榕在第五届“石壁客家论坛”发表《避难与谋生——客家群体柔韧性的形成与发展》文中认为客家民系柔韧性的形成可以分为逃离中原，艰苦南迁、新地垦殖、和睦定居四个时期（阶段）。

廖开顺在《石壁客家论述》的论述是："客家人文中心，宋代在闽赣地区，到了明代中叶以后，转移到了粤东和粤东北地区。明清时期是客家文化最后的成熟期，是对宋时闽赣雏型客家文化的发展，和整合而完成了客家文化是最后的成型。"

3. 客家身份若干要义界定

客家身份，除了族属之外，还有源流，诞生的时空，以及许多诸如客家人、客家后裔、客家文化的界定。

19 世纪末 20 世纪初，社会上、学界对"客家"的认知，有很大的分歧。特别是在太平天国革命和广东西路事件后，有些对客家的污名、贬义。1808 年徐旭曾发表《丰湖杂记》，1933 年罗香林发表《客家研究导论》，对客家源流、客家身份、客家称谓等一些基础性的问题，作出正确判断和界定，正本清源，引导了社会和学界对客家的正确认知。之后，罗香林的《客家研究导论》《客家源流考》二书，被称为客家学的拓荒之作，罗香林被称为客家学的奠基人。一段时间罗香林二书的理论逻辑基本被全面接受和沿袭。

20 世纪 80 年代后，客家学术界对罗氏理论的不同认识，逐步露头，如"血统论""土著论"文化符号论"方言论""非中原论"等，但这些"异论"，并不成气候。宁化在客家学研讨中，始终掌握马克思唯物史观，朝着正确的方向发展，对"异论"不断给以批判和否定，发出了"宁化话语"。

客家称谓。杨豪教授在 1987 年首届"宁化石壁与客家世界学术研讨会"上提出："客家"民系中所称"客家"，诚如前引，是"客而家焉"。它直接和已建立的家庭相关联，这里所说的家庭，并非指某一个体家庭，而是以宗姓为主体连结的一大片集体家庭。在这样的家庭群体下，已经形成了具有相同民情、民性、方言等特征的共同体。只有在形成这种共同体的情况下，民系、群体才可能出现。然而，任何民系（包括民族自身）的孕育、形成和名称确定，往往并非同时发生。民系的孕育和形成是一定时间内的客观存在产物，相对容易被人们发觉和承认，出现的时间通常较早；而民系称名的确定，则需要先有他人的称呼（即他称），然后经过自身认同并首肯（即自称）这样一个过程，这一过程需要一定的时间，所以称名的确定往往出现得较晚，“客家”这一称呼便是如此，也当发生在宋至明代间。

“客家人”的界定。冯秀珍教授在第七届“石壁客家论坛”上认为：对于客家人，学术界这样界定：凡具有客家血缘，客家文化素质和客家认同意识三项要素中任何两项的人，都是客家人。“客家血缘”是指祖宗是客家人；“客家文化素质”最主要指的是能操客家方言，也包括客家的生活习惯等；“客家认同意识”即承认自己是客家人。笔者在基本认同上述定义的同时，补充了客家后裔三代认同论，因为，汉族后裔不管多少代都是汉族，少数民族后代不管多少代，不管在哪里都是少数民族。客家后裔不管多少代，不管他会不会讲客家话，自己承认与否都应算作是客家人，或者最起码，至少三五代内应无条件算作是客家人。

客家“先民、先祖、祖先”的定义。廖开顺教授认为：“先民”是与特定的族群（民族）相对应的群体概念。而“先祖”“祖先”主要是针对宗族而言。“先民”“先祖”“祖先”在一定语境中等同。如“客家先民”都是现在客家人的先祖、祖先，但是，先祖、祖先不一定是客家先民。先民具有血缘属性，因为原生族群是多血缘体的集合，但是，先民更重要在其文化属性，因为族群的主要特征是文化，先民应特指某一族群物质文化的拓荒开基和精神文化的原创群体。“先祖”，一般是宗族血缘体中较远的祖先，主要是血缘的、个体的，有具体所指。大部分客家先祖是中原汉人，但是，客家远古的先祖（客家的河洛先祖）在南迁大潮中没有南迁或者迁徙后融合为其他族群的先祖则不是客家先民。“祖先”比“先祖”的血缘更近，往往有谱牒可查。与先民同时代的祖先一般应包含在先民之中，其后裔则是所形成的族群的成员或血缘和文化的变化，成为其他族群成员。“祖先”同样具有文化性，“祖先”是具体的宗族和族群文化的传承和传播者。

4. 对客家文化的研究和认识

对客家文化的研究，也是宁化县客家研究的重要课题之一。客家文化是客家的标志，是客家精神之魂。正是客家文化的形成，才有客家民系的诞生。客家文化的孕育是同客家民系孕育同步。

宁化对客家文化的研究是全方位的，包括客家文化的形成，源流、语言、文化意识、民俗、饮食、人物以及建筑、信仰、竞技体育、音乐、舞蹈、戏剧。宁化学人同非宁化学者共同进行田野调查、研究、撰文、专著。在宁化举行的10余届学术会议无不涉及客家文化的内容，包括文化的源流，形成、传承、保护、弘扬和转化等。

西安建筑科技大学教授李隆秀、陕西客家联谊会理事长李世文在1997年“宁化石壁与客家世界学术研讨会”上发表的《论客家民系的形成和发展》一文中，对客家文化的论述是：

> 客家文化是中华民族文化在特定时间、空间、社会、经济、政治条件下的延续和发展。它所秉承的中华文化在新的分支上，在新的高度上突出地放射光芒，照耀寰宇。两者之间的关系，从渊源上讲，是父母与子女的关系，子女身上流着父母的血液，包含着父母的基因。从哲学上看，是一般和特殊的关系，共性和个性的关系，一般包含着特殊又寓于特殊之中，共性包含着个性又寓于个性之中。客家文化的特点，内容是丰富多彩的，它的形成的背景条件：客家文化来自五千年中华文化的积累，来自百里千里多次的迁徙的艰苦磨炼；来自偏僻山区、荒野丛林中艰苦创业的锻炼；来自祖祖辈辈一代又一代的严格的言传身教，来自客家圣杰“源于斯，高于斯”的添新增彩，来自当地居民（包括多种民族）的平和相处及相互融合等。

深圳大学教授、博导周建新在《客家文化研究历程与理论范式》一文中提道：

> 地方性和族群性分别揭示了实态的客家文化历史和动态的客家文化政治，较为全面和准确地揭示了客家文化的本质特点和根本属性。立足一地这两个文化特性，笔者进而提出了“客家文化是一个地域文化，又是一个族群文化”的理论观点，提出将客家文化研究纳入族群人类学这一学科领域。

南开大学教授、博导刘敏在“第三届宁化石壁与客家世界学术研讨会”上，

发表论文《宁化石壁——客家世界最大的“土楼”》一文中提道：

> 什么是客家文化的精髓？什么是客家精神的主旨？这是客家学术界经常讨论的一个话题，笔者也曾经撰文专门讨论这些问题。……但需要特别指明的是，不论是客家文化还是客家精神，其内涵的主旨还是儒家思想的体现。……儒家思想是一种积极向上的思想，主张开拓进取，笔者将客家人在这方面的表现概括为“勤劳”精神；儒家主张王道与仁政，重视教育，有教无类，学而优则仕，崇文重教，恰恰是客家文化和客家精神的重要组成；儒家重视宗法血缘，强调尊祖敬宗，而这一点在客家世界体现得特别明显，他们背着祖先的遗骨迁徙，又千万里无阻地到石壁祭祀客家人的老始祖；儒家主张修、齐、治、平，主张爱身、爱家、爱族、爱乡、爱国，这在客家文化和客家精神中也都表现得特别突出。

刘善群在《客家与“石壁史论客家基因族谱研究”启动仪式·前言》中提道：

> 客家人的文化意识，特别是品性或谓精神，是随时代演进而发展进步，从文天祥的忠君护朝，到孙中山推翻帝制，建立共和的辛亥革命；从四海为家，到落地生根，等等。标志着客家文化意识，客家精神的升华和发展。

（二）宁化石壁在客家史上的作用和地位的研究与认识

对宁化石壁研究，早在19世纪末就开始了，但宁化人民对客家的认识较晚，特别是宁化及其石壁的研究则在20世纪80年代后期才开始。三十余年来，在客家研究中，不断挖掘和丰富宁化及其石壁的史料，不断深化对其在客家史中的作用和地位的认知。同时，在客家研究热潮兴起之后，学界把“石壁研究”提升为不可或缺的学术议题，对石壁研究也热起来。不少学者积极参与宁化的客家研究，不仅是对宁化研究的大力支持，更使“石壁研究”开拓了崭新局面，把研究提升到一个新水平。在长期的学术研究中，把宁化及其石壁深入客家大历史之中，充分吸取前人的研究成果，抽丝剥茧，把石壁元素捋出来，加以客观、理性的分析研究，得出“石壁是客家早期的聚散中心”客家摇篮”客家祖地”客家圣地”等。以及石壁在客家形成和客家文化中的早期性、集中性和唯一性。上述的定论，都集中体现在众多著作和文章之中。

1. 成果的编著

（1）学术著作

《宁化石壁客家祖地》一书是厦门大学陈国强教授策划、组织，带领上海、福建和厦门大学教授、研究员、研究生及宁化本地学者十余人，于1993年春节期间，为时15天在石壁村田野调查后，撰写出版的田野调查报告，其内容十分翔实具体，涵盖了十六个方面的内容，把石壁在客家领域中的方方面面，调查得清清楚楚，把石壁在客家民系形成中的作用，也分析得条理分明，入木三分。正如时为福建省文化厅厅长李联明在序言中说：“在实地调查后，陈国强、刘善群等著述《宁化石壁客家祖地》一书，用社区调查方法，分析介绍宁化石壁客家地区的历史发展和文化特点等，这对于继承和发展客家文化，应当说是大有助益的。”“《宁化石壁客家祖地》一书，不仅描述了客家形成地区——宁化石壁的历史发展和文化特点，也反映了早期客家人向外迁移衍播的历史和文化特点，这对于研究闽西、闽南、粤东、台湾及其他各地客家，具有重要意义。”

《客家与石壁史论》是宁化本地学者刘善群的专著，2007年方志出版社出版，该书较好地把石壁融入大客家之中，既梳理了客家史、又揭示了石壁在客家史之中的重要关系。时任文化部华夏客家研究所所长丘权政为该书作序，指出“这本新著，不是一本普通的书，而是很有远见卓识的一部极有学术价值的力作。”

《石壁客家述论》是三明学院客家研究所所长、教授廖开顺策划、编审，三明学院教授（6人）和三明宁化学者（3人）共同完成的专著，由河南人民出版社2012年出版。该书十一章，涵盖了石壁的各个方面，是综合石壁历史、文化最全面的一部论著。该书的作者“通过长期的调查、梳理众多客家族谱和历史文献，从客家民系在赣闽粤边地的形成与发展到石壁在客家民系中的作用和地位，从石壁历史上的经济生活到客家方言与客家文化的诸多方面，从石壁客家姓氏来源到

客家祖地石壁丛书

宗族与社会形态、制度、伦理文化，以及客家民系形成以后向海内外的搬迁，与海内外客家的姓氏血缘等进行较为全面而系统的论述。为客家文化研究做了一项很有意义的基础工作。”

《客家祖地石壁丛书》由张恩庭、刘善群主编，2000 年中国华侨出版社出版。该丛书共 8 册，由宁化学者 10 人编撰。内容涵盖了石壁客家源流、民俗、姓氏、人物、民间文化各个方面，是中国第一部客家社区丛书。时任福建省副省长汪毅夫，时任全球客家崇正会联合总会执行长黄石华博士，时任中国社科院研究员、华夏客家研究所所长丘权政，时任香港岭南大学教授、国际客家学会会长郑赤琰等著名人士作序，给予很高评价。

《宁化县的宗族、经济与民俗》上下册，由法国远东学院教授、博导劳格文主持，福建省社科院客家研究中心主任、研究员杨彦杰主编。他们长期在闽粤赣客家地区作长期深入的调查研究。其中，来宁化调查前后达 7 次数月之久，深入各地调查研究，同时组织了宁化各地的文化人调查、撰稿，汇编而成，该书把宁化的各乡镇，村落的历史文化、经济、宗族多方面的资料几乎挖掘干净，非常翔实，可以说，在这些方面，大大超过了宁化的史、志内容，而且由于他们不仅对宁化作深入调研，而且把闽粤赣客家地区也详细地调查了一遍，所以，他们有不同地区的文化比较，而作出了独到的见解，有非常高的资料和研究价值，是一宝贵的文献。《客家礼俗》由刘善群著，福建教育出版社 1995 年出版；《宁化客家传统文化大观》由刘善群、吴来林编著，中国文化出版社 2012 年出版。

（2）文学艺术作品

宁化客家学术研究，不仅众多的史学、经济学、文化学、人类学、社会学多个学科学者积极参与，同时也有不少文学家、艺术家参与，他们在宁化创作出不少文学、艺术作品。形象地展示了宁化及石壁丰富、生动的历史风貌。

这些作品，通过塑造一个个生动的客家儿女形象和故事，深刻地反映了客家迁移史、形成史、客家文化和客家人的精神风貌。

《客家葛藤凹》借传遍客家世界的葛藤坑传说，理性创作，生动反映中原汉人大南迁，孕育客家民系和客家文化的故事，再现了客家早期历史脉络，该书出版后，引起影视界的关注，有多家传媒都想拍成电影或电视剧，最后由八一电影制片厂、北京霏霖子千文化传媒有限公司等单位联合改编，摄制成 32 集电视连续剧，在国家新闻出版广电总局审查时，更名为《大南迁》，于 2014 年 8 月 8 日在多家卫星电视台同时开播。

《大南迁》是中国第一部反映北方汉人大南迁、客家民系形成的历史大戏。在摄制过程和开播后，国内外媒体高度重视和关注，自央视到地方的立体、平面媒体作了大量报道、获得高度评价和赞誉。自 2014 年 8 月 8 日首播之后，连续几日中央电视台电影频道、新华网、新浪网、网易、腾讯、《福建日报》、福建电视台、北京电视台、陕西卫视、东南网等传媒都作了报道。《三明日报》则连续几天做了大量的连续报道和评论。他们的评价是："真历史、正能量。""充满着浓郁的客家孕育时期的原生态生活气息，对于宣传客家历史、传承客家文化、弘扬客家精神，必将产生积极而重要的作用。"该剧荣获第 27 届全军电视剧"金星奖"三等奖。

宁化鬼叔中（原名宁元乖）自费拍摄、剪辑了多部传统文化电视片，并在国际、国内展评中获奖。例如：《玉扣纸》：玉扣纸是宁化手工造纸的传统工艺精品，曾作为朝廷用纸，享有"日鉴天颜"之誉。该片展现了玉扣纸这一独特技艺；《老族谱》：本片记录了宁化石牛村廖氏族人在重修族谱过程中的种种经历，以及族中各色人物对"家族事

传承七百多年的宁化木活字印刷术

件”的不同理解，同时展现了活字印刷术在族谱印刷中的千年传承与应用；《春社谣》：本片记录了当地每年两次“祭社”的完整过程；《七圣庙》：本片呈现了宁化安乐乡夏坊村传统“三桴傩”庙会的热闹盛况；《砻谷纪》：“砻”是农村将稻谷加工成米的传统工具，本片完整记录了农村使用砻加工稻谷的全过程；《罗盘经》：“罗盘”是风水学的检测用具。本片以罗盘风水、客家丧葬风俗、普庵教、降神等元素，讲述了一位知名风水先生的传奇人生。

（3）史志编修

1992 年福建人民出版社出版刘善群为主编的《宁化县志》，是中华人民共和国成立以后编修的第一部宁化县志。是第一部将宁化县定位为纯客家县、客家摇篮的县志。该志在《概述》中作了较为翔实的论述：“客家先民进入宁化定居繁衍的最盛期，正是客家民系形成时期（即唐末至北宋），自宁化迁各地的客家被称为正宗客家，因此，石壁被称为‘客家摇篮’‘客家的第二祖地’以及‘客家祖地’。”

2018 年国家图书馆出版社出版的《宁化县志》，其主编，先后是罗胡祥、张族进。该志在篇首设了《特记・客家祖地》，翔实记载了“客家祖地形成”“客家迁徙与衍播”“客家姓氏・族谱・宗祠”（附有史料记载，与宁化有直接渊源关系的 177 姓的源流表）、“寻根谒祖”“客家文化・研究・联谊”。可谓宁化“客家简史”。

2014 年福建教育出版社出版的刘善群著《宁化史稿》64.8 万字，是宁化县的第一部县史，该史把宁化客家史、客家文化贯穿于全书，同时专设了一章“石壁客家祖地的形成”。时任中共福建省委常委、秘书长叶双瑜专门为该书写了“读后感”——《客家精神文化的历史画卷》在《福建日报》2015 年 3 月 27 日发表。文中写道：“《宁化史稿》有几个鲜明特点：一是立意高远；二是翔实考据；三是鲜明导向。书中以写实的手法探寻历史，叙事论理素材丰富，真切朴实，哲思深邃，启人深思，富有很强的思想性、学术性、开创性；又辅以大量珍贵、精美的图片、增添了可读性、吸引力、感染力，既为深入开展客家学研究提供了许多鲜为人知的宝贵资料，也为读者了解客家文化提供了直接、生动的典范读本。”

（4）资料汇编

三十多年来，收集历史文化资料 5000 余万字，各种书刊、文献万余册。编辑出版了不少资料书，其中：

论文摘要《论石壁》2 集，第一集为余保云摘编，海风出版社 2002 年出版。摘编了自 19 世纪末至 2000 年所收集到的书刊摘要，内容包括“石壁的地理概念”“石壁是客家早期聚散中心”“石壁是客家摇篮”“石壁是客家宗祖地”石壁是客家圣地”。第二集由刘善群摘编，海峡文艺出版社 2019 年出版，资料来自 2001 年之后的客家书刊。内容有：“石壁客家祖地”“石壁客家祖地文化、经济”“客家历史文化和现代”“客家著作序文、书评选”。

《宁化客家姓氏》，余保云编著，由海风出版社于 2010 年出版。该书比较全面、系统地介绍与宁化有渊源关系的 174 姓的源流、繁衍情况。之前，他曾编撰《宁化客家百氏》和《宁化客家姓氏源流》二册。

《宁化祠堂大观》，张恩庭编著，中国文化出版社 2012 年出版，该书介绍了宁化 236 个姓氏宗祠的概况及宗祠的源流简况，还介绍了 48 座宁化姓氏的开基祖墓，以及部分祖训、族规、祭祀情况，图文并茂。

张恩庭编著的资料书还有：《石壁客家纪事》二册（2013 年、2018 年）、《客家名人传略》（2013 年）、《石壁客家祭祀纪事》（2014 年）、《石壁客家光彩》（2015 年）、《宁化客家名人谱》（2017 年）等。

2. 石壁地位的论证

上述几个方面的著作和论文从各个方面雄辩地论证了宁化石壁在客家史上的作用和地位。

对石壁的综合评价上，刘善群在第八届“石壁客家论坛”上，发表了《石壁客家祖地独特性研究》一文，该文较全面地概括了石壁在客家历史上的独特之处，较全面地反映了石壁的全貌。论文阐述了 6 个方面：一是客家地区受关注度最早、最高的地标；二是客家早期的聚散中心；三是同客家姓氏有最广泛、最早期的渊源关系；四是在客家文化孕育中，有独特的作用；五是在学术领域中有独特的地位；六是在客家血缘寻根、文化寻根中的独特作用。该文结论中说：“百年的‘石

壁研究’学者们从不同学科，不同领域、不同层面，对宁化石壁进行长时间全方位的研究，得出的结论是：石壁是客家早期聚散中心，是客家摇篮，客家祖地。她在客家民系形成中，其作用表现出早期性、集中性和唯一性。她在客家世界中，具有独特性、典型性和代表性。正如许多权威学者所言，她是历史使然，不以人们意志而转移。”

（1）对石壁的自然地理和文化领域的共识。较有代表性见解的如赣南师大教授谢万陆，他在第二届“宁化石壁客家世界研讨会”上发表《再论石壁》文中提道：

要给石壁定位，先需给石壁定性。也就是说，要回答石壁究竟有多大，先要明确石壁在客家民系形成过程中起过怎样的作用，石壁作为一个历史过程的存在究竟是一种怎样性质的存在。据不少学者说，石壁是“客家南迁的中转站”，或“中原汉族南迁的居地与中转站”。如仅仅是中转站，也就是歇脚地，一批一批来，又一批批地走，经过人虽多，但占地却不一定宽，因而作为中转站（当然不一定仅指“客家”的中转站，也应该包括着客家先民乃至其他南迁流人的中转站），其范围基本上便是地理概念的石壁，是指石壁村及其“周围一些村落的广义称呼”，充其量也不会超出宁化西部的范围。又如将石壁定为“客家祖地”，所以认为广义上的石壁是“宁化西部一块面积达 200 平方千米的沃野”。还有一种界定，即称石壁为客家摇篮，系客家民系的孕育之地。为此，他们认为，石壁包容的地域便比较广阔，如黄中岩教授的具体所指为：“武夷山南段”，以闽赣汀三江之源的地段，以赣南的石城闽西的宁化为中心的大片山区，包括宁都、瑞金、长汀、清流、明溪等地。当然作为摇篮的三江之源的四境也还是含混的，笔者认为，在这一范围内又有一个中心地域，这一中心地域仅是较为宽泛的石壁概念，她包括石壁周边的四乡，还涵盖了石城紧靠武夷山麓各乡。因为这一带与宁化不仅山水相连，而且民居相错，乡情亲情为缕，难解难分，这就造成了经济生活、文化心理、语言习俗的一致。

也就是说，石壁地理概念有二，一是自然地理概念，它指石壁盆地的全部，也就是宁化县西部。这在石壁村上市清代编修的《张氏族谱》中的《石壁形胜》就已经表述清楚。许多客家姓氏族谱的记载也可以印证。二是文化地域概念。谢万陆教授认为“石壁不仅仅是个地理概念”，而是一个文化地域概念，是在特定历史范畴内的特指，其特定的时空界域内填充着仅仅为其所独有的文化内蕴，这是论及此问题时为许多学者都认同的共识。

（2）“石壁是客家早期的聚散中心”的论证。这一议题早就取得学界的普遍共识。此谓“早期”，指的是唐末至南宋，这一时期，客家先民大量涌进宁化及石壁，南宋以前，迁入的客家先民占了迁入宁化所有南迁汉人的88%，人口总量从唐末的3万人，猛增到20万（南宋宝祐年间）。而南宋开始。“客家初民”又大量从宁化外迁，宁化人口从20万到了明朝下降为不足3万人，回到唐末水平。所以宁化被称为客家人衍播基地。宁化这一情况，在赣闽粤边客家大本营中，绝无仅有。

（3）石壁客家摇篮的论述。时为龙岩学者林嘉书1987年便在《华声报》（3月3日）发表题为《客家摇篮——石壁村》的文章。赣南师院教授谢万陆于2000年第二届“宁化石壁与客家世界”学术研讨会上，发表《再论石壁》，较全面论述了石壁客家摇篮的历史背景和理论逻辑。

时任广东省方志办副主任、编审侯国隆在1997年第二届“宁化石壁与客家世界”学术研讨会上，发表《宁化石壁是客家摇篮》一文，侯教授是广东梅州人，对客家有着很深的研究，他在论文中，在阐述石壁的自然环境和社会环境——是一块福地；宁化的语言——是纯客话、在客家形成中起着承前启后的作用；宁化民俗——极多承袭中原故习，少部分是南迁汉人到了此地与本地土人相处后才有的。这些习俗大部分传至粤东客家各地。最后结论是：“宁化及其石壁，说它当时在客家形成过程中起酝酿作用也好，是客家的初始期也好，它都是摇篮，客家在摇篮中成长，在客家形成过程中功不可没。如果没有前期在宁化石壁的酝酿和初步形成，便没有日后在闽粤赣边地区形成的客家民系。”

三明学院客家研究所所长、教授廖开顺在《石壁客家述论》一书中提道：

石壁不仅仅是个地理概念，更是一个文化概念，代表客家族群的孕育地和客家文化创造地。地域文化概念，是在特定历史范畴内的特指，其特定的时空界域内填充着仅仅其所独有的文化内涵。

该书在“石壁是客家文化最重要的孕育中心”一节中提道：

一是客家文化创造主体在石壁为中心的地区高度集中；二是客家方言的摇篮；三是客家文化最重要的孕育地；四是培育自强不息的客家基本精神；是重建家园、重构家国一体文化的客家文化、传承中原古老民俗文化；五是重教兴学，较早开启重文兴教之风；对孕育客家文化的早期性作用；与原住民融合的典型、葛藤坑传说对客家文化心理的安定作用、播迁对客家“四海为家”理念的强化作用，六是对理学融入客家文化的过渡作用。

4. 石壁客家祖地的论证

廖开顺教授在《石壁客家述论》中提道：

“客家摇篮”是就客家民系形成历史阶段而言。它指的是客家民系孕育、诞生和形成的地方。“客家祖地”是客家人的血缘关系上说的，指的客家人的祖先生活过的地方……在中国客家史上，随着客家人居住地的不断迁移，能称为“客家祖地”的地方很多，而“客家摇篮”的美誉却只属于孕育了客家民系的那块特定区域。拥有“客家摇篮”的身份的“客家祖地”在客家史的地位显得比一般的“客家祖地”更加重要。宁化石壁正是这样一个在客家民系发展史上具有特殊作用和地位的客家“摇篮”和“祖地”。

刘善群对“客家祖地”的阐述是：

“客家祖地”以血缘为基础，包含“客家”的全部元素，如地理的、历史的、人文的各个方面。我们确定客家祖地的位置，必须从这一地方同客家民系整体的关系；看他们在人口渊源上是不是最为重要，最为原始的关系（是不是客家先民）；看看它在文化上，不是只是起着“胎盘”的作用，也就是起着孕育和发端的作用。如果这个地方是客家民系孕育的“胎盘”，是文化的发祥地，那么从这里外迁的人，便是发端的客家人，也是客家文化最初的承载人和传播人。这里说的“客家祖地”是指民系的祖地，是“客家”这个集体发端的共同家园，不是一姓一族或数姓数族的祖地。概而言之，是“客家摇篮”的所在地。

关于“石壁客家祖地”的论述难以计数。较早提出的是1991年1月9日《三明日报》发表刘善群《石壁，客家人的祖地》一文。1991年底，广东梅州客家历史文化考察团发表的《客家历史文化考察纪行》中写道“福建省宁化县石壁乡是粤东地区许多客家人都念念不忘的祖居地”。

根据长期对石壁客家祖地的研究，对她定位的依据，主要是从以下几个方面印证：

一是人流。石壁是客家早期的聚散中心，这在前面已有论述。这是作为客家祖地最为基本，最为主要的条件。因为“这次迁徙到各地的客家，就是今天的正宗客家。”

二是血缘。

客家人的80%以上，同宁化石壁有渊源关系。这些从宁化外迁或在宁化开基的客家祖先，都被奉为始祖，这是众多客家谱牒所记载的。血缘是印证“祖地”最为重要的标志。

三是文化。

石壁是“客家摇篮”，这在前面已论述，“客家摇篮”是“客家祖地”重要内涵，“客家摇篮”的“客家祖地”是其独特性、唯一性的表现，也是区别于其他所谓“客家祖地”的标志。所以有学者认为，“石壁客家祖地，不是一般的祖地，她在客家形成史上起着特殊的作用。”

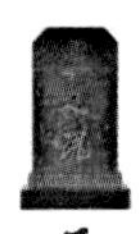

四是认同。

是不是“客家祖地”，不是凭主观臆断，而是由历史决定，是要客家人和学者们的认同方能成立。一百多年的“石壁研究”难以计数的专著和文章从各个方面进行了论证，取得普遍共识。客家族谱的记载，近代和当代的客家人普遍认同。这见诸家谱牒，也可以见诸前来宁化寻根觅祖的众多客家人。石壁客家公祠于1995年建成以来，每年举行世界客家人的祭祖大典。每年来自海内外的客家人前往石壁，拜祖、观光的客家人都有数万之多（包括参加祭祖大典和平时的拜祖者）他们来自世界五大洲的40多个国家和地区。老者90多岁，有来自大洋彼岸坐轮椅前来的老者、也有数岁的孩童。他们不辞劳苦，历千里万里来石壁拜祖、焚香、虔诚的祈祷，如果石壁不是他们的祖地，他们会来吗？这不是文章的表述，而是发自内心的孝道，这也是客家人敬祖穆宗的传统美德。是石壁祖地深入人心的表现。

以上就是“石壁客家祖地的辩证逻辑”。

时任全球客家·崇正会联合总会总执行长黄石华博士《石壁与客家世界论文集·序》中提道：

> 石壁客家祖地是历史发展的客观存在，是客家先民自中原南迁的产物，石壁客家祖地不仅是宁化的，也是中国的和世界的。
>
> 宁化石壁客家祖地的历史及其文化，则是这部宝典中的一个组成部分。西方学者自18世纪便开始注视中国的客家文化，动用各学科方法去认识它的精髓和积极动力。可是，时至今日，仍有极少数的学者不顾宁化石壁客家祖地及其文化的客观存在，极力将它边缘化，甚至诬蔑宁化石壁客家祖地是人为虚构的，这不禁使人痛心叹息。承前启后是人类发展的自然规律，在世界上没有哪个族群可以因无视祖地的存在及其文化，放弃传统而得到进步的。

（三）学术研究为实践应用

数十年在客家学术研究中，始终紧紧扣住历史与现实有机结合，为国家和地方的大政方针服务。在各次学术会议的选题上，特别在历届“石壁客家论坛”的讨论中，大多都结合时政，建言献策，为时政实践提供建设性的理论依据和实践策略，对时政，特别是宁化的文化、经济、社会建设起着重要作用。

1. 提升社会客家意识

宁化从“身在客地不知客”的未知状态，提升到对自身的客家身份的自知、为客家身份为荣和自信。这是由于长期来推进客家文化进社会、进学校、进家庭、进人心的结果。是长期来，营造了浓浓的客家社会氛围熏陶了全县人民的结果。现在不仅宁化企业争打客家牌，就是中央、省、市对宁化的客家历史和客家事业充分肯定。如把宁化一些历史文化遗产列入非遗项目、保护项目。在宁化建设文化交流基地：海峡两岸交流基地、中国华侨国际文化交流基地；全国社科普及教育基地、国家 4AAAA 级旅游县景区和福建省政协港澳台侨交流基地。还有华南理工大学客家研究基地、三明学院客家研究基地等。这些充分说明宁化学术研究所结的社会硕果。

2. 坚守客家文化理念，力推客家文化的传承和发展。

习近平总书记指出：“中国有坚定的道路自信、理论自信、制度自信、文化自信，其本质是建立在 5000 多年文化传承基础上的文化自信。”“文化自信，是更基本、更深沉、更持久的力量。”1998 年 2 月 15 日习近平同志莅宁调研对宁化所作的重要指示，给宁化莫大鼓舞，更加坚定了宁化对客家祖地文化的自信，更认定了宁化坚守客家文化理念的信心，有力地推动客家文化的传承和发展。

在长期的客家学术研究中，不断深化对客家文化及其引领力的研究，学者们发表了许多卓有见地的文章。如：刘善群在 2008 年《三明论坛》发表《建设客家历史文化名县的建言》（多家书刊转载）、2013 年写了《强化葛藤凹强化文化业——宁化客家文化产业发展的一些思考》报送宁化县委、县政府。在第七届“石壁客家论坛”上发表：刘善群《坚持客家祖地文化自信》、周建新、谭富强《客家文化创新发展机制研究》、戎章榕《新时代客家文化转化与发展之思考》。之前的论坛也有不少类似有关客家文化转化和发展的文章。这些卓有见地的文章，对客家文化的传承转化和发展起了很重要的助推作用。宁化在这一方面，很显明地体

现在对客家文化的坚守、文化平台建设和客家学术研究等方面。

在客家事业起步之初，就遇到历史上最大的洪涝灾害，经济损失巨大，在经济困难巨大的情况下，还是把石壁客家公祠建起来。之后，客家文化平台建设力度越来越大，石壁客家祖地文化园扩大到具有 74500 平方米的规模。其中的文化内涵日益丰富多彩，设施不断完善。规模宏大蔚为壮观的世界文化交流中心等 9 项客家文化平台项目陆续应运而生，这些建设占地达 600 余亩，总投资 20 余亿元。

一年一度的世界客家石壁祭祖大典，二十多年来也遇到不少困难，如一些非议，把一项慎终追远、爱国爱乡的孝道活动，说成是封建的、宗派的。在 2008 年国际金融危机中，国外客家人前来祭祖的少下来，于是吹出了一股“停办”风，和“间隔风”，如此等等，宁化都顶住了压力，咬着牙挺过来，坚持一年一年，直至今日，越办越好，参与人数越来越多，越办越红火。2024 年，世界客家石壁大典被国家文化和旅游部批准为客家文化节。

原来数年的学术活动，提升为每年一届的“石壁客家论坛”，也不是没有阻力，对其作用质疑，有的提议不要每年都办。但是在宁化县委、县政府的坚定支持下还是坚持下来。学界给予充分肯定和支持。2024 年，获中共福建省委宣传部批准的文化论坛，是中国客家地区唯一的学术品牌。

这些毅力和决心，来自化自信，来自念的坚守和事业的把握。是文化自信的力量，是理念坚守的力量。

3. 激活客家文化，助力经济繁荣

中共中央党校出版社 2019 年出版的《激活传统文化资源的宁化探索》中提道：“多年来，宁化县委、县政府高度重视优秀传统文化传承发展工作，积极探索激活传统文化资源的有效路径，致力于‘客家文化’‘红色文化’‘人文文化’的品牌的打造，不断提升优秀传统文化的生命力、影响力、向心力。”多年来，在学术上不断探索研究客家祖地文化和红色文化。如何助力经济繁荣的方略，学者们提出了许多卓有见识的理念支持和方略建议。一方面在招商引资上，把客家祖地文化和中央苏区文化作为宁化的软实力，吸引企业和资金进入宁化；一方面，把“二种文化”在企业和产品上打造品牌，促进企业和产品升级。宁化三大产业不断发展，特别在文旅产业、文化创意产业、民俗饮食文化方面，更有突出的发展。

文旅方面，20 世纪 90 年代初起步，1995 年石壁客家公祠建设，开启了客家人寻根谒祖的血缘寻根文化运动，有力带动了宁化自然的、文化的多元化的旅游产业的发展。二十多年来，文旅产业经济都以二位数的速度增长。

宁化的客家饮食文化开发更为突出。学术研究使许多饮食项目，走出了家庭，走出了宁化，走上了社会，并成为菜馆的知名品牌，如“擂茶”“客家擂茶馆”遍布城乡。在过去，擂茶只是家庭饮用和待客之用，在 20 世纪 90 年代初期，许多外地来宁的客家人和学者想吃擂茶，没地方找，如今随地可以找到。2012 年，宁化开始实施客家小吃产业，迄今举办培训班 175 期，免费培训学员近万人。现开办客家小吃店 4700 余家，其中外出经营 2000 余家，从业人员万余人，遍及 16 个省市区、38 个县市区。福州市开办客家菜馆 50 余家。宁化客家小吃 61 种评为福建省名小吃，其中 15 种评为“中华名小吃”。宁化的饮食产业发展有效地让一些农民转型，一些贫困户得以脱贫。

学术研究，提供了“美丽乡村建设”的文化内涵、文化特色、保住了乡愁。在美丽乡村建设中，保护、恢复传统建筑、遗址，保留了传统建筑风格，在环境建设中，融入了民俗文化、农耕文化、道德文化和俚语等。近些年已经建设美丽村庄中，因地制宜，因史制宜，如有的突出客家文化、有的突出红色文化，有的突出建筑文化，有的突出农、林文化等。如石壁镇的杨边村的建设，非常突出客家的物质和非物质文化，除了保留传统风格外，在环境营造上有农耕和生活器具的陈列、有客家俚语（谚语）碑、有小桥流水堤坝和水车、有亭台小径等，这些都彰显了浓浓客家文化。石壁镇的南田村，是传遍客家世界的“葛藤坑传说”的所在地，他们建设美丽乡村就是以“葛藤坑传说”所描述的历史原型营造颇具特色。

诚然，学术研究的实践应用范围很广，难以一一证述。

（四）对海峡两岸客家源流的研究和认识

海峡两岸客家渊源研究，也是宁化数十年学术研究的重要课题。两岸客家文化交流、联谊活动也未间断。在中国大陆实行改革开放之后，台湾的客家人和非客家人前来宁化寻根，因找不到宗亲和祖先开基的地方，只好在石壁捧上一把土

和一勺水，带回台湾，当祖地的水土，作为纪念。不少姓氏，也有类似的情况。为满足客家乡亲前来宁化寻根谒祖的需要，宁化县政府启动兴建客家公祠的计划。

根据对谱牒和文献的调查研究，结果发现台湾客家人有 97 个姓氏同宁化有渊源关系。不少迁台的闽南人也有不少同宁化有渊源关系。台湾地区姓氏研究学会理事长林瑶棋 1997 年来宁化调研后，在《台湾源流》上发表《台湾客家人的弱势族群情结》一文中写道：“石壁这个地方被客家人公认为客家人的摇篮或宗祖地。我们从各种族谱中可以发现许多福佬与客家是同一祖先，足可以说明石壁也是闽南福佬人的祖地。”

厦门大学教授陈国强 1992 年到台湾调查访问后，结论是：“台湾客家与宁化关系密切，不仅他们的祖、根在宁化，就是现在台湾的特质文化也保留了一些传统特点。”

第七届海峡两岸客家高峰论坛启动仪式

根据调查研究，台湾同宁化在血缘、文化、经济、教育和信仰乃至军事各方面，都有深厚的渊源关系。所以两岸交流非常频繁。每年都有频繁的联谊、学术考察、研究以及经贸往来。特别在客家学术交流，宁化三十年来，共举行 12 届学术研讨会（含论坛），每届都有 10 个以上台湾学者投稿，都有不少学者直接前来参加会议。每次学术活动，都有涉及两岸关系的文章。2014 年宁化与台湾中华海峡两岸客家文经交流协会、北京联合大学台湾研究院、台湾联合大学客家研究院等联合在宁化举办“第七届海峡两岸客家高峰论坛”与第二届“石壁客家论坛”。本届论坛，重点讨论了两岸客家的各方关系。前来参加论坛的台湾学者 32 人。有关两岸客家关系的文章 23 篇。台湾中华海峡两岸文经交流协会理事长饶颖奇出席了会议，并为《论文集》作“序”，他在“序”中说：“台湾客家与宁化石壁渊源深厚，血缘、文缘源远流长，密不可分。”

台湾联合大学客家研究院研究员、博士刘焕云几乎每届宁化的学术会议都来参加。他在第七届石壁客家论坛发表的论文《发挥石壁客家祖地优势推动两岸融合发展研究》，文中提道：

> 21世纪为追求中华民族伟大复兴，必须推动两岸客家文化之融合，并了解两岸客家文化之融合，将有助于中华民族大一统及中华民族之伟大复兴。就中华文化发展而言，海峡两岸中国人必须重新认识与了解自己的文化传统，对优秀传统中华文化有所传承，汰旧换新，进而以文化主体的身份对传统做出创造性的转化，赋予中国传统文化新的定义与价值。尤其是中国文化之支流之一的客家文化，推动两岸客家文化之融合与交流，让客家文化发挥力量，并对祖国统一作出贡献，这是当前客家人应该共同思考的问题，也是探讨客家文化创新发展时必须省思的问题。

客家研究先驱罗香林及其他许多学者，早已深入考察、研究、发现“客家人从中原迁徙于中国南方至世界各地，几乎都经过宁化石壁”，因而称宁化石壁“客家摇篮、客家祖地和客家母亲”。

笔者认为，在全球化的历程中，实可以透过回原乡宁化石壁寻根问祖，让世人全面认识宁化客家祖地根源意识之丰富内涵。同时，在全球化大环境下，推动两岸客家文化交流、可以促进两岸客家精神的凝聚和升华。

刘焕云在第八届“石壁客家论坛”上，发表《深化“宁化学”与“客家学”研究，促进客家文化之传承与创新》一文中提道：

> 宁化在历史上，是客家各姓氏迁徙发展之中继站，无宁化则无客家人，亦无后来之客家文化在台湾及全球之生根发芽。尤有甚者，台湾客家学术界正逐渐兴起抛弃“客家文化之中原北源说”，进而主张“客家南源说”，说客家人主体源于中国大陆华南地区之畲族，并不是北方中原汉族之后裔。此一说法，完全无视两岸客家各地姓氏之族谱中记载各姓先祖是中原南迁而来

之事实。刘文最后写道：深化“宁化学”与“客家学”研究，可以说明客家文化源自中原、客家是中原汉人支系，亦可以促进两岸融合、让客家文化的发展成为衔接传统与现代中华文化之范式，并使之促进两岸融合、中华民族江山一统与伟大复兴之宏伟目标。

全球客家·崇正会联合总会总执行长黄石华博士在《石壁与客家世界论文集·序》中提道：

不管否定宁化石壁客家祖地的历史及其文化的学者其动机和出发点如何,但其产生的副作用和恶劣的影响不能不引起人们的高度警惕和严正反驳。20世纪90年代，面对台湾客家人掀起回大陆寻根问祖的热潮，到宁化石壁客家祖地祭祖，“台独”分子为了“去中国化”、极力攻击罗香林教授的《客家研究导论》《客家源流考》和《宁化石壁村考》名著，抛出所谓批判罗香林教授的“原乡论”“血缘论”，要扬弃作客心态，“割断原乡脐带”，“脱离母体”，做“新客家人”。他们假研究“客家学”为名，则分裂祖国之实。在此情势下，大陆有的学者打着探索客家源流的旗号，标新立异，企图一鸣惊人，竟称“客家人并不是中原移民”，“客家各姓氏宗族的开基祖是一种文化构建，未必是历史的真实。”他们以否定罗香林教授的《客家研究导论》《客家源流考》和《宁化石壁村考》为创新。对此，必然引起正直的有造诣的专家、学者的批判和澄清。

最近，中共福建省委、省人民政府提出发挥“五缘”优势，促进“六求”。“五缘”即：地缘相近、血缘相亲、文缘相承、商缘相连、法缘相循。“六求”是：力求在紧密港澳联系、两岸直接“三通”、旅游双向对接、农业全面合作、文化深入交流、载体平台建设六个方面取得新成效。“五缘”的核心是血缘亲，做好对台工作，建设好客家祖地文化。这正确的决策，对海峡两岸的客家人是巨大的鼓舞，对“台独”分子利用客家做靶子，割断血缘关系，实现“去中国化”的图谋，是有力的遏制和打击，对出现的杂音是有力的澄清。

宁化举行的历届客家学术会议，每届基本都有涉及两岸关系的论述。宁化编著的书刊中，也少不了涉及两岸客家的内容。廖开顺等著《石壁客家述论》中，便有专门一章《石壁客家与台湾客家渊源关系》，其中详细阐述了“台湾客家概况”“台湾客家与石壁客家的姓氏血缘渊源”“台湾客家与石壁客家文化同根”及“台湾客家的石壁寻根”等内容。宁化还专题编著两岸客家的书籍。如《石壁与台湾马氏》《宁化与台湾客家始祖渊源》《石壁与台湾客家》等。三十年来接待台湾来访 130 多批次，近 2000 人次。台湾媒体来宁采风。摄制电视片 20 余次之多。

三、宁化客家研究述评

北京大学博士生导师郭华榕教授在《石壁客家论述·序》中说：“宁化的乡亲们为了弘扬客家文化，多年努力写成重要著述。作者的深入追寻、综合研究，坚持求真，成绩斐然，令人钦佩。”

全球客家·崇正会联合总会总执行长黄石华博士在《客家祖地石壁丛书》的“序”中说：“宁化刘善群等几位土生土长的学者，在长期积累和田野调查的基础上，编写了一套名为《客家祖地石壁丛书》，这套丛书从历史、地理、经济、文化、民俗、语言、文物和民间传说等各方面反映宁化石壁的历史文化总貌；从石壁的历史阐述石壁与客家民系、客家史的重要关系，并论及客家史的方方面面。既具体翔实，充满泥土芳香，又高屋建瓴、小中见大，有血有肉，是一部学术、资料并茂的好书，也是迄今为止第一部问世的研究客家社区历史文化的丛书，值得祝贺！”“如今一部综合性研究社区历史文化丛书问世，无疑有助于对整体客家史进一步探索，亦为客家学科建设添砖加瓦。其意义与影响甚为深远。”

北京科技大学教授、博导冯秀珍说：“在当代大陆的客家研究的热潮中，宁化石壁起着前沿阵地作用，筑就了县级客家研究的时代里程碑。”

福建省政协研究室原处长、主任编辑戎章榕在《新时代客家文化的转化与发展之思考》一文中说：“二十多年来，宁化在客家文化研究和传承上卓有成效，取得了一系列的成果：机构设置、专门从事客家文化的研究、交流，成功打响了客家文化品牌；在学术研究上，孜孜以求，绵绵用力，久久为功，业已形成客家学、石壁学派、这在国内县一级客家研究中首屈一指。”

北京宁化客家联谊会执行会长罗世升认为：宁化将族谱与正史文献结合起来，姓氏人口志与中国大历史背景紧密联系起来，注意诸家观点学说的把握，科学地创立起“石壁学说”，为“宁化是全球客家总祖地、石壁客家公祠是世界客家人的朝圣中心”的定位，提供了一套较为系统和科学的理论体系，为客家学研究深入了一步，得到客家世界多数客家研究学者的认可，肯定和称赞。

俞如先教授说：“当前，客家地方，客家元素的时代价值确实引起了社会各界的高度重视，业已形成百舸争流，力争上游的局面，但唯有作为客家祖地的宁化一地，以刘善群先生为核心的团队，几十年来，扎根祖地，不懈耕耘，把客家事业动作的风生水起，培育了享誉世界的客家祖地品牌，成功打造了客家人认同共有的精神家园。宁化客家事业发展的意义已不仅在于闽西，而且还在于整个客家世界。”

对宁化客家研究的评价是多方面的，以上是百之一二。其主流是正面的、肯定的，但同时也有一二的不同声音，但并无什么影响。

下面对宁化客家研究再做多维度的剖析。

（一）“宁化学”与“石壁学”的探讨

所谓“宁化学”，是第八届“石壁客家论坛”上刘焕云教授在《深化“宁化学”与“客家学”研究，促进客家文化的传承上创新》中提出的，他认为“宁化学”是专门针对宁化在地所有类别与范畴之研究，继续彰显宁化于历史上之存在内涵。也有诸如法国远东学院博导劳格文教授在《论石壁·序》中说：“前面有刘先生自己写得非常好的导论，其中勾画了石壁学的历史并阐述了这个研究在当前的意义。”北京罗世升在前面所引的论文中也提出“石壁学”。

笔者理解，所谓“宁化学”或者“石壁学”都是同一概念，“石壁”其实是“宁化”的代词。它们是“客家学”中的一子命题。“宁化学”“石壁学”研究的对象都不仅是宁化或石壁，它们都是客家史中众多节点中的一个，只不过它具有更多的独特性或唯一性，起着更为重要作用而已。所以无论“宁化学”或是“石壁学”的研究只是指“宁化，而研究的对象是全方位的客家学。只有着眼客家学研究，才能凸显石壁在其中的内涵”。窥一斑而知全豹。至于“石壁学”是否形成或成立？三明学院廖开顺教授是这样论述的：刘善群提出“客家区内文化区域划分”“客家历史孕育、诞生、成熟，发展的阶段性”“宁化石壁是全世界大多数客家人的祖籍地”“石壁是客家民系形成初期的中心地域”“宁化石壁是客家文化的节点”“客家播衍的基点”等一系列学术观点，他将客家学奠基人罗香林以及历史上其他学者论述石壁的观点进行全面而深入的实证，形成自己的论述体系，在客家学术界产生重大影响，推动了宁化石壁与客家世界之关系的学术研究不断拓展与深化，得到海内外很多客家研究专家的认可并参与研究。通过举办四届“石壁与客家世界”研讨会和四届“石壁客家论坛”，凝聚一批专家学者，围绕石壁在客家民系形成中的作用和地位发表论文，已经形成一个石壁研究群体。这个群体的特点是：尊重传统，注重实证，在罗香林研究的基础上追本溯源，坚持传承和发展客家优秀文化，推动客家认同，注重海峡两岸客家文化交流，以中华民族伟大复兴为使命，研究和推动客家地区经济社会发展。或有将石壁研究群体称之为客家研究的石壁学派，作为石壁学派对待似乎不够成熟，但是，确实有很多研究者关注和参与石壁研究，既有知名专家学者，也有新一代研究生。而刘善群先生是继罗香林先生之后，对石壁研究和促进石壁研究群体形成的又一位重大贡献者。

廖教授认为“石壁学派”不够成熟。作为“石壁学”同样也不够成熟。一方面其学术体系尚不完备，另一方面还需要学界的广泛认同。至于“石壁学”最终能否形成，还得视研究的发展，需要学术群体的再接再厉。

（二）坚守石壁客家祖地文化自信

宁化石壁在客家历史上的作用和地位，是宁化客家研究的中心课题之一。在前人研究的基础上，经三十年的创新研究，得出许多科学定论，并得到学界和客家人士的普遍认同。但同时也有个别不同声音，贬低、质疑、淡化，甚至虚无化。但这些都不能撼动宁化石壁在客家史中不可替代的重要地位。因为它是历史，不可能为人们的意志而转移，这就是石壁研究群体的底气，也是宁化人的底气。这也就是石壁客家祖地文化自信的基石。这一“底气”和“基石”，来源于长期研

究的成果。

廖开顺《石壁客家述论》中提道：

> 石壁作为客家祖地的典型，是综合诸多要素做定论的。第一，与客家姓氏渊源最多；第二，是客家先民（客家入闽始祖）最多的栖居地；第三，是最早的客家文化孕育中心；第四，是客家最初的播迁中心；第五，在客家世界拥有最广泛的“客家祖地”认同。

刘善群在第七届“石壁客家论坛”发表《坚持客家祖地文化自信》一文中提道：

> 作为客家祖地的宁化石壁，“在那里他们最早获得了自己与周遭不同的独立地位身份，有了自身独立的发展。”（谭元亨）这里自身独立发展的文化，有其早期性、集中性、完整性和唯一性，它是赖以凝聚客家人的文化基因，是文化自信的基因。对让人自信的文化基因，需要坚持，需要自觉地坚守和光大。

刘善群在第八届“石壁客家论坛”上发表《石壁客家祖地独特性的研究》，该文从六个方面阐述其独特性，可以说也是唯一性。

针对石壁地位研究的不同话语，三明学院客家研究所所长蔡登秋教授在第七届“石壁客家论坛”发表《“历史真实”还是“文化概念”》，他对百年石壁客家文化研究梳理，对“血统说”“谱系说”“文化认同说”和“符号说”，做了深入分析，提出了自己的认识。他在文章的“余论”中提道：

> 在我们研究过程中，对石壁研究应秉着历史客观，公正事实的态度，既不草率地下定论，也不必执意否定历史真实，更不可以理论来套事实。

石壁的历史性与真实性，正如原赣南师大教授谢万陆在《再论石壁》一文中提道：

我们说的武夷山南段、赣、汀、闽江之上游，而石壁则是这一地域的中心，是摇篮的代表。当然，我们这样断言，绝非出于主观臆造，更不沾带个人感情的炒作，是得益于天公（自然）的赐予，也依赖于历史的安排，非任何个人所能左右。

厦门市方志办副编审李启宇在第三届“宁化石壁与客家世界”学术研讨会上发表《“石壁现象”辨析》，文中辨析了谢重光教授提出的“石壁客家祖地，只是一种文化理念的建构”的观念，给了有力的辩驳，他提道：

如果说，确定自己的先祖从何而来是一种文化理念的建构的话，为什么许多客家人会选择石壁这个地方来完成这种建构？如果客家祖地是一种文化符号、一种标识，为什么客家民系会选择石壁作为客家民系的文化符号和标识？从历史唯物主义的观点来看，先有活生生的物质生活的实践，再有文化理念的建构和文化符号——标识的选择，而不是相反。从文化的角度看待宁化石壁作为客家祖地的地位，在物质的层面上，应该认真分析石壁在特殊的历史时期为客家先民所能提供的特殊机遇，认真分析石壁特殊的地理条件为客家先民所能提供的特殊的家园；在精神的层面上，应该认真总结石壁客家祖地在客家民系文化形成过程中所占有的地位，所发挥的石壁作为客家祭祖活动中心、资料中心、研究中心的作用。

法国劳格文教授在《论石壁·序》中提道：

无论如何，刘善群的导论可以肯定地说，很温和地接受了诸多有关客家来源和石壁角色的不同看法。他很谦和地融合了接受石壁不仅是历史事实，而

> 且更具有象征意义。和所有的符号一样，她所代表的内容非常复杂；从地理学的角度说代表宁化整个西片；从历史学的角度来说，代表客家民系及其语言在闽赣交界的武夷山脉周围地区形成。……石壁代表客家人的认同感。不管历史学家对此认同感背后的事实如何看法，但他们既不能否认这个认同感，也不能否认这个由石壁来代表认同感的事实。历史学只能承认它们的存在。

还有更多的学者为维护宁化石壁客家祖地的历史地位，对一些不实之词进行有力辩驳。如刘善群《石壁客家祖地是历史的真实不容歪曲》，对个别用历史虚无之义的所谓理论逻辑，对石壁历史进行歪曲的说辞进行无情的批驳。文中说："宁化石壁在客家历史上起着不可替代的重要作用，是客家祖地。经长期被众多的学者所反复论证，是客家真实存在。个别学者所谓'心理学'分析，把它神化、虚化，是对历史真实的严重歪曲，是'土著论'的另一种邪说，是严重的历史虚无主义，危害极大。"

上述的批评，不是学术偏见，而是辩证唯物主义的坚持，是真理的坚持，是历史真实的坚持。是客家祖地文化自信的坚持。石壁客家祖地文化自信，不仅仅是对石壁历史的自信，而是对客家历史文化的自信，是对客家身份的自信，绝不是仅对石壁而言。因为"从民族与国家的角度上看，就是一个族群对自己的历史传统，共同的心理特征和所拥有的核心价值系统，以及精神观念系统与经济、政治结构互摄互洽的文化共同体生命活力的心理认同和坚定信念。"

（三）宁化客家研究与新客家运动

宁化客家研究论证，宁化石壁与客家人的密切关系，尤其在血缘和文化上，让海内外客家人知道宁化石壁是客家人血缘寻根、文化寻根的目的地，特别是石壁客家公祠等文化平台的兴建，推动了客家寻根运动的不断发展。正如已故南源永芳集团有限公司董事长姚美良局绅在 1995 年客家公祠落成典礼上的致辞："石壁客家公祠落成后，将是世界上所有客家人的总家庙。是客家人朝拜圣地。我相信，石壁客家公祠落成后，将有利于团结海内外所有客家人前来寻根谒祖，并形成一年一度的客家人朝拜祖先、祭祖的热潮。这将有利于团结海内外所有客家人，增强客家人及所有华人华侨的凝聚力，加强新一代华侨华人的民族意识和对祖先故土的了解，有利于弘扬客家文化，振兴民族精神，使客家人作为汉民族一支优秀的民系，在今日世界大舞台上，发挥更大的作用和影响。”

姚美良先生的预言，在近20年中，得到充分体现。石壁客家公祠在1995年落成之后，不间断连续至今的世界客家祭祖大典，开始时，祭祖仪式，在只能容纳百余人的玉屏堂（祭祀厅）就可以了。一两年后，就容纳不下，只好在玉屏堂外的“天井”搭板，可容纳300余人（同场祭祖），再后又不能满足，便在公祠前面延至进口的牌楼建设客家祖地文化园，其中有可容纳万人的祭祀广场，祭祖场所便移至祭祀广场，万人广场又被挤得满满当当。同时，在非祭祖大典期间，前来寻根谒祖者络绎不绝，几乎每天都有。迄今以来石壁祭祖的客家人士来自世界五大洲的40多个国家和地区。远自南美洲的巴西、巴拉圭。只有客家人数很少的国家和地区缺席。前来寻根谒祖的客家人遍及各界，有精英阶层，有普通百姓，有90多岁的老者，有不足4岁的孩童，更有坐轮椅从大洋彼岸来的残疾人，他们不远千里万里，克服身体的不适和长途的艰辛，来到宁化，在石壁客家公祠，虔诚跪拜，叩不完的响头，诉不尽的衷肠。他们在祭祖之余，留下一串串感人肺腑的话语：“这是我们客家先辈开辟的一方宝地，我们的先祖就是从这块土地上走出来的！”“今后我们还要来，把二三代儿孙们带来走一走，看一看，让他们体验先辈艰苦卓绝、奋发图强，开拓进取的客家精神。”他们实现了诺言，如姚美良大兄森良局绅，自1995年开始，每年都在马来西亚发动、组织、带领客家人前来寻根祭祖，二十余年如一日，不缺一年，而且有的年份还不止来一次。姚先生已过了古稀之年，仍然坚持如故，而且带着儿子、侄儿（美良儿子）前来，交代他们继承下去，永不断代。还有不少海外客家人祖孙三代全家都来。此举就是为了客家文化后继有人，永续传承。客家人的寻根热潮，被称为“新客家寻根运动”，这一运动的兴起，是客家人敬祖穆宗优良传统的体现，是客家人怕失去历史文化记忆的行动，是宁化客家研究，让客家人知道寻根目的地，触发客家民性的结果，没有历史研究、理念引导，不可能出现新的场景和场所。

劳格文教授认为“所以刘善群的结论说石壁是客家民系的圣地，并且在1995

年建造了石壁客家公祠，满足了重视客家认同感的族群的广泛愿望和要求，这完全是一个历史学家的看法”。

廖开顺教授认为族群文化记忆存在于族群成员的意识或潜意识之中，并对后代产生影响。在族群成员中，有可能出现文化失忆。恢复和强化文化记忆需要文化“场景”的刺激。西方族群理论的“场景论”认为，族群成员可以根据场景的变迁对族群归属作出理性的选择，而不完全是“原生”的、“情感”的因素。在海外客家后裔中，因为场景的变化，族群意识淡化，甚至难以与长辈进入寻根拜谒祖先的“场景”时，也会产生客家族群认同感。在石壁，除和大量的客家物质文化遗产构成族群认同的“场景”外，“石壁公祠”成为客家族群认同的新“场景”。石壁客家公祠还是有“场景”的意义。石壁曾经是客家先民栖居最重要的“场所”，而今的石壁客家公祠是“场所”和“场景”的再造。石壁客家祭祖大典独有的“场景”对激发客家族群文化记忆具有其他场景不可替代的作用。

（四）宁化客家研究为客家学正本清源

华南理工大学客家研究所所长、教授、博导谭元亨在首届“石壁客家论坛”上发表《客家身份的认同和背离》，在第六届《石壁客家论坛》又发表了《去中原化，还有客家学吗？》这两篇论文可谓是“姐妹篇”，可谓是捍卫客家学正道的宣言，其理念逻辑都是捍卫客家的正统性——客家民系的汉族族性。在前一篇中，他提道：

> 身份认同是我们对自己在世界中的地位的确定，也是社会中归属得到允诺。地位的确定，意味着自身的尊严，也包含着自信，而归属允诺则意味着得到群体（包括族群）的认可。

从血缘、时空的认同，到文化认同，客家人正是在这物欲横流，身份迷乱的历史时间作出自己的选择。

在后一篇论文中，谭教授在梳理进入19世纪后，对客家研究历程。指出徐旭曾的《丰湖杂记》、赖际照的《崇正同人谱源流》、罗香林的《客家研究导论》《客家源流考》“最终奠定了客家学的基础，为客家人的民族归属正名，以‘大迁徙’历史确立的客家移民属性”。“汉民族身份的认同，也就是客家学的核心即‘中原说’，客家人来自中原。”姑且不论是否‘华夏贵胄’‘衣冠士族’，但族源是不改变的。当年，客家人的正名，正是由此而起，这关系到民族自尊、历史担当，尤其是中国自古以来的正统观念——承袭这种观念，本身就是客家人对自己汉民族的身份的强调，不愿被边缘化、不愿作化外之民，不愿被贬抑、被排斥。无论是汉族身份，还是中原之源，这更是客家学创立时的根基。”

深圳大学文化产业研究院执行院长、客家研究所所长、博导周建新教授在第六届“石壁客家论坛”发表的《客家文化的研究历程与理念范式》中提道：

> 客家文化研究取得长足进展，取得一个又一个的突破，但其中又有不少值得进一步深入和拓展的地方。有着继续探讨、发展和突破的大空间，具体表现在：客家文化研究经历了一个怎样的发展历程与阶段，已有客家文化研究主要有哪几种理论范式？其主要内涵、分析路程、方法论及其在运用过程中的长短优劣及内在的局限各是什么？当下客家文化研究又有着什么样的动向和趋势，如何建构客家文化研究新的学术话语体系？
>
> 地方性和族群性分别揭示了实态的客家文化历史和动态的客家文化政治，较为全面和准确地揭示了客家文化的本质特点和根本属性。立足于这两个文化特性，笔者进而提出了“客家文化是一个地域文化，又是一个族群文化的观点”，提出将客家文化研究纳入族群人类学这一学科领域。

黄河科技学院《黄河科技学院学报》编辑部编审陶谦在《客家人的身份认同、文化认同和家国情怀》一文中提道：

> 身份认同是血缘、族源的认同，即古老话题中的“我是谁，我来自哪里”。身份认同是客家固本之根，否定了客家人主要来自中原汉族，就挖断了客家之根。近几年来，对客家的身份有过客家是“土著”或者“以土著为主”的观点，对罗香林先生提出的“中原说”质疑，但是，仍难以撼动“中原说”。

客家祖源地在中原仍是学界乃至客家民系的普遍认识。

客家的文化认同就是找到自己的文化渊源，以及在客家民系这棵大树下的吸收，滋润后所形成的思想、精神，因此，客家的文化认同是客家之魂。

自古至今，客家人对家乡、对祖国都有深厚的感情。这种家国情怀来自强烈的身份认同和文化认同。身份认同、文化认同永远是客家固本之根和精神之源。

宁化客家研究，自始至终都是围绕客家学建设进行。无论是对客家历史文化研究，还是对石壁研究，都是在客家学正统范围内进行，不断排除“非中原论”的干扰，始终没有偏离客家学的核心和正统性——汉族族性。可以说，宁化客家研究是成功。

陪伴宁化客家研究三十多年，最深的体会：一是坚持。最重要的是宁化历任党政领导的重视和支持，他们一任一任的接力推进，以及宁化热爱客家事业的“志愿者”始终不渝的努力。二是凝聚力。宁化学人“以小学生的姿态走出去，请进来”，以诚待人，由于不懈努力，得到众多海内外学者和学术单位的信任和支持。所以数十年来，不仅凝聚了众多海内外学者和学术单位，同时凝聚了他们的智慧和学术成果。三是自信。三十多年，宁化客家研究不是一帆风顺，一路走来，不断有人质疑、干扰、否定。但是我们坚守自信。正是有了自信，才能坚持，抵制那些非议、淡化乃至否定。这种自信是来自对历史的真实的依赖和百年“石壁研究”的丰硕成果的坚实基础。四是把握。就是把握学术道德。就是民族自尊和历史担当，就是坚持历史唯物论和方法论，坚持历史客观和公正事实。把握学术方向，把握政治大局，把握客家学的大局，把握客家民系整体性的大局，把握民族族性的大局。同时把握因应时代的需要，把握发展的需要，把握传承的需要。

（五）石壁客家学术研究促进文化建设

石壁客家研究，建设了客家学理论体系，把宁化推在客家历史的节点，推向世界，同时也促进了宁化及石壁的文化建设。学术研究确定了宁化和石壁的历史地位和文化地位，随之而来的是文化建设，形成立体推进。在1990年初，随着“文化搭台，经济唱戏”的提出，推动了文化平台建设。正是在这种形势下，宁化兴建第一座客家人的总家庙——石壁客家公祠，兴建了世界客属文化交流中心大厦。兴建了展示饮食文化的客家美食城，以及红色基因传播的基础建设。这些平台建设，都占据了客家文化高地，在弘扬客家文化，加强文化交流，促进文化的转化各方面。宁化形成了一方丰富、美丽的客家文化城。

1. 石壁客家公祠的兴建

20 世纪 80 年代后期，随着国门的打开，海外客家游子接踵前来寻根觅祖，媒体也一批接一批的前来采访，还有学术研究、田野调查等，应接不暇，但是由于历史的痕迹大多被湮没。我们知道，客家先民大批迁入宁化的时间是唐中后期开始，南宋中期，形成了宁化人口高峰。自然条件、社会环境都发生了变化，“地旷人稀”，变成“人满为患”，战争避风港“世外桃源”的光景不再，宋朝之败，梅州“地为之墟”，有很大吸引力，宁化这些本有“流动因子”的客家初民，便掀起外迁风潮。自南宋后期开始，到明代，宁化客家初民流失了七成多。人去楼空，人走了，土地荒芜了，住房倒塌了。当时的繁荣景象遗失了，于是让前来调研、采访的人找不到历史的遗存而失望。海内外客家人前来，寻根觅祖，因为找不到原乡，也找不着同宗同族的亲人而失望，只好在石壁捧上一把土、要打上一勺水装起来，带回去留作原乡的纪念。此情此景感人至深。客家人的深深情感，感动了当地学人，也感动了当地党政部门。为了有一方建筑，能让客家游子，寄托对祖宗缅怀，完成儿孙们拳拳的敬祖念祖的心愿，追寻历史文化、相聚亲人，唤起客家人的历史记忆、加强乡情、亲情、友情、促进团结，传承客家文化。宁化党、政领导决定，建一座世界客家人仰慕的家庙。并紧锣密鼓的筹备，使这一客家期待的家庙于 1992 年奠基开工，1995 年胜利建竣。它是一座仿古雄伟宫殿式建筑，雕梁画栋，飞檐翘角，辉煌壮观。这一建筑得到各方关注、支持。祠堂前一百余米的牌坊上刻有全国政协原副主席杨成武将军的墨宝“客家祖地”，公祠之匾“客家公祠”是全国政协原副主席叶选平的墨宝。

公祠于 1995 年 11 月 28 日落成，同时举行世界客属石壁祖地祭祖大典。自此，石壁客家公祠被定为世界客家人的总家庙。香火日盛，但公祠祭祖厅只容纳300人同时祭祖，很不适应大规模前来祭祖、谒祖之需。为了适应需要。2012年以原客家公祠为主体，扩建成“宁化客家祖地文化园”，建设用地70000余平方米，总建筑面积12000平方米，总投资1.2亿元，集大型寻根谒祖、文化观光为一体。

兹转载福建省建筑设计院原院长黄汉民的《宁化客家祖地文化园祭祀区设计简介》和中国美术家协会暨壁画艺术委员会委员、一级美术师叶武林的《宁化客家祖地文化园祭祀区主轴文化工程设计概述》。

宁化客家祖地文化园祭祀区设计简介

黄汉民

宁化客家祖地文化园祭祀区建设用地约7万平方米，主轴主要由入口区、祭祀前广场、寻根路溯源桥、祭祀广场、祭祀后广场、客家魂碑亭及旗杆区、客家公祠等组成。

设计着重主轴空间序列的营造，在不到一千米长的中轴线上，结合功能设计一系列建筑空间：从入口区起始，经前广场、寻根路、溯源桥，到达主祭祀广场形成高潮，而后进入祭祀后广场，经客家魂碑亭，到达客家公祠。整个空间序列抑扬开合、层层递进，营造了客家祭祀主轴庄严肃穆的空间效果。

在建筑群体设计中，注重主轴上不同空间氛围的营造，并融入福建客家人南迁中奋斗拼搏的历史和客家文化元素，使观者在情感和精神上都得以升华。

祭祀入口区占地约4000平方米，空间开阔。设计保留原有的入口牌坊，在入口牌坊两侧增设围墙、角亭，形成完整的入口建筑界面。祭祀前广场通过院墙、牌坊、两侧回廊及对称的方亭组成围合空间。前广场以半月形水池为中心，正面为约50米宽、9米高的三组牌坊门。穿过牌坊门进入到约120

米长、40米宽的寻根路，路的两侧一百根3.6米高的百家姓石柱阵列围合，列柱在绿坡树阵、青松翠柏的承托下，营造了寻根的氛围。寻根路跨越蜿蜒的水渠，架设拱起的溯源桥，于桥顶可环顾中轴周边的景观，引导人流进入主祭祀广场。

主祭祀广场一万平方米见方，入口为山门，广场正面为祭祀大殿及左右两侧的配殿，殿前设有祭祀平台。广场的建筑通过左右两侧连续的碑亭和看台围合连成一个整体，形成宽阔的广场空间，烘托出祭祀广场的庄严大气的空间氛围。祭祀大殿及配殿等建筑均为开放式空间，大殿内设祭祀神坛。祭祀广场中轴两侧立十六根5米高的图腾柱，柱上刻有客家历史的各个节点，气势宏伟。祭祀后广场为下沉式庭院，正对墙面设置《石壁记》，通过两侧台阶拾级而上到达客家魂碑亭。碑亭及石碑均为原物保留。碑亭两侧区域，矗立数十根高耸的石旗杆。在石旗杆群的烘托下，客家公祠在青山环抱之中展现，使人肃然起敬。祭祀主轴整体空间序列有收有放，由南往北沿中轴线逐渐升高，层层递进，通过建筑空间塑造体现出祭祀主轴的神圣色彩。

（原载《敬天穆祖》中国文化出版社　2012年）

宁化客家祖地文化园祭祀区主轴文化工程设计概述

叶武林

宁化客家祖地祭祀区中轴线上有半月池、神道、神坛屏风、大殿下沉广场。中轴线两侧有牌坊门两侧墙面、山门殿两侧墙面及祭祀广场两侧五十六座碑亭，需要设置艺术品。设计者与宁化有关领导及客家文化专家多次研讨，经过大半年的酝酿，达成共识：半月池中装置一座五色石干支盘，神道改为镌刻客家历史的铜道，确定屏风样式，下沉广场石壁为葛藤壁，牌坊门两侧装置流徙先民的浮雕群，山门殿两侧浮雕，改碑亭为先贤亭。设计概念陈述如下：

祖先，既是血缘的认同，也是对历史的追溯，说到底是人类相信生命永恒并繁衍不息的生命观的体现。鉴于此，祭祀的场所需要营造一个文化的场景用以激活族群的这种具有血缘和历史渊源的文化记忆。本案文化艺术品位的取向：一、以古老的传承至今的中华祭祖文化观念坐镇中轴；二、以鲜活的形象贯彻始终。

月池、铜道

永存、生命不息形成了人类最早的生命通天的观念，古人又引进了水的概念，“天·地·水”三界合一，这是个完整的生命观念，中西皆然。中华文化独特之处，在于将“阴·阳”的概念引入到天地生命的崇拜观念中，并将“阳”提升到“道”的高度，“生生之谓易”“一阴一阳之谓道”。中华的祖先崇拜是和天地崇拜、生命崇拜结为一体的。此观念历经五千年至今。五千年前出土的圭璧和至今供奉的祖宗牌位是这三位一体崇拜未有变化物证。

设计由以上观念引申，将通天通灵的圭璧符号、牌位符号平放在地面，形座卧碑。此卧碑以北边的溯源桥为源、为根、为地、为始。向南铺一条铜为干、为建木、为通天柱，直抵南面半月池。半月池中置一圆盘，变半月月池，日月合一谓天。这是一组完整意义的通天通灵的圭璧式符号的纪念

上镌刻客家先祖迁徙的历程，上面清水漫过，一是喻水浸天地有生命，二客家族群生命足迹的源远流长，是源于地达于天的永恒。

设计在实施时，因供水系统不完善，取消了清水漫道的构想，改为旱道。

干支盘

半月池中置一圆石盘。半圆为阴，圆为阳，阴阳合一。圆石盘中间有孔，谓为通灵之璧，谓日。半圆谓月。日月合一为天。圆石盘由五色石组成。五色象征五方，中为黄、东为青、西为白、南为红、北为皂。青白红皂黄、东西南北中象征空间无限。圆盘上镌刻天干地支，以古代天象学的时序为

依据排列，以甲子轮回象征时间无限。干支盘中心孔中清水涌出，漫平象征无限空间和时间的石盘，是谓生命的博大与生生不息。通过以上的几组装置组合，将客家族群迁徙历史与生命意义的终极追溯结合为一体，极为神圣。

祖训屏风

屏风式样来自故宫皇家屏风，简约处理以符合祖地祭祀园的建筑风格。屏风三叠，与祖宗牌位呈合抱之势。镂空花纹由葛藤叶组成窗格式样的图案。◇与○的纹样连缀含有阴阳和谐生生不息之意。屏风上的牌子镌刻金字祖训，祖训文字集自伊秉绶书体。屏风座为石材，屏风原木色。

先贤亭

家人的祭祀文化中有慎终追远的先想黑拜传统，还有追崇“乡贤”“名宦”且不限本姓、共襄盛举的传统。故将碑亭改为先贤亭，选供35位历史文化名人集体供奉。改蟒袍金身的偶像为有个性的写实人物肖像，先祖是鲜活的可信、可亲、可敬的人。

葛藤墙

家祠堂讲究风水。堂前有“半月池”，堂后一空地名曰“化胎”，是家室背后的支撑，承受天地之气孕育万物的安稳之地。

祖地大殿后亦辟一块空地，应该也有“化胎”意。广场石壁改为满铺葛藤的墙面，葛藤是家人禳灾避祸的信物，取其意。化胎与葛藤与吉祥寓意双重叠加，乃上上之吉。场中央置一汉白玉石台，台面刻客家古老传《葛藤凹的故事》。现改为《石壁记》。

山门殿浮雕

主题：以叙事手法讲述客家先民如何落根石壁及如何四海为客的故事。

《落地生根》：先民来到石壁，开荒筑寨、诗书耕读、与原住民互相协作、艰苦创业的情景。

《衍播四海》：客家人告别父老乡亲，再次离别家园，漂洋过海，开辟新天地。虽然客居他乡仍不忘根基。

坊门浮雕群

左侧（西侧墙）：石壁是祖宗落地为安之处。三联画：中央为主图，两侧为副图，从左至右依次《避兵燹》《敬天穆祖》《石壁宁》。说明：据客家先民迁徙史记载：先民每迁徙新地都要携祖宗遗骸同行，到达理想定居地再次下葬。客家习俗“洗骨改葬”来源于此。

右侧（东侧墙）：石壁是新的生命受洗成长之地。三联画：中央为主图，两侧为副图，由右至左依次为：《逃天荒》《润物旺根》《玉屏情》。说明：先民到达石壁如久旱逢春雨。原住民畲、瑶族人善待流落异地的汉人。天时地利人和给了先民落脚生息之机。

（原载《敬天穆祖》中国文化出版社　2012 年）

2. 世界客属文化交流中心大厦的兴建

随着客家学术研究不断推进，学术交流活动日益频繁，与之相适配的场所需求愈发迫切。此前，宁化在这方面条件匮乏，甚至连举办学术研究会的合适报告厅都难以寻觅。为了拓展宁化的文化展示与交流平台，当地决定兴建“世界客属文化交流中心大厦”。在多家设计单位提交的设计方案评选中，华南理工大学建筑学院的方案脱颖而出。世界客属文化交流中心选址于东溪与西溪汇合处的三角地带，此地风景秀丽，拥有 8 万平方米的用地面积，总投资达 2 亿元。该中心是一座多功能会展场所，其建筑风格大气磅礴，兼具实用性，建成后将极大地提升宁化在客家文化交流领域的承载能力。

宁化世界客属文化交流中心大厦于 2012 年 11 月 21 日落成，在世界客属第 25 届恳亲大会中，举行落成典礼。

文化交流大厦是个多功能的建筑体，是如今客家地区最大的文化平台。中国工程院院士、华南理工大学建筑学院院长何镜堂撰文，对此建筑体的设计构想作了介绍。如文：

世界客属文化交流中心设计构想

何镜堂

天地八方，灵气之汇　四水归堂，百家相聚

客属文化，根深情重　玉带环绕，源远流长

在福建省宁化县，在群山之下、九龙溪之滨，兴建世界客属文化交流中心。设计结合场地特征，挖掘深厚的客家文化根源，力图打造具有时代性、地域性、文化性的客属文化标志性建筑。

汇——天地八方，灵气之汇

总体布局，以“汇”字为设计意念，建筑充分融合于优美的山水环境，集八方灵气，汇聚到建筑之中。

分析传统客家聚落形态、围屋、民居等建筑的设计意念，都具有强烈的汇聚性、向心性，表现了客家人团结、富有凝聚力的核心精神。设计方案以三层紧密相扣、相叠的方形围合体，蕴含传统客家聚落形态的意象，强调场所的向心性、汇聚力；集中到中间的方形为建筑形象的高潮，犹如汇集八方灵气的珍宝盒，筑于高台之上，坐镇四方，又通过中央向上打开的汇龙庭，达到与天合一的境界。

基地环境优美，得天独厚。方案吸收借鉴了传统风水理念，以南北向的、均衡对称的建筑形态来设计，堂堂正正，大气辉煌。

强调轴线感，以具有纵深感的中轴线作为建筑的前奏，沿着金水桥缓步向上，气势不凡。

聚——四水归堂，百家相聚

传统客家民居中有“四水归堂”的考究设计，水为财气，以四面围合的屋檐将雨水聚集到中央庭院之中，也是气场的凝聚。设计方案的主体部分设计为四水归堂的形式，符合客家传统文化的思维理念，以“聚”字为设计创意出发点，蕴含四海游子相聚、百家亲人相聚之意。经反复推敲，达到了建

筑形式与使用功能的高度统一。三层相扣相叠的方形建筑体，表现了层层向上、四方汇聚的建筑形制，同时恰好分别解决了聚会、展览、接待等多层次的功能。建筑形体的三个相扣的方形之间，巧妙地留出了后院空间“百家园”，是以百家姓为主题的中国园林。在百家园以北布置了接待宾馆功能，宾馆北临溪水，南拥园林，景观优越，且独立而安静，是接待宾客的最佳布局。

根——客属文化，根深情重

以“根”字为文化结合点，在设计中始终体现着客家文化的浓浓亲情。

自古时翻山越岭、历尽艰险，到现代开拓进取，放眼四海，客家人始终以亲情为根，以文化为根，保持着深厚的历史文化底蕴。

从客家文化照壁及风水池，到雕砌着客家纹理图样的金水桥，到采用客家砖砌形式抽象再现的首层围壁，到蕴含客家传统吉祥寓意的长寿纹，到显现客家百家姓氏的建筑主体，到屋顶四水归堂的屋檐瓦作，乃至室内的种种细部……处处不断产生文化暗示，文化根源不断显露，又不断地再深入到观者内心。

在这里，建筑成为一个容器，将饱含的文化元素不断灌注到参观者心中，犹如植物的根的延伸，深入到情感的每个角落。

建筑外形稳重，根基牢固，深厚沉稳，也是客属文化根深情重的外观体现。

同时最上层的建筑主体，外表面以篆书的百家姓为意念表达，压印于玻璃幕墙上。在外，营造具有文化性与标志性的建筑形象；在内，随着参观路线的环绕行进，文化意象也不断展现，随着阳光的入射变动，产生独具吸引力的室内效果。而到了夜晚，建筑犹如珍宝盒，透出光彩，百家姓通过灯光投射在场地四周，效果震撼。

源——玉带环绕，源远流长

建筑结合场地特征、结合自然山水、结合生态环境，以“源”字为场地及景观设计契合点。设计中处处体现宁化客家福地的自然生态渊源、文化渊源。

场地位于西溪、东溪、九龙溪交汇环抱之处，呈现一龙头形状的半岛。水的源头自客家原地山区流来，汇向大江奔流四海之外，绕经用地的东方，具有青龙之势。方案又在场地内引入了玉带河，将自然山水进一步融合到建筑之中，围绕建筑而过，汇入九龙溪中，更具韵味，寓意客家文化源远流长，源古通今，放眼未来。

汇，聚，根，源。——以深厚文化底蕴，提炼客家精魂，赋予建筑灵气。设计强调地域性、文化性、时代性，谱写出客属文化的新篇章。

（原载《敬天穆祖》，中国文化出版社 2012 年版）

宁化世界客属文化交流中心大厦建成之后，进驻宁化县客家工作办公室和宁化石壁客家宗亲联谊会、宁化县客家研究会。“石壁客家论坛”会所也设于大厦内，大厦内还布设了“客家友谊馆”“族谱馆”和“图书馆”。成了许多文化事业的研究基地的所在场所。

中共中央、国务院台办 2013 年 6 月确定的“宁化县客家祖地海峡两岸交流基地”。

中国侨联 2015 年 8 月确认的“中国华侨国际文化交流基地”。

福建省政协 2020 年 10 月决定为“福建省政协港澳台侨交流季”。

福建省委宣传部 2011 年 9 月授予宁化县客家祖地为“闽台职工交流基地”。

这些基地的工作点都在客属文化基地内。还有华南理工大学客家研究所、三明学院客家研究所的学术研究基地也在大厦之中。

宁化 17 个姓氏始祖文化研究会也设在大厦之中。

3. 宁化客家美食城

宁化客家美食呈现出一种融合了不同族群、不同地域饮食文化的多元饮食类型。

宁化的古老民族为越族，隋唐时期仍留存有古越遗民古老饮食习惯的痕迹。而在唐宋时期，宁化的原住民更多为畲族人。唐宋时期迁入宁化的汉族移民，自北向南迁徙，一路走走停停。他们带入宁化的饮食习惯以中原为主，同时也包含荆楚、江淮等地的饮食特点。这些不同属性的人群在宁化杂居融合，其中自然也涵盖了饮食文化的交融。宁化饮食具有靠山吃山的特点，例如食用生冷食物，山上和田间能捕获的食材都可入馔。当时吃不完的食物，人们便将其加工晒干储存起来。主食方面，本地以米、薯为主，北方汉人则以麦面为主，在长期相处中，

宁化客家美食文化城（吴立银　摄）

饮食既有融合，也各自有所坚持或改良，由此催生了宁化饮食的多样性。

为了让这些富有特色的饮食文化发挥更大价值，宁化决定兴建“美食城”。美食城于2011年开工建设，占地640亩，建筑面积达20万平方米，总投资9亿余元。其总体设计秉持“一轴一带文化”理念，即客家文化轴、江滨休闲绿化景观带，还包含客家美食文化核心区、思源客家民俗展示核心区、慈恩宝塔核心区、擂茶文化区、书法广场核心区、客家雕像核心区以及客家旅游度假区，是一处规模宏大、内容丰富的客家文化大观园，集观赏、学习、饮食、娱乐、游玩、旅游等功能于一体。宁化县成立客家小吃中心并入驻美食城。该中心一方面致力于研究创新，另一方面积极推动小吃产业化发展。为此，先后举办培训班200余期，培训学员1万余名。这些学员在全国18个省市开设了5000多家店铺，带动了6万多人就业，为城市居民拓宽了就业渠道，也促使不少农民走出农村，实现增收。2016年，美食城荣获“福建美食城”称号。宁化小吃中有15种被评为中华名小吃，45种被评为福建名小吃。这一举措堪称宁化县客家文化创新性转化的典范，将许多原本仅存在于家庭餐桌的饮食种类推向社会，推广至县域之外，切实创造了显著的社会价值和文化价值。

长征出发地纪念馆

4. 红色文化建设

经属苏区时期中央核心区，是红军四个出发地之一，是最远的出发地。在苏区时期，毛泽东、朱德、彭德怀、陈毅等领导人都曾来到宁化指导革命斗争。毛泽东同志还在宁化写下《如梦令·元旦》的不朽词章："宁化、清流、归化，路隘林深苔滑。今日向何方，直指武夷山下。山下山下，风展红旗如画。"极大激励了宁化儿女。他们在苏区时期为革命贡献"千担纸万担粮"努力做好革命的后勤保障，被称为"苏区乌克兰"，宁化是"扩红模范县"。当时全县 13 万余人，参加红军者达 13700 人，占总人口的十分之一。数千人参加红军长征，在长征途中，湘江战役的后备师全军覆没，其中有许多宁化儿女在这战役中英勇牺牲。宁化在中国革命中，作出重大贡献和牺牲。他们是"在中华民族文化基因中'大一统'观念影响下，加之客家先祖在此（宁化）聚居或留居，石壁逐渐成为客家人身份的象征，同时也形成有石壁色彩的客家文化基因"。正是这种基因的激发，而富有极端无私的奉献。

为了发扬革命传统，投入中华民族振兴之中，宁化在"文革"后，兴建了"革命纪念馆"和革命纪念碑。

在中央红军长征七十周年之际，2005 年兴建红军长征出发地纪念广场。

2021 年建竣客家博物馆，建筑用地 38093 平方米，建筑占地 13225 平方米，总建筑面积 27840 平方米，共四层。建竣后改为“长征出发纪念馆”。

2020 年 6 月，宁化被国家四部委列入全国第二批革命文物保护利用片区县（长征片区）名单。2021 年 7 月，国家文化公园建设工作领导小组印发《长征国家文化公园建设保护规划》，规划实施期为 2021—2035 年，宁化成为该规划的重要组成部分。

在宁化段，规划有 18 个项目，总投资达 18.84 亿元，具体项目如下：

1. 宁化凤凰山中央红军长征出发重点展示园建设项目；

2. 中央红军长征出发历史步道宁化段示范段建设项目；

3. 长征国家文化公园——宁化县中央红军长征出发地核心展示园（淮土）建设项目；

4. 宁化长征公园建设项目；

5. 宁化县曹坊长行出发地核心展示园建设项目；

6. 宁化县湖村红色旅游区改造扩建项目；

7. 宁化县长征精神教育基地建设项目；

8. 凤凰山红军长征出发地旧址群保护修缮项目；

9. 曹坊长征出发地革命旧址群保护修缮项目；

10. 宁化长征学院研究发掘工程；

11. 宁化县红军医院保护利用建设项目；

12. 宁化县长征文化智能化展示工程；

13. 安远里坑红色旅游开发建设项目；

14.“千担纸、万担粮”红色文化展示园建设项目；

15. 中央苏区革命纪念馆建设项目；

16.《风展红旗如画》情景剧研究发掘工程；

17. 宁化革命纪念园提升改造（续建）项目；

18. 红十二军暨新独立七师驻地旧址保护修缮项目。

这些项目占全省长征国家文化公园项目总数的四分之一。截至 2024 年 10 月完成工程投资的 14.78 亿元。已完工 12 个项目。

这些文化项目的建设，将很好传达长征精神，提升文化的影响力，展示宁化新形象上久久为功。将深化革命史料和革命文物研究阐释，推进文化和旅游深度融合发展，红色文化和客家文化深度融合发展，把文化旅游业培育成为支柱产业，推动宁化的经济发展。

5. 非物质文化遗产加强保护、传承

宁化文化积淀深厚，拥有丰富多彩的物质文化资源和极具地方特色的非物质文化遗产资源。它们是宁化古老文化的积淀，也是客家人生产生活的愿景，它们反映了宁化历史文化特点，具有很强的历史性和民族性以及宁化客家人的精神风貌，让我们知古明今，对它们的保护和传承具有历史意义和现实意义。其中有些资源可以进行创造性转化、创新性发展，既启迪人们的思想，又能推动新经济的发展。

至今，宁化已列入名录的 101 项，其中，国家级 1 项、省级 11 项、市级 13 项、县级 76 项。

入选国家和省的项目如下：

“中国民间文化艺术之乡（石壁客家祭祖习俗）”，文化部第一批，2008 年 12 月。

“全国创建文明村镇工作先进村镇”，获中央文明委表彰，2009 年 2 月。

“中国历史文化名镇（石壁镇）”，文化部第六批，2014 年 3 月。

“省级历史文化名镇”，由福建省人民政府评定，2017 年 12 月。

“宁化客家擂茶制作工艺”，福建省第二批非遗名录，2008 年 8 月。

“宁化古游傩”，福建省第三批名录，2008 年 5 月。

“木活字印刷术（宁化）”，福建省第四批名录，2011 年 12 月。

“伏虎禅师信俗（宁化）”，福建省第五批名录，2017 年 1 月。

“宁化石门山祁剧”，福建省第七批名录，2022 年 1 月。

“水茜木偶戏”，福建省第七批名录，2022 年 1 月。

福建省第七批非遗名录还有：“米粉制作工艺”“延祥花灯”“池氏文武关刀灯”。

后　记

本书广泛转载、摘录了诸多学者的文章，可谓是一部石壁客家文化文丛。它汇聚了百年来石壁研究的主要成果，然而，由于相关研究成果浩如烟海，本书难以做到全面涵盖。

在过去的百年间，关于客家历史文化以及石壁客家的著作数不胜数。仅宁化所编著的客家书刊，字数便达数千万之巨。受限于本书的规模，所呈现的内容最多不过占总体成果的十分之二。故而，本书仅作为石壁研究的阶段性综合展示。如有不足之处，恳请各位读者不吝指教，予以海涵。

2025 年元旦

图书在版编目(CIP)数据

石壁记/刘善群著. —福州：海峡文艺出版社，2025.7
ISBN 978-7-5550-4099-6

Ⅰ.K281.1

中国国家版本馆 CIP 数据核字第 2025H1V599 号

石壁记

刘善群 著

出 版 人 林 滨
责任编辑 刘徐霖
出版发行 海峡文艺出版社
经 销 福建新华发行(集团)有限责任公司
社 址 福州市东水路 76 号 14 层
发 行 部 0591—87536797
印 刷 福建新华联合印务集团有限公司
厂 址 福州市晋安区福兴大道 42 号
开 本 787 毫米×1092 毫米 1/16
字 数 380 千字
印 张 24 **插页** 2
版 次 2025 年 7 月第 1 版
印 次 2025 年 7 月第 1 次印刷
书 号 ISBN 978-7-5550-4099-6
定 价 136.00 元